国家出版基金项目
NATIONAL PUBLICATION FOUNDATION

# 阳光照亮未来

## “护苗”工作手册

中央宣传部反非法反违禁局　编

法律出版社
LAW PRESS·CHINA
北京

**图书在版编目(CIP)数据**

阳光照亮未来:“护苗”工作手册 / 中央宣传部反非法反违禁局编. -- 北京:法律出版社, 2023
ISBN 978-7-5197-7561-2

Ⅰ. ①阳… Ⅱ. ①中… Ⅲ. ①文化市场—市场管理—中国—手册 Ⅳ. ① G124-62

中国国家版本馆 CIP 数据核字(2023)第 027639 号

**阳光照亮未来**
——“护苗”工作手册
**YANGGUANG ZHAOLIANG WEILAI**
—“HUMIAO” GONGZUO SHOUCE

中央宣传部反非法反违禁局 编

策划编辑 李 群 陶玉霞
责任编辑 董 昱 张红蕊 赵雪慧
装帧设计 汪奇峰

出版发行 法律出版社
编辑统筹 法规出版分社
责任校对 王晓萍
责任印制 耿润瑜
经 销 新华书店

开本 710 毫米 ×1000 毫米 1/16
印张 41 字数 535 千
版本 2023 年 5 月第 1 版
印次 2023 年 5 月第 1 次印刷
印刷 天津嘉恒印务有限公司

地址:北京市丰台区莲花池西里 7 号(100073)
网址:www.lawpress.com.cn
投稿邮箱:info@lawpress.com.cn
举报盗版邮箱:jbwq@lawpress.com.cn

销售电话:010-83938349
客服电话:010-83938350
咨询电话:010-63939796

书号:ISBN 978-7-5197-7561-2
定价:98.00 元
凡购买本社图书,如有印装错误,我社负责退换。电话:010-83938349

# 出版说明

我国历来高度重视未成年人保护工作。习近平总书记指出，全社会都要关心少年儿童成长，支持少年儿童工作。对损害少年儿童权益、破坏少年儿童身心健康的言行，要坚决防止和依法打击。

认真贯彻落实习近平总书记重要讲话精神，“扫黄打非”部门以培育担当民族复兴大任的时代新人为重任，久久为功开展“护苗”行动。一方面，严厉打击、扫除各类危害未成年人身心健康的文化垃圾，坚定维护广大青少年的文化权益；另一方面，加强正面教育引导，营造未成年人健康安全快乐成长氛围，筑牢全社会共同“护苗”基础。时至今日，已成为民心工程的“护苗”行动，受到了各界广泛欢迎和人民群众普遍支持。

“护苗”行动关键在“护”，体现在保护要及时到位、周全有力。日常生活中，在处理许多对成年人微不足道却可能对未成年人身心产生影响的事情时，一线监管执法人员的工作经验、水平、能力，将直接关系到处理的成效。

鉴于此，为了满足广大一线基层监管执法人员的工作需要，也为了适应新时期开展“扫黄打非·护苗”工作的更高要求，有关部门决定，在 2022 年开展涉未成年人有害出版物和信息专项整治的基础上，组织专门力量编著本书。

本书以“护苗”工作典型场景为编写基点，着重汇集全国各地的“护苗”实操经验知识，征集并精选各类常见“护苗”场景典型案例60多个，详细展示对应场景下的标准“护苗”工作规程、处置要点、法律依据等。较全面地汇编了目前行政执法、日常监管中经常使用的我国未成年人保护方面的法律法规、规章政策，也收录了通行的工作标准、行业公约。同时，梳理了“扫黄打非·护苗”工作宣传活动中的基础资料。

作为“护苗”工作实践指导用书，本书可供包括文化执法、网信、出版、公安、市场监管、“扫黄打非”等在内的监管执法人员日常使用。即便是首次开展监管执法工作的人员，借助本书，也可按图索骥，顺利完成相应工作。同时，也可供各互联网企业、出版单位、文化市场经营单位从业人员阅读，作为了解“护苗”监管要求的参考用书。

“护苗”行动功在当代、利在千秋。希望通过本书，助力基层一线夯实“护苗”工作的基础，切实提升保护未成年人的实操能力；推动各个文化经营单位明晰自身责任，积极作为，共同参与到呵护未成年人健康成长的事业中来。

由于时间和编写人员水平的限制，书中难免有疏漏或不妥之处，还请读者多多批评指正！

本书编写组

2022年12月16日

# 目　录

## “护苗”执法监管线下场景

### 文化市场



### 新闻出版

## 学校及周边



## 广电、旅游、其他

# “护苗”执法监管线上场景

## 网络出版



## 网络直播、音视频



## 网络社交应用

### 网购、在线教育等



## “护苗”法律法规

### 综　　合



### 出 版 物

## 广电电信



## 文化经营场所



## 网络信息



## 重点行业

# “护苗”规章政策

## 综　合



## 出版发行



## 出版物流通



## 文化娱乐场所

## 网络服务



## 网络活动

## 广电节目



## 教育领域

## 其　他



# 内容标准、规范及自律公约

## 相关线索举报及“护苗”宣传

# “护苗”执法监管线下场景

# 歌舞娱乐会所接纳未成年人

**场景呈现**

某歌舞娱乐会所在经营期间，深夜23时许，在未按规定核对未成年人周某某的身份信息的情况下，便允许未成年人周某某进入其娱乐会所。该娱乐会所允许该未成年人在吧台驻留1小时后，被执法人员现场查处。

**处置难点**

如何认定该娱乐会所的行为？

执法部门该如何调查取证？

## 案件来源

2021年3月29日，某区综合执法局接到市文广新局移送的关于当事人“某歌舞娱乐会所”涉嫌接纳未成年人进入歌舞娱乐会所的案件线索交办单，市文广新局要求对该当事人的行为进行查处。

## 案件事实

2021 年 3 月 29 日，某区综合执法局依法对当事人涉嫌接纳未成年人进入歌舞娱乐场所的违法行为进行立案调查。

经查，2021 年 3 月 24 日 23 时许，当事人工作人员未按规定核对未成年人周某某的身份信息，便允许周某某进入并在其吧台驻留，且未要求未成年人离开歌舞娱乐场所。

2021 年 5 月，该区综合执法局对当事人依法作出罚款 10000 元的行政处罚。

## 查处过程

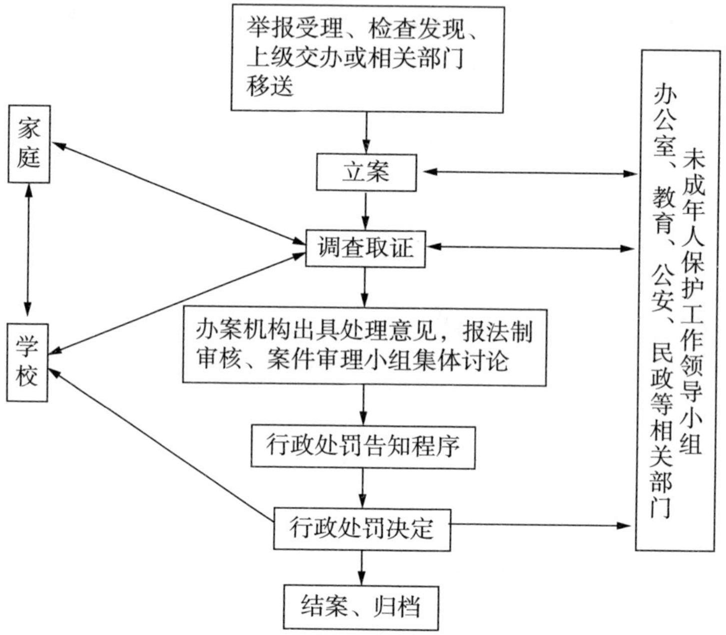


**图 1　查处流程**

一、立案

执法部门立即启动立案程序，召开会议，确定案件查办方向及重点，并向区未成年人保护办公室通报案件涉及未成年人的相关情况。

二、现场检查、相关人员询问

执法部门组织2名以上执法人员赶赴当事人经营场所进行现场检查，查看并提取相关视频材料，对该娱乐场所经营者进行调查询问；与公安、文化等单位联合确认涉案未成年人身份，同时与该未成年人所在学校沟通，在班主任的陪同下对该未成年人进行询问，了解案发时的实际情况；而后将相关情况通报学校、教育等单位，对涉案未成年人加强教育。

**该环节核实重点**：1. 娱乐场所基本情况；2. 娱乐场所经营资质是否齐全；3. 对涉事未成年人身份的确认；4. 对当事人涉嫌接纳未成年人现场证据固定；5. 在学校或者监护人见证下与涉案未成年人谈话，了解实际情况；6. 与相关单位及时沟通未成年人保护工作等。

**该环节主要措施**：1. 利用执法记录仪、相机等工具做好现场检查的过程记录和证据固定；2. 做好《现场检查（勘验）笔录》《证据保存清单》等书面文书；3. 协调教育、公安、学校等单位对案件调查过程进行配合；4. 将现场发现的其他违法线索及时移交相关部门处理。

三、调查终结

对当事人涉嫌违法行为进行系统调查取证、分析研判后，办案人员终结调查，出具调查终结报告并交法制部门审核。

经查，2021年3月24日23时许，当事人未按规定核对未成年人周某某的身份信息，便允许周某某进入其吧台处驻留1小时。至被某市文化广电和旅游局行政执法人员现场查获时，工作人员并未明确要求该未成年人离开此娱乐场所。经后期调查，周某某至案发时尚未成年。据周某某陈述，2021年3月24日至25日其只是在当事人歌舞娱乐会所充电，并未进行消费，也未进入会所内的KTV包间。

**该环节核实重点：**在未成年人“只进入未消费”的情况下，是否能认定娱乐场所接纳未成年人？

未成年人是身心发育尚未成熟的特殊群体，具有特殊的生理和心理特征，需要特别的关爱。《中华人民共和国未成年人保护法》《娱乐场所管理条例》等法律法规对社会、学校和家庭均明确了相关责任和义务。营业性歌舞娱乐场所、酒吧等属于不适宜未成年人活动的场所。

《中华人民共和国未成年人保护法》第五十八条规定：“学校、幼儿园周边不得设置营业性娱乐场所、酒吧、互联网上网服务营业场所等不适宜未成年人活动的场所。营业性歌舞娱乐场所、酒吧、互联网上网服务营业场所等不适宜未成年人活动场所的经营者，不得允许未成年人进入；游艺娱乐场所设置的电子游戏设备，除国家法定节假日外，不得向未成年人提供。经营者应当在显著位置设置未成年人禁入、限入标志；对难以判明是否是未成年人的，应当要求其出示身份证件。”

2012年《中华人民共和国预防未成年人犯罪法》第三十三条规定，“营业性歌舞厅以及其他未成年人不适宜进入的场所，应当设置明显的未成年人禁止进入标志，不得允许未成年人进入”，“对于难以判明是否已成年的，上述场所的工作人员可以要求其出示身份证件”。

《娱乐场所管理条例》第三十条规定：“娱乐场所应当在营业场所的大厅、包厢、包间内的显著位置悬挂含有禁毒、禁赌、禁止卖淫嫖娼等内容的警示标志、未成年人禁入或者限入标志。标志应当注明公安部门、文化主管部门的举报电话。”第二十三条中规定：“歌舞娱乐场所不得接纳未成年人。”

因此，对于娱乐场所未按上述规定查验未成年人的身份证明，导致未成年人进入其场所的情况，虽然该未成年人未消费，但是也应该认定该娱乐场所未履行法定义务，存在接纳未成年人进入娱乐场所的违法行为。

**四、作出行政处罚**

2021年5月20日，办案机关向当事人送达了《行政处罚听证告知书》，告知当事人违法事实、案件证据、情节认定、处罚依据及拟处罚内容，并告知当事人享有陈述、申辩及要求听证的权利。截至5月26日，当事人未提出陈述、申辩、听证要求。5月26日，执法机关依据《娱乐场所管理条例》第四十八条第三项、《中华人民共和国行政处罚法》第四条及第二十三条的规定，责令当事人立即改正违法行为，并给予当事人罚款10000元的行政处罚。

**该环节包括：**法制审核、行政执法机关负责人案件集体讨论、处罚事先告知、听证、处罚决定作出及送达等流程，同时关注后续案件可能出现的复议、诉讼风险。

**五、案件后续处理**

行政处罚决定书下达后，办案机关将行政处罚决定书抄送市文广新局、教育局、学校、未成年人保护办公室等相关单位，并与相关单位加强合作，对学校周边环境开展联合专项检查，优化未成年人成长环境。

## ▷▷法规政策依据

《中华人民共和国未成年人保护法》第五十八条、第六十一条、第一百二十三条、第一百二十五条

《娱乐场所管理条例》第二十三条、第三十条、第四十八条、第五十一条

《互联网上网服务营业场所管理条例》第二十一条、第三十一条

## 案件启示

未成年人是国家的未来和希望，未成年人保护工作的重要性不言而喻。本案案情虽然较为简单，但是在案件办理过程中多个环节“多走一步”，各方在未成年人保护工作中形成合力，有利于

实现执法和未成年人保护的良性融合。

**一、在立案环节“多走一步”**

在立案环节，办案机构要主动与教育局、未成年人保护办公室等部门对接，交换未成年人保护的相关信息，做好沟通协调，严谨、慎重处理好未成年人保护案件。

**二、在调查环节“多走一步”**

在调查环节，办案机构除了要调查当事人的相关违法行为，还要与公安部门配合确认涉及的未成年人的身份信息，并敏锐察觉该未成年人进入娱乐场所的时间为“非节假日的深夜”（这个时间该未成年人理应在校或者在家）这一信息，积极与未成年人所在学校联系，了解其实际情况，与学校方面共同约谈未成年人。

**三、在案后处理环节“多走一步”**

家庭保护、学校保护、社会保护、政府保护、司法保护是未成年人保护工作的重要组成部分。为织密未成年人保护网络，充分调动社会各个层面开展未成年人保护工作，执法机关在向当事人送达行政处罚决定书的同时，应将处罚信息抄送文广新局、教育局、公安局、学校等相关单位；同时加强基层部门的横向合作，联合执法“回头看”，从而有力震慑未成年人保护领域的违法行为，大大规范娱乐场所的经营行为，净化未成年人的成长环境。

［撰稿：江苏省宿迁市湖滨新区综合执法局（市场监督管理局）韩江、王俊杰、赵润东］

# 歌舞娱乐场所播放的歌曲含有色情低俗内容

**场景呈现**

某歌舞娱乐场所处于正常营业状态，其经营场所内悬挂《营业执照》《娱乐经营许可证》，经营者本人不在营业场所中，场所现场负责人孙某在现场。该歌舞娱乐场所共有包厢 8 个，均可正常点播、播放系统曲库曲目，其中 3 个包厢正在向消费者提供消费服务。某市 2 名以上文化市场综合行政执法人员出示行政执法证件对该歌舞娱乐场所某包厢内歌曲点播系统曲库中播放的曲目进行检查，发现该曲目的歌词、屏幕画面含有《娱乐场所管理条例》第十三条禁止的内容。

**处置难点**

如何认定违法违规行为？

违法所得和涉案经营额如何计算？

执法部门该如何调查取证？

该如何进行处罚？

## 案件来源

2021年8月23日，某市文化市场综合行政执法部门对某歌舞娱乐场所进行执法检查，发现该歌舞娱乐场所播放的曲目的歌词、屏幕画面涉嫌含有《娱乐场所管理条例》第十三条禁止的内容。

## 案件事实

2021年8月23日，该市文化市场综合行政执法部门对该歌舞娱乐场所进行执法检查，发现违禁歌曲，且该歌舞娱乐场所播放的曲目的歌词、屏幕画面内容粗俗下流，涉嫌含有《娱乐场所管理条例》第十三条禁止的内容。执法人员依法进行拍照取证、执法记录仪记录取证，对违法行为现场进行证据固定。

经查，当事人的行为违反了《娱乐场所管理条例》第十八条第二款、第十三条第七项的规定，构成播放含有《娱乐场所管理条例》第十三条禁止内容的曲目的违法行为。

2021年9月29日，该市文化市场综合行政执法部门依法作出责令当事人改正违法经营行为，罚款10000元的行政处罚。

## 查处过程

### 一、现场执法检查

该市2名以上文化市场综合行政执法人员对该歌厅开展现场执法检查，在其经营场所内发现某包厢内播放的曲目的歌词、屏幕画面内容粗俗下流，初步判断涉嫌含有《娱乐场所管理条例》第十三条禁止的内容。执法人员依法对涉案现场进行取证，对现场负责人孙某进行了调查询问。

**该环节核实重点：**该歌舞娱乐场所基本情况，证照是否齐全，是否合法经营，《营业执照》和《娱乐经营许可证》核准经营事项是否与证照登记一致；认定企业性质，对违法行为现场进行证据固定。

**该环节主要措施：**对涉嫌违禁曲目播放的歌词、屏幕画面内容进行拍照取证、执法记录仪记录取证，制作《现场检查（勘验）笔录》；对现场负责人孙某进行调查询问，制作《调查询问笔录》等。

## 二、进一步调查取证

执法人员对涉嫌违法行为进行立案，继续围绕违法事实的基本情况、性质、情节开展调查取证工作，对该歌厅经营者韩某的授权委托人孙某进行第2次调查询问，制作第2次《调查询问笔录》。经查，该歌厅在营业场所播放的曲目的歌词和屏幕画面内容含有《娱乐场所管理条例》第十三条禁止的内容，当事人将此曲目供消费者点播的行为，违反了《娱乐场所管理条例》第十八条第二款、第十三条第七项的规定，应按第四十八条第二项的规定予以处罚，当事人对上述事实和处罚均予认可。执法人员对本案的调查取证，符合《中华人民共和国行政处罚法》的有关规定。

**该环节核实重点：**

1. 如何认定违法违规行为？

执法人员对该歌厅歌曲点播系统曲库中播放的违禁曲目的歌词、屏幕画面的内容进行取证，并依据《娱乐场所管理条例》第十三条第七项的规定直接认定当事人提供违禁曲目点播的行为是违法行为。

2. 违法所得、非法财物和涉案经营额如何认定？

该歌厅内无收银台服务器计费系统，该场所的经营收费按大中小包厢每小时计费。当事人在经营过程中，没有对各个曲目的点播服务单独计费，即不根据歌曲的点击次数来收费，因此该曲目的违法所得无法计算，应视本案无违法所得。当事人各个包厢均使用一个点播系统，该点播系统是一个无法分割的整体，应视本案无非法财物。

3. 执法部门如何调查取证？

执法人员对该歌厅播放的曲目的歌词和屏幕画面内容现场拍照取证、执法记录仪记录取证，制作《现场检查（勘验）笔录》《调查询问笔录》。以上材料证据由执法人员使用执法办公设备打印予以固定，当事人阅看后无异议，予以承认并签字确认。

4. 执法部门该如何进行处罚？

当事人此前未发生过相同违法行为，违法经营行为发生后积极配合调查取证并能够及时改正，及时删除了含有禁止内容的歌曲，主动消除和减轻违法行为的危害后果。执法部门参照《中华人民共和国行政处罚法》第三十二条“当事人有下列情形之一，应当从轻或者减轻行政处罚：（一）主动消除或者减轻违法行为危害后果的……”和《文化市场综合执法行政处罚裁量权适用办法》第十三条“有下列情形之一的，应当依法从轻或者减轻处罚：……（二）主动消除或者减轻违法行为危害后果的……”之规定，对当事人予以从轻处罚。

**三、作出行政处罚**

2021 年 9 月 29 日，执法部门依据《中华人民共和国行政处罚法》第二十八条第二款、第三十二条第一项，《文化市场综合执法行政处罚裁量权适用办法》第十三条第一款第二项，《娱乐场所管理条例》第四十八条第二项的规定，依法作出责令当事人改正违法经营行为，罚款 10000 元的行政处罚。

**该环节包括：**行政执法机关负责人案件集体讨论、重大行政执法决定审核意见、处罚事先告知、听证、处罚决定作出及送达等流程，同时关注后续案件可能出现的复议、诉讼风险。

## ▶▶ 合规要点

本案是一宗歌舞娱乐场所提供播放含有禁止内容曲目的典型案件。

**一、法律适用适当**

该歌舞娱乐场所播放的曲目的歌词、屏幕画面内容含有《娱乐场所管理条例》第十三条禁止的内容，其将该类曲目供消费者进行点播，应认定上述行为违反了《娱乐场所管理条例》第十八条第二款、第十三条第七项的规定，事实清楚，证据确凿，构成播放含有《娱乐场所管理条例》第十三条禁止内容的曲目的违法经营行为。

**二、处罚程序合法**

现场执法检查证明案件来源；现场拍照取证、执法记录仪记录取证、《现场检查（勘验）笔录》、现场《调查询问笔录》等证明现场检查涉案情况；《营业执照》《娱乐经营许可证》等信息证明当事人具有承担法律责任主体资格；歌厅共有包厢 8 个，均可正常点播、播放系统曲库曲目，其中 3 个包厢正在向消费者提供消费服务，该歌厅酒水记账单等证明当事人经营状况。

## ▷▷ 法规政策依据

《中华人民共和国行政处罚法》第二十八条第二款、第三十二条第一项

《娱乐场所管理条例》第十三条第七项、第十八条第二款、第四十八条第二项

《文化市场综合行政执法管理办法》第二十一条第一款

《文化市场综合执法行政处罚裁量权适用办法》第十条第二款第一项、第十三条第一款第二项

## 案件启示

**一、典型案件**

本案是一起典型的娱乐场所歌曲点播系统曲库中部分曲目的歌词和屏幕画面内容含有禁止内容的案件。该案的办理，对全市歌舞娱乐行业出现的违法违规行为起到了较好的警示作用，引起了同行业对加强违禁曲目监管的重视，加强了社会大众对违禁歌曲的认知，同时也表明了文化主管部门加强打击歌舞娱乐场所违法行为的态度。

**二、违禁歌曲的概念及违法行为构成**

根据《娱乐场所管理条例》的规定，歌舞娱乐场所播放的曲目和荧幕画面以及游艺娱乐场所的电子游戏机内的游戏项目，不得含有以下内容：违反宪法确定的基本原则的；危害国家统一、主权或者领土完整的；危害国家安全，或者损害国家荣誉、利益的；煽动民族仇恨、民族歧视，伤害民族感情或者侵害民族风俗、习惯，破坏民族团结的；违反国家宗教政策，宣扬邪教、迷信的；宣扬淫秽、赌博、暴力以及与毒品有关的违法犯罪活动，或者教唆犯罪的；违背社会公德或者民族优秀文化传统的；侮辱、诽谤他人，侵害他人合法权益的。因此，歌舞娱乐场所提供播放含有禁止内容的歌曲的行为是违法行为，污染了社会文化，严重危害了社会公德，对未成年人造成了不良影响，甚至危害国家安全。

（撰稿：内蒙古自治区根河市文化市场综合行政执法局　郭志祥）

# 游艺娱乐场所电子游戏机日常向未成年人开放

**场景呈现**

某周三的下午，某游艺娱乐场所正常开门营业。该场所内摆有数台游戏游艺设备。在1台游戏机前，1名成年人和1名未成年人正手握操控杆，操控游戏设备，玩得非常高兴。其间，未成年人连续向投币口投币7次，15分钟后，两人结束游戏离开。

**处置难点**

如何认定违法行为？

违法所得如何计算？

执法部门如何调查取证？

如何进行处罚？

## 案件来源

2021年5月25日，某市文化综合执法部门接到群众举报，反映某游艺娱乐场所涉嫌在非国家法定节假日时段允许未成年人进入电子游戏区。

## 案件事实

2021年5月25日，根据群众举报线索，该市文化综合执法部门执法人员对某游艺娱乐场所进行检查。

2021年5月27日，执法人员再次前往某游艺娱乐场所检查，现场调取近期场所内监控录像。监控录像显示，2021年5月21日（非国家法定节假日），1名未成年人在家长陪同下在游戏机上7次投币玩游戏。该游艺娱乐场所允许未成年人在非国家法定节假日进入电子游戏区的行为涉嫌违反《娱乐场所管理办法》第二十一条第三项之规定。

经查明，该游艺娱乐场所持有《营业执照》和《娱乐经营许可证》，经营范围为“游艺娱乐场所”，内设游艺区和游戏区。2021年5月21日（非国家法定节假日），涉案未成年人向游戏机投币7次进行玩耍。该游艺娱乐场所在非国家法定节假日，向未成年人提供场所内设置的电子游戏机，违反了《娱乐场所管理办法》第二十一条第三项之规定。

另经查明，该游艺娱乐场所通过出售游戏币或游戏币套餐的方式向客人提供服务，涉案未成年人的家长于2021年4月11日向该场所花费300元购买400游戏币套餐，1个游戏币价值0.75元，涉案未成年人共投币7次，折合消费5.25元，该费用依法应认定为违法所得。

## 查处过程

**一、制作、审批《举报投诉处理单》**

执法部门立即制作《举报投诉处理单》，经批准后，开展核查。

**二、现场执法检查**

执法部门组织2名以上执法人员赴该游艺娱乐场所开展现场检查。第一次现场检查暂无法认定该场所存在违法行为；第二次检查执法人员通过现场调取监控录像，发现未成年人使用场所提供的游戏设备进行玩耍，初步判断该场所涉嫌在国家法定节假日外向未成年人提供电子游戏机，执法人员随即对监控视频内容进行证据保全。

**该环节核实重点：**场所基本情况、场所是否证照齐全、对违法事实的初步认定、对涉嫌违法行为现场进行证据固定等。

**该环节主要措施：**对现场进行拍照取证、对监控视频内容进行证据保存、出具《举报投诉处理单》、制作《现场检查（勘验）笔录》等。

**三、进一步调查取证**

执法人员对涉嫌违法行为进行立案，围绕违法事实的基本情况、性质、情节开展调查取证工作。经查，该场所从事游艺娱乐经营业务，持有《娱乐经营许可证》。涉案人员为1名未成年人，其于国家法定节假日外，在家长陪同下，由家长购买游戏币，其在该游艺娱乐场所提供的游戏机上投币玩游戏。通过调取未成年人家长购买游戏币套餐的消费凭证及监控录像，该未成年人投币7次，花费游戏币折合5.25元，该费用应认定为违法所得。

**该环节核实重点：**

1. 认定违法行为。通过核验该场所证照资质、调取查看场所监控录像内容和消费单据、对当事人及工作人员制作《调查询问笔录》等，对相关证据进行固定保存。

2. 认定违法所得。涉案未成年人的家长花费300元向该游艺娱乐场所购买 400 个游戏币套餐，1 个游戏币价值 0.75 元，涉案未成年人共投币 7 次，折合消费 5.25 元，该费用依法认定为违法所得。

**四、作出行政处罚**

2021 年 7 月 2 日，执法人员向当事人送达了《行政处罚事先告知书》，告知当事人违法事实、相关证据、情节认定、处罚依据及拟处罚内容，并告知当事人依法享有的陈述、申辩权利。截至 2021 年 7 月 8 日，当事人没有提出陈述、申辩意见。

2021 年 7 月 12 日，执法部门依据《娱乐场所管理办法》第三十条、《娱乐场所管理条例》第四十八条第四项之规定，对当事人依法作出没收违法所得 5.25 元，并处罚款 10000 元的行政处罚。

**该环节包括：**行政执法部门处罚事先告知、处罚决定作出及送达等流程。

## ▶▶ 合规要点

本案是一起游艺娱乐场所设置的电子游戏机在国家法定节假日外，向未成年人提供的典型案件。

**一、法律适用适当**

该游艺娱乐场所持有《娱乐经营许可证》，正常营业，设置的电子游戏机在国家法定节假日外，向未成年人提供，违反了《娱乐场所管理办法》第二十一条第三项之规定。

**二、处罚程序合法**

《举报投诉处理单》证明案件来源；《现场检查（勘验）笔录》、取证照片、监控视频内容等证明现场检查、涉案人员和情节等情况；《营业执照》《娱乐经营许可证》等证明当事人具有承担法律责任的主体资格；《调查询问通知书》、《调查询问笔录》、未成年人家长购买游戏币套餐的消费凭证等证明该游艺娱乐场所向当事人提供游戏服务及经营情况。

### 三、关于处罚幅度的问题

在全面推进严格规范公正文明执法的同时，应坚持包容审慎，有温度地执法。鉴于当事人在国家法定节假日外1次接纳未成年人1名，违法所得5.25元，应认定其违法程度轻微。据此，执法部门作出没收违法所得5.25元，并处罚款10000元的行政处罚。

## 法规政策依据

《娱乐场所管理办法》第二十一条第三项、第三十条

《娱乐场所管理条例》第四十八条第四项

## 案件启示

2020年10月17日修订的《中华人民共和国未成年人保护法》于2021年6月1日起正式施行。为保护未成年人身心健康、保障未成年人合法权益，国家出台多项政策法规，采取多个专项行动，推动建设更加良好的社会环境，呵护未成年人健康成长。本案是贯彻落实《中华人民共和国未成年人保护法》，加强未成年人保护的典型案件。这一行为的查处，防止了青少年沉迷于游戏，减少了游戏对广大青少年带来的不良影响和危害；同时，也对游艺娱乐场所进行了警示，对其接纳未成年人进入场所活动的行为进行了规范和约束。

作为家长应履行好未成年人监护职责，了解相关法律法规，不得放任未成年人进入营业性娱乐场所，并对相关场所保持关注和

警惕，一旦发现违法违规行为，及时向有关部门反映；各类营业性娱乐场所要严格遵守法律法规和政策规定，切实加强未成年人保护工作，落实未成年人保护措施，不得损害未成年人身心健康；文化执法部门要加大日常巡查监管，多方面宣传引导，并加强立案查处，打击不良违法行为，营造良好社会氛围。

（撰稿：福建省厦门市文化市场综合执法支队一大队
苏大鹏、程芬）

# KTV 播放含有宣扬色情暴力违禁内容歌曲

**场景呈现**

2021 年寒假期间，李某某和朋友们到城区某 KTV 点唱歌曲。李某某和朋友们发现一些歌曲宣扬色情暴力，非常反感，在场的人感觉这些歌曲容易对未成年人产生不良影响。

**处置难点**

如何迅速查找违禁曲目传播源头，防止违禁歌曲继续传播？

执法部门可否赴省外调查取证？

## 案件来源

2021 年 1 月 18 日，群众举报某 KTV 播放的曲目含有宣扬色情暴力违禁内容。

## 案件事实

2021 年 1 月 18 日，根据举报线索，某市文化和旅游局执法人员到某文化公司经营的 KTV 检查，发现该 KTV 点歌系统中含有宣扬色情暴力违禁内容的歌曲。

2 月 3 日，该市文化和旅游部门根据《娱乐场所管理条例》第四十八条第二项对当事人作出罚款 10000 元的行政处罚。

## 查处过程

### 一、开展现场检查

该市文化和旅游部门 3 名执法人员赶赴该 KTV，在向该场所主管熊某某出示证件后开展现场检查。执法人员在该场所 307 包厢打开点歌系统，现场发现 8 首含有宣扬色情暴力违禁内容的歌曲。初步判断当事人涉嫌播放含有宣扬色情暴力违禁内容歌曲的违法行为。执法人员使用执法记录仪进行全程拍摄，进行了证据固定并制作《现场检查（勘验）笔录》，责令该场所主管熊某某立即删除违禁歌曲，并要求该场所在经营过程中严格执行《娱乐场所管理条例》的规定，禁止未成年人进入。该场所主管熊某某在《现场检查（勘验）笔录》上签字确认，并承诺依法依规开展经营活动。

**该环节核实重点**：核查该 KTV 的经营主体及资质、固定证据、核实播放含有宣扬色情暴力违禁内容歌曲的违法经营行为。

**该环节主要措施**：通过点歌系统查找含有违禁内容歌曲、调取该场所的监控视频并截图、制作《现场检查（勘验）笔录》、立即删除含有违禁内容歌曲、使用执法记录仪全程录像。

### 二、部门协作联动

该市“扫黄打非”办公室接到报告后，印制了督办函。组织公安局内保支队、文化和旅游局召开案情研讨会，协商查办方案，开展对其他歌舞娱乐场所的执法检查。经查，该市有 9 家 KTV 的点歌系统含有违禁歌曲，执法部门全部予以立案调查，并责令歌舞娱乐场所立即删除含有违禁内容的歌曲。

**该环节核实重点：**清查歌舞娱乐场所的点歌系统是否含有违禁歌曲。

**该环节主要措施：**开展全面检查。

**三、组织源头调查**

经对某文化公司经营的 KTV 法定代表人王某某的询问，KTV 使用的曲库系某管理顾问有限公司安装。执法人员赴省内某管理顾问有限公司调查后得知，该公司安装的曲库内容由省外某信息系统有限公司提供，曲库曲目由省外某信息系统有限公司技术人员添加或删除。该市执法人员汇总分析 9 家 KTV 调查取证信息后，初步确定违禁歌曲来自某信息系统有限公司。该市"扫黄打非"办公室立即向该省"扫黄打非"办公室报告了违禁歌曲来源信息，并请示赴省外某信息系统有限公司调查。在赴省外对某信息系统有限公司开展调查前，该市"扫黄打非"办公室、文化和旅游执法机构分别与省外某市的"扫黄打非"办公室、文化和旅游执法机构联系沟通，通报案情。在对省外某信息系统有限公司开展现场调查取证工作过程中，执法人员查看该公司机房点歌曲库系统，发现还有含有违禁内容的歌曲。

**该环节核实重点：**安装公司的行为定性、歌曲来源调查、及时向上级报告查处情况。

**该环节主要措施：**询问当事人、收集合同及交易票据等证据材料、赴安装公司和某信息系统有限公司现场调查、汇报请示。

**四、惩处违法行为**

该市文化和旅游部门对该 KTV 的违法行为调查终结后，经集体讨论一致通过给予该 KTV 罚款 10000 元的行政处罚决定。当事人自觉履行了行政处罚决定。执法部门对其他 KTV 的违法行为也作了相应的处罚。

**该环节核实重点：**播放含有违禁内容歌曲违法经营行为的法律适用。

## 合规要点

本案是歌舞娱乐场所播放含有宣扬色情暴力违禁内容歌曲的典型案件。

**一、惩处娱乐场所播放含违禁内容歌曲违法行为适用的法律适当**

该 KTV 在经营中播放含有宣扬色情暴力内容的歌曲，违反了《娱乐场所管理条例》第十三条中禁止"宣扬淫秽、赌博、暴力……"的规定。该市执法部门对该 KTV 的违法行为适用《娱乐场所管理条例》第四十八条中"没有违法所得或者违法所得不足 1 万元的，并处 1 万元以上 3 万元以下的罚款"的规定处罚，鉴于该 KTV 及时删除了违禁歌曲并且没有违法所得，因此给予 1 万元的处罚适当。

**二、关于执法部门赴省外调查的争议**

该市执法部门经请示该省"扫黄打非"办公室赴省外某市调查某信息系统有限公司时，省外某市执法部门对该市执法部门能否到其市调查提出疑问。对此疑问，该市执法部门依据 2017 年《中华人民共和国行政处罚法》第二十条中"行政处罚由违法行为发生地的县级以上地方人民政府具有行政处罚权的行政机关管辖"的规定确定该市文化和旅游部门对案件具有管辖权。按照全链条打击的要求，该市文化和旅游部门有权到省外某市某信息系统有限公司调查取证。

## 法规政策依据

《中华人民共和国行政处罚法》第二十八条、第五十七条第二款

《娱乐场所管理条例》第十三条、第二十三条、第四十八条第二项

## 案件启示

KTV点唱歌曲是公众所喜爱的休闲娱乐方式之一，歌曲内容直接影响公众的消费体验。本案是KTV播放含有宣扬色情暴力违禁内容歌曲的典型案件。此案的查处一方面净化了KTV娱乐场所的文化环境，另一方面规范了KTV娱乐场所的经营行为。

作为家长，不要让未成年人进入娱乐场所，在发现KTV等娱乐场所有违禁歌曲时要向文化和旅游部门、"扫黄打非"办公室举报。KTV等娱乐场所、歌曲点播系统提供者应加强内容审核，发现违禁内容要及时删除和报告主管部门。各级文化和旅游部门要加强日常检查和法律法规宣传，强化KTV等娱乐场所合规经营意识。

（撰稿：湖北省随州市"扫黄打非"工作小组办公室、湖北省随州市文化和旅游市场综合执法支队　龚仕兵、桂东、吕金梦）

# 网吧接纳未成年人进入营业场所

**场景呈现**

某市文化市场综合行政执法部门在对某网吧开展日常执法检查时，例行对前台上网登记系统进行核查，并对场所内上网人员身份信息逐一进行核实比对。执法人员在核验83号机上网人员身份信息时，发现该上网人员出示身份证件后有意回避，且疑似未成年人。执法人员立即与前台上网登记系统83号机登记信息进行核对，后查明83号机上网人员黄某某冒用罗某某身份信息登记上网消费。

**处置难点**

现场如何识别使用他人身份证件登记上网消费的行为？

在上网人员未能提供有效身份证件的情况下，执法部门如何认定网吧营业场所接纳未成年人的违法事实？

执法部门该如何取证？

## 案件来源

2022年5月6日，某市文化市场综合行政执法部门在开展日常执法检查时，发现某网吧内83号机上网人员黄某某使用罗某某身份信息登记上网。互联网上网服务营业场所经营单位涉嫌未按规定核对、登记上网消费者的有效身份证件。

## 案件事实

2022年5月6日，某市文化市场综合行政执法部门在开展日常执法检查时，发现某网吧内83号机上网人员黄某某使用罗某某身份信息登记上网消费。互联网上网服务营业场所经营单位涉嫌未按规定核对、登记上网消费者的有效身份证件。

执法人员现场调查询问发现黄某某疑似未成年人，并且其于2022年5月6日在该网吧83号机上网消费12元。执法人员在制作《现场检查笔录》和《调查询问笔录》的基础上，对该网吧作出责令改正处理。

2022年6月21日，该市文化市场综合行政执法部门对某网吧给予警告、没收违法所得并处罚款16000元的行政处罚。

## 查处过程

### 一、现场执法检查

2名以上执法人员开展网吧日常执法检查，对涉案网吧内现场30余名上网消费人员逐一进行身份信息核实比对。发现该网吧83号机上网人员黄某某使用罗某某身份信息登记上网消费，并对黄某某身份信息展开现场询问。执法人员初步判断互联网上网服务营业场所经营单位涉嫌未按规定核对、登记上网消费者的有效身份证件，上网人员黄某某疑似未成年人。执法人员现场对该网吧作出责令改正处理，该网吧负责人就现场检查情况签字确认。

**该环节核实重点：**现场对冒用他人身份证件上网消费的情况进行核实；对未按规定核对、登记上网消费者的有效身份证件的情况进行初步认定。

**该环节主要措施：**对上网消费人员进行身份信息核查询问，调取某网吧83号机上网消费管理系统信息、拍照取证、制作《现场检查（勘验）笔录》和《调查询问笔录》。

## 二、进一步调查取证

执法人员对涉嫌违法行为进行立案调查，围绕违法事实的基本情况、性质、情节，开展调查取证工作。通过调取户籍信息，查明黄某某为未成年人。黄某某于2022年5月6日在该网吧83号机上网消费12元。

**该环节核实重点：**

1. 认定上网消费人员为未成年人。执法人员通过调取户籍信息，核实上网消费人员黄某某身份，认定黄某某为未成年人。

2. 认定违法所得。执法人员通过调取该场所上网消费管理系统信息，认定2022年5月6日83号机罗某某（实为黄某某）身份信息登记上网消费12元。

3. 认定违法行为。执法人员通过对该网吧负责人制作《调查询问笔录》、核验机构营业执照等资质、调取现场检查图片（包括该网吧经营现场、83号机现场上网消费人员黄某某、当日在该网吧83号机使用罗某某身份证登记上网消费金额、83号机上网人员现场身份核实、该网吧法定代表人确认现场检查情况并签字）等进行证据固定。

## 三、作出行政处罚

2022年6月6日，执法部门向某网吧下达了《行政处罚事先告知书》，告知拟处罚的内容、事实、理由及依据，并告知某网吧依法享有陈述、申辩的权利。执法部门依据《互联网上网服务营业场所管理条例》第二十一条、第二十三条，《中华人民共和国未成年人保护法》第一百二十三条之规定，对该网吧给予警告、没收违法所得12元及罚款16000元的行政处罚。

**该环节包括：**行政执法机关负责人对案件集体讨论、处罚事先告知、处罚决定作出及送达等流程，同时关注案件后续可能出现的复议、诉讼风险。



## ▶▶ 合规要点

本案是一起对互联网上网服务营业场所经营单位未按规定对上网消费者的身份证等有效证件进行核对、登记，导致未成年人冒用他人身份证件登记上网的典型案件。

### 一、法律适用适当

该网吧未按规定对上网消费者的身份证等有效证件进行核对、登记，导致接纳未成年人，违反了《中华人民共和国未成年人保护法》第五十八条的规定。同时，该网吧接纳未成年人，违反了《互联网上网服务营业场所管理条例》第二十一条和第二十三条的规定。

### 二、处罚程序合法

《现场检查（勘验）笔录》、取证照片等证明现场检查、经营状况、案件来源的情况；营业执照、许可资质等信息证明当事人具有承担法律责任的主体资格；依法调取的当事人户籍身份信息材料证明涉案性质。

## ▷▷ 法规政策依据

《中华人民共和国行政处罚法》第二十九条、第三十二条

《中华人民共和国未成年人保护法》第五十八条、第一百二十三条

《互联网上网服务营业场所管理条例》第二十一条、第二十三条、第三十一条、第三十三条

《文化市场综合执法行政处罚裁量权适用办法》

## 案件启示

该案件属于保护未成年人合法权益的典型案件。近年来，由于文化市场综合行政执法大队执法监管力度的不断加强，对《中华人民共和国未成年人保护法》等法律法规的宣传力度、广度、深度不断加大，经营者的法律意识不断增强，互联网经营场所接纳未成年人的违法行为越来越少。但个别经营主体不认真核对上网消费者的身份证信息，导致个别未成年人冒用他人身份证上网消费。而本案的互联网经营场所正是带着侥幸心理，触碰了法律红线，付出了高昂的代价。

未成年人对网络的认知度较低，辨别能力不够，容易沉迷在网络中，耗费大量时间和精力，并且长时间用眼过度，易导致视力下降和其他心理疾病的发生。如果放任他们沉迷网络不仅会耽误学业、前程，还会损害身心健康。

“少年智则国智，少年强则国强。”未成年人是国家的希望、民族的未来。他们的成长不仅牵动着每个家庭的喜怒哀乐，还关系着一个国家的兴衰存亡。执法部门要按照“严格、规范、公正、文明”的执法理念，切实采取有力措施，齐心协力、齐抓共管，为未成年人的健康成长营造良好的环境。

（撰稿：贵州省黔西南州兴仁市文化市场综合行政执法大队 朱朝微、梁家贵）

# 网吧未悬挂未成年人禁入标志

**场景呈现**

某市文化市场执法人员对某网吧进行检查时，未能在该网吧内看到未成年人禁入标志。

**处置难点**

如何正确区分“未在显著位置悬挂”及“悬挂”？

如何进行处罚？

## 案件来源

2021 年 5 月 17 日，某市文化市场执法部门对某网吧进行日常检查，检查过程中发现该网吧未在显著位置悬挂未成年人禁入标志。

### 案件事实

某市文化市场执法人员在出示证件后，对某网吧进行检查。经查，该场所正在营业，现场有《营业执照》《网络文化经营许可证》，现场未悬挂未成年人禁入标志。

## 查处过程

**一、现场检查**

执法部门2名以上执法人员进行现场检查，对网吧负责人进行询问。现场有《营业执照》《网络文化经营许可证》，但是显著位置未悬挂未成年人禁入标志。执法人员初步判定互联网上网服务经营场所涉嫌未在显著位置悬挂未成年人禁入标志，执法人员做好拍照取证工作。

**该环节核实重点：**该互联网上网服务经营场所基本情况，该互联网上网服务经营场所有无《网络文化经营许可证》、有无未成年人禁入标志。

**该环节主要措施：**出具《现场检查（勘验）笔录》，做好拍照取证工作等。

**二、进一步调查取证**

执法人员对涉嫌违法行为进行立案，围绕违法事实的基本情况、性质、情节开展调查取证工作。经查，该互联网上网服务经营场所内任何地方都没有悬挂未成年人禁入标志。

**该环节核实重点：**1. 该互联网上网服务经营场所是否悬挂未成年人禁入标志。2. 该互联网上网服务经营场所是否在显著位置悬挂未成年人禁入标志。

**三、作出行政处罚**

2021年5月19日，执法部门向当事人送达了《行政处罚事先告知书》，告知当事人违法事实、案件证据、情节认定、处罚依据及拟处罚内容，并告知当事人有陈述、申辩的权利。截至2021年5月25日，当事人未提出陈述、申辩申请。5月25日，执法部门依据《互联网上网服务营业场所管理条例》第二十一条和第三十一条，对该互联网上网服务经营场所未在显著位置悬挂未成年人禁入标志，予以警告。

## ▶▶ 合规要点

《互联网上网服务营业场所管理条例》第二十一条第二款规定："互联网上网服务营业场所经营单位应当在营业场所入口处的显著位置悬挂未成年人禁入标志。"该网吧未在入口显著位置悬挂未成年人禁入标志，因此构成违法。根据《互联网上网服务营业场所管理条例》第三十一条的规定，互联网上网服务营业场所经营单位违反该条例的规定，未悬挂《网络文化经营许可证》或者未成年人禁入标志的，由文化行政部门给予警告，可以并处15000元以下的罚款；情节严重的，责令停业整顿，直至吊销《网络文化经营许可证》。由于本案情节轻微，当事人积极主动改正，故仅被处以警告处分。

## ▷▷ 法规政策依据

《互联网上网服务营业场所管理条例》第二十一条、第三十一条

《中华人民共和国行政处罚法》第三十二条

## 案件启示

本案是网吧未在显著位置悬挂未成年人禁入标志的典型案件。网吧为不适宜未成年人活动的场所。未成年人出入网吧影响其身心健康，其易沾染不良习气，甚至滋生违法犯罪问题。虽然涉案网吧客观上没有允许未成年人进入网吧，但是不能忽视禁入标志的警示教育作用。执法部门要督促网吧依法依规经营，避免出现侵犯未成年人合法权益和诱发违法犯罪等危害后果。

（撰稿：辽宁省丹东市文化市场综合行政执法队　侯镘）

# 剧本杀场所的剧本脚本未设置适龄提示、未悬挂未成年人限入标志

**场景呈现**

某剧本娱乐经营场所，在日常经营活动中，向消费者介绍本店的剧本类型，进店即可玩任一剧本，每个剧本时长 3 小时到 5 小时不等，人数 6 人到 10 人不等。该场所的消费者主要为“00 后”，消费者可以自由选择玩一个或者几个剧本。由于没有时间限制，消费者有时候甚至可以玩到凌晨。费用是每个剧本按人头收费。该场所无任何未成年人限入提示，工作人员也不询问消费者年龄；剧本脚本也未设置任何适龄提示，没有标注适龄范围。

**处置难点**

如何确定剧本脚本的适龄范围？

如何监管剧本娱乐经营场所是否执行未成年人限入规定？

执法部门如何调查取证？

如何进行处罚？

## 案件来源

2022 年 4 月 15 日，某市文旅综合执法部门对某剧本娱乐经营场所进行日常检查时，发现该场所剧本脚本无适龄提示，且该场所也没有未成年人限入提示。

## 案件事实

2022 年 4 月 15 日，某市文旅综合执法部门对某剧本娱乐经营场所进行检查时，现场发现其使用的剧本脚本均未设置适龄提示，且该场所也没有未成年人限入提示。现场负责人称该场所内所有剧本脚本都没有标注适龄范围，工作人员也从未询问过消费者年龄。执法人员依法抽样部分剧本脚本，并采取证据保存措施。

经查，当事人从事剧本娱乐经营业务，其使用的剧本脚本未标注适龄范围，其场所内也未张贴悬挂未成年人限入标志。

2022 年 5 月 26 日，该市文旅综合执法部门对该场所作出警告的行政处罚，责令当事人建立内容自审制度，标注剧本脚本的适龄范围，并在场所显著位置悬挂未成年人限入标志。

与此同时，该市“扫黄打非”办进一步压紧压实“剧本杀”经营场所主体责任，积极推动“剧本杀”行业监管“五有体制”（有主管领导、有专人负责、有工作部署、有督办检查、有结果反馈）、“五有机制”（有台账登记、有证照文书、有剧本样品、有自查记录、有应急预案）常态化，引导剧本娱乐经营场所对剧本脚本按年龄实行三级管理（第一级，适合任何年龄段消费者；第二级，适合 14—18 周岁消费者；第三级，适合 18 周岁以上消费者）。日前，该市“剧本杀”行业协会正在筹备成立，有望通过建立行业自律规范、签署绿色经营承诺书等措施，逐步引导行业规范健康发展。

## 查处过程

### 一、现场执法检查

执法部门组织 2 名以上执法人员对该剧本娱乐经营场所开展现场检查，执法人员在其经营场所内发现剧本脚本 149 本，并对该剧本娱乐经营场所负责人进行询问。经检查，该经营场所未能提供任何关于剧本脚本的适龄提示和适龄范围划定，也没有任何关于除寒暑假、法定节假日之外，不向未成年人提供剧本娱乐活动的宣传提示。执法人员初步判断该场所使用的剧本脚本未设置适龄提示、未标注适龄范围，该场所内未张贴悬挂未成年人限入标志。执法人员抽样了部分剧本脚本，并进行了证据保全。

**该环节核实重点：**该场所基本情况、场所有无营业执照、对剧本脚本初步认定、对涉嫌违法行为现场进行证据固定等。

**该环节主要措施：**对现场抽样的剧本脚本进行证据先行登记保存、出具《现场检查（勘验）笔录》和《证据保存清单》、做好拍照取证工作等。

### 二、进一步调查取证

执法人员对涉嫌违法行为进行立案，围绕违法事实的基本情况、性质、情节，开展调查取证工作。经查，当事人从事剧本娱乐经营业务，但未对使用的剧本脚本设置适龄提示、标注适龄范围，其经营场所内也未张贴悬挂未成年人限入标志。涉案剧本脚本由当事人在微信小程序上购买，每套 500 元左右。当事人并未进行内容自审，直接用于向消费者提供剧本娱乐活动。

**该环节核实重点：**

1. 审核涉案剧本脚本内容。对剧本的内容进行重点审核，查看是否含有《中华人民共和国未成年人保护法》《娱乐场所管理条例》《营业性演出管理条例》等法律法规禁止的内容，是否标注适龄范围。经审核，涉案剧本脚本无法律法规禁止的内容，但未标注适龄范围。

2. 认定违规经营行为。通过对当事人及工作人员制作《调查询问笔录》、核验场所营业执照等资质、调取剧本脚本购买凭证等物证，对当事人未对涉案剧本脚本设置适龄范围的情况进行证据固定。

**三、进行警告**

2022 年 5 月 18 日，执法部门向当事人送达了《行政处罚决定书》，对其作出警告的行政处罚，告知当事人违法事实、案件证据、情节认定以及处理结果和依据。

**该环节包括：**行政执法机关负责人案件集体讨论、处理结果告知及送达等流程，同时关注案件后续可能出现的复议、诉讼风险。

## 合规要点

本案是一起对剧本娱乐经营场所剧本脚本未设置适龄提示、场所内未悬挂未成年人限入标志进行警告教育的典型案件。

**一、法律适用适当**

该剧本娱乐经营场所向消费者提供剧本娱乐活动，并收取相关费用，上述行为应认定为从事剧本娱乐经营业务；该场所对使用的剧本脚本未设置适龄提示、未标注适龄范围，场所内未悬挂未成年人限入标志，应认定该剧本娱乐经营场所违反了《中华人民共和国未成年人保护法》第五十一条的规定。依照《中华人民共和国未成年人保护法》第一百二十一条的规定，执法部门对该剧本杀经营场所作出警告的行政处罚。

**二、处罚程序合法**

《现场检查（勘验）笔录》、《证据保存清单》、取证照片等证明现场检查、涉案物品的情况；营业执照等信息证明当事人具有承担法律责任的主体资格；剧本脚本原件证明涉案剧本脚本未设置适龄提示、未标注适龄范围；负责人的《调查询问笔录》证明该场所使用的剧本脚本未设置适龄提示、未标注适龄范围，该场所内未张贴悬挂未成年人限入标志。

## 法规政策依据

《中华人民共和国未成年人保护法》第五十一条、第一百二十一条

## 案件启示

近年来，以“剧本杀”为代表的角色扮演剧本娱乐经营场所快速发展，不断丰富文化供给、满足人民群众文化娱乐消费需求，但也出现了一些不良内容及安全隐患。本案是剧本娱乐经营场所使用的剧本脚本未设置适龄提示、场所内未悬挂未成年人限入标志的典型案件。对这一行为进行警告教育，一方面能够减少剧本脚本以及表演、场景、道具、服饰中不当内容对广大青少年身心健康可能造成的危害；另一方面有利于促进剧本娱乐行业规范经营，健康有序发展。

各剧本娱乐经营场所要严格落实《文化和旅游部、公安部、住房和城乡建设部、应急管理部、市场监管总局关于加强剧本娱乐经营场所管理的通知》的要求，强化自身主体责任，建立内容自审制度，明确内容管理、未成年人保护等要求。督促相关企业营造良好的文化环境，重在通过企业自我管理督促相关企业合规经营。文旅执法、住建、公安等管理部门，要加大对剧本娱乐行业的日常巡查，宣传、讲解相关文件，不断引导剧本娱乐行业开展自查自纠，实现合规化经营。

（撰稿：湖北省大冶市文化和旅游市场综合执法大队　杨蜜）

# 剧本娱乐经营场所提供含暴力内容的剧本

**场景呈现**

某市市中心有一家剧本娱乐经营场所，生意十分火爆。该店老板在一个“剧本杀”交流群里看到有人要出售一盒内容十分“刺激”的剧本脚本，在好奇心的驱使下，他购买了该“剧本杀”产品。该剧本脚本的内容十分血腥暴力，但老板没有对该剧本脚本进行定级分类，就将其提供给未成年人。

**处置难点**

如何认定剧本脚本内容违规行为？

如何监管剧本娱乐经营场所是否设置剧本脚本适龄范围？

执法部门该如何调查取证？

如何进行处罚？

## 案件来源

2022 年 3 月 26 日，某市文旅综合执法部门在日常巡查中发现该市中心城区的一家剧本娱乐经营场所里，有未成年人正在参与一盒封面含有暴力元素的“剧本杀”产品，该剧本脚本可能含有影响未成年人身心健康的内容。

## 案件事实

2022年3月26日，某市文旅综合执法部门对某剧本娱乐经营场所进行日常巡查，发现有一场正在进行的“剧本杀”游戏产品封面含有暴力元素，参与人员有3名未成年人。执法人员依法将涉案剧本脚本扣押。

经审读鉴定，涉案剧本脚本含有宣扬暴力的内容。剧本娱乐经营场所将含有暴力内容的“剧本杀”产品提供给未成年人，影响未成年人身心健康。

2022年4月22日，该市文旅综合执法部门对该场所作出行政警告处罚，责令该剧本娱乐经营场所对经营中使用的剧本脚本、设置的场景、提供的服装和道具等内容和活动进行自查分级，保障内容和活动的合法性；同时要求该剧本娱乐经营场所建立健全未成年人保护机制，对于不适宜未成年人参与的“剧本杀”活动，应当在其场所内显著位置或活动前予以提示，并且不得允许未成年人进入。

## 查处过程

### 一、日常巡查

该市文旅综合执法部门2名执法人员对该剧本娱乐经营场所进行日常巡查，发现一场“剧本杀”活动使用的剧本脚本内容十分血腥恐怖，经查验身份证发现参与人员有3名未成年人。执法人员初步判定该场所向未成年人提供含有影响未成年人身心健康内容的“剧本杀”活动。执法人员将涉案剧本脚本扣留，进行证据保全。

**该环节核实重点：**检查范围应包括剧本脚本内容、场景道具、人物服装和场景设计。执法人员应重点对恐怖、情感、古装等主题的剧本脚本进行内容核查，同时检查所使用的剧本脚本是否标明适龄范围；若发现有不适宜未成年人参与的剧本脚本内容，应查验参与“剧本杀”活动的人员身份信息，确认是否有未成年人参与。

**该环节主要措施：**对涉案剧本进行扣留登记、出具《现场检查（勘验）笔录》和《证据保存清单》、进行执法记录等。

**二、调查取证**

执法人员对涉嫌违法行为进行立案，围绕违法事实的基本情况、性质、情节开展调查取证工作。成立“剧本杀”审读专班。经审读鉴定，涉案剧本脚本对凶手行凶的情节进行了暴力血腥的描述，不适合未成年人参与。该涉案剧本脚本由该店店主通过微信群的二手渠道以 360 元的价格购买，避开了“剧本杀”线上购买平台的内容监管。店主未进行内容自查分级，未核实顾客年龄信息，就将涉案剧本脚本提供给未成年人。

**该环节核实重点：**1. 确定“剧本杀”审读主体。由该市“扫黄打非”工作小组办公室牵头，成立由该市文联副主席任主审，市新闻出版局、市文联、市文旅综合执法大队工作人员任成员的审读专班。2. 认定涉案“剧本杀”性质。审读专班鉴定涉案“剧本杀”的剧本、场景、道具等是否含有危害未成年人身心健康的内容，并出具评定结果。3. 认定违规经营行为。通过对该剧本娱乐经营场所负责人、游戏主持人与消费者制作《调查询问笔录》，查询剧本的线上交易记录，对涉案“剧本杀”的购入与使用情况进行证据固定。

**三、进行警告**

2022 年 4 月 22 日，该市文旅综合执法部门向当事人送达了《行政处罚决定书》，对其作出行政警告处罚，告知当事人违法事实、案件证据、情节认定、处理结果和依据。执法部门责令该场所对店内所有“剧本杀”产品进行自查，自查是否含有及传播宣扬淫秽、色情、暴力、邪教、迷信、赌博、引诱自杀等危害未成年人身心健康的内容；下架含有不良内容导向的“剧本杀”产品；对上架

"剧本杀"产品分级分类，标明适龄范围；在核实消费者年龄后，向其推荐适宜的产品。

**该环节包括：**行政执法机关负责人对案件集体讨论、处罚事先告知、听证、处罚决定作出及送达等流程，同时关注案件后续可能出现的复议、诉讼风险。

## ▶▶ 合规要点

### 一、法律适用适当

本案是一起对剧本娱乐经营场所向未成年人提供含有影响未成年人身心健康内容的"剧本杀"产品进行警告教育的典型案件。涉案剧本经鉴定含有暴力血腥内容。该剧本娱乐经营场所对场所内"剧本杀"产品分级分类不到位，将含有暴力内容的"剧本杀"产品提供给未成年人，违反了《中华人民共和国未成年人保护法》第五十条的规定。

### 二、执法程序规范

《现场检查（勘验）笔录》、《证据保存清单》、取证照片等证明现场检查、涉案物品的情况；营业执照等信息证明当事人具有承担法律责任的主体资格；审读团队出具审读评定结果证明涉案"剧本杀"内容是否合规；涉案"剧本杀"原件证明涉案剧本脚本未设置适龄提示，未标注适龄范围；消费者的证件信息证明涉案"剧本杀"的服务对象为未成年人；经营场所负责人、游戏主持人与消费者等人的《调查询问笔录》、剧本的线上交易记录证明该场所向未成年人提供含有影响未成年人身心健康内容的"剧本杀"产品。

## ▷▷ 法规政策依据

《中华人民共和国未成年人保护法》第五十条、第一百二十一条

《文化和旅游部、公安部、住房和城乡建设部、应急管理部、市场监管总局关于加强剧本娱乐经营场所管理的通知》

## 案件启示

近年来，随着人民物质生活水平的提高、精神世界的丰富和经济社会的发展，新业态陆续出现。针对新业态，尤其是涉及未成年人的行业，相关部门应勇于担当，加强管理，不断规范新业态，保障未成年人的身心健康。本书精选了新业态涉及的案例，以期为新业态的健康发展贡献绵薄之力；但同时，新业态在不同地区的发展并不同步，新业态处于不断变化发展中，相关法规也处于不断健全阶段，故本书涉及新业态的案例所针对的是发展中的问题，监管时仅作为参考，不作为执法依据。

"剧本杀"是近年来的新兴行业，从业人员与消费者年龄普遍偏低。若"剧本杀"产品缺乏内容监管，容易对青少年身心造成不良影响。对这一行为进行警告教育，一是能够降低青少年通过"剧本杀"接触不健康内容的概率，二是为"剧本杀"行业从业者敲响警钟，三是可以为后续"剧本杀"案件的查办提供更多可操作性启发、探索和参考。

"剧本杀"行业的健康发展，需要"剧本杀"行业的发行方、经营场所、消费者以及行业监管部门的共同推动。"剧本杀"发行方应当严格控制内容创作尺度，在"剧本杀"盒外标注适龄范围信息；剧本娱乐经营场所应当规范剧本脚本购买渠道，严抓内容监管，按时将"剧本杀"相关信息报送文旅部门备案，并严格核实顾客身份年龄信息；"剧本杀"消费者应当积极向行业监管部门举报含有不良内容或盗版的"剧本杀"产品；文旅执法部门应当加大对剧本娱乐经营场所的日常巡查力度，督促经营场所落实内容监管等各项措施。

（撰稿：湖北省大冶市新闻出版局　王子禹）

# 音乐餐厅组织未成年人进行危害其身心健康的表演活动

**场景呈现**

某音乐餐厅在场所内举办营业性演出时，组织了1名未满16周岁的未成年人参与演出活动。该音乐餐厅组织的演出不收取门票，以观众打赏的方式进行营利。该名未成年人在表演结束后，长时间站在舞台上让观众对其进行打赏，且在打赏结束后，到观众席与对她进行打赏的观众进行聊天互动。

**处置难点**

如何认定营业性演出行为？

该违法行为的处罚适用哪部法律法规？

如何认定未成年人的身份？

如何认定该表演活动危害未成年人身心健康？

执法部门该如何调查取证？

如何进行处罚？

## 案件来源

2022年1月11日，某市文化市场综合执法部门在日常执法检查中，发现某音乐餐厅涉嫌组织未成年人进行危害其身心健康的表演活动。

## 案件事实

2022年1月11日，该市文化市场综合执法部门在对该音乐餐厅举办的营业性演出检查中发现，该演出活动有1名未成年人参与。执法人员结合该场所演出的营利模式及演出现场环境判断，该音乐餐厅涉嫌组织未成年人进行危害其身心健康的表演活动。执法人员依法制作了《现场检查(勘验)笔录》，并进行了拍照取证。

经查，该音乐餐厅组织1名未满16周岁的未成年人参与该场所在2022年1月1日至11日举办的21场营业性演出活动，该类营业性演出有危害未成年人身心健康的内容，影响该未成年人的身心健康。

2022年3月，该市文化和旅游主管部门对当事人依法作出警告、没收违法所得1197元并处罚款30000元的行政处罚。

## 查处过程

### 一、现场执法检查

该市文化市场综合执法部门在出示执法证件并告知检查事项后，依法对该音乐餐厅举办的营业性演出进行现场检查，发现有1名未满16周岁的未成年人参与演出活动。执法人员综合分析该演出的营利模式及演出的现场环境后，初步判断该音乐餐厅涉嫌组织未成年人进行危害其身心健康的表演活动。执法人员针对现场检查情况制作了《现场检查(勘验)笔录》并拍照取证。

**该环节核实重点：**音乐餐厅基本情况、举办的营业性演出活动有无取得相关许可文件、未成年人身份的初步认定、对涉嫌违法行为现场进行证据固定等。

**该环节主要措施：**制作《现场检查（勘验）笔录》并拍照取证。

**二、进一步调查取证**

执法人员对该音乐餐厅涉嫌组织未成年人进行危害其身心健康的表演活动进行立案；对当事人依法进行调查询问，确认未成年人参与演出行为的整个过程以及打赏金额的分成情况等；向公安机关发函核实未成年人的身份信息；到该场所调取监控视频，对未成年人的整个表演活动情况进行取证。

**该环节核实重点：**

1. 认定该表演活动危害未成年人身心健康。根据该营业性演出的营利模式、观众群体，对当事人制作的《调查询问笔录》及该场所的视频监控，确认该演出活动危害未成年人的身心健康。

2. 认定未成年人的身份信息。向公安机关发函，核实该未成年人的年龄、户籍等信息。

3. 认定违法所得。该音乐餐厅举办的营业性演出以观众打赏的形式营利。观众打赏的钱，以音乐餐厅 30%、演员 70% 的比例进行分成；该未成年人总共获得观众打赏 3990 元，场所获利 1197 元。

**三、作出行政处罚**

2022 年 3 月 8 日，执法部门向当事人送达了《行政处罚事先告知书》，告知当事人违法事实、案件证据、情节认定、处罚依据及拟处罚内容，并告知当事人享有陈述、申辩、申请听证的权利。截至 3 月 15 日（5 个工作日后），当事人未提出陈述、申辩和听证申请。3 月 15 日，执法部门依据《中华人民共和国未成年人保护法》第一百二十五条的规定，对该音乐餐厅组织未成年人进行危害其身心健康的表演活动作出以下行政处罚：责令其改正违法行为，给予警告；没收违法所得 1197 元；罚款 30000 元。

**该环节包括：**行政执法机关负责人对案件集体讨论、处罚事先告知、听证、处罚决定作出及送达等流程，同时关注案件后续可能出现的复议、诉讼风险。

## ▶▶ 合规要点

本案是一起营业性演出活动中，存在组织未成年人进行危害其身心健康的表演活动的典型案件。

### 一、法律适用适当

该音乐餐厅举办营业性演出，以观众打赏的方式进行营利。演员表演完后在舞台等待观众打赏，且在打赏结束后，会到观众席与观众聊天互动。该音乐餐厅组织未满 16 周岁的未成年人参与此类演出活动，应当认定为组织未成年人进行危害其身心健康表演活动的违法行为，违反了《中华人民共和国未成年人保护法》第六十一条第四款的规定。

### 二、处罚程序合法

《现场检查（勘验）笔录》、取证照片等证明现场检查的情况；营业执照、营业性演出准予许可决定等信息证明当事人具有承担法律责任的主体资格；公安机关提供的户籍信息证明未成年人的身份信息；当事人的《调查询问笔录》、场所监控视频的截图证明营业性演出的营利方式、未成年人参与表演活动的整个过程等情况；转账截图及场所收入明细等单据证明当事人盈利状况。

### 三、关于该音乐餐厅的违法行为是否由文化和旅游主管部门管辖

各行政区域县级以上文化和旅游部门是本行政区域营业性演出活动的监督管理部门。该案中涉案未成年人不是涉案场所的工作人员，只是参与了当事人组织的营业性演出活动，其所获取的报酬也是从表演活动的打赏中获得分成。根据《中华人民共和国未成年人保护法》第一百二十五条“违反本

法第六十一条规定的，由文化和旅游、人力资源和社会保障、市场监督管理等部门按照职责分工责令限期改正，给予警告，没收违法所得，可以并处十万元以下罚款……”的规定，以及《中华人民共和国行政处罚法》第二十二条的规定，行政区域内的县级以上文化和旅游部门具有管辖权。

### 法规政策依据

《中华人民共和国行政处罚法》第二十二条、第二十八条

《中华人民共和国未成年人保护法》第六十一条第四款、第一百二十五条

### 案件启示

2021年11月29日发布的《文化和旅游部办公厅关于加强网络文化市场未成年人保护工作的意见》明确要求网络文化服务提供者不得为未满16周岁的未成年人提供网络直播发布者账号注册服务，以及严禁借“网红儿童”牟利，严管严控未成年人参与网络表演。本案中，该音乐餐厅让未满16周岁的未成年人参与表演活动以获得打赏，并让未成年人到台下与观众互动的行为，严重影响了该未成年人的身心健康。对这一行为的查处，既有效维护了未成年人的合法权益，也对以打赏为营利模式的营业性演出活动起到了规范震慑效果。

2020年10月17日修订、自2021年6月1日起施行的《中华人民共和国未成年人保护法》加大了对未成年人的保护。未成年人的家长应充分关注并了解子女参与演出活动的方式和内容，发现危害其身心健康的表演活动应立即向文化市场综合执法等相关

部门反映情况；社会大众也应积极进行监督，发现有未成年人参与危害其身心健康的演出活动时及时向文化监管部门举报；营业性演出的举办者要严格遵守《营业性演出管理条例》《中华人民共和国未成年人保护法》等法律法规，自觉规范演出经营行为；文化等各职能部门也应加强对演出行业的日常监管，加大对相关从业人员的普法宣传力度，增强演出行业从业人员的守法意识。

（撰稿：江西省宜春市文化市场综合执法支队　袁智勇、胡文卿、弋文英）

# 艺术培训机构未经批准擅自开办社会艺术水平考级活动

**场景呈现**

某艺术培训机构主要面向未成年人开设钢琴、吉他等乐器培训，其定期通过微信、微博等途径以其名义对外发布社会艺术水平考级报考简章，并宣称自己是“甲音乐学院在该地区考级指定地点和承办单位”，可提供针对性极强的考前培训和应试教材，大幅提高考生考级通过率，考生如同时通过其报名考级和购买其配套培训班，可享受培训费优惠。

**处置难点**

如何认定擅自开办社会艺术水平考级活动的行为？

有哪些调查取证要点？

如何进行处罚？

## 案件来源

2020 年 9 月 9 日，某市文化市场综合执法部门接到上级案件线索排查通知，反映该市某艺术培训机构发布了《2020 年某寒假等级考试通知》，其涉嫌未取得《社会艺术水平考级资格证书》，擅自开办社会艺术水平考级活动。

## 案件事实

社会艺术水平考级活动，应由持有《社会艺术水平考级资格证书》的单位举办。根据线索排查通知，执法人员对某艺术培训机构运营的微信公众号进行了远程勘验，对其经营场所进行了现场检查，发现该机构确以自己名义发布了《2020 年某寒假等级考试通知》，且该机构无法提供其与甲音乐学院（该社会艺术水平考级的实际举办单位）的承办协议。

该艺术培训机构主要从事艺术培训、乐器销售等工作。其为了便于招生，在不具备相关资质的情况下，对外宣称其是甲音乐学院的“考级指定地点和承办单位”、可以“统一安排考前辅导”。该艺术培训机构通过宣传误导客户后，擅自修改了甲音乐学院的报考简章，增设了考级科目，提高了收费标准，并以自己的名义对外重新发布“考试通知”。考生报名并交费后，该艺术培训机构开办“考级冲刺班”进行考前辅导，以此获取额外经济利益。

依据《社会艺术水平考级管理办法》第二十四条的规定，该市文化市场综合执法部门依法对当事人处以 10000 元罚款的行政处罚。

## 查处过程

### 一、线上远程勘验

执法人员对当事人运营的微信公众号进行远程勘验，对发布“考试通知”的情况进行远程取证并固定证据。

**取证要点：**使用录屏软件，对该艺术培训机构发布的“考试通知”页面、考试举办方主体信息以及相关考试科目、收费标准、收款二维码对应收款方等关键点开展远程勘验，证明当事人确以自己名义发布了“考试通知”并实际收款。

### 二、现场执法检查

执法部门组织 2 名以上执法人员至现场进行检查，向该艺术培训机构负责人出示有效证件后，对当事人经营场所进行现场检查，对该艺术培训机构负责人进行调查询问。该艺术培训机构负责人承认其未取得《社会艺术水平考级资格证书》，且无法提供与甲音乐学院签订的承办协议。执法人员初步判断该艺术培训机构涉嫌未经批准擅自开办社会艺术水平考级活动。

**该环节核实重点：**该艺术培训机构基本情况、许可资质材料。对涉嫌违法行为现场进行证据固定。

**该环节主要措施：**制作《现场检查（勘验）笔录》及《调查询问笔录》。全程录音录像、拍照取证。

### 三、进一步调查取证

执法人员对涉嫌违法行为予以立案，围绕违法事实的基本情况、性质、情节开展调查取证。经查，该艺术培训机构为招揽生源，骗北京某公司（甲音乐学院合法授权承办单位）与其合作，在收取考生家长费用后通过北京某公司交费报名。执法人员对考生家长进行了取证并调取了《考级汇总表》、报名二维码截图、转账截图等证据材料证明该艺术培训机构确实以自己名义擅自开办了社会艺术水平考级活动。以上证据形成完整证据链。

同时，当事人对外宣称自己是“甲音乐学院在该地区考级指定地点和承办单位”、可以“统一安排考前辅导”等，擅自修改了甲音乐学院的报考简章，增加了“竖琴”“尤克里里”等未开考的考级科目，将每科每级收费标准提高了10元，并以自己的名义对外重新发布“考试通知”。涉案两场考级活动累计有119名考生报名并交费。当事人汇总报名表、考级视频等材料后，统一通过承办单位北京某公司报至考级机构甲音乐学院。为获取更多经济利益，当事人还针对考级科目开办了“考级冲刺班”进行考前辅导。

**该环节核实重点：**

1. 以自己的名义独立对外发布“考试通知”。该艺术培训机构对甲音乐学院报考简章的核心内容进行了修改，包括增设了考级科目、提高了考级收费标准等。其以自己的名义对外重新发布“考试通知”，而非简单地转载。

2. 对外宣称自己为承办单位和指定考点。该艺术培训机构向公众宣称自己是“甲音乐学院在该地区考级指定地点和承办单位”，误导了客户。

3. 通过开办考前培训直接获取经济利益。该艺术培训机构对外宣称可以“统一安排考前辅导”，并针对考级科目开办“考级冲刺班”进行考前辅导。

4. 直接组织实施了考级报名行为。涉案考级报名的行为并非简单的“代报名”，而是由该艺术培训机构整理汇总考生的报名表、考级视频等材料后，统一通过“甲音乐学院北京某公司艺术水平考点”的报名二维码直接进行报名。

5. 直接收取了考级费。考级收费的行为也非简单的“代收费”，而是由该艺术培训机构提高收费标准后，统一收取至其自己的账户。

因此，通过对该艺术培训机构上述的一系列行为的核实，执法人员认定该艺术培训机构组织开办了涉案社会艺术水平考级。

**四、作出行政处罚**

该艺术培训机构未取得《社会艺术水平考级资格证书》，也并非相关考级机构的承办单位，未经批准擅自组织开办了涉案社会艺术水平考级活动，违反了《社会艺术水平考级管理办法》第八条、第九条的规定。执法部门依据《社会艺术水平考级管理办法》第二十四条的规定，依法对当事人处以罚款 10000 元的行政处罚。

**该环节包括：**处罚事先告知及处罚决定作出、送达等流程，同时关注案件后续可能产生的民事诉讼、行政复议、行政诉讼等风险。

## 合规要点

本案是一起对校外非学科类艺术培训机构未经批准擅自开办社会艺术水平考级活动进行处罚的典型案件。

**一、法律适用适当**

当事人以营利为目的、修改编辑报考简章并以自己的名义对外发布“考试通知”、宣传误导公众、开办考前培训、组织考生报名、自行提高收费标准并实际收取考级费，根据这一系列行为应当认定当事人组织开办了涉案社会艺术水平考级活动。

当事人未取得《社会艺术水平考级资格证书》，也并非相关考级机构的承办单位，未经批准擅自组织开办了涉案社会艺术水平考级活动，违反了《社会艺术水平考级管理办法》第八条、第九条、第十条的规定，构成未经批准擅自开办艺术水平考级活动的事实。执法部门依据《社会艺术水平考级管理办法》第二十四条的规定予以处罚。

**二、处罚程序合法**

《现场检查（勘验）笔录》、取证照片等文书证明当事人擅自从事了开办社会艺术水平考级活动的系列行为，营业执照、许可资质等信息证明当事人具备承担法律责任的主体资格；当事人未取得《社会艺术水平考级资格证书》，也并非相关考级机构的承办单位，证明其不具有承办社会艺术水平考级的相关资质；相关转账截图及资金账户流水佐证材料，证明当事人收取费用。

## 法规政策依据

《社会艺术水平考级管理办法》第八条、第九条、第二十四条

## 案件启示

随着人们物质生活水平的提高，人们对艺术培训、能力水平考级等的需求与日俱增。本案是校外艺术培训机构擅自开办社会艺术水平考级活动，并以考级为名，对学生及家长施加“欲考先学”的捆绑经营行为的一起典型案件。当事人的行为损害了广大考生的合法利益，侵害了其自主选择培训机构的权利。该案的成功办理有力震慑了业内存在的擅自开办社会艺术水平考级、违规承办社会艺术水平考级等违法乱象。

家长如发现艺考活动中存在违法违规的行为，要注意在留存证据的同时积极向有关部门反映情况，提升对不法行为的防范意识。各相关监管部门也应加强对此类机构的日常检查，增强校外培训机构依法依规从事艺考活动的责任意识。

（撰稿：天津市文化市场行政执法总队　袁野、韩顺超）

# 某场所非法举办儿童舞台剧节目演出

**场景呈现**

B影院电影放映厅内正举行着一场名为《××动物城》的儿童舞台剧演出，简易的舞台布景前、昏暗的灯光下几个扮作小丑的演员正进行着表演，表演台词中充斥着低俗、恶搞的小段子，观众席上的小朋友们看得无精打采，一旁的家长们听得眉头紧皱……演出结束后，一位愤怒的家长拿起手机拨打了文化市场综合执法部门的投诉举报电话，反映该儿童舞台剧演出与宣传严重不符，节目内容低劣，怀疑其是违法演出。

**处置难点**

对于事后查办案件，执法部门该如何开展调查取证？

如何认定演出违法？

该如何进行处罚？

## 案件来源

2022 年 5 月 24 日，某市文化市场综合执法部门接上级《网络问政》交办件："B 影院举办儿童舞台剧《×× 动物城》演出，该演出表演内容低劣，与宣传严重不符……要求文化市场综合执法部门严肃处理。"

## 案件事实

2022 年 5 月 24 日，根据上级交办线索，某市文化市场综合执法部门执法人员先后通过远程勘验、现场检查、调查询问、调取监控和核查网络售票数据等手段，还原了某儿童舞台剧宣传、售票、演出的全过程，确定了违法主体及违法事实。经办案人员与演出举办方 A 文化传媒有限公司负责人的反复沟通和法律法规宣传，在充分的证据面前，已离开该地的演出举办方 A 文化传媒有限公司负责人返回该地接受调查处理。

经查，A 文化传媒有限公司从事演出经营和经纪业务，其在未取得文化部门营业性演出批准的情况下，与 B 影院管理有限公司达成租赁协议，以所售演出门票五五分成的条件租赁 B 影院管理有限公司演出场地，举办了 3 场儿童舞台剧《×× 动物城》营业性演出。其间，A 文化传媒有限公司一方面为营造该儿童舞台剧有市场的假象，争取与 B 影院管理有限公司更多合作项目，采取内部回购门票的手段虚增票房；另一方面为降低演出成本，雇用 5 名临时演员进行了与演出宣传严重不符的营业性表演，导致演出节目内容低劣，造成不良社会影响。另查明，B 影院管理有限公司作为营业性演出经营单位，为追求经济效益，在未核验演出举办单位的演出批准文件的情况下，为未经批准的营业性演出提供演出场地。

2022 年 7 月，该市文化市场综合执法部门对 A 文化传媒有限公司依法作出罚款 50000 元的行政处罚；对 B 影院管理有限公司依法作出没收违法所得 21223.5 元并处罚款 63670.5 元的行政处罚。

## 查处过程

### 一、前期调查及现场执法检查

执法部门组织 2 名执法人员对 B 影院管理有限公司微信公众号中发布的“大型儿童舞台剧《×× 动物城》”的宣传、售票等信息进行远程勘验并制作了《远程勘验笔录》；通过向本市行政审批局核实得知，在 B 影院场所内举办的儿童舞台剧《×× 动物城》未办理相关审批、备案手续。

随后执法部门组织 2 名以上执法人员对 B 影院管理有限公司开展现场检查，执法人员在现场检查中收集了《×× 动物城》演出门票存根、演出场地租赁合同及财务支付凭证，调取了影院平台售票记录、演出时段监控视频等相关证据，并对影院负责人进行了现场询问，初步判断 B 影院管理有限公司涉嫌为未经批准的营业性演出提供演出场地，A 文化传媒有限公司涉嫌未经批准举办营业性演出。执法人员对涉案证据进行了证据先行登记保存。

**该环节核实重点：**影院、演出举办单位基本情况，有无营业性演出资质、营业性演出备案证明，该演出活动实施之前是否经审批部门批准。执法人员通过远程勘验和现场检查，锁定了违法主体和涉嫌违法行为，对现场提取的证据进行了证据先行登记保存等。

**该环节主要措施：**制作《远程勘验笔录》《现场检查（勘验）笔录》《证据先行登记保存通知书》《证据先行登记保存清单》，对现场提取的演出门票存根、演出售票记录、演出场地租赁合同、演出监控视频通过影像记录、打印、拷贝等方式进行证据固定。

## 二、进一步调查取证

执法人员对A文化传媒有限公司、B影院管理有限公司涉嫌违法行为分别进行立案，围绕违法事实的基本情况、性质、情节，开展调查取证工作。经查，A文化传媒有限公司从事营业性演出经营和经纪业务，在未取得营业性演出批准的情况下，于2022年5月22日租赁B影院管理有限公司演出场地举办了3场“儿童舞台剧《××动物城》”营业性演出，以36元至48元不等的价格售出门票共945张，门票收入共计42447元；按照双方协议约定，演出举办方和演出场地出租方各获得门票收入的50%。其间，A文化传媒有限公司一方面为营造该儿童舞台剧有市场的假象，争取与B影院管理有限公司更多合作项目，出资40000元组织人员通过内部回购门票的手段虚增票房；另一方面为降低演出成本，雇用房某某、刘某某等5名临时演员进行了与演出宣传严重不符的营业性表演，导致演出节目内容低劣，造成不良社会影响。

另查明，B影院管理有限公司作为演出场所经营单位，从事演出场地经营及服务，为追求经济效益，在未核验演出举办单位的演出批准文件的情况下，为未经批准的营业性演出提供演出场地，获利21223.5元。

**该环节核实重点：**

1. 认定演出活动性质。根据《营业性演出管理条例》的规定，以营利为目的为公众举办的现场文艺表演活动即为营业性演出，结合远程勘验所获取的演出节目和演出时间、地点、票价及售票统计数据等要素，演出当天现场监控视频，执法部门认定该场演出活动为营业性演出。

2. 分别认定违法行为。通过对A文化传媒有限公司、B影院管理有限公司负责人及工作人员制作《调查询问笔录》，结合现场提取的演出售票记录、演出场地租赁合同、财务票据、演出监控视频等物证，分别认定演出举办方和演出场所租赁方的违法行为。

3. 认定违法所得。该营业性演出共售出门票945张，门票收入总计

42447元，按照双方签订的《演出场地租赁合同》五五分成的约定，A文化传媒有限公司和B影院管理有限公司分别获得了门票总收入的50%（各21223.5元）；A文化传媒有限公司为营造演出有市场的假象，争取与B影院管理有限公司更多的合作机会，组织人员自费回购了本次营业性演出的40000元门票。办案人员核实后，认定A文化传媒有限公司在本次演出实际未获得违法所得，认定B影院管理有限公司违法所得为21223.5元。

**三、作出行政处罚**

2022年6月24日，执法部门向A文化传媒有限公司、B影院管理有限公司分别送达了《行政处罚事先告知书》，告知当事人违法事实、案件证据、情节认定、处罚依据及拟处罚内容，并告知当事人享有陈述、申辩、听证的权利。截至6月30日（5个工作日后），双方当事人未提出陈述、申辩、听证申请。7月1日，执法部门依据《营业性演出管理条例》第十三条、第四十四条第一款的规定对A文化传媒有限公司未经批准举办营业性演出的行为作出行政处罚，责令其改正违法行为，并给予其罚款50000元的行政处罚；依据《营业性演出管理条例》第十七条、第四十四条第三款的规定，对B影院管理有限公司为未经批准的营业性演出提供场地的行为作出行政处罚，责令其改正违法行为，并给予没收违法所得21223.5元并处罚款63670.5元的行政处罚。

**该环节包括：**行政执法机关负责人对案件集体讨论、处罚事先告知、听证、处罚决定作出及送达等流程。同时关注案件后续可能出现的复议、诉讼风险。

## ▶▶ 合规要点

本案是一起事后对未经批准举办营业性演出、为未经批准的营业性演出提供场地行为进行“一事双查”的典型案件。

**一、法律适用准确**

A文化传媒有限公司在未获得演出所在地审批部门的批准文件的情况下，通过线上线下出售门票并租赁B影院管理有限公司场地举办营业性演出活动的行为应认定为未经批准举办营业性演出；B影院管理有限公司在未核验该营业性演出活动的批准文件的情况下，将影院租赁给演出举办方举办营业性演出，此行为应认定为为未经批准的营业性演出提供场地。A文化传媒有限公司未取得批准性文件举办营业性演出，违反了《营业性演出管理条例》第十三条的规定；B影院管理有限公司未核验营业性演出的批准性文件，为该演出提供演出场地，违反了《营业性演出管理条例》第十七条的规定。

**二、处罚程序合法**

《交办通知》证明案件来源；《远程勘验笔录》、《现场检查（勘验）笔录》、取证照片等证明远程勘验、现场检查情况；营业执照、许可资质等信息证明当事人具有承担法律责任的主体资格；审批部门函复文件证明该演出活动的违法性；双方负责人的《调查询问笔录》证明本次营业性演出剧目策划、演员情况及影院、演出经纪机构的分工安排；门票销售统计、《演出场地租赁合同》、门票回购经办人的《调查询问笔录》、回购门票款项财务凭证等证据证明当事人违法金额、违法所得。证据相互印证，形成完整的证据链。

**三、关于两个违法行为是否可同时处罚**

根据《中华人民共和国行政处罚法》第二十九条的规定，对当事人的同一个违法行为，不得给予两次以上罚款的行政处罚。而行政执法机关针对两个行政相对人的不同违法行为，依据不同法律法规对两个行政相对人分别作出的不同行政处罚不适用“一事不再罚”原则，因此执法部门对A文化传媒有限公司未经批准举办营业性演出、B影院管理有限公司为未经批准的营业性演出提供场地的行为分别立案查处程序合法，可分别进行处罚。

## 法规政策依据

《中华人民共和国行政处罚法》第二十八条第二款、第二十九条

《营业性演出管理条例》第十三条，第十七条，第四十四条第一款、第三款

## 案件启示

近年来演出市场日趋繁荣，各类场所文旅、文娱产业融合发展，并衍生出各种演出兼营模式，这在有效满足消费者需求的同时，增加了行业监管难度。本案就是一起未经批准在文娱场所开展营业性演出的典型案件。演出活动在未经批准的情况下在公共场所举办，在演出内容和公共安全上都存在巨大风险，极易造成不良社会影响。

文化市场综合执法部门要联合相关部门加强营业性演出活动管理工作，严厉打击各类营业性演出违法经营行为，规范营业性演出市场秩序。审批部门要强化内容审核，严把内容准入关。各类演出经纪机构、表演团体、演出单位理应严格遵守法律法规，加强自身责任感，在追求经济效益的同时，更要考虑社会效益，把有利于促进未成年人健康成长放在首位，使演出的内容思想性、艺术性、观赏性俱佳，引导未成年人正确地认识世界和事物。

（撰稿：四川省内江市市中区文化市场综合行政执法大队　廖磊、谢灵）

# 向中小学生出租手机提供网络游戏服务

**场景呈现**

某地一所小学附近有不少出租房，有人租了一间作为店面提供手机上网服务。店内有数十部智能手机，手机内均安装了许多网络游戏。常常有中小学生到店里租手机玩游戏。店主通过收取租金的方式营利。

**处置难点**

利用手机提供上网服务的案件如何定性？

如何认定违法所得？

如何保证证据的完整性？

如何量罚？

## 案件来源

2019 年 3 月 25 日，某派出所向县文体旅局移交案件线索：傅某在本地某校园周边出租房内将手机出租给学生玩游戏，以向学生收取租金的方式营利。该派出所向该县文体旅局移交21部智能手机及当事人傅某的询问笔录。

## 案件事实

根据公安部门的移交材料，对于当事人傅某涉嫌未经批准擅自从事互联网上网服务经营活动，执法人员依法对当事人傅某、班主任林某、教师吴某及未成年学生吴某、林某制作《调查询问笔录》。

经查，傅某未办理《网络文化经营许可证》，在某校园周边出租房内提供手机网络游戏服务；其将手机出租给未成年学生吴某、林某玩游戏，以向学生收取租金的方式擅自从事互联网上网服务经营活动。2019年9月19日，县文体旅局依法向当事人作出没收21部智能手机，没收违法所得3000元，并处罚款10000元的行政处罚。

## 查处过程

**一、请示确定利用手机提供互联网上网服务行为适用法规**

县文体旅局执法人员于2019年3月29日向市文化和旅游局提交《关于利用手机提供上网服务一案的请示》。

**二、调查取证**

1. 向该派出所提取2019年3月21日的现场执法记录。

2. 对当事人傅某进行第一次调查询问；对教师吴某进行调查询问。

3. 文化和旅游部文化市场综合执法监督局复函该案件：应当依据《互联网上网服务营业场所管理条例》第二条、第七条、第二十七条的规定予以查处。

4. 经批准对该案件立案调查。

5. 对傅某进行第二次调查询问。

6. 在班主任林某的见证下对该班级的学生吴某、林某进行调查询问。

**该环节核实重点：**围绕违法事实的基本情况、性质、情节，开展调查取证工作。

1. 未成年人在现场消费的情况、消费额、时间：执法人员通过老师及学生的询问笔录、学校的证明、公安部门提取的现场执法记录视频印证。

2. 非法经营的期限、设备数量、经营额：执法人员通过调取当事人办理宽带接入证明、房屋租赁合同书、21 部智能手机清单及记录现场被查获过程的视频的确认等印证。

3. 违法所得计算：每天人流大约 20 人，每人每次 2 元，2018 年 12 月 1 日至 2019 年 3 月 21 日共 111 天，估算收入 4444 元；扣除租金等必要成本支出后，经对当事人调查询问确定违法所得为 3000 元。

**三、作出行政处罚**

2019 年 7 月 23 日，执法人员作出《行政处罚事先告知书》；2019 年 7 月 25 日，当事人提出听证申请；2019 年 8 月 26 日，执法人员下发《行政处罚听证通知书》；2019 年 9 月 5 日，举行听证；2019 年 9 月 16 日，出具的《行政处罚听证意见书》认为本案作出的《行政处罚事先告知书》法律法规适用正确、处罚标准合理；2019 年 9 月 19 日，送达《行政处罚决定书》；2019 年 9 月 25 日，当事人向县人民政府提出行政复议申请；2019 年 10 月 16 日，县文体旅局向县人民政府提交《行政复议答复书》；2019 年 12 月 25 日，县人民政府向傅某答复《行政复议决定书》，若当事人对《行政复议决定书》不服，可以自接到该决定之日起 15 日内，向县人民法院提起行政诉讼；2020 年 1 月 17 日，当事人向县人民法院提交《行政诉讼起诉书》；2020 年 3 月 16 日，县文体旅局向县人民法院提交《行政答辩状》；2020 年 6 月 23 日，县人民法院一审驳回傅某的诉讼请求；2020 年 6 月 22 日，当事人向市中级人民法院提交

《驳回起诉上诉书》；2020 年 10 月 13 日，市中级人民法院二审驳回傅某的诉讼请求；2020 年 12 月 7 日，县文体旅局向傅某作出《行政处罚履行催告书》；2020 年 12 月 7 日，县文体旅局 2 名执法人员在社区 2 名工作人员见证下，向当事人送达《行政处罚履行催告书》；2020 年 12 月 17 日前，当事人未缴纳罚款。

2021 年 1 月 25 日，县文体旅局向县人民法院提交《申请执行书》，申请强制执行；2021 年 3 月 22 日，县人民法院向当事人送达《行政裁定书》，要求当事人自裁定书送达之日立即向县人民法院缴款。2021 年 5 月 24 日，当事人傅某向县文体旅局缴款。

**该环节包括**：行政执法机关负责人对案件集体讨论、处罚事先告知、听证、处罚决定作出、送达等流程。同时，跟进后续案件出现的复议、诉讼、一审和二审判决、强制执行等。

## ▶▶ 合规要点

本案是一起对利用智能手机提供互联网上网服务行为处罚的典型案件。

**一、法律适用适当**

针对本案的利用智能手机提供互联网上网服务行为，参照《文化和旅游部文化市场综合执法监督局关于利用智能手机提供互联网上网服务行为适用〈互联网上网服务营业场所管理条例〉意见的复函》，根据《互联网上网服务营业场所管理条例》第二条的规定，认定当事人提供互联网上网服务经营行为违反该条例第七条的规定，并依据该条例第二十七条的规定对当事人予以行政处罚。

**二、处罚程序合法**

移交线索证明案件来源；现场记录视频、消费学生及老师的询问笔录、涉案物品、宽带接入证明、房屋租赁合同书等证明当事人接纳未成年人及无证从事互联网上网服务经营活动。

## 法规政策依据

《互联网上网服务营业场所管理条例》第二条、第七条、第二十七条

《文化和旅游部文化市场综合执法监督局关于利用智能手机提供互联网上网服务行为适用〈互联网上网服务营业场所管理条例〉意见的复函》

## 案件启示

在日常监管中，文化、公安、工商、教育、电信等部门应发挥各自优势，信息共享，一旦发现跨行业、跨部门的违法行为，要及时抄告；各部门相互配合，迅速形成监管合力。本案成功彻底查办，关键在于执法人员积极研究文化市场行业新业态经营模式的变化，办案决心坚定，办案程序依法合规；各部门形成合力，坚决捍卫法律尊严，保护未成年人权益。

（撰稿：福建省漳州市文化和旅游局　杨淑

福建省漳州市文化市场综合执法支队　黄庆丰

福建省漳州市东山县文化市场综合执法大队　曾松武）

# 百货商场未经许可擅自销售少儿图书

**场景呈现**

某百货商场装修后，匆忙开业，没有办理《出版物经营许可证》就经营出版物零售业务，并设有少儿图书专柜区。

## 案件来源

2020 年 4 月 13 日 15 时 5 分至 35 分，某市某县文化市场综合执法大队 3 名执法人员在某百货商场进行日常巡查时发现该百货商场涉嫌未经批准，擅自从事出版物零售业务。

## 案件事实

2020 年 4 月 13 日 15 时 5 分至 35 分，某市某县文化市场综合执法大队对管辖区域内出版物市场进行日常巡查，发现该市某百货商场的少儿图书专柜区摆满了各种各样的少儿读物。该百货商场现场负责人称其未取得《出版物经营许可证》，该商场涉嫌未经批准擅自从事出版物的零售业务，执法人员依法对涉案图书采取证据保存措施。

经查，该百货商场从事少儿图书零售业务，但未取得《出版物经营许可证》，擅自从事少儿图书零售业务，无违法所得。

2020 年 4 月 24 日，该市某县文化市场综合执法大队对该百货商场依法作出没收非法经营图书 263 本、罚款 4000 元的行政处罚。

## 查处过程

### 一、现场执法检查

执法部门组织 2 名以上执法人员对管辖区域内出版物市场进行日常巡查，现场发现涉案出版物 263 本。百货商场负责人称其未取得《出版物经营许可证》。初步判断该百货商场涉嫌未经批准擅自从事出版物零售业务。执法人员对涉案图书进行证据保存。

**该环节核实重点：**百货商场的基本情况、百货商场有无出版物经营资质、对图书性质初步认定、初步锁定非法零售行为、对涉嫌违法行为现场进行证据拍照固定等。

**该环节主要措施：**对现场图书进行证据先行登记保存、出具《现场检查(勘验)笔录》和《证据保存清单》、做好拍照取证等。

### 二、进一步调查取证

对涉嫌违法行为进行立案，围绕违法事实的基本情况、性质、情节，开展调查取证工作。经查，该百货商场从事少儿图书零售业务，但未取得《出版物经营许可证》，营业执照上经营项目无图书零售；涉案出版物 263 本，有进货单，被执法部门查扣。

**该环节核实重点：**

1. 核对百货商场有无出版物经营资质，到许可部门核实。

2. 认定涉案图书性质。结合图书编印目的、内容、式样、定价等要素，送出版物鉴定机构出具鉴定报告。经鉴定，涉案出版物系正版图书，但该百货商场未经批准擅自从事出版物零售业务。

3. 认定违法经营额、违法所得。因该百货商场装修后匆忙开业，少儿图书没有卖出一本，现场清点册数与进货单册数一致，为 263 本，故该百货商场未从中直接获利。

**三、作出行政处罚**

2020 年 4 月 18 日，执法部门向当事人送达了《行政处罚事先告知书》，告知当事人违法事实、案件证据、情节认定、处罚依据及拟处罚内容，并告知当事人享有陈述、申辩、要求听证的权利。截至 4 月 23 日（5 个工作日后），当事人未提出陈述、申辩，未要求听证。10 月 24 日，执法部门依据《出版管理条例》第三十五条第二款、第六十一条的规定，对该百货商场未经批准擅自从事少儿图书零售业务作出行政处罚：依法取缔并没收出版物 263 本，罚款 4000 元。

**该环节包括：**行政执法机关负责人对案件集体讨论、处罚事先告知、听证、处罚决定作出、送达等流程。同时关注案件后续可能出现的复议、诉讼风险。

## ▶▶ 合规要点

本案是一起对百货商场未经批准，擅自从事出版物零售业务进行处罚的典型案件。

**一、法律适用适当**

该百货商场设有少儿图书专柜区，专柜区摆满了各种各样的少儿读物，上述行为应认定该百货商场从事少儿图书零售业务；该百货商场在未取得《出版物经营许可证》的情况下，擅自从事少儿图书零售业务，违反了《出版管理条例》第三十五条第二款的规定。

**二、处罚程序合法**

《出版物市场日常巡查单》证明案件来源；《现场检查（勘验）笔录》、《证据保存清单》、取证照片等证明现场检查、涉案物品的情况；营业执照、许可资质等信息证明当事人具有承担法律责任的主体资格；百货商场每天的流水证明了零售情况。程序要合法，文书要注意细节。比如当事人在《现场检查（勘验）笔录》上签字时要加上“属实”；采取证据先行登记保存时，有必要先进行证据登记审核，审核通过后方可进行证据先行登记；调查时所采用的证据要形成证据链；执法人员收集证据时，不要漏掉执法人员进门时和场所整体的照片，因为这些照片能体现该场所正在经营等。

**三、关于一事不再罚**

根据《中华人民共和国行政处罚法》第二十九条的规定，对当事人的同一个违法行为，不得给予两次以上罚款的行政处罚。同一个违法行为违反多个法律规范应当给予罚款处罚的，按照罚款数额高的规定处罚。对当事人违法行为的罚款处罚，依据《出版管理条例》第六十一条的规定，“未经批准，擅自设立出版物的出版、印刷或者复制、进口单位，或者擅自从事出版物的出版、印刷或者复制、进口、发行业务，假冒出版单位名称或者伪造、假冒报纸、期刊名称出版出版物的，由出版行政主管部门、工商行政管理部门依照法定职权予以取缔；依照刑法关于非法经营罪的规定，依法追究刑事责任；尚不够刑事处罚的，没收出版物、违法所得和从事违法活动的专用工具、设备，违法经营额1万元以上的，并处违法经营额5倍以上10倍以下的罚款，违法经营额不足1万元的，可以处5万元以下的罚款；侵犯他人合法权益的，依法承担民事责任”。因当事人积极主动消除违法后果，根据《中华人民共和国行政处罚法》第三十二条第一项的规定，主动消除或者减轻违法行为危害后果的，应当从轻或减轻行政处罚。

据此，执法部门给予该百货商场没收出版物263本、罚款4000元的行政处罚。

## 法规政策依据

《中华人民共和国行政处罚法》第二十九条、第三十二条第一项

《出版管理条例》第三十五条、第六十一条

《出版管理行政处罚实施办法》第十五条

## 案件启示

在“双减”大背景下，校外阅读备受社会关注。本案是百货商场未经批准，擅自从事出版物零售业务的典型案件。对这一行为的查处，有利于规范出版物市场的经营行为。

文化市场执法、教育、市场监管等管理部门，要加大对本区域出版物市场的日常巡查力度，宣传《出版管理条例》《出版物市场管理规定》等有关内容，增强出版物市场规范化、正版意识。

（撰稿：湖南省永州市江华瑶族自治县文化市场综合执法大队 刘成勇）

# 村镇商店销售盗版少儿图书

**场景呈现**

乡镇中小学校驻地及周边，往往存在较多文具商店。这些商店经营规模普遍较小，主要出售学习、办公用品。其中，部分经营者在利益驱使下兼营学生辅导书、课外读物等出版物的销售业务。这类经营主体有的未按规定办理《出版物经营许可证》，扰乱了正常的出版物市场秩序。

**处置难点**

经营者多为体弱的老年人，法律法规意识淡薄，给执法监管、调查取证、依法处理带来了一定的难度。

## 案件来源

某文具店违规经营案例，主要源于基层“扫黄打非”站点提供的线索。执法人员根据某小学提供的“学生字帖字迹粗糙疑似盗版”线索，对该校周边文具店展开了全面巡查和集中摸排，最终锁定了某文具店出版物经营活动违规的事实，并依法依规将该案件成功办结。

## 案件事实

某文具店作为以学生文具为主营范围的经营主体，在未按规定取得出版物经营许可的情况下，擅自兼营学生辅导书、课外读物等出版物的销售业务，且在执法人员现场检查期间不及时提供真实信息。经执法人员多方核查，最终确认其违规经营行为。

经调查核实，该文具店未依法取得《出版物经营许可证》，所经营出版物亦为盗版，且该文具店已有违规经营所得，其行为构成擅自发行出版物、侵犯他人著作权，应依法依规处理。

最终，执法人员依据《出版物市场管理规定》《出版管理条例》《中华人民共和国著作权法》等法律法规，依法对该文具店作出了罚款并没收涉案出版物及违法所得的行政处罚。

## 查处过程

2022 年 4 月，某小学“扫黄打非”基层点向“扫黄打非”办公室反映：该校老师发现班级内学生使用的字帖字迹粗糙疑似盗版，学生称该字帖大多购买自学校周边的文具店，希望相关部门对该校周边出版物进行排查整治，以确保学生身心健康。接到线索后，执法人员高度重视，立即研究部署了乡镇中小学周边出版物经营排查整治专项行动，并组织执法人员分赴辖区各乡镇展开集中检查。

5 月 16 日，执法人员检查至涉案文具店时，看到现场负责人为一位行动不便、四五十岁的中年男子。执法人员出示证件后例行检查，发现其营业区内有几本图书。肖某解释是该店铺的上一家老板留下的，并声称自己没出售过。之后，执法人员在其后院发现一间可疑房间。经确认，该房间是一个仓库，存放了大量出版物，其中部分出版物纸张粗糙、字迹模糊，疑似侵权盗版非法产品。

执法人员当即对现场展开进一步勘查并拍照取证、登记统计。鉴于肖某无法提供《出版物经营许可证》，执法人员按照案件办理程序制作了《现场检查笔录》、《查封扣押决定书》及《查封扣押物品清单》等执法文书并让肖某签字确认，依法查扣了现场涉案图书，送达了《调查询问通知书》，告知肖某积极配合做好下一步的调查处理工作。

2022 年 5 月 16 日，经批准，执法人员依法对该文具店进行立案。5 月 18 日，执法人员将查扣的图书寄送至某出版社进行技术鉴定。6 月 2 日，该出版社向执法人员反馈鉴定报告，确认送检的出版物为盗版图书。6 月 8 日，肖某到执法机关接受调查询问，对执法人员执法情况、出版社鉴定结论予以确认，对涉案非法出版物进销货情况进行了描述。

经深入核实最终确认，该文具店擅自发行非法出版物、发行侵犯他人著作权的出版物的违法行为事实清楚、证据确凿，违反了《出版物市场管理规定》第三条、第二十条第三项以及《中华人民共和国著作权法》第五十三条第一项的规定，执法部门依据《出版物市场管理规定》第三十一条、《出版管理条例》第六十一条和《中华人民共和国著作权法》第五十三条第一项的规定，依法给予其罚款 4000 元、没收违法所得 1450 元、没收涉案非法出版物 358 册的行政处罚。

## ▷▷ 法规政策依据

《出版物市场管理规定》第三条、第二十条第三项、第三十一条

《出版管理条例》第六十一条

《中华人民共和国著作权法》第五十三条第一项

## 案件启示

结合该案件有关情况，在维护出版物市场特别是中小学周边市场方面，应重点把握以下四个方面：一是学校要全面做好面向学生的出版物版权知识宣传，引导学生用正版书、读好书，从小自觉抵制非法侵权出版物；二是村镇、校园“扫黄打非”工作站点要切实发挥好一线哨点作用，全面掌握辖区“扫黄打非”动态信息，及时准确向上级相关部门做好反馈和配合工作；三是执法人员要注重情理结合，针对涉案当事人经营活动、身体状况等实际情况，采取恰当的沟通处理措施，避免引起现场矛盾激化从而影响案件办理；四是针对校园特别是乡镇中小学周边健全联动整治机制，整合多方资源实时动态监管，确保第一时间发现问题，及时依法依规做出处理。

（撰稿：山东省德州市文化市场综合执法支队　杨宝雨）

# 传媒公司通过校园周边文具店发行非法书法字帖

## 场景呈现

某小学周边的某文具店货架上陈列了许多品种的字帖，上下学期间吸引了不少学生和家长购买。这些字帖看上去与正规教辅图书非常相似，有字帖名称、出版社名称、版权页、ISBN 等信息。但仔细观察会发现该字帖存在版心不正、字迹油墨分布不均匀、封面色彩不正、版权页信息矛盾等诸多疑点。该文具店的显眼处未悬挂《出版物经营许可证》。该文具店经常向学生和家长推销这些字帖，甚至通过教师、家委会组织学生批量订购。

## 处置难点

如何认定发行假冒出版单位名称的出版物行为？

怎样溯源追查字帖出版、发行行为？

执法部门该如何调查取证？

如何进行处罚？

## 案件来源

2021 年 4 月 4 日，某市文化市场综合行政执法部门开展“护苗 2021”专项行动，对校园周边文具店进行巡查，发现某文具店未经许可销售中小学教辅、少儿图书，同时发现销售的多个品种字帖涉嫌假冒出版单位名称。

## 案件事实

2021 年 4 月 4 日，某市文化市场综合行政执法支队对校园周边文具店进行巡查，发现某文具店销售的某书法家系列字帖版权页信息不完整。经询问，该文具店经营业主称未办理《出版物经营许可证》，字帖均从该市某书店进货，并提供了进货单据。执法人员随即对该书店进行检查，溯源发现涉案字帖来源于外省某书法传媒公司。执法人员对涉案书店和文具店的相关字帖进行了抽样取证。

经查，涉案文具店从事出版物发行业务，未取得《出版物经营许可证》，涉嫌未经批准擅自从事出版物发行业务（另案处理）。涉案字帖经鉴定属于假冒出版单位名称的出版物，由外省某书法传媒公司通过公路物流向该市发行。

2021 年 5 月，该市文旅广体局对该书法传媒公司依法作出没收假冒出版单位名称的出版物 13 册、罚款 1050000 元的行政处罚。

## 查处过程

### 一、现场执法检查

案发后，某市文化市场综合行政执法支队领导组织执法人员召开案情分析会，就该案件下一步的办理细节进行了梳理和安排：一是要坚决杜绝学校周边的非法出版物的出现，坚决保障未成年人的健康成长；二是查上线追源头，对全市书店进行清查。

（一）全面普查

案情分析会后，执法人员对全市书店以及有批发资质的图书公司进行彻底调查，发现多家个体书店在销售该非法出版物字帖。执法人员对字帖进行抽样取证，并调取了进货单据，所有单据显示该字帖由本市 2 家图书批发公司销出。

（二）重点调查

随后执法人员对该市 2 家图书批发公司进行检查，要求其提供进货来源和销售情况；对图书进行抽样取证；对其法定代表人进行了调查询问（并告知在还没有确认该字帖是非法的情况下，不要联系发货商，以免影响执法调查）；甄别该字帖多个年级的多个品种；查询字帖 CIP 数据和 ISBN 数据（发现样书版权信息不全，存在矛盾）。经初步调查，该字帖为涉嫌假冒出版单位名称的出版物，并且系某书法传媒公司发行的字帖。

**该环节核实重点：**初步认定字帖性质、追溯发行源头、进行抽样取证等。

**该环节主要措施：**对现场字帖进行抽样取证，出具《现场检查（勘验）笔录》《抽样取证凭证》《抽样取证物品清单》，收集进销货单据，对店铺负责人进行调查询问，制作《调查询问笔录》，做好拍照取证等工作。

**二、进一步调查取证**

对全市书店调查取证完成后，执法人员再一次开会讨论了案件的下一步深查重点：一是查源头，对某书法传媒公司开展立案调查；二是定性质，对非法字帖进行鉴定。

（一）调查源头

在掌握该公司的经营模式、经营范围、仓储地点的基础上，某市文化市场综合行政执法支队领导带队赶往该公司进行深查，在到达该书法传媒公司所在地时，并没有第一时间联系该公司，而是暗访该公司，看规模、看经营。在掌握足够多的情况后，执法人员联系了该公司的负责人、销售经理等进行调查询问。经过几轮的斗智斗勇，当事人承认了该字帖是他们公司发行到该地区的，供述了发行经过以及图书数量、批发折扣、收到书款等情况。执法人员对该公司的经营场所、仓储地进行了拍照取证。

（二）鉴定样书

执法人员前往字帖所标出的某出版社，要求对抽样的字帖进行鉴定。最终该出版社根据事实开具了鉴定回函，认定鉴定抽样取证的字帖不是该出版社的正式出版物，是某书法传媒公司假冒了其出版社名称出版的字帖。

（三）认定发行行为

通过对当事人制作《调查询问笔录》，核验《营业执照》《出版物经营许可证》等证照，调取字帖发行单据等物证，可认定涉案字帖由某书法传媒公司印刷出版，并向该市书店发行，最终通过校园周边文具店流入学生和家长手中。

（四）认定管辖权

某书法传媒公司通过公路物流主动向该市书店运送假冒的字帖图书。其违法行为发生在该市，且被该市文化市场综合行政执法部门发现，根据《出版管理行政处罚实施办法》第八条的有关规定，本案应属于该市管辖范围。

（五）认定违法经营额、违法所得

经查，某书法传媒公司 2020 年至 2021 年通过公路物流，向该市数个书店发行涉案字帖共计 13 个系列 4825 册，定价 22 元 / 册，违法经营额为 106150 元。其违法所得因无法计算，计无违法所得。

**三、作出行政处罚**

2021 年 5 月 17 日，执法部门向当事人送达了《行政处罚事先告知书》，告知当事人违法事实、案件证据、情节认定、处罚依据及拟处罚内容，并告知当事人享有陈述、申辩权以及申请听证的权利。截至5月20日（3个工作日后），当事人未提出陈述、申辩，未要求听证。5月23日，执法部门依据《出版管理条例》第六十五条第六项的规定，对该公司发行假冒出版单位名称的出版物行为作出没收假冒出版单位名称的出版物13册、罚款1050000元的行政处罚。

**该环节包括：**行政执法机关负责人对案件集体讨论，处罚事先告知，听证，处罚决定作出、送达等流程，同时关注案件后续可能出现的复议、诉讼风险。

## ▶▶ 合规要点

本案是一起对文化传媒公司通过校园周边文具店发行假冒出版单位名称的出版物进行处罚的典型案件。

### 一、法律适用适当

涉案书法传媒公司印刷、出版涉案字帖，并利用公路物流向该市运送，最终通过该市的书店、校园周边文具店对外销售。应认定该书法传媒公司的此种行为属于从事出版物发行业务。涉案字帖经出版社鉴定为假冒出版单位名称的出版物，该公司发行假冒出版单位名称的出版物的行为违反了《出版管理条例》第四十条第三项的规定。

### 二、处罚程序合法

《现场检查（勘验）笔录》、《抽样取证凭证》、《抽样取证物品清单》、取证照片等材料证明现场检查、涉案物品的情况；《营业执照》《出版物经营许可证》等证照证明当事人具有承担法律责任的主体资格；出版社鉴定结论证明涉案出版物性质；文具店、书店、某书法传媒公司负责人的《调查询问笔录》以及进销货清单等证据证明涉案出版物的发行情况。

## 法规政策依据

《出版管理行政处罚实施办法》第八条

《出版管理条例》第四十条第三项、第六十五条第六项

《新闻出版署关于处理白孝琪非法出版〈半色曝光〉一案中如何计算非法经营数额的批复》

## 案件启示

校园周边文化环境关系未成年人的身心健康，受到社会广泛关注。本案是外省某文化传媒公司通过校园周边文具店销售非法中小学教辅和少儿图书的典型案件。

（撰稿：湖南省衡阳市文化市场综合行政执法支队　邱群）

# 文具批发店未经批准擅自从事出版物发行业务

**场景呈现**

某市多所中小学周边的小文具店出售少儿漫画类图书，这类图书摆放位置隐蔽，存货数量不多。文具店业主遇有学生购买时卖给学生，遇有部门检查时则说成是自家孩子阅读的非卖品。这些少儿漫画类出版物印刷质量低劣，内容情趣低俗，常以离奇怪诞情节和言语吸引中小学生。由于中小学生辨识能力有限，再加之图书价格低廉，这些图书在中小学生中有较大市场。家长们对这种现象颇有微词，认为孩子看这类无用的书挤占了他们的学习时间，影响了孩子三观，有的家长还带着孩子和图书找老板理论。学校在对学生的教育监管中也期待这种现象有所改观。于是，各种反映不断汇集到有关部门，针对校园周边出版物的调查随之悄然进行。

**处置难点**

小文具店的出版物来自何处？为其供货的上游批发商是否有出

版物批发资质？对上游批发商经营行为是否有管辖权？对他们之间的交易链如何调查取证？

上游批发商涉案出版物数量应该较大，如何对其经营的出版物的违法性质进行认定？如何依法计算其违法经营数量和金额？如何认定其是否构成刑责？

小文具店擅自销售出版物，但经营数量少，违法情节较轻。面对小文具店业主这一群体，执法部门如何平衡运用好批评教育、执法查处等手段？部分小文具店虽办理证照，但出版物销售并非其主营业务，所以小文具店对《出版物市场管理规定》不熟悉，未落实出版物经营相关规定。对这类出版物市场隐患该如何排除化解？

当事人的违法行为侵犯了未成年人合法权益，违反了《中华人民共和国未成年人保护法》《出版物市场管理规定》等多个法律规范和条款。在适用法律上如何做到准确？

## 案件来源

某市文化市场综合行政执法部门执法人员接到多起针对校园周边销售出版物的反映和投诉，在定期开展的校园周边环境整治行动中，也发现多个学校周边小文具店内有数量不等的疑似盗版的少儿图书。经过大量走访摸排，在社区人员配合下，这类书的源头指向某大型综合市场的某文具批发店。针对这种情况，执法人员明确了“端其窝点、断其链条”的办案方向。经多次暗访掌握基本情况后，执法人员对该文具批发店进行突击检查，发现了当事人在未取得《出版物经营许可证》的情况下存在兼营批发图书给校园周边小文具店的违法事实。

## 案件事实

2021年9月26日，某市文化市场综合行政执法部门执法人员对某大型综合市场的某文具批发店进行检查，发现当事人未取得《出版物经营许可证》便从事发行业务，且涉嫌发行盗版和非法的少儿出版物共计1880册。执法人员当场进行证据先行登记保存。经调查，该文具批发店批发各类少儿出版物给校园周边小文具店，再由后者零售给在校学生，是该市校园周边非法出版物的源头。经鉴定，该文具批发店所发行的出版物均为非法出版物或者盗版出版物；经核实，该文具批发店违法经营额共计13148.8元。2021年11月5日，该市文化市场综合行政执法部门对该文具批发店依法作出没收出版物1880册、罚款70000元的行政处罚。

## 查处过程

### 一、现场执法检查

该市文化市场综合行政执法部门执法人员检查某文具批发店经营场所，发现当事人除批发文具外，还兼营批发图书、图片、明星写真等。现场负责人未能提供《出版物经营许可证》，涉嫌未经批准擅自从事出版物发行业务。执法人员对其经营的图书进行了证据保全。

**该环节核实重点：**1. 核对《营业执照》确定违法主体；2. 对该店兼营的产品进行甄别，对不具备出版物特点的图片、明星写真等不认定为出版物；3. 核实当事人基本情况，有无出版物发行资质，初步锁定违法发行行为；4. 对涉嫌违法经营的出版物进行证据固定等。

**该环节主要措施：**对现场出版物进行详细清点、登记并进行证据先行登记保存（异地保存），出具《现场检查笔录》和《证据保存通知书》，做好拍照取证和执法全过程录像。

二、进一步调查取证

当事人在未取得《出版物经营许可证》的情况下，擅自增加经营项目，向校园周边小文具店供货各类少儿出版物，属未经批准擅自从事出版物发行业务。当事人供认涉案出版物由外地游商直接供货，不清楚该游商具体情况，也不知道其是否具有出版物发行资质，只保留了部分进货清单。进货清单都为简易单据，仅有品名、单位、数量、单价、金额，没有供货单位和发货时间。当事人没有销货清单，违法所得无法核实。通过清点现场查获的出版物，确定当事人共发行出版物 16 种，共计 1880 册。在计算违法经营额时，有进货清单的按照清单计算，没有清单的比照清单折扣计算。经核算，当事人违法经营额共计 13148.8 元。经执法人员抽样送鉴，上述出版物均被认定为非法出版物或者盗版出版物，对照《最高人民法院关于审理非法出版物刑事案件具体应用法律若干问题的解释》《最高人民法院、最高人民检察院关于办理侵犯知识产权刑事案件具体应用法律若干问题的解释》的相关规定，核定当事人的违法事实尚不致追究刑责。

**该环节核实重点：**通过对当事人调查询问，核实经营资质、涉案出版物发行数量、违法经营额、违法所得；对涉案出版物违法性质进行认定，评估当事人行为是否构成刑责。

三、作出行政处罚

该市文化市场综合行政执法部门依据《出版物市场管理规定》第三十一条和《出版管理条例》第六十一条的规定，对该文具批发店未经批准擅自从事出版物发行业务的违法行为作出没收非法出版物 1880 册并处罚款 70000 元的行政处罚。

针对各中小学周边文具店，执法部门考虑到其违法行为情节轻微，在处理上以批评教育为主，责令改正并没收其盗版和非法出版物。

**该环节包括：**行政执法机关案审委员会集体讨论、处罚事先告知、作出处罚决定、开具罚款收据和没收物品收据、送达、结案、案卷归档等流程。

## ▶▶ 合规要点

本案是对文具批发店未经批准擅自从事少儿出版物发行业务进行处罚的典型案件。

**一、法律适用适当**

该文具批发店在未取得《出版物经营许可证》的情况下，擅自从事出版物发行业务，违反了《出版物市场管理规定》第三条第一款的规定。

**二、处罚程序合法**

《现场检查笔录》、《证据保存清单》和取证照片等证明现场检查、涉案物品的情况；《营业执照》证明当事人具有承担法律责任的主体资格；《出版物鉴定书》证明涉案出版物的违法性质；《调查询问笔录》和进货单据证明当事人经营状况。

**三、当事人同一个违法行为违反多个法律规范应当给予罚款处罚的，按照罚款数额高的规定处罚**

当事人违法行为涉及内容管理、经营资质、经营规范等诸多方面，同时违反了《中华人民共和国未成年人保护法》和《出版物市场管理规定》数条规定，法律法规对其各类违法行为的罚款数额均有相应规定。《中华人民共和国行政处罚法》第二十九条中规定，“同一个违法行为违反多个法律规范应当给予罚款处罚的，按照罚款数额高的规定处罚”。本案中，对当事人擅自从事出版物发行业务的行为进行处罚的依据为《出版管理条例》第六十一条，即“违法经营额1万元以上的，并处违法经营额5倍以上10倍以下的罚款”。当事人违法经营额超过了1万元，应当给予违法经营额5倍以上10倍以下的罚款，这是罚款数额中最高的，且违法事实与所适用法律更相符合。经执法部门案审委员会集体讨论决定，对当事人违法行为按照《出版管理条例》第六十一条的规定并结合裁量权基准作出相应行政处罚决定。

## 法规政策依据

《中华人民共和国行政处罚法》第二十九条

《中华人民共和国未成年人保护法》第五十条、第一百二十一条

《出版管理条例》第三十五条、第四十条、第六十一条、第六十五条

《出版物市场管理规定》第三条第一款，第二十条第二项、第三项，第二十三条，第三十三条

《新闻出版署关于刘欣销售非法出版物一案中如何计算非法经营数额的批复》

《最高人民法院关于审理非法出版物刑事案件具体应用法律若干问题的解释》

《最高人民法院、最高人民检察院关于办理侵犯知识产权刑事案件具体应用法律若干问题的解释》

## 案件启示

本案是贯彻实施《中华人民共和国未成年人保护法》，推进“护苗”行动的具体实践。

对违法行为的查处可视其违法情节轻重、违法责任大小、违法链条所处位置分别处理：对小文具店以批评教育、责令改正、没收非法出版物为主；对其上游批发商则应依法查处；对外地不法游商继续追查，严惩不贷。

应坚持“打源头、捣窝点、断链条”的办案思路，始终把工作重心放在追根溯源和长效管理上。案件查处后，通过及时宣传教育，发放法律法规宣传手册，畅通举报受理渠道，对上游批发商和外地游商形成强大震慑。

按照“同一个违法行为违反多个法律规范应当给予罚款处罚的，按照罚款数额高的规定处罚”的要求，在本案中，考虑到当事人擅自从事出版物发行业务违法事实清楚，但发行盗版和非法出版物总量未达到追究刑责的最低标准，为提高办案效率，在办案中可考虑省去送鉴环节。

（撰稿：湖南省永州市文化市场综合行政执法支队　张德文、唐泰华）

# 书店发行侵犯他人著作权的出版物

**场景呈现**

某书店，以定价2.5折的进货价格购进一批青少年图书。这批图书和出版社正规出版的图书的外观、材质等相近，通过书店进行现场销售。

**处置难点**

如何认定发行侵犯他人著作权的出版物的行为？

执法部门如何调查取证？

如何进行处罚？

## 案件来源

2022年2月28日，某市文化市场综合行政执法部门接到某出版社举报，反映某书店销售的出版物无防伪印记，封面色彩、内页文字与正版图书存在差异，涉嫌发行侵犯他人著作权的出版物。

## 案件事实

2022 年 3 月 1 日，根据某出版社举报线索，某市文化市场综合行政执法部门对某书店进行检查。经营者现场提供了该出版物发行进销货清单等有关单据，进货清单显示进货价格为定价的 2.5 折。经查，相关出版物无防伪印记，封面色彩、内页文字与正版图书存在差异。执法人员当即责令其停止违法经营活动，并对涉案图书采取证据先行登记保存措施。

当事人书店证件齐全，资质合法。经鉴定，涉案出版物为侵犯他人著作权的出版物，通过该书店进行现场销售。

2022 年 3 月，该市文化市场综合行政执法部门对当事人依法作出警告、没收违法所得 500 元、没收非法出版物 60 册、罚款 12500 元的行政处罚。

## 查处过程

### 一、制作审批《文化市场举报处理单》

市文化市场综合行政执法部门接到举报后，立即制作《文化市场举报处理单》，经批准后，开展检查。

### 二、现场执法检查

执法部门组织 3 名执法人员到该书店开展现场检查，该书店证件齐全，资质合法。执法人员在其经营场所内查到涉案出版物 60 册，并将举报人提供的正版图书与现场的涉案图书进行对比，初步判断该书店发行的图书属于涉嫌侵犯他人著作权的出版物。执法人员对涉案图书进行证据保全，并立即制止违法发行行为。

**该环节核实重点：**该书店基本情况、该书店的证件是否齐全、对涉案图书性质初步认定、初步锁定非法发行行为、对涉嫌违法行为现场进行证据固定。

**该环节主要措施：**对现场检查情况制作《现场检查笔录》，对涉案图书采取证据先行登记保存措施，对书店负责人进行现场询问，对现场检查情况进行拍照取证等。

**三、进一步调查取证**

执法人员对该书店涉嫌违法行为进行立案，对违法事实的基本情况、性质、情节、涉案出版物鉴定等工作开展调查取证。经查，该书店证件齐全，资质合法，属于合规经营。该书店进货价为定价的 2.5 折，进货 68 册，现场销售 8 册，获利 500 元，剩余 60 册被执法部门查扣。

**该环节核实重点：**

1. 认定涉案图书性质。经出版社鉴定，涉案出版物系侵犯他人著作权的非法出版物。

2. 认定非法行为。通过对当事人开展的调查询问、资质核查以及核对进销货清单等，对涉案出版物的发行等情况进行证据固定。

3. 认定违法所得。该书店进货 68 册，现场销售 8 册，获利 500 元，剩余 60 册被执法部门查扣。

**四、作出行政处罚**

2022 年 3 月 18 日，执法部门向当事人送达了《行政处罚事先告知书》，告知当事人执法事实、案件证据、情节认定、处罚依据及拟处罚内容，并告知当事人陈述、申辩及要求听证的权利。截至 3 月 30 日，当事人未提出陈述、申辩，未要求听证。3 月 30 日，执法部门送达《行政处罚决定书》，依据《出版物市场管理规定》第三十三条，以及《中华人民共和国著作权法》和《中华人民共和国著作权法实施条例》的规定，对该书店发行侵犯他人著作权的出版物作出行政处罚：警告并没收非法出版物 60 册、没收违法所得 500 元、罚款 12500 元。

**该环节包括：**行政执法机关负责人对案件集体讨论、处罚事先告知、处罚决定作出及送达等流程。

## ▶▶ 合规要点

本案是一起对出版物经营场所发行侵犯他人著作权的出版物进行处罚的典型案件。

**一、法律适用适当**

该书店通过经营场所现场销售涉案出版物的行为，应认定为从事出版物的发行业务。涉案出版物为非法出版物，该书店进行非法出版物销售的行为违反了《出版物市场管理规定》第二十条第三项的规定。

**二、处罚程序合法**

《文化市场举报处理单》证明案件来源;《现场检查笔录》、《证据先行登记保存处理告知书》、取证照片等证明现场检查、涉案物品的情况;《营业执照》《出版物经营许可证》等信息证明当事人具有承担法律责任的主体资格;出版社鉴定结论证明涉案出版物的性质;书店经营者的《调查询问笔录》证明涉案图书来源、销售等情况;销售及经营状况证明经营者的经营情况。

## ▷▷ 法规政策依据

《出版物市场管理规定》第二十条第三项、第三十三条

《中华人民共和国著作权法》第五十三条第一项

《新闻出版署关于刘欣销售非法出版物一案中如何计算非法经营数额的批复》

## 案件启示

本案是一起对出版物经营场所发行侵犯他人著作权的出版物进行处罚的典型案件。对这一行为的查处，一方面降低了非法出

版物对广大青少年文化权益可能造成的伤害，保障其合法权益；另一方面对出版物市场发行、销售等环节进行了规范。

作为家长，在为孩子购买书籍时要检查所购买的图书是否为正版书籍，拒绝盗版和有害出版物；除此之外，对身边购买或使用盗版书籍的亲友进行规劝和提醒。学校要教会学生如何识别盗版书籍，营造一个健康的阅读环境。青少年更应该拒绝盗版书籍，抵制盗版现象，选择正版书籍，尽情汲取正版书中的知识和智慧。出版物经营场所要购置正规教辅书籍，提供正规出版物。文化执法等管理部门要加大对出版物经营场所的巡查力度，并宣传相关法律法规，增强经营者的正版意识，自觉抵制各类非法出版物。

（撰稿：河南省鹤壁市文化市场综合行政执法支队　李梦媛、陈文明、王治伟）

# 校外培训机构擅自编印发行教辅教材

**场景呈现**

某校外培训机构开设的培训班在上课时，向每位小学员发放了几本自行编印的辅导图书。该培训班老师说，这些书大家出个工本费就行了，费用从学员们交纳的培训费中以“学习资料费”名义扣除。这些图书和市场上正式出版的教辅图书看上去形式基本一样，封面上除书名外，署名 ×× 培训机构编著。该培训机构在前台、展示区陈列摆放了上述图书。该培训机构工作人员常向小学员的家长推销这些图书，并在培训机构开设的微信公众号、微博上进行销售。

**处置难点**

如何认定非法出版行为？

违法所得和涉案经营额如何计算？

执法部门该如何调查取证？

如何进行处罚？

## 案件来源

2020 年 8 月 15 日，某市文化综合执法部门接到群众举报，反映某培训机构销售的培训图书无出版单位、书号、定价等信息，涉嫌销售非法出版物。

## 案件事实

2020 年 8 月 17 日，根据群众举报线索，某市文化综合执法部门对某培训机构经营场所进行检查，现场发现无版权页信息图书。现场负责人称其未取得出版方面行政许可，该机构涉嫌未经批准擅自从事出版物的出版、发行业务，执法人员依法对涉案图书采取证据保全措施。

经查，当事人从事教育培训业务，但未取得《图书出版许可证》和《出版物经营许可证》，擅自出版、印制涉案出版物。经鉴定，涉案出版物均为非法出版物。当事人通过网络平台对外进行销售。

2020 年 10 月，该市文化综合执法部门对当事人依法作出没收全部非法出版物、没收违法所得及罚款 40000 元的行政处罚。

## 查处过程

**一、制作、审批《举报投诉处理单》**

执法部门立即制作《举报投诉处理单》，经批准后，开展核查。

**二、现场执法检查**

执法部门组织 2 名以上执法人员赶赴该培训机构开展现场检查，在其经营场所内发现涉案出版物 1176 本，并对该培训机构负责人进行询问。该培训机构现场未能提供《图书出版许可证》和《出版物经营许可证》。执法人员初步判断该培训机构涉嫌未经批准擅自从事出版物出版、发行业务。执法人员对涉案图书进行证据保全。

**该环节核实重点：**机构基本情况、机构有无出版物出版及发行资质、对图书性质初步认定、初步锁定非法发行行为、对涉嫌违法行为现场进行证据固定等。

**该环节主要措施：**对现场图书进行证据先行登记保存，出具《现场检查（勘验）笔录》和《证据保存清单》，做好拍照取证工作等。

**三、进一步调查取证**

执法人员对涉嫌违法行为进行立案，围绕违法事实的基本情况、性质、情节，开展调查取证工作。经查，该培训机构从事教育培训业务，但未取得《图书出版许可证》和《出版物经营许可证》。涉案出版物由培训机构教学部人员查找相关内容进行整合汇编并组稿、编辑，其他员工进行校对和排版设计，终审后联系外省市的印刷厂进行印刷。为增加收入，该培训机构通过微信公众号和微博等网络平台账号对外销售涉案出版物。

执法人员通过调取相关单据，确定该机构共编印涉案出版物 10 种，共计 2120 本。其中，通过网络平台对外销售成交 14 本，销售金额计 494.8 元，扣除运输及印刷成本，该机构从中获利 364.8 元；以印刷成本价（即印刷费的价格）供学员自用 930 本，销售金额计 2202 元，该机构未从中直接获利；剩余 1176 本被执法部门查扣。

**该环节核实重点：**

1. 认定涉案图书性质。结合图书编印目的、内容、式样、定价等要素，由出版物鉴定机构出具非法出版物鉴定报告。

经鉴定，涉案出版物系该培训机构未经批准，擅自印刷出版的非法出版物。

2. 认定非法发行行为。通过对当事人及工作人员制作《调查询问笔录》、核验机构营业执照等资质、调取图书发行单据（包括订单、网络销售数据、结算单等）等物证，对涉案图书的编辑、发行等情况进行证据固定。

3. 认定违法经营额、违法所得。该培训机构通过网络平台对外销售 14 本，以印刷成本价供学员自用 930 本，已发行出版物累计 944 本，经营额计 2696.8 元（494.8 元 +2202 元）；已发行出版物平均单价为 2.86 元（2696.8 元 ÷ 944 本），乘以未发行出版物的册数 1176 本，故未发行出版物经营额应为 3363.36 元。综上，认定违法经营额为 6060.16 元（2696.8 元 +3363.36 元）。已发行出版物中，供学员自用的 930 本系以印刷成本价收取费用，该机构未从中直接获利，该部分视为无违法所得；对外销售的 14 本的违法所得认定为 364.8 元。综上，认定违法所得为 364.8 元。

**四、作出行政处罚**

2020 年 10 月 12 日，执法部门向当事人送达了《行政处罚事先告知书》，告知当事人违法事实、案件证据、情节认定、处罚依据及拟处罚内容，并告知当事人享有陈述、申辩、要求听证的权利。截至 10 月 20 日，当事人未提出陈述、申辩，未要求听证。10 月 23 日，执法部门依据《出版管理条例》第六十一条、第六十五条，《出版物市场管理规定》第三十二条第三款的规定，对该机构未经批准擅自从事出版物的出版、发行业务作出行政处罚，责令其改正违法行为，并给予没收非法出版物 1176 本、没收违法所得 364.8 元、罚款 40000 元的行政处罚。

**该环节包括：**行政执法机关负责人案件集体讨论，处罚事先告知，听证，处罚决定作出、送达等流程。同时关注案件后续可能出现的复议、诉讼风险。

## ▶▶ 合规要点

本案是一起对校外培训机构擅自从事出版物的出版、发行业务进行处罚的典型案件。

**一、法律适用适当**

该培训机构对涉案出版物进行组稿、编辑、校对、排版和审核，并委托印刷厂进行印刷的行为应认定为从事出版物的出版业务；该培训机构通过收取资料费的方式给学员提供涉案出版物，并通过微信公众号、微博账号对外销售涉案出版物的行为，应认定为从事出版物的发行业务。该培训机构在未取得《图书出版许可证》和《出版物经营许可证》的情况下，擅自从事涉案出版物的出版、发行业务，违反了《出版管理条例》第九条第一款和第三十五条的规定。涉案图书为非法出版物，该培训机构进行非法出版物销售的行为，违反了《出版物市场管理规定》第二十条第二项的规定。

**二、处罚程序合法**

《举报投诉处理单》证明案件来源；《现场检查（勘验）笔录》、《证据保存清单》、取证照片等证明现场检查、涉案物品的情况；营业执照、许可资质等信息证明当事人具有承担法律责任的主体资格；出版物鉴定机构的鉴定结论证明涉案出版物的性质；负责人、编辑等工作人员的《调查询问笔录》证明编辑组稿、印刷销售等情况；销售、印刷及经营状况等单据证明当事人经营状况。

**三、关于一事不再罚**

根据《中华人民共和国行政处罚法》第二十九条的规定，对当事人的同一个违法行为，不得给予两次以上罚款的行政处罚。同一个违法行为违反多个法律规范应当给予罚款处罚的，按照罚款数额高的规定处罚。执法部门依据《出版管理条例》第六十一条、第六十五条"违法经营额不足 1 万元的，可以处 5 万元以下的罚款"的规定，对当事人违法行为作出罚款处罚。

当事人擅自从事涉案出版物的出版、发行业务的违法经营额与销售非法出版物的违法经营额一致，据此，执法部门仅给予一个罚款处罚，即可以处 50000 元以下的罚款。

## 法规政策依据

《中华人民共和国行政处罚法》第二十八条第二款、第二十九条

《出版管理条例》第九条第一款、第三十五条、第六十一条、第六十五条

《出版物市场管理规定》第二十条第二项、第三十二条第三款

《新闻出版署关于认定非法出版物单价数额的意见》

《新闻出版署关于处理白孝琪非法出版〈半色曝光〉一案中如何计算非法经营数额的批复》

### 案件启示

在“双减”大背景下，校外培训机构学科类培训备受社会关注。本案是校外培训机构擅自出版教辅图书，并在未办理《出版物经营许可证》的情形下，向学员、社会发行图书的典型案件。这一行为的查处，一方面减少了该类出版物对广大青少年文化权益可能造成的危害；另一方面对当前校外培训市场教辅书籍的编辑、出版、发行、使用等环节进行了规范。

家长应对培训机构使用的相关教材教辅资料予以关注，发现有关非法出版物时，应及时积极向文化执法、市场监管、教育等部门反映情况；各类校外培训机构要严格落实教材教辅审核责任，通过申请书号出版、购置正规教辅等方式，提供正规出版物；文化执法、市场监管、教育等管理部门，要加大对校外培训机构的日常巡查力度，宣传《出版管理条例》《出版物市场管理规定》等有关内容，增强校外培训机构的正版意识。

（撰稿：天津市委宣传部　毕树连

山东省烟台市文化市场综合执法支队　种道洋

浙江省湖州市委宣传部　沈建新）

# 非法印制并销售侵权盗版中小学教辅

**场景呈现**

某市城中村一处简陋民房内，十多台印刷设备轰隆隆作响，旁边放着发黄的纸张、刺鼻的油墨胶水等印刷原材料，还有成吨的少儿教辅、少儿读物等成品、半成品、散页等，以及化了胶水等待高清扫描的原版书籍内芯和快递包装。这一地下“黑印刷厂”老板正坐在电脑前，进行着盗版图书的编辑印制工作。该“黑印刷厂”生产出来的成品图书在网店上低价陈列展示，已打包完毕的图书包裹等着快递公司将其送至各地买家手中。

**处置难点**

如何找到涉嫌地下“黑印刷厂”实际地址并调查取证？

如何调取销售记录台账计算违法所得和涉案经营额？

如何获取疑似非法出版物并确认为盗版图书？

如何形成证据链条并对案件定性？

## 案件来源

2020 年 10 月，某市文化市场综合行政执法部门接到群众实名举报，反映在某电商平台“某图书店”“某图书文化馆”两家网上书店购买的教辅类图书质量低劣，油墨气味刺鼻，印制的规格标准和文字插画漏洞百出；网购包裹的寄（退）货地址均显示在某市同一街道，怀疑是盗版图书制作窝点。

## 案件事实

经查，当事人刘某自 2020 年 5 月起，利用亲朋好友身份信息在某电商平台注册 7 家网上书店，并购买成套印刷设备，在自家住房内大量印制教辅类侵权盗版图书，并将该图书面向全国销售。执法人员调取了该电商平台后台销售记录，7 家网上书店销售金额共计 259929.61 元，销售数量共计 11306 册。经鉴定，所有涉案书籍为非法出版物和侵权盗版图书。

2021 年 7 月，该市文化市场综合行政执法支队协助公安机关在某城中村内将当事人刘某抓获，依法扣押刘某地下“黑印刷厂”内的作案工具（胶装机、切纸机、高速打印机、扫描机、装订机、电脑等十多台印刷设备）、印刷原材料、快递包装盒和成品、半成品、散页共计 2000 余册图书。

## 查处过程

**一、制作、审批《举报投诉处理单》**

执法部门立即制作《举报投诉处理单》，经批准后先行立案并开展核查。

**二、开展前期调查**

执法部门指定 2 名执法人员负责查办此案。办案人员首先在某电商平台找到“某图书店”“某图书文化馆”两家网上书店，通过远程勘验记录固定网店内展示的图书、证照等证据；同时，通过对比图书品种、价格、寄（退）货地址等信息，发现另外5家网店销售的图书与被举报的图书高度相似。经分别从上述5家网店购书取证并初步鉴定，执法人员发现所有取证的图书品种、印制规格以及寄（退）货地址高度一致，联系电话则相互交叉关联。7家网店使用的证照除经营者姓名不同外，经营地址都是外省某市某区同一社区，发证机构均为该市某局。通过以上证据，办案人员充分怀疑上述店铺为同一人所有。

经查询多家快递公司台账记录和客户协议，办案人员找到了寄件人的联系电话、身份信息和居住地址等。经公安机关核实，最终找到了当事人刘某的真实身份信息。通过揽件人员的指认，找到了寄件人的大概地址方位。因该处位于城中村，且私房多、人员杂、道路窄，村民对陌生人又非常警觉，办案人员担心多次进出摸排而打草惊蛇，没有采取进一步行动。

**该环节核实重点：**涉案网店基本情况、该网店有无出版物出版及发行资质、通过购买涉案图书初步锁定非法发行行为、对涉嫌违法行为和真假经营地址进行蹲守摸排等。

**该环节主要措施：**核实涉案网店证照、对比涉案图书种类价格以及初步鉴定涉案图书性质；核实涉案人员的身份信息、联系电话、快递合同、居住地址等。

**三、进一步调查取证**

通过省“扫黄打非”办指导督办和“净网”直通车机制，办案人员从某电商平台调取了涉案7家网店注册登记信息，及其2020年5月至2021年4月的销售数据明细。经统计，涉案7家店铺共销售的教辅类图书品种达40余种，销售总数量共计11306册，销售总金额为259929.61元。另通过公安机关技术手段查明，刘某为提高店铺曝光率，聘请他人刷单虚增销售金额9800元。所有涉案书籍经鉴定机构鉴定均为侵权盗版图书和非法出版物。综上，当事人刘某的行为已涉嫌犯罪。

**该环节核实重点：**

1. 认定涉案图书性质。结合图书编印目的、内容、式样、定价等要素，鉴定机构出具非法出版物鉴定报告，认定涉案40余种教辅类图书均系未经批准擅自出版印刷的非法出版物和侵权盗版出版物。

2. 认定非法发行行为。通过对当事人调查询问、核验营业执照等资质、调取图书发行单据（包括网络订单、网络销售数据明细等）等物证，对涉案图书的编辑、印制、发行三个环节进行证据固定。

3. 认定违法经营额、违法所得。涉案店铺共销售的教辅类图书品种达40余种，销售总金额为259929.61元，共计11306册；刷单虚增销售金额9800元，违法所得40000余元。

**四、行刑衔接**

经该市“扫黄打非”办指导协调，该市文化市场综合行政执法支队多次与市公安局、市人民检察院会商，认为此案违法经营数额已涉嫌犯罪，决定将此案以刘某涉嫌侵犯著作权罪移交至市公安局治安支队继续侦办。

据此，该市公安局治安支队通过特殊手段对当事人采取定位侦查。于2021年7月28日14时许，将正在印制生产盗版书籍的犯罪嫌疑人刘某抓获。现场查获40余种教辅类、文学类图书，共计2000余册；查扣作案工具包括打印机、复印机、装订机、胶装机等共计12台；收缴手机、电脑、银行卡等若干。通过突击审讯，嫌疑人刘某对印制、销售盗版书籍供认不讳，并供述某电商平台的7家店铺属其一人所有。经统计，该7家网店后台销售记录与执法人员调取的销售明细一致，犯罪嫌疑人刘某承认店铺开设期间共获利40000余元。公检法三部门经过充分沟通，决定将此案以涉嫌侵犯著作权罪定罪公诉。

**五、法院审理判决**

该市人民检察院以被告人侵犯著作权罪向人民法院提起公诉。2021年12月21日，该市某区人民法院作出一审判决，被告人刘某以营利为目的，未经著作权人许可，复制发行其文字作品，犯侵犯著作权罪，被判处有期徒刑3年，缓刑4年，并处罚金100000元；对违法所得的40000余元予以追缴，上缴国库；对从被告人处扣押的打印设备等作案工具及非法出版物，予以没收。

## ▶▶ 合规要点

本案是一起收到网购的教辅类图书后，发现其质量低劣疑似盗版，经查证后追究当事人刑事责任的典型案件。

**一、法律适用适当**

被告人刘某以营利为目的，利用亲朋好友的身份信息，在某电商平台注册开设7家网上书店，大量印制销售未经著作权人许可的少儿文学、教辅类等侵权盗版图书和非法出版物，根据《中华人民共和国刑法》第二百一十七条第一项、第六十七条第三款、第五十二条、第五十三条第一款、第六十四条、第七十二条第一款及第三款、第七十三条第二款及第三款和《中华人民共和国刑事诉讼法》第二百零一条第一款之规定，构成侵犯著作权罪，人民法院对其作出判决。

**二、处理程序合法**

《举报投诉处理单》证明案件来源；文化市场综合行政执法部门通过前期调查提供的营业执照、许可资质等信息证明当事人具有承担法律责任的主体资格；文化市场综合行政执法部门后期调取的销售明细及通过调查取得的寄件合同、图书出版合同、著作权人声明等信息证明案件事实。根据两法衔接流程，及时将涉嫌犯罪案件移送公安部门继续侦办；公安机关提供了《现场检查(勘验)笔录》、《证据保存清单》、现场取证照片等证明现场检查、涉案物品和犯罪嫌疑人的抓捕审讯情况；出版物鉴定机构的鉴定结论证明涉案出版物的性质；公诉机关提交了接报案登记表、到案经过、检查辨认笔录、提取笔录及照片、证人证言、被告人刘某供述和常住人口基本信息等证据。

**三、关于审判决定**

法院认为，被告人刘某的行为构成侵犯著作权罪。公诉机关的指控成立。被告人刘某到案后，如实供述自己的罪行，愿意接受处罚，且主动退缴全部违法所得，对其可从轻处罚。根据被告人的犯罪情节、悔罪表现，并对其所居住社区调查证明没有重大不良影响，可对其适用缓刑。被告人在上诉期限内没有提出上诉。

## 法规政策依据

《中华人民共和国刑事诉讼法》第二百零一条

《中华人民共和国刑法》第二百一十七条第一项、第六十七条第三款、第五十二条、第五十三条第一款、第六十四条、第七十二条第一款及第三款、第七十三条第二款

## 案件启示

电商平台线上书店具有注册门槛低、隐蔽性强、流通面广、单笔体量小、累计数量大、发展势头猛的特点，不法商家利用该特点异地办理证照或伪造证照在平台开店投机逐利。由线上书店衍生出线下家庭作坊式无证印刷窝点肆意承印、廉价快印、侵权盗印、非法翻印。

该案的查处，一是降低了该类出版物对广大青少年文化权益可能造成的危害；二是对侵权盗版图书的编辑、印制、网络发行等环节进行全链条打击；三是就行政执法与刑事司法案件的管辖、移送，证据收集、鉴定，公检法部门提前介入等方面结合各自工作，规范了行刑衔接工作流程。

（撰稿：湖南省岳阳市文化市场综合行政执法支队　谭建武、周浩军、许可、肖国雄、王冬娜）

# 擅自进口发行含有影响未成年人身心健康内容的出版物

**场景呈现**

某海关缉私分局移交的线索显示，杨某某涉嫌非法销售书籍。杨某某销售的书籍主要是境外的漫画、轻小说，部分漫画涉及淫秽色情内容。这些书籍是通过非正规途径从境外进口的，主要以客户订购的方式进行销售。

**处置难点**

如何认定非法进口行为？

执法部门该如何调查取证？

行刑衔接要注意什么？

## 案件来源

2021 年 11 月 12 日，某海关缉私分局移交某文化市场综合执法支队一条情报线索，线索显示在调查案件中发现杨某某疑似未取得《出版物经营许可证》，涉嫌非法销售书籍。

## 案件事实

2021 年 11 月 12 日，该市文化市场综合执法部门对杨某某租用的堆放出版物的仓库进行检查，在现场发现大量进口出版物。执法人员现场开具相关法律文书，杨某某现场确认签字，执法过程全程录音录像。

经查，杨某某存放于仓库的出版物是通过非正规途径进口的漫画、轻小说，部分漫画涉及淫秽色情内容，主要以客户订购的方式通过微信销售。经鉴定涉案出版物均为非法出版物。杨某某有《出版物经营许可证》但无进口出版物的资质。

由于杨某某未经批准，擅自从事出版物的进口业务行为情节严重，个人非法经营额已超过 5 万元，杨某某涉嫌刑事犯罪。2022 年 3 月，该市文化市场综合执法部门将该案移送至某海关缉私分局做进一步调查处理。

某海关缉私分局通过对杨某某的调查，深挖出了一个规模庞大的走私出版物的非法产业链。目前，涉案犯罪嫌疑人已被依法逮捕，涉嫌走私淫秽物品、非法经营、洗钱等多种犯罪行为。下一步等待检察院提起公诉。

## 查处过程

### 一、根据线索初步研判

执法部门对海关缉私分局移交的情报线索进行初步研判，经批准后，与海关一起联合核查。

## 二、现场执法检查

执法部门组织2名以上执法人员赶赴某地址开展现场检查。经查，发现该地址为杨某某租用的存放待销售书籍及其他货物的仓库，在该地址一楼发现大量进口书籍。执法人员对杨某某进行询问，杨某某称其有《营业执照》及《出版物经营许可证》，但不能提供该批进口书籍的进货清单。当事人涉嫌未经许可，擅自从事出版物的进口业务。执法人员对涉案书籍进行抽样取证。

**该环节核实重点：**当事人基本情况、有无出版物出版及发行资质、对图书性质初步认定、初步锁定非法进口行为、对涉嫌违法行为进行现场证据固定等。

**该环节主要措施：**对现场图书进行抽样取证、出具《现场检查（勘验）笔录》和《抽样取证》、做好拍照取证等。

## 三、进一步调查取证

对涉嫌违法行为进行立案，围绕违法事实的基本情况、性质、情节，开展调查取证工作。经查，杨某某能够提供其从事出版物发行业务的《营业执照》及《出版物经营许可证》相关证件，并陈述该批书籍是通过非正规途径从境外进口的漫画、轻小说，部分漫画涉及淫秽色情内容，主要以客户订购的方式通过微信销售。执法人员对该批书籍进行清点，该批书籍共计1503册、总码洋（按照2022年3月3日汇率计算）53350.67元。某市新闻出版局鉴定该批书籍为非法出版物并出具非法出版物鉴定书。

**该环节核实重点：**

1. 认定涉案图书性质。结合图书的外观及内容、式样、定价、进口途径等要素，由出版物鉴定机构出具非法出版物鉴定书。经鉴定，涉案出版物系未经批准，擅自进口的非法出版物。

2. 认定非法进口行为。通过对当事人制作《调查询问笔录》、核验营业执照等资质、现场检查音视频记录，对当事人非法进口的情况进行证据固定。

### 四、作出移送决定

杨某某的行为违反了《出版管理条例》第六十一条的规定。参照2010年《最高人民检察院、公安部关于公安机关管辖的刑事案件立案追诉标准的规定(二)》第七十九条的规定，结合杨某某未经批准，擅自从事出版物的进口业务行为情节严重，个人非法经营额已超过5万元，认定杨某某涉嫌刑事犯罪。

根据《中华人民共和国行政处罚法》第二十七条“违法行为涉嫌犯罪的，行政机关应当及时将案件移送司法机关，依法追究刑事责任”及《行政执法机关移送涉嫌犯罪案件的规定》第三条的规定，将该案移送某海关缉私分局做进一步调查处理，依法追究涉案人员的刑事责任。

**该环节包括：**将详细的案件调查报告交行政执法机关负责人签字批准，案件移送书、案件调查报告、非法出版物鉴定书、《调查询问笔录》等一并移交。受案单位出具受案登记表。要注意移交的时间及受案时间。

## ▶▶ 合规要点

本案是一起未经许可，擅自从事出版物进口业务的行刑衔接的典型案例。

### 一、法律适用适当

杨某某以客户订购的方式通过微信销售书籍，其有从事出版物发行的《营业执照》及《出版物经营许可证》，应被认定为有从事出版物发行业务的资质。杨某某仓库中的书籍由非正规途径从境外进口，其不能提供进口的单据也无进口出版物的资质，上述行为应认定为杨某某未经批准，擅自从事出版物的进口业务，违反了《出版管理条例》第六十一条的规定。

### 二、处罚程序合法

《情报线索移交单》证明案件来源；《现场检查(勘验)笔录》、《抽样取证物品清单》、取证照片、现场执法音视频等证明现场检查、涉案物品的情况；《营业执照》、许可资质等信息证明当事人承担法律责任主体资格；出版物鉴定机构鉴定结论证明涉案出版物性质；杨某某的《调查询问笔录》证明违法事实。

**三、关于行刑衔接**

杨某某的行为违反了《出版管理条例》第六十一条的规定。参照2010年《最高人民检察院、公安部关于公安机关管辖的刑事案件立案追诉标准的规定（二）》第七十九条的规定，结合本案杨某某未经批准，擅自从事出版物的进口业务行为情节严重，个人非法经营额已超过5万元，认定杨某某涉嫌刑事犯罪。

根据《中华人民共和国行政处罚法》第二十七条“违法行为涉嫌犯罪的，行政机关应当及时将案件移送司法机关，依法追究刑事责任”及《行政执法机关移送涉嫌犯罪案件的规定》第三条的规定，执法部门将该案移送某海关缉私分局做进一步调查处理，依法追究涉案人员的刑事责任。

## 法规政策依据

《出版管理条例》第六十一条

《出版管理行政处罚实施办法》第十五条、第十六条、第五十条

2010年《最高人民检察院、公安部关于公安机关管辖的刑事案件立案追诉标准的规定（二）》第七十九条

《中华人民共和国行政处罚法》第二十七条

《出版物鉴定管理办法》第三条第一项

## 案件启示

出版物的进口是需要有进口资质的图书进出口公司进行进口的。本案是个人未经批准，擅自进口了境外图书的典型案例。其

中部分漫画涉及淫秽色情内容，影响未成年人身心健康。由于涉案金额达到刑事标准，移送相关部门进行“行刑衔接”。这一行为的查处，一方面减少了该类出版物对未成年人身心健康的危害；另一方面对当前出版物市场的进口、发行环节进行了规范。

（撰稿：江苏省苏州市文化市场综合执法支队　田甜）

# 学校图书馆处置社会捐赠含违禁有害内容的出版物

**场景呈现**

某校图书馆收到某社会组织捐赠的3500本图书，交接仪式结束后，相关图书被集中存放在5楼空教室内，等待图书管理员进行图书登记和分类。次日，图书管理员在登记和分类时，发现部分书籍涉及暴力和封建迷信等违禁内容，其第一时间向学校党支部反馈。学校高度重视，立即成立工作专班，对该批捐赠图书进行排查，并以此为契机，对全校图书馆、图书角和学生自带课外书籍进行了全面排查。

## 案件来源

某教育行政部门组织各级各类学校开展了含有违禁有害等内容的图书的出版物自查工作，清查工作中全面排查了学校图书馆书籍。在清查工作中接到某校党支部反馈：学校在一批受捐赠的图书中发现含违禁有害内容的书籍。

## 案件事实

某校党支部接到该校图书管理员的反馈，受捐赠的部分图书中存在暴力和封建迷信等违禁内容。该校立即启动全面自查机制，对该批图书进行全面排查，并以此为契机，派出 30 名教师对全校 24 个教学班图书角和学校图书馆进行彻底排查。通过排查，发现该校社会捐赠的图书中有涉及儿童暴力与封建迷信等内容的图书。

## 查处过程

该校将相关情况报告属地教育行政部门后，该地教育行政部门组织召开了专题会议，对该校的工作态度、工作方法和工作成效予以肯定，要求该校对相关责任人进行倒查，深挖根源、堵塞漏洞；同时，要求各级各类学校继续开展全覆盖无死角的违禁读物清查处置工作。

**一、清点核对，集中销毁**

该校将清查出的违禁读物在核对数目和名单后集中在 1 间空教室中，组织专人进行再次核查，确认清查出的违禁读物确实存在有害学生身心健康、与社会主义核心价值观相悖的情况。经学校党支部研究决定，将该违禁读物进行集中焚毁。

**二、分层约谈，强化责任**

该校党支部书记、校长对分管教学副校长、德育副校长、图书管理员等人员分别进行了谈话提醒，要求严格把控各类进校园读物的内容质量关，修订并严格执行图书管理等制度，防止发生类似事件。

**三、建章立制，巩固提升**

为巩固提升整改效果，该校制定公布了相关制度。

1. 教辅材料和学生读物进校审查制度。严禁个人书商进入校园推销教辅材料和学生读物；严禁与非正规出版社和社会组织签订购书协议；严禁封建迷信读物进入校园；严查师生阅读宣扬暴力、凶杀、色情等有害读物的情况；严禁师生将违禁读物带入校园。实行各类图书、教辅材料和学生读物进校审查制度。

2. 教辅材料和学生读物把关制度。通过致家长一封信、召开班主任例会等形式，提醒家长在购买教辅材料和学生读物时到有相关资质的正规书店购买。向广大师生和学生家长印发《“进校园”图书、读物类型负面清单》，强化政策宣传力度。

3. 常态化排查。要求学校相关部门每学期至少开展 1 次教辅资料和学生读物的清查处置工作，发现违禁读物立即请示报告，对相关责任人依据相关规定妥善处理；涉嫌违纪违法的，要报告上级教育行政部门，必要时报告上级宣传部门和政法机关，形成违禁读物清查处置的常态化态势。

**案件启示**

违禁有害读物清查处置工作，具有一定的复杂性。

一是广大学生及其家长对违禁有害读物的甄别力不强，难以区分名目繁多的书籍是否存在不良思想、是否有害学生身心健康、是否与社会主义核心价值观相违背。

二是个别出版社、书商、社会组织、宗教组织等出于营利等目的，出版、销售、发行、推销违禁有害读物。宣传、新闻、广电、市监、公安等部门应联合制定出台长效机制，加大治理的力度。

三是部分图书馆对社会捐赠的书籍的戒备心不强，对其中违禁有害读物缺少清查处置的意识或虽有意识但工作力度不够，这都会造成违禁有害读物的留存、传播。

基于此，各级教育行政部门和各级各类学校宜从以下角度做好相关工作。

一是加大宣传教育。加大对违禁有害读物清理处置工作的宣传力度，发动师生及学生家长全员参与，清理违禁有害读物。通过宣传活动，使广大师生深刻了解什么是“扫黄打非”，明确“持续开展扫黄打非，构建文明校园”的具体措施。

二是严把读物入口关。在购置图书和接受社会组织捐助时要认真把关，慎之又慎，坚决防止违禁有害读物进入校园。

三是加强网络监管。要主动担当，全面净化校园网络空间，对学校管理的网站、微信公众号、QQ 群、微信群等开展自查行动，及时发现和删除宣扬不良思想、含有低级趣味、渲染凶杀暴力等负能量的有害信息。

四是开展专项治理活动。学校应利用晨会、班会等时间开展“抵制不良书籍，倡导文明阅读”主题教育活动，鼓励师生“多读书、读好书”。

（撰稿：吉林省长白山保护开发区管理委员会教育科技局 李金昌、吴天增）

# 某副食店面向未成年人无底线营销食品

## 场景呈现

放学后，成群结队的小学生聚集在小学周边的副食店购买零食。副食店内的货架上有一款外包装盒整体近似骆驼牌、万宝路牌、健牌等香烟外包装盒的口香糖，打开外包装后，盒内的口香糖为香烟形状，该口香糖的整体造型酷似香烟。店老板将该款口香糖介绍给前来采购的小学生，该口香糖以香烟形状、香烟盒包装引起小学生们的好奇，小学生们购买后模仿成年人的吸烟动作进行食用。

## 处置难点

如何认定属面向未成年人无底线营销食品的行为？

对此类行为该如何调查取证？

此类案件应如何定性？

## 案件来源

2022 年 3 月 16 日，某市市场监督管理部门在对校园周边商店开展专项检查时发现，位于某小学对面的某副食店在售卖外包装盒酷似骆驼牌、万宝路牌、健牌等香烟的外包装盒，盒内为香烟形状的口香糖。

## 案件事实

2022 年 3 月 16 日，该市市场监督管理部门在对某副食店检查时发现，该副食店在售的口香糖外包装标有“吸烟有害健康　适量吃糖有益健康”的信息，外包装盒整体近似骆驼牌、万宝路牌、健牌等香烟的外包装盒，盒内的口香糖为香烟形状，多处相似性状混淆了口香糖与香烟。当事人涉嫌经营标签不符合规定、危害未成年人身心健康的食品，执法人员依法对上述涉案食品采取证据保存措施。

经查，当事人于 2022 年 1 月初从某副食品摊处购进 30 盒该口香糖，进价共计 10 元，售价 0.5 元 / 盒。截至被查，该口香糖已售出 7 盒。当事人采购上述涉案食品时未履行进货查验义务。

2022 年 7 月，该市市场监督管理部门对当事人依法作出警告、没收剩余涉案食品、没收违法所得及罚款 5000 元的行政处罚。

## 查处过程

### 一、现场执法检查

执法部门组织 2 名以上执法人员对某副食店进行检查，在其货架上发现外包装盒酷似骆驼牌、万宝路牌、健牌等香烟的外包装盒，盒内为香烟形状的口香糖。执法人员初步判断当事人涉嫌经营标签不符合规定、危害未成年人身心健康的食品，执法人员对涉案食品进行证据固定。

**该环节核实重点：**副食店的周边环境情况，初步锁定涉案食品的外包装标签存在危害未成年人身心健康的情形，对涉案食品现场进行证据固定等。

**该环节主要措施：**对现场涉案食品先进行登记保存，出具《现场笔录》、《先行登记保存证据通知书》和《场所 / 设施 / 财物清单》，并拍照取证。

**二、制作、审批《立案审批表》**

执法部门立即制作《立案审批表》，经批准后，开展立案调查。

**三、进一步调查取证**

执法人员对涉嫌违法行为进行立案，围绕涉案产品的基本情况、性质、情节，开展调查取证工作。经查，当事人经营场所位于小学周边，主要销售预包装食品，消费主体为未成年学生。涉案食品“口香糖”为当事人于 2022 年 1 月初从某副食品摊处购进，进价共计 10 元，售价为 0.5 元 / 盒，当事人采购上述涉案食品时未履行进货查验义务。涉案食品外包装标有“吸烟有害健康 适量吃糖有益健康”的信息，外包装盒造型酷似香烟包装盒，并印有“CAMEL”“Marlbovo”“KENT”“888”“PALLY”“HOKT”图样，外包装盒整体近似骆驼牌、万宝路牌、健牌等香烟外包装盒，其包装盒内口香糖的外形、颜色均与香烟类似，食品整体酷似香烟。该食品共计售出 7 盒，现场检查时剩余 23 盒在售，销售金额为 3.5 元。

**该环节核实重点：**

1. 认定当事人的客户群。因当事人所经营的副食店位于某小学对面，结合当事人口述情况，确认当事人所经营的副食店的消费主体为未成年学生，其经营涉案食品属向未成年人无底线营销食品。

2. 认定涉案食品的性状。根据涉案食品的外包装盒上所印的文字、图案以及盒内食品的外观，确定食品外包装盒、装饰的图形及符号、产品形状整体酷似香烟，多项极为近似的性状混淆了口香糖与香烟。

**四、作出行政处罚**

2022 年 6 月 24 日，执法部门向当事人送达了《行政处罚告知书》，告知当事人违法事实、案件证据、情节认定、处罚依据及拟处罚内容，并告知其享有陈述、申辩和要求听证的权利。截至2022年7月4日(5个工作日后)，当事人未提起陈述、申辩，未要求听证。7月5日，执法部门依据《中华人民共和国食品安全法》第五十三条第一款、第六十七条第三款的规定，对该副食店未履行进货查验义务及经营标签不符合食品安全国家标准的预包装食品的违法情形作出行政处罚，责令其改正违法行为，并给予警告、没收涉案食品23盒、没收违法所得3.5元及罚款5000元的行政处罚。

**该环节包括：**行政执法机关负责人案件集体讨论，处罚告知，听证，处罚决定作出、送达等流程。同时关注案件后续可能出现的复议、诉讼风险。

## ▶▶ 合规要点

本案是一起对学校周边副食店向未成年人无底线营销食品进行处罚的典型案件。

**一、法律适用适当**

从执法主体看，市场监管部门对违反《中华人民共和国未成年人保护法》第五十五条规定之情形无管辖权。当事人向未成年消费者兜售以香烟形式包装的涉案食品，对未成年人的意识和行为都会产生消极影响，属于面向未成年人无底线营销食品的行为，损害了未成年人的身心健康与合法权益，违反了《中华人民共和国未成年人保护法》第五十五条的规定，应当受《中华人民共和国未成年人保护法》调整。但该条款未有罚则，且未明确执法主体。根据“法无授权不可为”的原则，市场监管部门无权处理。

从违法行为看，本案涉嫌违法的主要表现形式为食品标签违规，应适用《中华人民共和国食品安全法》定性。《食品安全国家标准　预包装食品标签通则》中明确规定，预包装食品，其包装上的文字、图形、符号等均属于该食品的标签。《食品安全国家标准　预包装食品标签通则》“3　基本要求”中规定，“3.5 不应直接或以暗示性的语言、图形、符号，误导消费者将购买的食品或食品的某一性质与另一产品混淆”。本案涉案食品标签与多款国际著名品牌香烟外包装标签相似，这属于以暗示性的语言、图形、符号，误导消费者将涉案口香糖与相关香烟品牌混淆，违反了上述规定。《中华人民共和国食品安全法》第六十七条第三款规定：“食品安全国家标准对标签标注事项另有规定的，从其规定。”因此，对当事人的上述经营行为适用《中华人民共和国食品安全法》进行定性是恰当的。

**二、处罚程序合法**

《案件来源登记表》证明案件来源；《现场笔录》、《先行登记保存通知书》、取证照片等证明现场检查涉案物品的情况；营业执照、许可资质等信息证明当事人承担法律责任的主体资格；经营者的《询问笔录》证明涉案食品的采购、销售等情况。

## 法规政策依据

《中华人民共和国行政处罚法》第五条第二款、第三十二条第一项

《中华人民共和国食品安全法》第五十三条第一款、第六十七条第三款

《中华人民共和国未成年人保护法》第五十五条

《食品安全国家标准　预包装食品标签通则》

## 案件启示

涉案食品“口香糖”的主要消费对象为未成年学生，其外包装盒、装饰的图形及符号，产品形状整体酷似香烟，多项极为近似的性状混淆了口香糖与香烟。该口香糖以香烟盒外包装、香烟形状

引起未成年人的好奇，诱导未成年人购买后模仿成年人的吸烟动作进行食用，容易使未成年人染上不良习惯，在一定程度上影响了未成年人的身心健康。

商家向未成年消费者兜售以香烟形式包装的涉案食品，属于面向未成年人无底线营销食品的行为，不仅损害了未成年人的身心健康与合法权益，同时违反了《中华人民共和国食品安全法》与《中华人民共和国未成年人保护法》的规定。该案的查办，严厉打击了此类违法行为，有力震慑了相关不良商家，有效落实了《市场监管总局、教育部、公安部关于开展面向未成年人无底线营销食品专项治理工作的通知》的要求。

（撰稿：江苏省无锡市江阴市市场监督管理局　陈燕）

# 某健身服务部在学校、幼儿园周边设置营业性娱乐场所

**场景呈现**

某健身服务部打着健身的幌子，向消费者提供娱乐场所服务。该健身服务部是一家营业性娱乐场所，向公众开放，收取门票费，男性顾客门票费 10 元，女性顾客门票费 50 元。该健身服务部还向消费者提供舞蹈音乐、跳舞场地服务，顾客邀请场所里的教练跳舞的费用是 240 元。但该健身服务部未办理《娱乐经营许可证》。该场所设置在某小学旁边，距离某小学不足 100 米，周边未成年人众多，该场所的设置对未成年人身心健康发展造成了不良影响。

**处置难点**

怎样判断该健身服务部是否为营业性娱乐场所？

执法部门如何调查取证？

如何确定场所在学校、幼儿园周边？

如何确定违法所得？

## 案件来源

2022 年 4 月 22 日，某市文化市场综合行政执法支队收到“12345”转交的关于某健身服务部是否具备经营许可证的举报投诉。

## 案件事实

2022 年 4 月 25 日、5 月 5 日，该市文化市场综合行政执法部门先后两次对某健身服务部进行现场检查，两次检查均发现该场所正在向消费者提供舞蹈音乐以及跳舞场地，但未办理《娱乐经营许可证》。该场所涉嫌未经批准擅自从事娱乐场所经营活动，执法人员依法对该场所的音乐播放设备进行了登记保存，并对相关人员进行了调查询问。

2022 年 5 月 7 日，该市文化市场综合行政执法部门对该健身服务部的位置进行了现场勘验，该场所西临某小学操场围墙约 40 米，距离某小学主出入口 104 米。

经查，当事人系在学校、幼儿园周边设置营业性娱乐场所。

2022 年 8 月 8 日，该市文化市场综合行政执法部门对当事人依法作出责令改正在学校、幼儿园周边设置营业性娱乐场所的违法行为，给予警告，没收违法所得 27600 元的行政处罚。

## 查处过程

### 一、制作、审批《举报投诉处理单》

执法部门立即制作《举报投诉处理单》，经批准后，开展核查。

### 二、现场执法检查

执法部门组织 2 名以上执法人员赶赴该健身服务部开展现场检查，发现该场所提供舞蹈音乐和跳舞场地服务，有 53 名消费者在舞池内跳舞，现场未能提供《娱乐经营许可证》。执法人员对该场所内的音乐播放设备进行登记保存，对收银员的转账记录进行拍照取证，现场对消费者、舞蹈教练、收银人员、股东、现场负责人、主要负责人进行了调查询问。执法部门组织 2 名以上执法人员对该场所的位置进行现场勘验，勘验结果显示其西临某小学操场围墙约 40 米，距离某小学主出入口 104 米，执法人员初步判断该健身服务部涉嫌在学校、幼儿园周边设置营业性娱乐场所。执法人员现场制作了该场所位置示意图，并通过卫星地图测量该场所与某小学主出入口的距离为 104 米。

**该环节核实重点：**该场所的基本情况、是否为营业性娱乐场所、有无《娱乐经营许可证》、初步锁定违法所得、对该场所与某小学的距离进行初步认定、对涉嫌违法行为现场进行证据固定。

**该环节主要措施：**对现场音乐播放设备进行登记保存，现场对相关人员进行调查询问，现场制作位置示意图，现场通过卫星地图测距，出具《现场检查（勘验）笔录》和《证据先行登记保存通知书》，做好拍照取证等。

**三、进一步调查取证**

执法人员对涉嫌违法行为进行立案，围绕违法事实的基本情况、性质、情节开展调查取证工作。经查，该健身服务部为营业性娱乐场所，且设置在学校、幼儿园周边。该健身服务部收银员杨某、负责人丁某确认了微信转账 27600 元为营业收入。

**该环节核实重点：**

1. 认定是否为营业性娱乐场所。通过对消费者、舞蹈教练、收银员等人员的调查询问证实该场所收取门票费。现场有音乐设备播放舞蹈音乐，提供跳舞场地。依据《娱乐场所管理办法》第二条的规定认定为营业性娱乐场所。

2. 认定是否在学校、幼儿园周边。通过现场勘验，该场所西临某小学操场围墙约 40 米，卫星地图测量该场所距离某小学主出入口 104 米。该场所所在社区出具了该场所与某小学的距离为 40 米的证明。执法人员走访了周边居民，居民代表表示该场所设置在某小学周边，对未成年人的身心健康成长造成了不良的影响。执法人员对走访情况制作了《调查询问笔录》。综上，认定该场所设置在校园周边。

3. 认定违法所得。执法人员现场对收银员杨某的微信转账进行了取证。通过对收银员杨某、工作人员邓某、负责人丁某的调查询问，证实了微信转账27600元为该场所的营业收入。综上，认定该场所的违法所得为27600元。

2022年6月27日，执法部门向该场所送达了《行政处罚事先告知书》，告知当事人违法事实、案件证据、情节认定、处罚依据及拟处罚内容，并告知其享有陈述、申辩的权利。在法定时限内（截至2022年7月5日），当事人提出了口头陈述、申辩。由于受疫情影响，当事人出行受限，未在法定时限内提交书面陈述、申辩书。2022年7月20日，当事人向文旅行政机关提交了《陈述、申辩书》。虽超出了陈述、申辩的法定时限，为充分保障当事人的陈述、申辩权，文旅行政机关审查了当事人陈述、申辩的事实、理由和证据。2022年8月8日，文旅行政机关依据《中华人民共和国行政处罚法》第二十八条第一款、《中华人民共和国未成年人保护法》第一百二十三条的规定，对该场所在学校、幼儿园周边设置营业性娱乐场所作出行政处罚：责令其改正在学校、幼儿园周边设置营业性娱乐场所的违法行为，给予警告，没收违法所得27600元。

**该环节包括：**行政机关重大案件集体讨论，处罚事先告知，陈述、申辩审核，处罚决定作出、送达等流程，同时关注案件后续可能出现的复议、诉讼风险。

## ▶▶ 合规要点

本案是一起在学校、幼儿园周边设置营业性娱乐场所的典型案例。

**一、法律适用适当**

该场所向公众开放，收取门票费，向消费者提供舞蹈音乐、跳舞场地服务，被认定为营业性娱乐场所。该场所西临某小学操场围墙约 40 米，卫星地图测量该场所距离某小学主出入口 104 米，该场所被认定设置在学校周边。在学校、幼儿园周边设置营业性娱乐场所的行为违反了《中华人民共和国未成年人保护法》第五十八条的规定。

**二、处罚程序合法**

《举报投诉处理单》证明案件来源；《现场检查（勘验）笔录》、《证据先行登记保存通知书》、取证照片和视频等证明现场检查情况；《营业执照》证明当事人的主体资格；现场取证照片，消费者、舞蹈教练的《调查询问笔录》证实该场所为营业性娱乐场所；现场取证微信转账图片，收银员、负责人等人员的《调查询问笔录》证实该场所的违法所得；位置示意图、卫星地图测距、社区证明、周边居民的《调查询问笔录》证实该场所在学校周边。

## 法规政策依据

《娱乐场所管理办法》第二条第一款

《中华人民共和国未成年人保护法》第五十八条、第一百二十三条

《中华人民共和国行政处罚法》第二十八条第一款

## 案件启示

保护未成年人合法权益是全社会共同的责任，《中华人民共和国未成年人保护法》为做好新时代未成年人保护工作提供了坚实的法律保障。未成年人的心智正处于塑型和构建的关键时期，易受到外界环境的影响。该场所设置在学校、幼儿园周边，而学校、幼儿园里的未成年人众多，该场所的设置极不利于未成年人的健

康成长。该案的查办有效净化了校园周边的文化环境，为未成年人的身心健康成长构筑了安全屏障。

作为家长，一旦发现学校周边设置营业性娱乐场所、酒吧、互联网上网服务营业场所等不适宜未成年人活动的场所，要积极向文化和旅游、市场监督管理、烟草专卖、公安等部门反映情况；各类文化市场主体要切实增强遵规守法、合法经营的意识，主动承担保护未成年人的社会责任；文化执法部门要认真履行未成年人保护职责，积极推动《中华人民共和国未成年人保护法》在文化市场执法领域的贯彻实施，为未成年人营造良好的社会文化环境。

（撰稿：四川省德阳市文化市场综合行政执法支队　钟方建、洪丹丹）

# 校园周边向未成年人销售非法彩票

**场景呈现**

某小学校园周边杂货店，一些业主以向小学生出售“私彩”的方式诱导他们进行赌博。向小学生售卖金额在5角至5元不等的小额彩票，称奖金最高可得100元。一些学生经常将早饭钱、书本费等拿去“抽奖”，严重影响了学生的学习生活及校园的秩序。

**处置难点**

取证难：为保护未成年人、维护未成年人的利益不能直接传唤调查。

认定难：对“私彩”等非法彩票的认定。

## 案件来源

2022年3月10日，群众举报称：在某县某镇某小学大门附近有人向学生出售"私彩"进行赌博，请公安机关查处。

## 案件事实

根据群众举报的线索，为了依法打击违法行为，维护未成年人的身心健康，公安机关侦查员采取现场隐蔽录像取证的方式，经多次收集证据后于 2022 年 3 月 29 日当场抓获正在向放学的小学生出售"私彩"的 4 名违法人员，同时依法口头传唤其到公安机关进行调查取证。

经调查取证，违法人员卢某某、陈某某、李某某、钟某某对非法向未成年人以出售"私彩"的方式进行赌博的行为供认不讳。公安机关依法没收非法彩票 2 万多张。卢某某等 4 人的行为构成为赌博提供条件的违法行为。根据《中华人民共和国治安管理处罚法》第七十条、第十一条第一款之规定，对违法行为人卢某某、陈某某、李某某、钟某某各处以罚款 500 元。

## 查处过程

**一、制作、审批《受案登记表》**

接到报案后，执法人员在警综平台受理案件并制作《受案登记表》，经办案部门领导批准后，开展调查取证。

**二、现场调查取证**

公安部门对该案件高度重视，紧急召开研判部署会，立即指派治安大队、派出所深入辖区各中小学校，细致开展摸排工作。"有些学校附近有人摆摊售卖刮刮奖，学生一放学就围在地摊那儿买，有些小卖部也在出售'私彩'"，"卖的这类即开型彩票，并不是国家发行的正规彩票"。办案民警摸排后收集到了一定的证据。随后，办案民警根据摸排情况于2022年3月29日对正在向未成年学生出售“私彩”的违法人员进行现场抓捕，当场抓获违法人员4人，扣押涉案“私彩”2万多张。被抓的违法人员未能提供“彩票”的合法手续，初步判断是非法“私彩”。执法人员对涉案“彩票”进行证据保全。



**三、作出行政处罚**

2022年3月29日，办案民警当场抓获4名违法人员并依法口头传唤到公安机关办案中心进行询问，同时对涉案物品进行证据保全，对违法人员依法进行人身检查，告知被询问人行政案件权利义务后依法对其进行询问。经收集的违法人员陈述材料、证据保全清单、相关照片、视频资料等证据证实，卢某某、陈某某、李某某、钟某某涉嫌为赌博提供条件。根据《中华人民共和国行政处罚法》第四十四条之规定，将拟作出行政处罚决定的事实、理由依法告知被处罚人，制作公安机关行政处罚告知笔录，最后经各级领导审批，依法对违法人员作出行政处罚决定并送达违法人员签收。

## ▶▶ 合规要点

本案是一起不法经营者在学校周边向在校学生出售“私彩”让学生进行赌博的违法行为，是公安机关打击学校周边为赌博提供条件的公安行政案件。

**一、法律适用适当**

违法人员出售“彩票”没有合法手续，向未成年人出售带有“红利”性质的“彩票”符合赌博的特征。违法人员的行为符合为赌博提供条件的要件。根据《中华人民共和国治安管理处罚法》第七十条、第十一条第一款之规定，对违法人员进行处罚适用法律适当。

**二、处罚程序合法**

从接到报案到受理案件，依法录像取证，扣押涉案物品，制作《证据保全清单》《现场检查(勘验)笔录》,现场取证拍照,口头传唤嫌疑人,对嫌疑人进行人身安全检查,询问嫌疑人,告知被询问人的权利义务,处罚前告知拟作出行政处罚决定的事实、理由,作出行政处罚决定,最后到行政处罚决定履行完毕的整个过程符合实体法和办案程序的规定。

## 法规政策依据

《中华人民共和国治安管理处罚法》第十一条第一款、第七十条、第八十三条第二款

《公安机关办理行政案件程序规定》第十条、第二十六条、第二十九条、第三十一条、第八十一条、第八十二条、第二百一十四条

## 案件启示

《中华人民共和国未成年人保护法》于 2020 年 10 月 17 日修订通过。该法是为了保护未成年人的身心健康,保护未成年人的合法权益,促进未成年人德智体美劳全面发展,培养有理想、有道德、有文化、有纪律的社会主义建设者和接班人,培养担当民族复兴大任的时代新人。该案违法人员为了自己的私利,在学校周边设摊出售“私彩”让学生进行赌博。未成年学生的自制能力差,沉湎于赌博不但会给其家庭带来经济负担,而且会严重污染学校的育人环境,还可能使他们荒废学业,走上犯罪的道路。

作为学生家长,要遵守法律,不参与赌博;发现未成年子女有参与赌博苗头的,要及时制止。学校老师发现校园及周边存在赌博等不良行为时要及时制止,并向有关部门报告力争尽快处理。

公安、教育、文化、市场监管、民政等执法监管部门要加大对赌博等违法行为的打击管控力度，切实维护好校园周边的社会治安环境。

（撰稿：广西壮族自治区河池市罗城仫佬族自治县公安局 何绍奎）

# 校园周边烟草零售点向未成年人销售香烟

**场景呈现**

某区人民检察院在开展公益诉讼专项监督活动中发现，某区部分烟草零售商户违反校园周边50米范围内不得设置烟草零售点的规定销售香烟，未在显著位置设置“不得向未成年人出售烟草制品”的标识。偶有未成年人来买香烟。

## 案件来源

守护未成年人健康成长，为未成年人提供风清气正的成长环境，是未检部门检察官的职责。某市某区人民检察院未检部门在工作中坚持最有利于未成年人的原则，立足检察职能，注重对未成年人案件分析研判，及时发现案件背后的突出问题，联合法警大队成立专项小组对校园周边烟草零售点开展检查行动，从源头上阻断未成年人违法犯罪影响因素，净化未成年人成长环境。

## 案件事实

某区人民检察院在开展公益诉讼专项监督活动中发现，某区部分烟草零售商户违反校园周边50米范围内不得设置烟草零售点的规定销售香烟，未在显著位置设置“不得向未成年人出售烟草制品”的标识。上述违法行为，一方面，使未成年人可轻易获得烟草制品，给其身心健康带来严重危害；另一方面，也会严重影响未成年人的学习、生活，给其健康成长带来负面影响。

## 查处过程

某区人民检察院未检部门、法警大队组成专项工作小组，对某区某小学、某中学附近商户进行摸排走访和调查取证，查看了各商户的营业执照、烟草专卖许可证、悬挂标识等情况，详细询问了是否有向未成年人售卖香烟的情况，同时制作了询问笔录，对各烟草零售点与学校进出通道口的实际距离进行实测，并当场拍照、采用执法记录仪固定现场检查证据。经查发现，一家零售点存在与幼儿园距离不足50米的情况，部分商户存在未按规定公示许可证、悬挂“不得向未成年人出售烟草制品”标识的情况，上述违法行为可能造成未成年人轻松购买到烟草制品的隐患。检察官现场对销售点经营者进行了《中华人民共和国未成年人保护法》的相关法治宣传，阐明了向未成年人售卖香烟制品的危害，并对相关销售点提出整改意见。

针对检查中发现的问题，某区人民检察院召开了“整治校园周边烟草零售点”的专题讨论，会上检察长作出指示，“在校园周边50米范围内设置烟草零售点，增加了未成年人接触烟草制品的风险。未成年人正处于身心发育的关键时期，一旦沾染上烟瘾，将会产生严重的危害。守护未成年人健康成长是检察机关义不容辞的责任。以公益诉讼促进行政机关依法行使行政职权，加强对校园周边控烟监管力度，是我们检察人的职责，也是公益诉讼制度价值之所在”。

经检察长批准，某区人民检察院依法向某区烟草专卖局、某区市场监督管理局制发了公益诉讼诉前检察建议，建议上述部门加强对某区校园周边烟草零售点的监管，督促其依法履行监管职责。对某区中、小学校园周边烟草零售点开展专项整治活动，全面摸底清查，对不符合法律规定的依法予以查处、取缔；对未在显著位置悬挂“不得向未成年人出售烟草制品”标识的烟草零售点进行清查整改；要求烟草零售商户签订《不向未成年人售烟承诺书》；建立未成年人控烟监督管理长效机制，定期开展《中华人民共和国未成年人保护法》《中华人民共和国预防未成年人犯罪法》的宣传活动，净化校园周边烟草销售环境。

## 行政机关整改

某区烟草专卖局、某区市场监督管理局在收到《检察建议书》后高度重视，随即组织开展了保护未成年人免受香烟侵害的“守护成长”专项整治行动，并会同某区人民检察院未检部门召开了前期部署会。会上，根据某区人民检察院前期检查摸排情况以及烟草专卖局之前掌握的问题线索，确定了专项行动的针对方向及路线图，对无证照经营、无烟草专卖许可证进行销售以及销售假烟等违规违法行为的职能管辖问题确定了各自的职责以及执法衔接程序。各部门一致表示，将从速从严落实检察建议相关要求，并及时将整改落实情况反馈给检察机关。

2021 年 7 月 16 日，某区人民检察院联合某区烟草专卖局、某区市场监督管理局的执法人员，对辖区内某小学和中学周边共 9 家商户进行了联合执法检查，对上述学校周边商铺进行全面排查清理，共排查出 4 家“50 米红线”

内烟草零售点，其中3家属无烟草专卖许可经营，烟草专卖局、市场监督管理局对3家零售点所售香烟进行现场清点并依法查扣，共查扣香烟200余条。同时，对部分商户存在未悬挂烟草专卖许可证、未悬挂警示标识的情形责令现场整改，指导商户在经营场所显著位置张贴“禁止向未成年人销售烟草制品”的警示标识。执法的同时，某区人民检察院、某区烟草专卖局、某区市场监督管理局三部门工作人员还同时发放了“关爱未成年人，保障未成年人合法权益”的宣传单，与商户签订了承诺书，劝导商户恪守经营红线，合法合规经营，不向未成年人销售烟草制品。

在联合执法行动后，某区烟草专卖局、市场监督管理局及时将落实情况以“检察建议回复函”的形式函复某区人民检察院，并对查扣的商户香烟进行了依法交接，依法依规对无证销售的零售点商户进行处罚，同时劝导校园周边持证商户在期满后主动退出烟草售卖。

## 巩固提升整治成果

为最大限度地保护未成年人免受烟草制品的侵害，切实履行好法定监管职责，某区人民检察院以此次联合执法检查行动为契机，开展了“回头看”工作，回访效果良好。某区人民检察院以公益诉讼诉前检察建议方式，加强了烟草专卖局、市场监督管理局两部门之间的配合联动，督促其依法履行职责，助推其建立了信息共享机制，形成了互通、互助的执法格局。某区人民检察院未检部门受某区烟草专卖局的邀请，面向该区烟草零售商户开展了《中华人民共和国未成年人保护法》的法治宣讲活动，在该区某商场门前联合发放200余份“禁止向未成年人售卖香烟”的宣传单，既增强了烟草零售商户的守法经营意识，也营造了关爱未成年人、保护未成年人合法权益的良好社会氛围。

**案件启示**

未成年人是祖国的未来，让下一代远离烟草、免受烟草制品的侵害，是检察机关履行公益诉讼检察职能、保护国家利益和社会公共利益的应有之义。人民检察院应发挥检察监督职能，加强与相关职能部门的衔接配合，在未成年人文身、日租房管理，未成年人食品安全、游乐设施安全等涉及未成年人领域，实现检察监督监管新突破，督促相关行政主管部门全面履职、依法行政，为未成年人健康成长提供全方位的司法保护。

（撰稿：辽宁省营口市鲅鱼圈区人民检察院第一检察部未检部门　刘思畅、董巍）

# 便利店向未成年人销售酒类食品

**场景呈现**

执法人员对位于某中学周边的某便利店进行检查发现，该店存在向未成年人销售啤酒、白酒的行为。

**处置难点**

如何固定证据？

如何确定执法机关的职责？

## 案件来源

2022年5月13日，某县市场监督管理局接到该县某中学老师举报，称位于校外周边的某便利店向该校学生销售酒类食品。同日，该县市场监督管理局执法人员根据举报线索依法对该便利店进行现场检查，同时对涉案学生进行调查，经调查，举报情况属实。对于该店涉嫌向未成年人销售酒类食品的行为，该县市场监督管理部门于2022年5月13日进行立案调查。

## 案件事实

2022年5月16日至17日，该县市场监督管理局执法人员依法对当事人和购买酒的学生进行调查，当事人已取得《营业执照》和《食品经营许可证》。经查实，当事人于2022年5月9日至13日，通过送货上门并当场收取现金的方式，分6次向两名14岁的中学生罗某和杨某销售啤酒15瓶（进价4.5元/瓶，售价5元/瓶），白酒1瓶（进价18元/瓶，售价20元/瓶），货值金额共计95元，违法所得9.5元。

2022年7月6日，该县市场监督管理局依法责令当事人改正违法行为，并作出警告、没收违法所得9.5元以及罚款5001元的行政处罚。

## 查处过程

### 一、及时回应投诉举报

2022年5月13日，某县市场监督管理局接到本县某中学老师关于该校周边的某便利店向该校学生销售酒类食品的举报后，立即组织执法人员到现场开展核查，将线索转化为案件。

**该环节核实重点：**第一时间回应投诉举报，第一时间核查线索。

### 二、证据链环环相扣

一是对举报线索进行核实。2022年5月13日，该县市场监督管理局执法人员根据举报线索依法对该便利店进行现场检查，经调查举报情况属实。二是现场检查固定证据。该县市场监督管理局执法人员现场检查确认该便利店存在通过上门服务并当场收取现金的方式向未成年人销售酒类食品的行为，并现场提取了举报人通过电子设备记录的当事人向未成年人售酒的视频。三是对当事人进行询问调查。2022年5月16日，该县市场监督管理局执法人员依法对当事人进行询问调查，当事人向未成年人销售酒类食品的违法行为属实。四是向购买酒的未成年人进行询问调查。该县市场监督管理局执法人员对在该便利店购买酒的两名14岁中学生进行询问，确认其购买酒的事实和该便利店向其售卖酒的事实。

**该环节核实重点：**对涉嫌违法行为现场证据进行固定，对证据取证充分。

**该环节主要措施：**一是写好《现场笔录》，将涉案情况记录清楚。二是及时提取两份视频录像证明违法事实。三是制作对未成年人的《询问笔录》，确认该便利店向未成年人售卖酒的违法事实。

**该环节包括：**一是制作《证据提取单》，通过合法程序提取投诉举报视频证据。二是对未成年人的询问需要在校内教职工或者家长的陪同下进行，确保未成年人的权利和询问调查的合法性、正当性。

### 三、作出行政处罚

该县市场监督管理局执法人员于2022年6月18日将《行政处罚告知书》直接送达当事人，告知当事人违法事实、案件证据、情节认定、处罚依据及拟处罚内容，并告知当事人享有陈述、申辩的权利。当事人在法定期限内未提出陈述、申辩。2022年7月6日，依据《中华人民共和国未成年人保护法》第一百二十三条和《中华人民共和国行政处罚法》第三十二条的规定，依法责令当事人改正违法行为，并作出警告、没收违法所得9.5元以及罚款5001元的行政处罚。

**该环节包括：**处罚事先告知，处罚决定作出、送达等流程，同时关注案件后续可能出现的复议、诉讼风险。

## ▶▶ 合规要点

本案是一起典型的针对未成年人的无底线营销行政处罚案件。

**一、如何固定证据**

该便利店通过收取现金的方式向未成年人售卖酒类食品，店内无视频，购买酒的对象不能确定，如何固定证据证明违法事实是本案的一大难点。执法人员首先核实举报线索，确认该便利店位于校园周边，同时提取投诉举报记录的视频，确认该便利店存在向未成年人售卖酒的事实。此外，执法人员为避免证据不充分带来的诉讼风险，对购买酒的未成年人和向未成年人售卖酒的当事人开展询问调查，进一步确认该便利店的违法事实。

**二、如何确定职能职责**

对向未成年人销售烟、酒、彩票或者兑付彩票奖金的行为，依据《中华人民共和国未成年人保护法》第一百二十三条的规定，违反该法第五十九条规定的，由文化和旅游、市场监督管理、烟草专卖、公安等部门按照职责分工处理。该条规定并未明确监管向未成年人售酒属于市场监管部门的职责。执法人员根据产品属性确认酒属于食品；同时，由于该便利店取得了《食品经营许可证》，该证的发证机关是市场监督管理部门，据此认为此类违法行为应当由市场监督管理部门管辖。

## 法规政策依据

《中华人民共和国未成年人保护法》第五十九条、第一百二十三条

《中华人民共和国行政处罚法》第三十二条

## 案件启示

本案的发生正值2020年10月修订的《中华人民共和国未成年人保护法》实施满一年之际。本案当事人在明知消费者是未成

年人的情况下，却卖酒给他们，未考虑到饮酒会影响到未成年人的成长发育，甚至导致其死亡等对未成年人身心健康所造成的严重危害。同时，该案也给市场监管部门、学校和家长一个警示：市场监督管理部门要加强对校园周边经营者的监管，通过执法检查和宣传普法相结合的方式，加大对酒类生产经营主体的排查，检查其是否存在向未成年人销售酒类产品的情形；同时，采取向校园周边经营者现场宣传和发放宣传资料等多种形式，大力宣传禁止向未成年人出售酒类产品等规定，督促各类酒类生产经营主体切实履行主体责任，督促各类酒类生产经营者在其生产经营场所醒目位置张贴“禁止向未成年人售酒”标识，筑牢未成年人保护屏障。学校和家长要加强对未成年人的普法教育，正确引导其树立积极健康的生活方式和消费观念，共同守护未成年人的身心健康，共同营造健康向上的良好社会环境和生活环境。

（撰稿：贵州省黔南州市场监管综合行政执法支队　王洁）

# 医院散发含有淫秽、色情内容宣传品进行广告宣传

**场景呈现**

某日，一市民通过电话匿名向某市“扫黄打非”办投诉，称在某小学附近，有人向过往学生、家长散发小册子，图片文字内容低俗不堪，要求进行严厉查处。投诉人未能提供清晰的事发地点，也不愿递送涉嫌有问题的宣传品。

**处置难点**

投诉人电话中描述事发地点不清晰，该如何缩小排查范围？

在无实物证据，线索又不清晰的情况下该如何处置？

移交哪个部门进行处罚？

## 案件来源

2021 年 12 月 7 日，某市“扫黄打非”办接到群众匿名电话投诉，反映

有人在某小学周边散发广告宣传品，图片文字内容低俗不堪，要求进行严厉查处。

## 案件事实

2021年12月9日，根据某市“扫黄打非”办移交的案件线索及广告宣传册的实物证据，该市市场监督管理局对某泌尿外科医院进行执法检查。

经调查核实，涉案医院用含有淫秽、色情的图片文字内容宣传册进行广告宣传，违反了《中华人民共和国广告法》第九条第八项、第二十八条第二款第三项的规定。

2022年1月13日，该市市场监督管理局依据《中华人民共和国广告法》第五十七条第一项的规定，对某泌尿外科医院给予罚款的行政处罚。

## 查处过程

### 一、暗访投诉人反映事发区域

2021年12月7日，某市“扫黄打非”办工作人员前往投诉人所指的事发区域范围进行暗访，于某小学校外墙根处地面拾得某泌尿外科医院宣传册3册。这些宣传册充斥着低俗、淫秽文字和图片内容，确实存在影响青少年身心健康的风险，也严重损害了城市的形象。

### 二、制作《案件线索移交签收单》

在掌握实物证据后，某市“扫黄打非”办立即制作《案件线索移交签收单》，经批准后，将实物证据移交该市市场监督管理局开展调查，要求对涉案单位及宣传册的印制单位依法依规进行查处。

## 三、现场执法检查

市场监督管理局执法人员对涉案某泌尿外科医院进行现场执法检查，向该院院长询问调查散发的低俗、淫秽宣传册的印制单位。该院院长称，她于2021年10月初担任该院院长，对印制广告宣传册的情况并不知情；负责对外宣传的工作人员已经离职，且人在外地。通过电话联系该医院原负责广告宣传的工作人员，向其询问相关印制单位的情况，得知线索后，执法人员立即前往涉案广告印制单位，发现涉案广告印制单位已关门歇业。后经查实，涉案广告印制单位已经注销，该案无法进行进一步调查，有关证据已无法取得和核实。

**该环节核实重点：**机构基本情况、机构是否存在其他类型的问题广告宣传行为及涉案广告宣传品的存储情况、调查印制单位、认定散发行为、对广告宣传册的低俗和淫秽内容进行认定等。

**该环节主要措施：**出具《现场检查(勘验)笔录》和《证据保存清单》、拍照取证等。

## 四、进一步调查取证

对涉嫌违法行为进行立案，围绕违法事实基本情况、性质、情节等开展调查取证工作。经查，该泌尿外科医院经营范围涉及呼吸内科、消化内科、心血管、内分泌、老年病、普通外科、泌尿外科、妇科、计划生育等科室，为扩大医院影响力、吸引病员，委托某广告经营单位制作宣传小册子，雇用老年人在市区人员密集地段散发。因涉案医院原负责广告宣传的工作人员已离职，未能查清印制数量，现场也未发现剩余宣传册。

**该环节核实重点：**

1. 认定涉案宣传册的性质。广告宣传册上印制的单位名称、固定电话号码、手机号码、地址信息、微信公众号、咨询挂号微信二维码持有人以及单位内部照片等均能证明广告宣传册为该民营医院委托印制。涉案医院对执法单位掌握的实物证据淫秽色情内容予以确认，对认定结果无异议。

2. 认定非法行为。通过对涉案医院委托制作《调查询问笔录》、核查机构营业执照及医疗机构执业许可证等资质，证明该涉案医院的主体身份；通过检查出的非法广告小册子制作单位信息、制作费用、设计稿等进行证据固定。

**五、作出行政处罚**

2021 年 12 月 9 日，执法部门向涉案医院送达《行政处罚听证告知书》，告知涉案医院拟作出行政处罚的事实和依据，并告知其依法享有的陈述权、申辩权以及可以要求举行听证的权利。在法定时限内，涉案医院未作出陈述和申辩，也未要求举行听证。2022 年 1 月 13 日，执法部门依据《中华人民共和国广告法》第五十七条第一项的规定，对该民营医院给予罚款的行政处罚。

**该环节包括：**执法部门复核执法程序的规范性，通过法规条款内部审查、处罚事先告知、权利告知送达、处罚决定作出等程序，避免可能出现的行政复议，避免法律诉讼。

## ▶▶ 合规要点

本案是一起民营医院用含有淫秽、色情内容的宣传品进行广告宣传的典型案件。

**一、法律适用适当**

该民营医院用含有淫秽、色情内容的宣传品进行广告宣传，违反了《中华人民共和国广告法》第九条第八项、第二十八条第二款第三项的规定。

**二、处罚程序合法**

《案件线索移交签收单》、案件线索摸排基本情况和证据实物等证明案件的来源；《现场检查（勘验）笔录》、《证据保存清单》、取证照片等证明现场检查、涉案物品的情况；营业执照、医疗机构执业许可证等资质证明涉案医院是承担法律责任的主体；涉案医院对执法单位掌握的含有淫秽、色情内容的实物证据予以确认，对认定结果无异议；医院负责人的《调查询问笔录》以及现场调查出的制作单位信息、制作费用、设计稿等，证明该民营医院委托设计、制作的情况。

## 法规政策依据

《中华人民共和国广告法》第九条第八项、第二十八条第二款第三项、第五十七条第一项

## 案件启示

随着社会资本办医的迅速发展，民营医院开办增幅呈上升趋势。本案是一起民营医院为吸引病员进行扩大宣传，负责广告宣传的工作人员法律意识淡薄，医院未建立广告宣传审核制度造成的委托印制淫秽、色情广告宣传品向社会散发的典型案件。这一违法行为的查处，消除了这些淫秽、色情广告宣传品在社会上散发传播的恶劣影响，避免了这些淫秽、色情信息对青少年身心健康的危害，净化了校园周边的文化环境。

民营医院及有关医疗机构应引以为戒，加强宣传教育培训，规范内部管理，落实各类线上线下广告宣传的审核发布制度，将社会责任放在首要位置，避免类似情况的发生。社会各界应积极参与“扫黄打非”行动，为执法部门提供“涉黄”“涉非”线索，为青少年的健康成长撑起“保护伞”。各行业主管部门、文化执法、教育、市场监管部门要加大对校园周边各类经营主体的日常巡查，医疗

卫生主管部门要强化医疗卫生行业普法宣传，按照“谁执法，谁普法”的要求开展宣传培训，避免各类行业经营业主因不知法、不懂法被处罚的情况发生，增强守法合规经营意识。

（撰稿：四川省成都市崇州市委宣传部　康德义）

# 某青少年视力健康服务有限公司在校园周边发布违法广告

**场景呈现**

某青少年视力健康服务有限公司雇用人员在校园周边向青少年及其家长发放宣传单，宣称“专业矫正近视、远视、弱视、斜视、散光”“恢复到正常视力、摘掉眼镜”。通过虚假宣传误导消费，招收青少年开展视力矫正经营活动。

**处置难点**

如何认定发布违法广告行为？

如何计算违法广告费用？

执法部门如何调查取证？

执法部门如何进行处罚？

## 案件来源

2022 年 1 月 15 日，某县市场监督管理局接到众多青少年家长的投诉，反映某青少年视力健康服务有限公司开展近视矫正训练无任何矫正效果，涉嫌欺诈消费者。



## 案件事实

2022年1月18日，根据群众举报线索，该县市场监督管理局对某青少年视力健康服务有限公司的经营场所进行检查，发现该公司开展青少年视力矫正训练，经营产品主要为普通磁力金属棒和眼部护肤品，这些产品不属于医疗器械或药品，不具有任何医疗保健功效。该经营场所设置了广告灯箱和广告展牌，宣传“专业矫正近视、远视、弱视、斜视、散光”“恢复到正常视力、摘掉眼镜”等内容，该公司涉嫌发布违法广告。

经查，当事人发布广告，目的是向青少年家长描述其经营行为所具有的服务内容以及与服务有关的允诺，但其无法证明客观实际情况与宣传内容、允诺相符，其发布广告使用数据引证内容未表明出处，无法证明数据引证内容的真实性和准确性。

2022年3月，该县市场监督管理局对当事人依法作出责令停止发布违法广告及罚款的行政处罚。

## 查处过程

**一、制作、审批《案件来源登记表》**

执法部门立即制作《案件来源登记表》，经批准后开展核查。

**二、现场执法检查**

执法部门组织2名以上执法人员到现场进行检查，查证当事人从事青少年视力矫正训练经营、发布广告等事实情况，对公司负责人进行询问调查，判断当事人涉嫌发布违法广告。

**该环节核实重点：**当事人是否办理《营业执照》、经营范围、发布广告的载体和内容、对涉嫌违法行为初步认定、对涉嫌违法行为证据固定等。

**该环节主要措施：**执法人员使用执法记录仪拍摄取证，制作《现场检查（勘验）笔录》。

**三、进一步调查取证**

执法部门对当事人涉嫌违法行为进行立案，围绕违法事实的基本情况、性质、情节开展调查取证工作。经查，当事人通过印制发放宣传单，制作店堂宣传展牌、宣传灯箱等形式对外发布含有“专业矫正近视、远视、弱视、斜视、散光”“恢复到正常视力、摘掉眼镜”“一次眼睛护理＝30次眼保健操、一次眼睛护理＝10小时深度睡眠、一次眼睛护理＝解决1周疲劳学习用眼”等内容的广告。当事人发布上述广告，目的是向消费者描述经营行为所具有的服务内容以及与服务有关的允诺，当事人无法证明客观实际情况与宣传内容、允诺相符，发布广告使用数据引证内容未表明出处，无法证明数据引证内容的真实性和准确性。当事人的广告费用无法核实计算。

**该环节核实重点：**

1. 认定违法广告的性质。广告内容描述当事人经营行为所具有的服务内容以及与服务有关的允诺，对消费者购买行为具有实质性影响。当事人无法证明客观实际情况与宣传内容、允诺相符，发布广告使用数据引证内容未表明出处，亦无法证明数据引证内容的真实性和准确性。

2. 认定违法广告的行为。通过对当事人经营场所进行执法检查，对负责人进行询问调查，查证当事人经营、发布违法广告的载体、内容、费用等事实情况。

3. 认定违法广告的费用。当事人采取印制发放宣传单，制作店堂宣传展牌、宣传灯箱等形式对外发布广告，其费用与员工工资、店面装潢等费用合并列支，未单独核算，当事人的广告费用无法核实计算。

**四、作出行政处罚**

2022 年 2 月 24 日，执法部门向当事人送达了《行政处罚告知书》，告知当事人违法事实、案件证据、情节认定、处罚依据及拟处罚内容，并告知其享有陈述、申辩的权利。当事人在法定期限内（5 个工作日内）未进行陈述和申辩。3 月 11 日，执法部门依据《中华人民共和国广告法》第五十五条、第五十九条第一款第二项的规定，对当事人发布违法广告行为作出行政处罚，责令其停止发布违法广告并罚款。

**该环节包括：**行政执法机关负责人案件集体讨论、法规科案件核审、处罚事先告知、处罚决定审批与送达等流程，并关注案件后续可能出现的行政复议、行政诉讼风险。

## ▶▶ 合规要点

本案是一起对校园周边经营机构发布内容虚假、数据引证无出处且无法证明真实性和准确性广告的违法行为进行处罚的典型案件。

**一、法律适用适当**

广告内容违反《中华人民共和国广告法》第四条第一款“广告不得含有虚假或者引人误解的内容，不得欺骗、误导消费者”、第十一条第二款“广告使用数据、统计资料、调查结果、文摘、引用语等引证内容的，应当真实、准确，并表明出处”之规定，构成了《中华人民共和国广告法》第二十八条第二款第二项“……服务的内容……或者服务有关的允诺等信息与实际情况不符，对购买行为有实质性影响的”所指的虚假广告。

**二、处罚程序合法**

《案件来源登记表》证明案件来源；《现场检查（勘验）笔录》、检查照片、涉案证据（合同书、收费收据、宣传单复印件等）等证明现场检查和证据固定情况；营业执照证明当事人承担法律责任主体的资格；《调查询问笔录》证明发布广告事实的情况。



### 法规政策依据

《中华人民共和国行政处罚法》第五条第二款、第二十八条第一款、第四十四条、第四十五条

《中华人民共和国广告法》第四条、第十一条第二款、第二十八条第二款第二项、第五十五条、第五十九条第一款第二项

### 案件启示

本案入选2022年江苏省民生领域案件查办“铁拳”行动典型案例。

本案聚焦青少年身心健康社会热点。“近视”等眼部疾病无法逆转是科学定论，案件当事人为了追求不当利益，违背科学定论，大肆进行“神医神药”式虚假宣传误导消费者。市场监督管理部门通过案件查处，严厉打击了青少年近视防护产品的违法广告发布行为，规范了青少年近视矫正市场的竞争秩序，切实维护了青少年的健康权益。

（撰稿：江苏省宿迁市泗洪县市场监督管理局经济开发区分局　周俭、刘柱）

# 学校附近黑网吧

**场景呈现**

某小学旁边的小卖部，在一楼摆放着售卖零食、饮料的柜台，其二楼的窗户紧闭。远看跟一般商店无异。1名青年和1名穿着校服的学生一边抽烟一边坐在店门口，不时地向四周张望。店内不时有穿着校服的学生出入。接近下午上学的时间，七八名学生从小卖部走出，向学校方向走去。

**处置难点**

违法所得和涉案经营额如何计算？

如何调查取证？

如何进行处罚？

## 案件来源

2021年2月24日，某县文体广电和旅游局会同县公安局、县市场监督管理局联合开展校园周边环境安全专项整治行动，发现某小学旁边的小卖部涉嫌擅自从事互联网上网服务经营活动。

## 案件事实

2021 年 2 月 24 日，某县文体广电和旅游局会同县公安局、县市场监督管理局联合开展校园周边环境安全专项整治行动，发现某小学旁边小卖部二楼隐藏的一间网吧。检查时，场所正在营业，二楼摆放电脑 52 台，有多名消费者正在上网。执法人员依法查看该网吧相关证照，经营者提供了《营业执照》，未能提供《网络文化经营许可证》。当事人的行为涉嫌擅自从事互联网上网服务经营活动。执法人员依法对经营的 52 台电脑主机、3 台交换机、1 台路由器进行了查封、扣押。2021 年 3 月 23 日，该县文化综合执法部门对当事人擅自从事互联网上网服务经营活动的行为给予取缔，并给予当事人如下行政处罚：没收电脑主机 52 台、交换机 3 台、路由器 1 台，罚款 10000 元。

## 查处过程

在开展联合检查中，执法人员经出示证件，表明身份，对该网吧依法开展检查。当时，网吧摆放电脑 52 台，有多名消费者正在上网。执法人员依法查看场所相关证照，网吧经营者提供了《营业执照》，未能提供《网络文化经营许可证》。当事人涉嫌擅自从事互联网上网服务经营活动，执法人员当即责令其停止违规经营行为。

**该环节核实重点：**网吧所在地是否设在校园附近，经营场所是否取得《网络文化经营许可证》。

**该环节主要措施：**执法人员依法对涉嫌经营的 52 台电脑主机、3 台交换机、1 台路由器进行了查封、扣押。同时制作《证据保存清单》《现场检查（勘验）笔录》，拍照取证，开具《调查询问通知书》《责令改正通知书》。

## 一、调查取证

对经营者涉嫌擅自从事互联网上网服务经营活动的违法行为进行立案，围绕违法事实的基本情况、性质、情节，开展调查取证工作。2021 年 3 月 1 日，执法人员对经营者进行了调查询问，经营者在未取得《网络文化经营许可证》的情况下，擅自从事互联网上网服务经营活动，成本 7.5 万元，营业额 9000 元，当事人无违法所得。经营者再次对《现场检查（勘验）笔录》、现场检查取证照片及查封（扣押）的物品进行确认。当日，经营者承认其擅自从事互联网上网服务经营活动，本案调查终结。

## 二、作出行政处罚

2021 年 3 月 15 日，执法部门向当事人送达了《行政处罚事先告知书》，告知当事人违法事实、案件证据、情节认定、处罚依据及拟处罚内容，并告知当事人享有陈述、申辩和要求听证的权利。截至 3 月 23 日，当事人未提出陈述、申辩，未要求听证。执法部门认为当事人的行为违反了《互联网上网服务营业场所管理条例》第七条“国家对互联网上网服务营业场所经营单位的经营活动实行许可制度。未经许可，任何组织和个人不得从事互联网上网服务经营活动”之规定，已构成违规经营行为。根据《互联网上网服务营业场所管理条例》第二十七条“违反本条例的规定，擅自从事互联网上网服务经营活动的，由文化行政部门或者由文化行政部门会同公安机关依法予以取缔，查封其从事违法经营活动的场所，扣押从事违法经营活动的专用工具、设备；触犯刑律的，依照刑法关于非法经营罪的规定，依法追究刑事责任；尚不够刑事处罚的，由文化行政部门没收违法所得及其从事违法经营活动的专用工具、设备；违法经营额 1 万元以上的，并处违法经营额 5 倍以上 10 倍以下的罚款；违法经营额不足 1 万元的，并处 1 万元以上 5 万元以下的罚款”的规定进行行政处罚。案发后，当事人积极配合执法人员开展工作，主动消除社会影响，且无违法所得。经单位集体讨论后同意减轻处罚。综上所述，执法部门决定对当事人擅自从事互联网上网服务经营活动的行为进行取缔，同时给予如下行政处罚：罚款10000元，没收电脑主机52台、交换机3台、路由器1台。

## 合规要点

### 一、法律适用适当

经营者在未取得《网络文化经营许可证》的情况下擅自从事互联网上网服务经营活动的行为，违反了《互联网上网服务营业场所管理条例》第七条“国家对互联网上网服务营业场所经营单位的经营活动实行许可制度。未经许可，任何组织和个人不得从事互联网上网服务经营活动”和第九条“中学、小学校园周围200米范围内……不得设立互联网上网服务营业场所”之规定，已构成违规经营行为。

### 二、处罚程序合法

执法人员现场制作的《现场检查（勘验）笔录》、现场检查取证照片、《查封（扣押）物品清单》和《调查询问笔录》、《营业执照》、经营者身份证复印件等证据相互印证，足以认定当事人存在擅自从事互联网上网服务经营活动的行为，无违法所得。

## 法规政策依据

《互联网上网服务营业场所管理条例》第二十七条

《中华人民共和国行政处罚法》第三十二条

**案件启示**

家长要正确引导孩子上网，要对孩子进行正确的道德观念培养，让他们明辨是非，提高其抵御网上不良信息的能力。学校要以理想信念教育为重点，强化学生素质教育，使他们树立正确的世界观、人生观、价值观，指导他们提高自我约束、自我保护能力，提高个人修养，养成道德自律。政府各执法部门要高度重视对黑网吧的查处取缔工作，实行联合执法，进一步加大执法监督和惩处的力度，真正做到有法必依、执法必严、违法必究。同时，实行科学、有效的管理，做到管理与服务相结合。要创造优良的网络文化环境，保障青少年的身心健康。

（撰稿：广西壮族自治区玉林市兴业县文化市场综合行政执法大队　谭春雄）

# 通过 IPTV 传播含有危害未成年人身心健康内容的广播电视节目

## 场景呈现

2021 年 11 月 26 日晚，某市市民席某在其新浪微博账号发帖称，当晚自己陪孩子看电视时，在某省 IPTV 专区内，发现了不适宜未成年人观看的广播电视节目（动画片），并附有记录视频。该节目以家庭为背景，父母兄妹为主角，其视频画面、中文字幕、中文配音含有捆绑、窒息、诱杀和烹吃宠物狗、恐吓、兄妹之间互相伤害等宣扬暴力的内容，危害未成年人的身心健康。该条微博发布后，引发了网络舆论。

## 处置难点

如何准确适用法律？

如何认定三方当事人各自所承担的责任？

如何开展跨省办案工作？

如何针对 IPTV 开展调查取证工作？

## 案件来源

2021 年 11 月 29 日，某市文化综合执法部门接到上级通报，反映新浪微博上一名用户曝光了一段危害未成年人身心健康的视频，并称是其在家陪未成年儿子看电视时，拍摄的某省 IPTV 专区的广播电视节目。

## 案件事实

该名新浪微博用户是某市市民席某，其家中使用的网络机顶盒为某通信公司提供。席某的儿子席某某出生于 2012 年，系未成年人。席某在微博中所指的广播电视节目来自某省 IPTV 专区。该节目以家庭为背景，父母兄妹为主角，其视频画面、中文字幕、中文配音含有捆绑、窒息、诱杀和烹吃宠物狗、恐吓、兄妹之间互相伤害等宣扬暴力的内容，危害未成年人的身心健康。

经查，在某省 IPTV 业务中，某网络科技有限公司具体负责该节目专区的运营工作。该公司在运营该节目专区过程中，与某科技有限公司合作，由某科技有限公司负责提供节目内容，即从其运营的“×× 视频”中筛选部分节目内容传输至该节目专区。而某新媒体公司受集成播控服务单位某省广播电视台委托，作为集成播控服务的实施单位，负责对传输至该节目专区内的广播电视节目进行统一集成和播出控制。

据此，在某省 IPTV 业务运营活动中，某新媒体公司作为广播电视节目集成播控服务的实施单位、某网络科技有限公司作为广播电视节目的内容审核单位、某科技有限公司作为广播电视节目的内容提供单位，因未尽到各自对广播电视节目内容的审核责任，通过 IPTV 传播并致使未成年人收看了危害其身心健康的广播电视节目，违反了《中华人民共和国未成年人保护法》第五十条的规定。

## 查处过程

**一、成立专案组**

抽调5名执法骨干成立专案组，细致深入地研究案情，确立了办案方向、方法和适用的法律法规。

**二、开展远程勘验取证**

对与案情有关的广播电视节目视频进行远程勘验录屏和截图，制作《远程勘验笔录》和远程勘验证据材料。

**三、走访证人，制作证人证言**

专案组成员前往某市找到发布微博的席某和具体负责该市IPTV节目信号提供方某通信公司分公司，制作调查、询问笔录，取得与案情有关的证人证言。

**四、进一步调查取证，对涉嫌违法行为进行立案**

对某新媒体公司开展现场检查，制作《现场检查（勘验）笔录》，做好摄像、拍照取证等工作。对某网络科技有限公司、某科技有限公司两家省外的公司，执法人员电话通知其委派代理人携带相关证据材料前来接受调查询问。经主管部门批准，对三方当事人涉嫌违法行为予以立案。在此过程中，执法人员审查了三方当事人的从业资质，调取了与本案相关的商业合作合同，并分别制作了《调查询问笔录》，将违法事实予以固定。

**五、区分三方当事人各自应承担的责任**

根据调查、询问笔录和三方当事人提交的商业合作合同内容判定，涉案广播电视节目原视频来源于某科技有限公司旗下运营的“××视频”网络平台，经某网络科技有限公司引进，通过某新媒体公司的集成播控，最终以广播电视节目的形式在某省IPTV专区上线。在此过程中，某科技有限公司作为广播电视节目的内容提供单位、某网络科技有限公司作为广播电视节目的内容审核单位、某新媒体公司作为广播电视节目集成播控服务的实施单位，三方当事人均未依法履行对节目内容的审核责任，最终导致违规节目的播出，造成了危害后果，因此均应承担相应的法律责任。

**六、作出行政处罚**

因本案系跨省办案，案情重大，经处罚机关集体讨论后，执法部门分别向三方当事人送达了《行政处罚事先告知书》，告知当事人违法事实、案件证据、情节认定、处罚依据及拟处罚内容，并告知其享有陈述、申辩及要求听证的权利。在规定期限内，当事人未提出陈述、申辩，未要求听证。随后，执法部门依据《中华人民共和国未成年人保护法》第五十条、第一百二十一条的规定，对三方当事人通过 IPTV 传播含有危害未成年人身心健康内容的广播电视节目的行为作出行政处罚，责令三方当事人改正违法行为，并分别给予三方当事人警告及罚款 70000 元的行政处罚。

## ▶▶ 合规要点

本案是 2020 年修订的《中华人民共和国未成年人保护法》实施后针对 IPTV 广播电视节目危害未成年人身心健康进行处罚的典型案件。

**一、准确认定当事人**

本案中，某省 IPTV 专区业务的运营实际共涉及 4 家公司，分别为某新媒体公司、某网络科技有限公司、某科技有限公司和某通信公司分公司。如前所述，前三家公司是专区内广播电视节目的内容集成播控、审核和提供单位，而某通信公司分公司仅仅是通过架设通信网络、安装机顶盒终端的方式将广播电视节目传输至电视用户，起到网络传输的作用，对于广播电视节目的内容没有审核的义务，因此，执法部门认定某通信公司分公司在本案中没有违法行为。

**二、规范适用法律条文**

本案三方当事人的行为同时违反了《专网及定向传播视听节目服务管理

规定》第十七条第六项和《中华人民共和国未成年人保护法》第五十条的规定，根据上位法优先的原则，本案最终适用《中华人民共和国未成年人保护法》第五十条的规定，并依据该法第一百二十一条对三方当事人进行处罚。

**三、规范办案流程**

一是进行远程勘验固定证据，将涉案广播电视节目的视频予以录屏和截图，制作录频光盘，作为开展案件调查的依据；二是在案件调查初期，执法人员分别找到新浪微博曝光者席某和当地负责机顶盒业务的某通信公司分公司，收集了证人证言，确定了涉案广播电视节目的集成播控单位为某新媒体公司；三是前往某新媒体公司开展现场检查，制作《现场检查（勘验）笔录》，从其提供的合作协议中确定了另两家涉案公司分别为某网络科技有限公司和某科技有限公司；四是对某网络科技有限公司和某科技有限公司分别进行调查询问，通过查阅双方签署的合作协议，确定各自所承担的责任；五是通过处罚机关的集体讨论，确定适用法律和罚款额度，并在规定日期内依法将《行政处罚事先告知书》和《处罚决定》采用直接送达和电子送达的方式送达三方当事人。

## 法规政策依据

《中华人民共和国未成年人保护法》第五十条、第一百二十一条

## 案件启示

IPTV 即交互式网络电视，是一种利用宽带有线电视网，集互联网、多媒体、通信等多种技术于一体，向家庭用户提供包括数字电视在内的多种交互式服务的崭新技术。与传统电视是单向广播

方式，用户只能被动接受节目内容不同，IPTV 用户在家中可以主动通过在线点播的方式享受电视服务，充分有效地利用网络资源。IPTV 提供的点播电视节目内容很大一部分比例来自现下很流行的短视频。众所周知，短视频的拍摄门槛低，有一些短视频制作粗糙、情节雷同，一些拍摄者看重的不是视频的质量和内容，而是单纯为了获取流量，流量越大，拍摄者的收益越可观。因此，不乏拍摄者为了博眼球而刻意录制一些含有低俗、色情、暴力、反社会、反人类的视频，这些视频如果通过 IPTV 传播到了电视端，对于心智尚不成熟、尚不能正确分辨是非善恶的未成年人的危害是巨大的，这就需要经营者、家长、社会的共同监督和保护。作为经营者，在保证自身制作优秀正能量的电视节目的同时，应加大对点播节目内容的审核力度，从严把控内容审核标准和机制，在投入足够的人工审核力度的同时，鼓励开发高智能化的软件识别程序，力争淘汰所有内容不良的节目。作为家长，应对未成年人收看的电视节目予以关注，及时发现有问题的节目，并积极向公安、文化执法和教育等部门反映情况。作为公安、文化执法、教育和网信等部门，要严格依法打击利用互联网传播有害信息的行为，惩治不法经营者，增强全社会自觉抵制低俗、不良网络信息的意识。

（撰稿：四川省成都市文化市场综合行政执法总队　阳佳）

# “私人影院”放映盗版动画影片

**场景呈现**

甲网络科技有限公司(即某私人影院)在日常经营中，通过影视资源网站下载影片并存储至本地服务器，在16个房间内设置投影仪、幕布、音响等设备供消费者点播观影。同时，商家在收银台摆放影片推荐手写板，宣传《大鱼海棠》《驯龙高手2》《冰川时代5》《千与千寻》《最终幻想》等多部动画CG电影，通过美团、大众点评等在线平台宣传各种观影主题房间及口碑较好的影片，吸引未成年人群体观影消费。其中，多数影片存在视频清晰度较低、字幕翻译不准、字幕和画面声音不同步的情况。

**处置难点**

如何认定侵权行为?

如何认定损害公共利益的行为?

执法部门如何调查取证?

如何进行行政处罚?

## 案件来源

2021 年 6 月 22 日，某区文化综合执法部门执法人员在日常检查中发现，某私人影院放映的《驯龙高手 2》等电影存在模糊不清、字幕与画面不匹配的情况，涉嫌侵权盗版影片。

## 案件事实

2021 年 6 月 22 日，某区文化综合执法部门执法人员至甲网络科技有限公司进行检查。经查，甲网络科技有限公司主要经营私人影院，共设置观影室 16 间，通过美团和大众点评平台销售观影团购票，服务器中共包含影片 977 部。

甲网络科技有限公司主要从乙公司购得硬件设备及软件系统用于从事电影放映经营活动，从丙公司购得《201314》等 514 部影片的放映授权，服务器中含有其中的 509 部影片。其余《大鱼海棠》《驯龙高手 2》《冰川时代 5》等 468 部影片均为甲网络科技有限公司自行下载且无授权放映许可，也未支付过相关费用。

2021 年 8 月，某区文化综合执法部门依法责令甲网络科技有限公司停止侵权行为并删除侵权影片 468 部，对其予以警告并作出罚款 120000 元的行政处罚。

## 查处过程

### 一、现场执法检查

执法部门组织 2 名以上执法人员至现场进行检查，向负责人出示有效证件后，在其经营场所前台发现服务器 1 台，内存电影 977 部，均可用于观影消费。该影院共设置主题观影室 16 间，电影放映设备 16 套（投影仪、幕布、音响）。执法人员检查时，发现2名中学生在观看《大鱼海棠》影片。

执法人员到观影室内随机点映《大鱼海棠》《驯龙高手2》《冰川时代5》等5部电影，上述电影均存在模糊不清、字幕与画面不匹配的情况，涉嫌侵权盗版影片。经初步询问，负责人主动供述了其自行下载影片向消费者提供观影服务并收取观影费的行为。执法人员现场对该影院空间布局、观影室陈设、影片放映情况进行拍照和录像取证，对涉案服务器进行证据保全。

**该环节核实重点：**私人影院基本经营情况、证照取得情况、放映工具设备情况、对影片数据初步勘验情况、初步锁定当事人侵权行为、对当事人涉嫌违法行为及涉案设备进行证据固定等。

**该环节主要措施：**对电影放映服务器予以扣押，出具《现场检查（勘验）笔录》《查封（扣押）决定书》《查封（扣押）物品清单》《查封（扣押）物品鉴定期间告知书》等，全程录音录像、拍照取证。及时制作《扣押审批表》，经批准后开展进一步调查。

**二、进一步调查取证**

对涉嫌违法行为予以立案，围绕违法事实的基本情况、性质、情节开展调查取证。经查，甲网络科技有限公司主要经营私人影院，共设置观影室16间，通过美团和大众点评平台销售观影团购票，服务器中共包含影片977部。该公司从乙公司处购得硬件设备及软件系统用于从事电影放映经营活动，从丙公司处购得《201314》等514部影片的放映授权，服务器中共含有其中的509部影片。

经相关质检机构认定，涉案服务器中的《大鱼海棠》《驯龙高手2》《冰川时代5》等468部影片均为甲网络科技有限公司自行下载的侵权电影，且未获得授权放映许可。受新冠肺炎疫情影响，至案发时，甲网络科技有限公司累计产生交易金额146368.49元，但其侵权行为产生的违法收入仅为其整体收入的一部分，违法经营额、违法所得难以计算。

**该环节核实重点：**

1. 认定涉案影片性质。结合影片质量、数据来源等情况，由电影放映协会、质检机构或权利人出具认定报告。

本案中，甲网络科技有限公司服务器中存储的电影多数为动画 CG 电影，CG 电影是指整部电影中所有的视觉产物（场景、角色、物品、特效等）全部是由计算机生成的 CG 动画或 CG 图片所构成的影片。其视觉效果全然区别于传统的 2D 动画片，CG 电影一般采用离线渲染，区别于实时渲染的 DEMO 和引擎电影。

在调查过程中，甲网络科技有限公司涉案的 509 部影片已取得授权放映许可，其余 468 部影片均未取得相关放映许可或授权，系原视听作品的侵权复制品。

2. 认定侵权放映行为。通过对甲网络科技有限公司现场检查，对现场放映影片取证，对美团平台交易记录、前台收银记录、美团店铺评价数据进行固定取证，确认当事人侵权影片均可用于放映且已发生放映行为。

3. 认定损害公共利益的行为。甲网络科技有限公司涉案侵权影片数量较多，放映侵权影片的行为会极大地损害权利人的合法利益，对市场正常经营秩序具有一定的危害性。同时，执法人员在现场检查中发现在该影院有 2 名未成年人在场消费，正在观看《大鱼海棠》影片。该影片清晰度较低、字幕翻译不准、字幕和画面声音不同步，不但影响了消费者观影体验的效果，而且对未成年人的身心健康和成长教育都易产生不良影响。综上，认定甲网络科技有限公司侵权行为系损害公共利益的行为。

4. 认定违法经营额及违法所得。执法人员通过调取涉案服务器及甲网络科技有限公司经营数据，核查侵权影片放映场次及数量，调查当事人侵权行为产生的既得利润，核实违法经营额及违法所得。

本案中，甲网络科技有限公司累计产生交易金额 146368.49 元，但其侵权行为产生的违法收入仅为其整体收入的一部分，通过后台点播放映数据难以核实侵权行为产生的既得利润，违法经营额及违法所得属难以计算情形。

**三、作出行政处罚**

2021年7月29日，某区文化综合执法部门依法向甲网络科技有限公司直接送达了《行政处罚事先告知书》，告知当事人违法事实、案件证据、情节认定、处罚依据及拟处罚内容，并告知当事人享有陈述、申辩和要求听证的权利，截至2021年8月9日，甲网络科技有限公司未提出陈述、申辩，未要求听证。8月10日，执法部门依据《中华人民共和国著作权法》第五十三条的规定，责令当事人停止侵权行为并删除侵权影片468部，并对当事人未经著作权人许可放映其作品，同时损害公共利益的违法行为予以警告，并处罚款120000元。

**该环节包括：**行政机关负责人案件集体讨论、处罚事先告知、听证、处罚决定作出、送达等流程，同时关注案件后续可能产生的民事诉讼、行政复议、行政诉讼等风险。

## ▶▶ 合规要点

本案是一起私人影院利用盗版影片从事经营活动的典型案例。

**一、主体情况适格**

本案中，共出现3个涉案单位：一是甲网络科技有限公司经营的私人影院，主要从事电影放映经营活动；二是提供给当事人放映设备的乙公司，主要从事设备管理和维护工作；三是授权当事人514部影片放映权的丙公司，主要从事授权交易、签约等经营活动。

在执法人员的调查工作中，提供给甲网络科技有限公司放映设备的乙公司未参与到侵权行为之中，仅为甲网络科技有限公司提供设备维修维护工作，并从技术层面为执法人员进行调查提供了支持，证明了甲网络科技有限公司自行下载的影片均可通过其设备向公众放映的客观事实；甲网络科技有限公司与丙公司签订了514部影片的放映权授权合同，证明甲网络科技有限公司存在一定的版权合法意识；甲网络科技有限公司在明知从事电影作品放映行为须取得授权方或权利人的放映许可或授权的情况下，依然实施侵权行为，应视为本案的适格主体。

**二、法律法规适当**

甲网络科技有限公司通过互联网下载电影至本地，并通过其私人影院内的电影放映设备向来店消费的顾客公开再现，其为用户提供了技术设备和电影放映的全部条件并因此获利，其传播行为是作品放映端的传播行为（即在其经营场所向观众公开再现电影作品）。当事人无法证明除509部已获得放映授权的电影外其余468部电影作品的合法来源，并且该468部影片经鉴定为原作品的侵权复制品，当事人也主动承认其未取得相关著作权人的许可，也未支付过相关费用。故认定当事人在未经著作权人许可的情况下行使了涉案电影作品的放映权。

甲网络科技有限公司未经著作权人许可，放映电影作品，侵犯了著作权人的合法权益；以营利为目的放映侵犯他人著作权的电影作品，向公众传播侵权作品，构成不正当竞争，损害了市场经济秩序和公平竞争的环境；向未成年人提供侵权盗版影片的行为，不但影响了消费者的观影体验效果，而且对未成年人的身心健康和成长教育都易产生不良影响。这种行为应认定为损害公共利益的侵权行为，违反了《中华人民共和国著作权法》第五十三条第一项的规定。

**三、执法程序合法**

按照《中华人民共和国行政处罚法》《文化市场综合行政执法管理办法》《文化市场综合执法重大案件管理办法》《关于全面推行行政执法公示制度执法全过程记录制度重大执法决定法制审核制度的指导意见》等法律文件的要求，执法人员对案件办理全过程进行录音录像，严格按照普通程序流程执行各项程序审批，重大执法决定集体讨论，征求法制审核意见，并且充分告知、保护当事人的合法权利，确保程序合法。

在调查过程中，执法人员发现当事人涉案影片数量较大，涉嫌违法行为极易构成刑事案件，执法人员坚持实事求是，逐个核实影片数据和性质认定情况，密切对接法制审核人员和属地公安机关，最终确认当事人侵权影片的数量未达到刑事犯罪的标准，切实维护了法律的公平正义。

在处罚裁量过程中，按照《文化市场综合执法行政处罚裁量权适用办法》的要求，依据本案违法事实、案件证据、情节认定、处罚依据等情况，经行政机关负责人集体讨论作出处罚结论，处罚裁量适当。

## 法规政策依据

《中华人民共和国著作权法》第十条第十项、第五十三条第一项、第五十五条第一款

《文化市场综合执法行政处罚裁量权适用办法》第十条

## 案件启示

在国家实施“放管服”促进影视文化产业繁荣的大背景下，点播院线、点播影院（私人影院）持续受到社会关注。本案是私人影院在经营活动中使用侵权盗版影片损害未成年人权益的典型案件。对这一违法行为的严厉打击，既对私人影院行业起到了警示作用，维护了市场公平合法的秩序；又对该行业及时对接全国点播影院经营系统，使用合法合规的正版影片起到了良好的引导作用；同时，减少了盗版电影对广大青少年身心健康和成长教育可能产生的危害，维护了未成年人的切身利益。

家长应对私人影院提供盗版电影观影的行为予以关注，及时发现有关线索，积极向文化执法、市场监管、新闻出版（版权）等行政部门反映情况；各类私人影院要提高版权认识，强化法律法规学习，承担好维护社会良好风气的责任，通过对接权威点播院线、购买合法片源等方式，向消费者提供正规的电影作品；文化执法、市场监管、新闻出版（版权）等知识产权管理部门，要加大对私人影院的日常巡查力度，宣传《中华人民共和国著作权法》等有关法律法规的内容，引导新文化产业版权正规化发展，增强私人影院使用正版电影的意识。

（撰稿：天津市南开区文化市场行政执法支队　刘昊旻
天津市南开区“扫黄打非”办公室　赵卿）

# 商行销售含侵权儿歌内容的存储卡

**场景呈现**

在某个喧闹的农村集市的角落里，传来了铿锵有力的广场舞曲，这引起了“扫黄打非”检查组的注意。检查人员发现在这个角落的一辆三轮车上，摆满了各种各样的播放器，还有一个正在播放广场舞曲的大喇叭。在这辆三轮车上的一个塑料篮子里，检查人员发现了多个花花绿绿的包装纸袋，纸袋上印着“儿歌五百首”“广场舞曲”“在线大片”等字样，里面有多张含儿歌、戏曲、影视等内容作品的音频、视频存储卡。而这些纸袋上没有版权信息，也没有出版社字样。三轮车上还有一个写着“30 元 1 张”的牌子。

**处置难点**

如何认定侵权行为？

如何查找源头，从根源上解决隐患？

执法部门应如何调查取证？

## 案件来源

2018年12月18日，某市“扫黄打非”办牵头文化执法部门，对该市乡镇开展文化市场专项检查。检查中发现，该市乡镇及周边市场上有多家店铺及摊位销售封面含儿歌、戏曲、影视等内容作品的音频、视频存储卡，但这些商家均无法提供上述存储卡所含作品的著作权发行授权许可证明有关文件。

## 案件事实

经线索摸排，执法人员了解到该市乡镇及周边市场上销售的此类含儿歌、戏曲、影视等内容作品的音频、视频存储卡大多是从该市某商贸城购进的。

2018年12月19日，某市文化执法部门执法人员来到位于某商贸城的某电子商行，向商行负责人王某出示执法证件后，依法对该电子商行进行执法检查。执法人员发现该商行的销售货架上摆放数个封面含有儿歌、戏曲、影视等内容作品的存储卡，当要求王某提供上述存储卡所含作品的著作权发行授权许可证明有关文件时，王某表示无法提供。经批准，执法人员对985张封面含有儿歌、戏曲、影视等内容作品的音频、视频存储卡和12张进货单据分别进行了证据先行登记保存。12月21日，某市文化执法部门决定对当事人进行立案，并指定专案人员对该案进行办理。专案人员通过查看现场收缴的来往货单发现，涉案人王某在该市下辖各县还设有销售点。在某市文化执法部门指导下，各县执法人员先后对王某在辖区的销售点依次进行查处。通过对涉案人王某的询问得知，其所销售的存储卡主要进货点为“A市某电子公司”。2019年1月11日上午，某市文化执法部门执法人员和A市文化执法部门执法人员联合工商、公安部门对A市某电子公司的仓库开展联合执法行动，成功打掉该制售含侵权内容存储卡的窝点。

经查，当事人王某销售含有儿歌、戏曲、影视等内容作品的音频、视频存储卡，涉嫌未经著作权人许可发行其作品。

2019年2月1日，某市文化执法部门对当事人王某给予没收985张含有侵权音频、视频内容的存储卡，罚款10万元的行政处罚。

## 查处过程

**一、“扫黄打非”专项检查**

某市“扫黄打非”办牵头文化执法部门在城乡接合部文化市场专项检查中发现线索。

**二、现场执法检查**

根据前期摸排到的线索，2018年12月19日，某市文化执法部门执法人员来到位于该市某商贸城的某电子商行，在向现场负责人王某出示执法证件后，依法对某电子商行进行执法检查。执法人员发现该商行的销售货架上摆放数个封面含有儿歌、戏曲、影视等内容作品的存储卡，当要求王某提供上述存储卡所含作品的著作权发行授权许可证明有关文件时，王某表示无法提供。经批准，执法人员对985张封面含有儿歌、戏曲、影视类的音频、视频存储卡和进货单据分别进行了证据先行登记保存。

**该环节主要措施：**对现场封面含有儿歌、戏曲、影视等内容作品的音频、视频存储卡进行证据先行登记保存，出具《现场检查（勘验）笔录》和《证据保存清单》，做好摄像拍照、现场取证等工作。

**三、进一步调查取证**

经上报审批，某市文化执法部门执法人员对王某涉嫌违法行为进行立案，对王某开展调查询问，进一步确认王某无法提供涉案存储卡所含作品的著作权发行授权许可证明有关文件；对涉案音乐作品向中国音乐著作权协会查询授权信息，开展版权认定；对王某违法事实的基本情况、性质和情节开展调查取证工作。

经查，王某在某市商贸城经营某电子商行，经营范围是小家电、日用百货。因售卖播放器，王某发现销售含有音频、视频内容的存储卡利润丰厚，便从“A 市某电子公司”购进含有儿歌、戏曲、影视等内容作品的音频、视频存储卡进行售卖。经核查，涉案含有侵权音频、视频内容作品的存储卡共计 2620 张，非法经营额 40974 元。由于当事人无法提供已经销售的含有侵权音频、视频内容的存储卡的销货单据，故无法确定违法所得。

**该环节核实重点：**

1. 认定销售含侵权内容的存储卡的事实。通过查验进货票据和对王某的《调查询问笔录》、现场检查记录进行证据固定。

2. 认定含侵权内容的存储卡的侵权事实。通过向中国音乐著作权协会查询授权信息进行认定，王某未获得涉案音频、视频存储卡中儿歌、戏曲、影视等内容作品的著作权发行授权许可。

3. 认定违法经营额和违法所得。经核算，涉案含有侵权音频、视频内容的存储卡共计 2620 张，非法经营额 40974 元。由于当事人无法提供已经销售的含有侵权音频、视频内容的存储卡的销货单据，故无法确定违法所得。

**四、对上、下线联合打击，扩大战果**

某市文化执法部门执法人员摸清源头是 A 市某电子公司后，立即向省版权局汇报案情，寻求支持。2019 年 1 月 11 日，某市文化执法部门执法人员和 A 市文化执法部门执法人员联合工商、公安部门对 A 市某电子公司的仓库开展联合执法行动，成功打掉该制售含侵权内容存储卡的窝点。

经查，涉案人王某在某市下辖各县还设有销售点，市、县执法人员对各县销售点依次进行查处，彻底清除了王某在该市的销售窝点。

在某市“扫黄打非”办的指导下，以该市某电子商行侵权案件为抓手，共查办系列侵权案件多起，没收大量含有侵权音频、视频内容的存储卡，有力地打击了侵权盗版违法行为。

**该环节包括：**针对涉案侵权物品进行溯源，从根源处消除隐患，杜绝侵权盗版违法行为再次发生。对销售出的涉案侵权物品应查尽查，彻底查清流向市场的涉案侵权物品。

**五、作出行政处罚**

2019 年 1 月 24 日，某市文化执法部门向当事人下达《行政处罚事先告知书》，截至 2019 年 2 月 1 日，当事人没有提出陈述、申辩意见，也没有提出听证要求。2019 年 2 月 1 日，某市文化执法部门依据 2010 年《中华人民共和国著作权法》第四十八条第一项、《中华人民共和国著作权法实施条例》第三十六条的规定，给予王某行政处罚。鉴于案发后，当事人积极配合行政机关的调查，对经营的侵权复制品来源如实作出说明，并如实供述供货人的具体信息，主动提供案件线索并经查实，具有立功表现。根据 2017 年《中华人民共和国行政处罚法》第二十七条第一款第三项的规定，当事人符合减轻行政处罚的情节，故给予当事人没收 985 张含有侵权音频、视频内容的存储卡，罚款 10 万元的行政处罚。

**该环节包括：**行政执法机关负责人案件集体讨论、处罚事先告知、处罚决定作出及送达等流程，同时关注案件后续可能出现的行政复议、行政诉讼风险。

## ▶▶ 合规要点

本案是一起未经著作权人许可发行其作品的典型案件。

**一、法律适用适当**

王某在某市商贸城经营某电子商行，经营范围是小家电、日用百货。因售卖播放器，王某发现销售含有音频、视频内容的存储卡利润丰厚，便从“A市某电子公司”购进含有侵权儿歌、戏曲、影视等类型作品的音频、视频存储卡进行售卖。王某的行为破坏了社会主义市场经济秩序，损害了社会公共利益，依据2010年《中华人民共和国著作权法》第四十八条第一项和第五十三条的规定，应定性为未经著作权人许可发行其作品。

**二、处罚程序合法**

《现场检查（勘验）笔录》证明案件来源；《证据保存清单》、取证照片等证明现场检查、涉案物品的情况；营业执照等信息证明当事人承担法律责任的主体资格；向中国音乐著作权协会查询授权信息，证明当事人没有取得著作权人授权；《调查询问笔录》详细记录了当事人售卖含有侵权儿歌、戏曲、影视等内容作品的音频、视频存储卡的事实经过。

## 法规政策依据

《中华人民共和国著作权法》第五十三条第一项、第五十九条

《中华人民共和国著作权法实施条例》第三十六条

《中华人民共和国行政处罚法》第三十二条

## 案件启示

近年来，随着科技的不断发展，包含儿歌、动漫影片、少儿读物等内容的电子出版物以U盘、存储卡作为载体在市场上流动，已经成为文化市场监管的重点。此案中，某市“扫黄打非”办牵头市

文化执法部门针对涉案非法电子出版物进行溯源，做到从源头处消除隐患，杜绝侵权盗版违法行为再次发生。针对销售出的涉案非法电子出版物，指导、帮助县市文化市场执法人员应查尽查、彻底查缴，将此案办成上查源头、下查摊点的系列案件。

（撰稿：安徽省滁州市文化市场综合执法支队　张伟

中共滁州市委宣传部　武孝力）

# “网红”糖果店销售使用低俗、色情名称包装的糖果

**场景呈现**

近年来，在很多热门旅游景点兴起了不少“网红”糖果店，这些店铺往往以校园、教室风格进行命名和装修，售卖品种繁多、包装独特新奇、单价便宜的小糖果，很受未成年人的欢迎和追捧。

**处置难点**

如何判断这些“网红”糖果是否符合食品标准，是否在包装和宣传上符合法律法规的要求，是否适宜向未成年人呈现？

如何发现和查办该类案件？

## 案件来源

2021年8月4日，某市某区市场监督管理局接到群众举报线索，称知名旅游景区某“网红”糖果店售卖使用低俗、色情文字描述和包装的糖果，要求

进行查处。

## 案件事实

2021 年 8 月 4 日下午，根据相关线索，市场监督管理局执法人员对相关“网红”糖果店进行现场检查。检查过程中，执法人员发现其店内销售外包装写有低俗名称以及包装成不雅形状的糖果（实际为软糖、话梅糖、奶片等），极易对青少年造成不良影响。

经查，当事人所销售的一种涉案糖果，包装盒内为一板“某干吃奶味糖片”，而外包装没有任何“某干吃奶味糖片”的标签信息，糖片和外包装为当事人在阿里巴巴平台分别购入并自行包装。当事人共计销售 664 盒，违法所得共计 6440 元；剩余 41 盒没有销售，已被强制扣押，货值金额共计 6850 元。剩余 1045 个包装盒，已被当事人自行销毁。

2021 年 10 月，市场监督管理局依法对涉案当事人作出没收非法财物、没收违法所得 6440 元、罚款 25000 元的行政处罚。

## 查处过程

**一、制作、审批《案件来源登记表》**

根据线索来源，制作《案件来源登记表》，经批准后开展核查。

**二、现场执法检查**

执法部门组织 2 名以上执法人员赴相关糖果销售店铺进行现场检查，在其经营场所内发现外包装写有低俗名称以及包装成不雅形状的糖果（实际为软糖、话梅糖、奶片等）。同时，对各类糖果的标签标识、广告宣传、进销货票据、供货商及生产企业相关资质进行了重点检查，并对带有上述低俗名称的糖果采取行政强制措施。同时，会同第三方检测机构对软糖、话梅糖、奶片 3 种食品开展抽样检测。

**三、进一步调查取证**

经查，当事人店内销售的涉案糖果外包装和盒内的“某干吃奶味糖片”是分别购进的：外包装于 2021 年 1 月 23 日花费 184.26 元从阿里巴巴网店购进 580 个，于 2021 年 7 月 8 日花费 305.75 元从阿里巴巴网店购进 1150 个；盒内的“某干吃奶味糖片”是在阿里巴巴网店于 2021 年 5 月 4 日花费 195 元购进 30 盒，每盒内有 20 板。涉案糖果外包装没有任何“某干吃奶味糖片”的标签信息，每一板“某干吃奶味糖片”装入一个包装盒出售，售价 10 元 / 盒。2021 年 5 月 6 日至 8 月 3 日共计销售 664 盒，违法所得共计 6440 元；剩余 41 盒没有销售，已被执法部门强制扣押，货值金额共计 6850 元；剩余 1045 个包装盒已被当事人自行销毁。

**四、作出行政处罚**

2021 年 10 月 19 日，执法部门向当事人送达了《行政处罚告知书》，告知当事人拟作出行政处罚决定的事实、理由、依据、内容以及当事人依法享有的陈述权、申辩权及要求听证的权利。当事人在法定期限内未提出陈述、申辩意见，未要求听证。2021 年 10 月 28 日，执法部门依据《中华人民共和国食品安全法》第一百二十五条第一款第二项的规定，责令当事人改正上述违法行为，并作出如下处罚决定：罚款 25000 元，没收违法所得 6440 元，没收非法财物。

## ▶▶ 合规要点

当事人所销售的糖果是为了制造销售噱头而自行包装的，属于无标签的预包装食品，违反了《中华人民共和国食品安全法》第三十四条第一款“禁止生产经营下列食品、食品添加剂、食品相关产品”第十一项“无标签的预包装食品、食品添加剂”之规定。依据《中华人民共和国食品安全法》第一百二十五条第一款第二项规定，对当事人处以25000元的罚款。

## 法规政策依据

《中华人民共和国食品安全法》第三十四条第一款第十一项、第一百二十五条第一款第二项

## 案件启示

加强对未成年人的保护是市场监督管理部门的重点工作之一。根据《市场监管总局、教育部、公安部关于开展面向未成年人无底线营销食品专项治理工作的通知》的相关工作要求，市场监督管理部门切实加大了对校园及周边、网络平台等面向未成年人无底线营销使用低俗、色情名称包装的食品的查处力度，并及时通过媒体向社会进行通报，引发社会高度关注，起到对违法者的警示作用。

对未成年人的保护涉及方方面面。在加强对违法行为查处的同时，既需要市场监管、公安、教育等部门的通力合作，也需要家长的高度重视，要增强未成年人自觉识别、抵制“无底线营销”食品的能力，形成社会共治良好局面，杜绝违背社会良好风尚的打“擦边球”行为。

（撰稿：北京市东城区市场监督管理局　曾娇）

# 酒馆接纳未成年人

**场景呈现**

2021 年 7 月 21 日晚间，余某（女）及其朋友（已满 18 周岁）结伴从某酒馆后门进入该酒馆玩耍，约两小时后被其家长从正门带离。将余某带回家后，其父打电话举报该酒馆违规接纳自己未满 18 周岁的女儿，要求执法部门依法查处。余某说，朋友是该酒馆“气氛组”工作人员，自己是在朋友的邀约下前往该酒馆玩耍的，自己在该酒馆内仅跳舞娱乐，并未进行消费。该酒馆老板称，之所以让余某进入酒馆是因为从外貌上难以判断其实际年龄，且酒馆很难做到核查每位顾客的身份信息。

**处置难点**

执法部门如何调查取证？

如何核算酒馆的违法所得？

## 案件来源

2021 年 7 月 23 日，某市文化市场综合行政执法支队接到群众举报，反映某酒馆接纳自己未成年的女儿，要求执法部门依法查处该酒馆。

## 案件事实

2021 年 7 月 23 日，根据群众举报线索，某市文化市场综合行政执法支队联系举报人及其女儿余某，依法对余某进行调查询问后，安排 2 名以上执法人员前往被举报酒馆进行勘验，对被举报当天的现场监控视频进行调取查看。监控画面显示，举报人女儿余某分别于 7 月 21 日 20 时 38 分和 20 时 53 分两次通过后门进入该酒馆，该酒馆涉嫌违规接纳未成年人。执法人员对该酒馆后门监控 2021 年 7 月 21 日 20 时 10 分至 21 时 00 分段和正门大厅监控 2021 年 7 月 21 日 22 时 30 分至 23 时 30 分段进行调取。

经查，该酒馆接纳未成年人余某的情况属实，其行为违反了《娱乐场所管理条例》第二十三条第一款之规定。2021 年 8 月 23 日，该市文化市场综合行政执法部门对当事人依法作出罚款 10000 元的行政处罚决定，并向当事人当场送达《行政处罚决定书》；当事人在《送达回证》上签字，无异议。

执法部门于 2021 年 8 月 23 日将《行政处罚决定书》送达当事人，当事人在法定期限内未申请行政复议，也未提起行政诉讼，又未履行该行政决定。2022 年 2 月 23 日至 3 月 22 日，执法部门以电话、短信、微信、邮寄送达、公告送达等方式进行催告，当事人经催告仍不履行义务。执法部门依法向人民法院申请强制执行，获人民法院准许。

## 查处过程

**一、制作、审批《举报处理单》**

执法部门立即制作《举报处理单》，经批准后，开展核查。

**二、调查询问**

根据举报线索，执法部门依法联系余某，要求其在监护人的陪同下到文化市场综合行政执法支队接受调查询问。余某称自己是在一成年女性朋友的邀请下前往该酒馆玩耍，未在该酒馆消费。

**三、现场执法勘验**

执法部门组织2名以上执法人员赶赴该酒馆开展现场勘验，通过调取被举报当天的监控视频发现，举报人女儿余某于2021年7月21日20时38分通过后门进入该酒馆，随后与1名女性同伴共同跑出后门，又于20时53分再次与该名同伴从后门进入该酒馆，逗留至22时46分被举报人带离。初步判断该酒馆违规接纳未成年人，执法人员制作《现场勘验笔录》，依法调取相关监控视频。

**该环节核实重点：**该酒馆是否接纳了余某。

**该环节主要措施：**制作《现场勘验笔录》、调取相关监控视频。

**四、进一步调查取证**

执法部门对涉嫌违法行为进行立案，围绕违法事实的基本情况、性质、情节，开展调查取证工作。通过查看监控视频、调查询问及核查余某有效身份证件，证实余某确系未成年人，其于2021年7月21日20时38分通过后门进入该酒馆，随后与一女性同伴共同跑出后门，又于20时53分再次与该名同伴从后门进入该酒馆，逗留至22时46分被举报人带离。通过对余某及酒馆投资人侯某的调查询问，证实余某在该酒馆并未消费；该酒馆违规接纳未成年人的情节属实，无违法所得。

**该环节核实重点：**

1. 认定余某未成年人身份。通过核查余某的居民身份证和户口簿，证实余某为未成年人。

2. 认定违规接纳行为。通过对当事人及余某进行调查询问、核验机构营业执照等资质、余某进出该酒馆的监控视频等相关物证，认定该酒馆存在违规接纳未成年人的事实。

3. 认定违法所得。通过余某及该酒馆投资人侯某的《调查询问笔录》证实余某未在酒馆内消费，认定该酒馆的违法所得为 0 元。

**五、作出行政处罚**

进行案件集体讨论后，2021 年 8 月 13 日，执法部门依法向当事人送达了《行政处罚事先告知书》，告知其拟作出处罚决定的内容、事实、理由和依据，并告知当事人享有的权利。截至 2021 年 8 月 23 日，当事人没有陈述、申辩。8 月 23 日，依据《娱乐场所管理条例》第四十八条第三项的规定，执法部门对该酒馆违规接纳未成年人的行为作出罚款 10000 元的行政处罚。

**该环节包括：**行政执法机关负责人案件集体讨论、处罚事先告知、作出处罚决定、送达回证，同时关注案件后续可能出现的复议、诉讼风险。

**六、移送法院强制执行**

2021 年 9 月 29 日，执法部门进行日常检查时发现该酒馆已经关停，后又进行多次检查、复查，该酒馆一直处于关闭状态。通过“天眼查”“全国文化市场技术监管与服务平台”查询得知，该酒馆《营业执照》《娱乐经营许可证》一直处于存续状态。10 月 11 日，执法部门通过微信、短信等方式，要求当事人及时履行行政处罚决定，并告知当事人不履行行政处罚决定的后果以及其所享有的权利。11 月 10 日，执法部门通过电话与酒馆投资人侯某进行联系，侯某表示会于 11 月 20 日左右处理相关事宜。11 月 22 日，执法部门再次通过电话联系侯某，要求其尽快处理相关事宜。此后，执法部门再也无法通过电话与当事人取得联系。2022 年 2 月 23 日，执法部门通过邮寄送达、短信、微信等多种方式向当事人下发《行政处罚履行催告书》，告知当事人未在法定期限内申请行政复议或提起行政诉讼，又未履行该处罚决定，现依法要求其在收到催告书后 10 日内依法履行行政处罚决定；逾期仍不履行的，执法机关将依法申请人民法院强制执行。当事人未收取挂号信，未回复短信、微信，未接听电话，也未履行行政处罚决定。

2022年3月10日，该市文化广播电视和旅游局在报纸上刊登《行政处罚履行催告书》，通过公告形式告知当事人及时履行行政处罚决定。截至2022年3月22日，当事人仍未履行。综上，该市文化广播电视和旅游局依法向人民法院申请行政强制执行，获人民法院准予。



## 合规要点

### 一、法律适用适当、处罚适当

该酒馆违规接纳未成年人的行为违反了《娱乐场所管理条例》第二十三条之规定。依据《娱乐场所管理条例》第四十八条第三项的规定，执法部门对该酒馆违规接纳未成年人的行为作出罚款10000元的行政处罚。

### 二、处罚程序合法

《举报处理单》证明案件来源;《现场勘验笔录》证明现场勘验情况；监控画面、余某及侯某的《调查询问笔录》证实余某进出过该酒馆、该酒馆无违法所得；余某的有效身份证复印件及户口簿复印件证明余某为未成年人；营业执照、许可资质等信息证明当事人承担法律责任的主体资格；侯某的有效身份证复印件证明侯某的真实身份；微信聊天记录、短信记录、通话记录、挂号信函收据、《行政处罚履行催告书》、报纸等证明催告情况;《当事人的意见及催告情况》《申请强制执行授权委托书》《行政强制执行申请书》《人民法院行政裁定书》证明依法申请强制执行情况。

## 法规政策依据

《娱乐场所管理条例》第二十三条、第四十八条第三项

《中华人民共和国行政处罚法》第二十八条第二款

《中华人民共和国行政强制法》第五十三条、第五十四条

《最高人民法院关于适用〈中华人民共和国行政诉讼法〉的解释》第一百五十二条

## 案件启示

未成年人由于自身心智尚不成熟，出入娱乐场所很容易沉溺其中，影响其身心健康发展。在此背景下，加强对娱乐场所违规接纳未成年人的管理势在必行。本案是娱乐场所违规接纳未成年人的典型案例。对娱乐场所违规接纳未成年人行为的查处，一方面减少了此类场所可能对青少年身心发展造成的不良影响；另一方面加强了对娱乐场所的监督管理，有利于促进娱乐场所依法依规经营，保护未成年人的合法权益。

执法部门在推进文化市场领域未成年人保护工作过程中，应该加强对娱乐场所经营者的管理、教育和指导，努力探索出一条真正将“执法与服务”相融合的全新执法模式，不断激发市场主体活力；要统筹部门力量，形成联合监管机制，做到执法常态化、细致化，提高执法的效率和效果。娱乐场所经营者应该牢固树立正确的经营观念，增强保护未成年人权益的意识，做到依法依规经营。学生家长、学校要加强管理，引导学生自觉遵守校园管理规定和学生守则，不出入娱乐场所。要让政府、社会、学校、家庭共同发力，逐步形成对未成年人成长保驾护航的工作合力，从源头上预防和减少此类案件的发生。

（撰稿：四川省广元市文化市场综合行政执法支队　陈月明）

# 邪教组织向未成年人非法传教

**场景呈现**

某小区某居民楼的一个聚会点，窗帘拉得严严实实。王某某正在神秘兮兮地向屋里聚会的人们非法传教，在场的3名小学生，也熟练地跟着做起了祷告、唱起了诗歌。聚会结束后，大家不约而同地留下了金额不等的“奉献款”。王某某还悄悄给其中一人递了本书，叮嘱其认真阅读，全心全意投入到“传福音”工作中，让更多的人得到“神”的庇护。

**案件来源**

2020年9月，A市公安局某分局接到群众举报，反映在某居民楼内，有人组织开展邪教聚会、传教活动，且有多名未成年人参与。

**案件事实**

2020年9月，根据群众举报线索，A市公安局某分局开展调查取证。2021年4月，专案组开展统一收网抓捕行动，在A市、B市、

C市发现某邪教窝点70余个，抓获犯罪嫌疑人71名。

在犯罪嫌疑人家中共查扣某邪教组织非法书籍180本、手写资料709份、打印资料7406份、小纸条292张、电脑243台、手机246部、内存卡342张、硬盘100个、优盘58个、光盘158张、读卡器137个、音视频播放器83个。经认定，各类电子存储介质中的内容均为某邪教宣传品，含电子音视频355824分7秒，电子文章248682篇，图片211张。

2021年10月至2022年3月，A市某区人民法院依法对该案进行审理。犯罪嫌疑人王某某等27人因犯利用邪教组织破坏法律实施罪，分别被判处7个月至7年6个月不等的有期徒刑，并处罚金283000元。对其余44人进行治安拘留，并教育转化。

## 查处过程

### 一、立案侦查

2020年9月，A市公安局某分局根据群众举报线索进行调查取证，对嫌疑人日常活动轨迹、接触人员等进行追踪摸排。2021年2月，该分局抽调10余名警力成立专案组进行侦查，由点及面，辗转多地，摸出一张覆盖A市、B市、C市的邪教组织人员联络网，发现某邪教活动窝点70余个、疑似骨干成员10名。

### 二、收网抓捕

经过专案组一年多的不懈侦查，本案已具备收网条件。2021年4月12日，A市公安局成立了专案收网指挥部，由公安局政保支队牵头制订了详尽的抓捕方案，由抽调的500余名精干警力组成75个抓捕小组，每个小组下发一套流程式抓捕档案（包括抓捕目标个人详细情况、讯问提纲、注意事项、法律文书等）。12日6时，各抓捕小组在A市、B市同时行动，经过近24小时的艰苦工作，抓获嫌疑人71人（刑事拘留27人、行政拘留44人），对各类邪教反宣品进行查扣。

**三、审讯研判**

结合前期侦查掌握的情况，经嫌疑人本人供述和同案人员辨认指证，某区人民检察院提前介入，办案人员说法教育，研判确定王某某等3人为邪教组织的骨干人员，董某某等26人十分顽固、拒不退教，此29人顽劣不知悔改，已达到量刑标准；刘某某等44人因病及家庭原因等误入邪教，愿意退教并指证同案人员，具备从轻处罚条件。

**四、移送起诉**

2021年5月12日，某分局对29名刑事拘留人员向某区人民检察院提请逮捕。5月19日，经审查，某区人民检察院批准逮捕27名犯罪嫌疑人；另外2名犯罪嫌疑人因证据不足不予批准，某区公安分局依法对其采取取保候审强制措施。7月19日，某分局将27名涉案人员向某区人民检察院移送起诉。

**五、司法判决**

2021年8月9日至9月2日，某区人民检察院陆续移送起诉至某区人民法院。法院将该案分为12个独立的案件，于2021年10月至2022年3月依法进行了一审、二审，犯罪嫌疑人王某某等27人因犯利用邪教组织破坏法律实施罪，分别被判处7个月至7年6个月不等的有期徒刑，并处罚金283000元。对其余44人进行治安拘留，并予以教育转化。

## ▷▷法规政策依据

《中华人民共和国刑法》第二十二条、第五十二条、第五十三条、第六十一条、第六十四条、第六十七条、第七十二条、第七十三条、第三百条第一款

《中华人民共和国刑事诉讼法》第十五条

**案件启示**

本案系某邪教组织成员破坏法律实施案件。犯罪分子利用群众文化程度低、疾病困扰、家庭不和睦等因素，对其渗透洗脑，进行反社会、反人类的宣传，是欺世盗名、蛊惑人心、危害社会的“毒瘤”。犯罪分子将魔爪伸向心智尚未成熟、“三观”尚未全面建立的青少年，这种行为更为可恨。我们必须始终保持对邪教的高压态势，对其予以坚决打击，维护人民群众的生命财产安全。

青少年是祖国的未来，民族的希望。对于身受邪教毒害的青少年，要以教育转化为主，力争使他们尽早摆脱邪教思想的桎梏，重新焕发青春的朝气，树立奋发向上的积极人生观，走上新的人生道路。此外，从防范邪教传播的角度，应该提高公民的科学文化水平。由于该案的“传教”对象大多数是中老年女性，因此要警惕家里的老年人信教后，借亲情关系，向未成年人传播邪教。同时，应该大力弘扬社会主义核心价值观，发扬志愿服务、邻里互助等传统美德，加强对困难群体的关心关爱，共享发展成果，构建和谐社会。

（撰稿：内蒙古自治区包头市“扫黄打非”办公室　吴二柱、杨海燕）

# “护苗”执法监管线上场景

# 网站出版传播含有禁止内容的网络出版物

**场景呈现**

某数码科技有限公司备案经营的互联网站，允许用户登载、上传网络出版物供其他用户浏览。该网站作为集成动画、漫画和游戏的内容创作与分享平台，主要面向青少年群体。平台内某几位专业用户在该网站内创作并分享的文章，存在大量不良行为描写，相关内容的登载与传播对青少年身心健康存在较大不良影响。

**处置难点**

如何认定涉案网络出版物存在违法违规内容？

如何认定违法经营额与违法所得？

**案件来源**

2021 年 10 月 26 日，某区文化市场综合执法部门收到市转送全国“扫黄打非”暨文化市场管理办公室线索，反映某数码科技有限公司备案经营的网站内登载的7篇网络出版物涉嫌淫秽、色情内容，随函已附鉴定意见。

## 案件事实

2021年10月26日，该区文化市场综合执法部门对某数码科技有限公司备案经营的互联网站进行了远程巡查，巡查发现市“扫黄打非”暨文化市场管理办公室函告内容属实，该网站上登载的7篇网络轻小说涉嫌淫秽、色情内容，执法人员依法进行证据固定并制作《互联网巡查日志》。

2021年10月，该区文化市场综合执法部门依法完成证据固定后，先行责令当事人对这7篇网络出版物进行下架处理；12月，该区文化市场综合执法部门依法对当事人作出罚款30000元的行政处罚。

## 查处过程

### 一、核查线索、证据固定、主体认定、责令下架

执法部门组织2名以上执法人员根据线索对当事人备案经营的互联网站进行远程巡查。经核查，执法人员确认该网站上登载的7篇网络出版物的相关内容确实含有《网络出版服务管理规定》第二十四条所禁止的内容，认定涉案主体为某数码科技有限公司，依法进行证据固定并制作《互联网巡查日志》。

完成证据固定后，为防范上述网络出版物进一步影响未成年人的身心健康，执法部门立即责令当事人对相关网络出版物进行下架处理。

**该环节核实重点：**远程巡查环节，必须有2名以上执法人员通过运行录

屏软件对巡查过程进行全程录屏，且录屏过程的起止时间须通过有标准时间服务的授时软件获取，并设置录像设备全程记录。

**二、现场执法检查**

执法部门组织2名以上执法人员前往当事人实际经营地，对当事人记录所出版作品内容的保存材料进行现场检查。通过现场搜索并提取该数码科技有限公司存储在其服务器、计算机、移动硬盘等设备中的内容和其广告协议、单据等材料，进一步将上级转送线索中的7篇网络出版物与当事人的出版、传播行为互相印证，确认上述7篇网络出版物的出版与传播主体确系该数码科技有限公司。此外，执法人员现场对上述7篇网络出版物的浏览数据流、登载广告等情况进行了现场取证。

**三、进一步调查取证**

对涉嫌违法行为进行立案，围绕违法事实的基本情况、性质、情节，开展进一步调查取证工作。经查，当事人经营的互联网站登载的7篇网络出版物含有或夹杂淫秽、色情内容，属违法行为。此外，该数码科技有限公司提供的上述内容均为免费浏览，虽然通过广告等方式获得营业收入，但广告位于网站主页面，主页中还提供了其他内容，因此无法单独计算该数码科技有限公司提供的上述内容带来的经营收入。基于此，根据程序合法的要求，应当确认当事人的违法经营额与违法所得无法单独认定。

**四、作出行政处罚**

2021年12月7日，执法部门向当事人直接送达了《行政处罚事先告知书》，告知当事人违法事实、案件依据、情节认定、处罚依据及拟处罚内容，并告知当事人享有陈述、申辩和要求听证的权利。截至12月15日，当事人未提出陈述、申辩，未要求听证。12月15日，执法部门依据《网络出版服务管理规定》第五十二条的规定，责令当事人删除相关内容并立即改正出版、传播含有《网络出版服务管理规定》第二十四条规定的禁止内容的网络出版物的违法行为，作出罚款30000元的行政处罚。

**该环节包括**：行政执法机关负责人案件集体讨论、处罚事先告知、听证、处罚决定作出及送达等流程，同时关注案件后续可能出现的复议、诉讼风险。

## ▶▶ 合规要点

本案是一起对网站出版、传播含有《网络出版服务管理规定》第二十四条规定的禁止内容进行处罚的典型案件。

**一、法律适用适当**

该数码科技有限公司提供平台，主营业务包含网络出版服务，供网站内用户登载、传播网络信息，根据其内容具备文学、艺术、科学等领域内具有知识性、思想性的文字、图片、地图、游戏、动漫、音视频读物等原创数字化作品的特征，应认定该数码科技有限公司备案经营的互联网站登载的 7 篇涉案轻小说为网络出版物。依据《网络出版服务管理规定》第二十四条的规定，网络出版物不得含有宣扬淫秽、色情、赌博、暴力或者教唆犯罪的内容；根据转送线索随函已附的鉴定意见，应认定上述 7 篇网络出版物含有或夹杂淫秽、色情内容，该数码科技有限公司登载上述 7 篇网络出版物的行为违反了《网络出版服务管理规定》第二十四条的规定。

**二、处罚程序合法**

某市“扫黄打非”暨文化市场管理办公室转发线索单证明案件来源；《互联网巡查日志》、《现场检查笔录》、经当事人委托代理人确认的截屏材料、现场检查照片、《调查询问笔录》、《营业执照》等信息证明当事人承担法律责任主体资格；出版物鉴定机构鉴定意见证明涉案网络出版物含有或夹杂淫秽、色情内容；当事人委托代理人提供的用户协议、广告协议等材料单据及相关网页内广告设置的取证结果证明当事人违法经营额与违法所得无法认定。

## 法规政策依据

《中华人民共和国行政处罚法》第二十八条第二款

《网络出版服务管理规定》第二十四条第七项、第五十二条

## 案件启示

某数码科技有限公司备案经营的互联网站围绕用户、创作者和内容构建起一个源源不断产生海量内容的系统，呈现出主要用户群体年轻化、内容审核队伍年轻化的特点。某数码科技有限公司备案经营的互联网站所登载的海量内容与其内容审核力量不匹配，经营主体难以及时发现问题、排查风险，其网页上的内容有可能持续影响未成年人的身心健康。

针对类似互联网站登载的海量内容，文化市场综合执法部门应当以未成年人保护为专题积极研判风险，加强政企沟通，以相关经营主体尤其是头部企业的违法行为为切入点，督促企业加强内容审核，定期结合阶段性网络巡查与举报数据，对企业落实内容审核制度的情况进行“回头看”检查，真正达到行政处罚所倡导的处罚与教育并重的执法效果。

（撰稿：上海市杨浦区文化和旅游局执法大队　韩继峰、许传海）

# 网络小说 App 传播色情内容

## 场景呈现

一名 12 岁男孩的家长发现其儿子经常将家中闲置的手机带到学校。出于担心，该家长没收并查看了手机，发现手机里安装了一款名为“×× 小说”的 App。家长点开该 App 的阅读记录，翻看了部分小说内容，里面大篇幅的色情描写令其感到震惊。这款软件没有设置未成年人模式，读者可以通过观看视频广告解锁免费阅读权限，也可以付费成为会员直接解锁更多权限。该家长对其孩子进行了严肃教育，在与孩子的谈话中了解到这款 App 在儿子的同班男同学之间非常流行。

## 处置难点

如何认定色情网络出版物？

执法部门该如何调查取证？

违法所得和涉案经营额应如何计算？

该如何进行处罚？

## 案件来源

2021年6月25日，某区文化综合执法部门接到市“扫黄打非”办转交的关于“×× 小说”App涉嫌传播禁止内容的举报材料，反映某网络公司运营的“×× 小说”App涉嫌传播淫秽、色情小说。

## 案件事实

2021年6月30日，根据举报人提供的线索，该区文化综合执法部门执法人员对当事人运营的“×× 小说”App涉嫌传播禁止内容情况进行了远程勘验与取证，并将远程勘验材料送至出版物鉴定机构进行鉴定。

7月6日，该区文化综合执法部门对当事人的经营场所进行现场检查，执法人员现场查询了“×× 小说”App运营管理后台、微信支付商户平台、支付宝商家中心等运营数据并依法截屏取证，证实当事人通过“×× 小说”App向公众提供网络出版物。经出版物鉴定机构鉴定，涉案的“×× 小说”App尚未下架的2篇出版物部分章节内容含有公然宣扬淫秽、色情的内容，属于色情网络出版物。

2021年8月，该区文化综合执法部门对当事人依法作出删除全部色情网络出版物、没收违法所得及罚款458882.6元的行政处罚。

## 查处过程

### 一、核查举报材料

立案后，执法人员与举报人取得联系，详细了解案情，并取得了举报人通过公证获取的9段举报视频。执法部门通过发函公证处，确认了举报人提供的2份公证书的真实性。

## 二、线上远程勘验

根据举报情况，执法人员对当事人运营的网站及“×× 小说”App 的网络出版服务情况进行了远程勘验，对举报人列举的 16 本网络出版物进行核查，App 中有 2 篇网络出版物尚未下架。当事人运营的该 App 通过信息网络向公众提供网络出版物，每部网络出版物均能正常显示并可供用户阅读，用户可通过充值成为享有看书免广告、全场免费读等福利的超级会员，初步判断当事人涉嫌出版、传播含有《网络出版服务管理规定》第二十四条、第二十五条规定的禁止内容的网络出版物。2021 年 7 月 2 日，执法部门将截屏制作的 2 篇尚未下架的网络出版物涉嫌存在禁止内容的部分章节材料送出版物鉴定机构进行鉴定。

**该环节核实重点：**网络公司企业信用信息情况、网站备案情况、对小说 App 的截屏取证、对涉案网络出版物初步判断选取部分章节进行证据固定、初步锁定传播禁止内容行为等。

**该环节主要措施：**制作《远程勘验截屏材料》和《远程勘验笔录》。

## 三、现场执法检查

2021 年 7 月 6 日，执法部门组织 2 名以上执法人员前往该网络公司经营场所进行了现场检查，对网络公司负责人进行询问。执法人员现场查询了当事人运营的“×× 小说”App 的运营管理后台、微信支付商户平台、支付宝商家中心等运营数据并截屏取证。

## 四、进一步调查取证

围绕违法事实的基本情况、性质、情节等进行调查取证。执法人员分别对当事人公司负责人、委托代理人、财务人员、审核负责人、复审编辑等进行了调查询问，确认了当事人出版、传播含有《网络出版服务管理规定》第二十四条、第二十五条规定的禁止内容的网络出版物的违法事实。

**该环节核实重点：**

1. 认定涉案网络出版物的性质。涉案网络出版物由出版物鉴定机构出具鉴定结果，经鉴定“×× 小说”App 尚未下架的 2 篇网络出版物缺乏艺术价值或者科学价值，公然宣扬淫秽、色情内容，对普通人特别是未成年人的身心健康有害，属于色情网络出版物。

2. 确定违法主体。当事人系某网络科技有限公司总公司在某市设立的专门从事网络出版服务的分公司。总公司全权授权当事人对“×× 小说”App 享有独立的运营权，支付该 App 所有的运营成本，并收取其产生的全部收入。当事人全权使用总公司在微信、支付宝关联的银行账户，以自己的名义对外发布网络出版物，并以自己或总公司的名义与第三方版权公司签订版权使用合同。执法人员通过核验授权书以及对公司负责人、财务人员制作《调查询问笔录》，对违法主体的情况进行证据固定。

3. 确认涉案出版物的版权来源与上架时间。通过对当事人及工作人员制作《调查询问笔录》、核查版权使用合同、调取 App 后台数据等，确认了 2 篇网络出版物的版权分别由其他两家公司进行授权，确定了 2 篇网络出版物在“×× 小说”App 上架的时间，上架期间均在版权授权期内。

4. 认定违法经营额、违法所得。通过当事人使用的数据平台查询并筛选 2 篇涉案网络出版物上架期间消费者阅读、充值相关数据，系统显示充值信息 9093 条、充值用户 1937 名、充值金额 45888.26 元，故本案违法经营额为 45888.26 元。根据《中华人民共和国行政处罚法》第二十八条第二款的规定，本案违法所得为 45888.26 元。

**五、作出行政处罚**

2021 年 8 月 10 日，执法部门向当事人送达了《行政处罚事先告知书》，告知当事人违法事实、案件证据、情节认定、处罚依据及拟处罚内容，并告知当事人享有陈述、申辩和要求听证的权利。截至 8 月 18 日，当事人未提出陈述、申辩，未要求听证。8 月 18 日，执法部门依据《网络出版服务管理规定》第五十二条、《出版管理条例》第六十二条的规定，对当事人出版、传播含有《网络出版服务管理规定》第二十四条、第二十五条规定的禁止内容的网络出版物的违法行为责令改正，删除全部色情网络出版物并给予没收违法所得45888.26元、罚款458882.6元的行政处罚。

**该环节包括：**行政执法机关负责人案件集体讨论、处罚事先告知、听证、处罚决定作出及送达等流程，同时关注案件后续可能出现的复议、诉讼风险。

## ▶▶ 合规要点

本案是一起对网络公司传播含有禁止内容的网络出版物进行处罚的典型案件。

**一、法律适用适当**

该网络公司在其运营的小说App上发布网络出版物，均能正常显示并可供用户阅读，系通过信息网络向公众提供网络出版物，上述行为应认定为从事网络出版服务；该网络公司在其运营的小说App上发布的2篇网络出版物经鉴定为色情网络出版物，上述行为应认定为出版、传播含有《网络出版服务管理规定》第二十四条、第二十五条规定的禁止内容的网络出版物。涉案网络出版物为色情网络出版物，该网络公司通过信息网络向公众提供阅读服务的行为，违反了《网络出版服务管理规定》第二十四条、第二十五条的规定。

**二、处罚程序合法**

举报材料转送单、公证书等证明案件来源；远程勘验笔录、远程勘验截屏材料等证明线上勘验情况；现场检查笔录、现场检查截屏材料、现场检查照片等证明现场检查情况；营业执照、授权书等证明当事人承担法律责任主体资格；出版物鉴定机构鉴定结论证明涉案网络出版物性质；公司负责人、财务人员、审核负责人、复审编辑等工作人员的《调查询问笔录》证明App运营、小说上架、版权来源、会员充值等情况；数据平台查询、筛选数据打印件等数据证明阅读与充值情况。

## 法规政策依据

《中华人民共和国行政处罚法》第二十八条第二款

《出版管理条例》第六十二条

《网络出版服务管理规定》第二十四条第七项、第二十五条、第五十二条

## 案件启示

在互联网飞速发展的背景下,“触网”年龄呈现低龄化趋势,如何更好地保护未成年人身心健康、维护未成年人在网络空间的合法权益,是备受关注的话题。本案是网络公司传播色情网络出版物的典型案件,该案的查处,一方面减少了色情网络出版物对广大未成年人造成的恶劣影响,另一方面对网络平台关于网络出版物的审查、出版、传播等问题进行了规范。

互联网已广泛深入未成年人的学习和生活,成为他们成长环境的一部分。作为家长,应对孩子使用的电子设备软件及网络平台予以关注,及时发现含有禁止内容的网络出版物,积极向文化执法、市场监管、教育等部门反映情况;各网络企业要树立平台方主体责任意识,建立内部审查管理制度,严格依法依规经营,弘扬正确的价值观,传播正能量;文化执法、市场监管、教育等管理部门要持续加大网络文化市场执法监管力度,严查含有禁止内容的网络文化产品,进而规范网络文化市场经营秩序,营造风清气正的网络文化环境。

(撰稿:上海市闵行区文旅局执法大队　王珍珍)

## 通过微信公众号提供含有禁止内容的网络漫画

**场景呈现**

某家长发现最近自己的孩子经常要零花钱，学习成绩和视力都明显下降。该家长检查孩子手机才发现，原来孩子要的零花钱都花在了充值某微信公众号的漫画上。家长点开孩子的漫画浏览记录发现，部分漫画中明显含有色情、暴力元素，这些内容对孩子的影响是潜移默化的，如果孩子树立了错误的价值观，就会影响其一生。家长耐着性子询问孩子情况，孩子说同学推荐了一个看漫画的公众号，自己就在睡觉的时候偷偷摸摸躲在被子里看，钱都花在了购买付费章节上，休息不好才导致上课没精神，成绩下滑……

### 案件来源

2018年3月20日，某文化市场综合执法部门接到上级交办的案件线索，反映当地某网络公司运营的微信公众号涉嫌擅自从事经营性互联网文化活动，提供网络漫画等产品，并且漫画中存在违规内容。

## 案件事实

3 月 26 日，根据案件线索，执法部门对涉案的一系列公众号进行了远程勘验，发现当事人运营了多个微信公众号，向用户提供网络漫画、网络表演等多种互联网文化产品，部分漫画产品存在违反社会公德的内容，并且当事人未取得《网络文化经营许可证》。随后，执法部门对当事人进行了现场检查、调查询问等环节。

经查，当事人在未取得《网络文化经营许可证》的情况下，擅自从事经营性互联网文化活动，通过公众号向用户提供多种互联网文化产品，参与充值收益分成进行盈利，且提供的部分产品存在违规内容。

2018 年 4 月，该文化市场综合执法部门责令当事人停止经营性互联网文化活动，并对当事人作出了警告、罚款 30000 元的行政处罚。

## 查处过程

### 一、成立办案小组

上级文化行政部门指定该执法部门就该案件开展以案施训活动，邀请省内外多名执法骨干，共同参与案件查办工作。

### 二、远程勘验

执法部门根据线索对涉案的多个微信公众号进行远程勘验，初步确定违法事实并通过截屏、录屏等方式固定相关证据，明确当事人注册地址、法定代表人等信息。

### 三、现场检查

执法部门在制定了现场检查方案后，组织数名执法人员前往当事人的注册地进行现场检查，发现当事人的注册地址并非其实际经营地，随后立即通过向物业管理方及社区组织等开展多方咨询，联系到当事人的主要负责人，并要求其前来接受调查询问。

**四、进一步调查取证**

执法人员对当事人进行了调查询问，制作了《调查询问笔录》，并将远程勘验截图交由当事人核对、签字确认。通过对当事人的调查询问，确定当事人无集中办公地点，采用居家办公的方式运营了数十个微信公众号。其中，提供互联网文化产品的公众号有 8 个，分别提供网络漫画、网络表演、网络游戏等产品，产品内容由合作商提供，用户通过公众号可以获取相关产品，当事人通过参与用户的充值分成获取收益。为当事人提供产品内容的合作商有 4 家，执法人员对这 4 家合作商的分销平台后台数据进行了检查，发现当事人提供网络漫画共获得收益 48432.4 元，提供网络游戏共获得收益 232.71 元，提供网络表演获得收益约 1500 元。当事人表示并不知晓从事经营性互联网文化活动需要办理《网络文化经营许可证》，也未对合作商提供的互联网产品内容进行自审，导致部分漫画产品中含有违反社会公德的内容。至此，当事人未经批准，擅自从事经营性互联网文化活动，并且提供的部分互联网文化产品存在违规内容，事实清楚、证据确凿。

**五、作出行政处罚**

2018 年 3 月 28 日，经执法部门集体讨论，确定应当对当事人从重处罚。3 月 30 日，执法部门向当事人送达了《行政处罚事先告知书》《责令改正通知书》，告知当事人违法事实、案件证据、情节认定、处罚依据及拟处罚内容，并告知当事人享有陈述、申辩和要求听证的权利；同时责令当事人限期停止经营性互联网文化活动。当事人未在规定期限内提出陈述、申辩或要求听证。4 月 5 日，执法部门依据《互联网文化管理暂行规定》第二十一条的规定，对当事人未经批准，擅自从事经营性互联网文化活动的行为作出行政处罚，责令其停止违法行为，并给予警告、罚款 30000 元的行政处罚。

## 法规政策依据

《互联网文化管理暂行规定》第八条、第二十一条

《文化市场综合行政执法管理办法》第二十一条第一款

《网络表演经营活动管理办法》第四条、第二十条

《网络游戏管理暂行办法》(已废止)第六条、第二十九条

## 案件启示

利用微信公众号采取“分销”模式开展经营性互联网文化活动的现象较为普遍,因为这种模式具有成本投入少、运维简单、收益分成高的特点。查处此类案件有利于警示、震慑部分违规运营者,同时提醒合规的互联网文化企业加强产品内容审核,避免存在影响未成年人身心健康的内容。

家长对未成年人使用手机关注较多的是各种泛娱乐的App,对于“隐藏”较深的微信公众号缺乏关注的敏锐性,实际上微信公众号提供的内容不比App少,家长应该给予足够的重视。另外,微信公众号的搜索规则不断变化,导致不能使用运营主体的名称搜索到其运营的全部微信公众号,给执法部门的工作带来了很大困扰,这也倒逼执法部门不断重视科技赋能,探索使用技术手段发现案件线索的能力。

(撰稿:江苏省南京市文化市场综合执法总队　徐晨龙)

# 个人网站提供淫秽网站链接供免费观看

**场景呈现**

2019年10月，安某某在某镇某小区家中建立某教程网，该网站主页分为17个专栏，每个专栏均有数量不等的网页链接。通过点击网页链接发现为境外的色情网站，存在大量涉嫌淫秽的视频和图片。该网站以提供涉嫌淫秽内容的链接供免费观看来提高网站访客流量，进而吸收广告商在该网站投放广告。

**处置难点**

违法所得和涉案经营额如何计算？

如何进一步扩源深挖涉嫌淫秽网站链接的来源？

## 案件来源

2020年7月13日，某市公安机关接市“扫黄打非”工作领导小组办公室交办的举报材料交办单，反映某教程网涉嫌网上传播淫秽色情信息。



## 案件事实

区公安分局网安大队立即对某教程网进行巡查，发现该网站页面已发生变化，每个专栏均有数量不等的网站链接。通过点击网站链接发现为境外的色情网站，存在大量涉嫌淫秽的视频和图片。该网站页面提供了一个广告合作联系 QQ 号。网安大队通过该 QQ 号确定该人员为安某某，且掌握了其目前居住地。

2020 年 7 月 21 日 15 时许，区公安分局网安大队通过技术侦查后给民警提供了一条线索：涉案嫌疑人安某某正在某公司。接到线索后，民警立即赶往该公司，将安某某抓获并带回派出所作进一步处理。

经查，犯罪嫌疑人安某某于 2019 年 10 月建立某教程网并提供涉嫌淫秽内容的链接供免费观看以提高网站访客流量，进而吸引广告商在该网站投放广告，以收取广告费的方式获利。经鉴定，其中 26 个链接直接指向淫秽视频。

2020 年 10 月 27 日，区人民法院对该案进行判决：1. 被告人安某某犯传播淫秽物品牟利罪，判处有期徒刑 6 个月，并处罚金 5000 元；2. 对扣押在案的作案工具——手机依法予以没收。

## 查处过程

### 一、网络远程勘验

区公安分局网安大队对某教程网进行远程勘察，发现该网站页面已发生变化，每个专栏均有数量不等的网页链接。通过点击网页链接发现为境外的色情网站，存在大量涉嫌淫秽内容的视频和图片。该网站页面提供了一个广告合作联系 QQ 号。以上事实，执法部门提供了书证、被告人的供述、网站电子数据、淫秽物品审查鉴定书、指认笔录、远程勘验笔录、情况说明等证据。

**该环节核实重点：**网站及网站链接的基本情况、对视频性质的初步认定、初步锁定传播淫秽物品行为、对涉嫌违法行为进行证据固定等。

**该环节主要措施：**对网站电子数据进行证据先行登记保存，出具《被告人的供述》《指认笔录》《远程勘验笔录》《情况说明》，并做好拍照、录像取证等工作。

**二、进一步调查取证**

对涉嫌违法行为进行立案，围绕违法事实的基本情况、性质、情节，开展调查取证工作。经查，安某某为达到提高访问点击量并获得广告收益以牟利的目的，建立网站并链接淫秽视频，其行为确已构成传播淫秽物品牟利罪，其涉案网站及链接由安某某进行整合、编辑、排版设计等后台管理。通过远程勘验调取证据，经鉴定该网站中 26 个视频为淫秽视频，并将其作案工具——手机予以暂扣。

**该环节核实重点：**

1. 认定涉案视频性质。结合视频内容要素，由视频鉴定机构出具淫秽视频鉴定结果。

2. 认定传播淫秽物品行为。通过当事人的《调查询问笔录》、网站电子数据等物证，对涉案网站情况进行证据固定。

**三、作出刑事判决**

区人民检察院以（2020）××× 号起诉书指控被告人安某某犯传播淫秽物品牟利罪，于 2020 年 10 月 23 日向区人民法院提起公诉。区人民法院受理后，依法适用简易程序，实行独任审判，于 2020 年 10 月 27 日不公开审理了此案。

区人民法院认为，被告人安某某为了达到提高访问点击量并获得广告收益的牟利目的，建立网站并链接淫秽视频，其行为确已构成传播淫秽物品牟利罪。区人民检察院指控被告人安某某的犯罪事实清楚，指控罪名成立，该院予以支持。被告人安某某归案后如实供述，系坦白，依法可以从轻处罚。被告人安某某自愿认罪认罚，且系初犯、偶犯，具有酌定从轻处罚情节。被告人安某某的辩护人提出的被告人具有法定和酌定从轻处罚情节，与该院查明的事实一致，该院予以采纳；但对其提出的对被告人判处拘役或者宣告缓刑的建议，该院不予采纳。公诉机关提出的量刑建议，符合法律规定，该院予以采纳。据此，依照《中华人民共和国刑法》第三百六十三条第一款、第六十七条第三款、第五十二条、第五十三条、第六十四条之规定，作出如下判决：被告人安某某犯传播淫秽物品牟利罪，判处有期徒刑6个月，并处罚金5000元。对扣押在案的作案工具——手机依法予以没收。

## ▶▶ 合规要点

本案是一起对网络传播淫秽物品牟利行为进行打击处理的典型案件。

### 一、法律适用适当

安某某为了达到提高访问点击量并获得广告收益的牟利目的，建立网站并链接淫秽视频，其行为违反了《中华人民共和国刑法》第三百六十三条第一款、第六十七条第三款、第五十二条、第五十三条、第六十四条之规定，确已构成传播淫秽物品牟利罪。

### 二、处罚程序合法

《案件举报线索交办单》证明案件来源；《指认笔录》、《远程勘验笔录》、《情况说明》、取证照片等证据证明案件事实；视频鉴定机构鉴定结论证明涉案视频性质。

## ▷▷法规政策依据

《中华人民共和国刑法》第三百六十三条第一款、第六十七条第三款、第五十二条、第五十三条、第六十四条

《全国人民代表大会常务委员会关于维护互联网安全的决定》

《最高人民法院、最高人民检察院关于办理利用互联网、移动通讯终端、声讯台制作、复制、出版、贩卖、传播淫秽电子信息刑事案件具体应用法律若干问题的解释(二)》

## 案件启示

目前网络传播淫秽色情信息成为公害。不法人员利用网络传播淫秽物品谋取不当利益，污染网络空间，败坏社会风气，扰乱文化市场秩序，践踏道德法律底线，危害广大群众特别是青少年的身心健康，必须坚决制止、严厉打击。只有对网络传播淫秽色情现象坚持不懈地整治，发现淫秽色情信息及时清理，毫不手软，动真碰硬，查处触碰“红线”、越过“底线”的企业或个人，才能形成震慑，持续推动网络空间清朗。

（撰稿：四川省成都市郫都区委宣传部　周松）

# 网络游戏未设置有效防沉迷措施

**场景呈现**

自从国家出台了网络游戏接入防沉迷系统相关要求后，家长拍手称庆。网络游戏防沉迷系统严格限制了孩子的游玩时间和时长，从根本上杜绝了孩子沉迷网络游戏。但在诱人的金钱利益面前，总有一些漏网之鱼，置法律政策于不顾，挂羊头卖狗肉，将网络游戏伪装成益智教育类软件上线运营，导致一些未成年人沉迷其中。

**处置难点**

如何认定网络游戏？

违法所得如何计算？

违反多部法规该如何进行处罚？

## 案件来源

2022 年 6 月 6 日，某市文化和旅游局执法人员在网络巡查中发现一款

App 下载量很高，很受未成年人欢迎。该软件在应用市场被归类为益智类 App，但执法人员运行该软件后发现软件内容完全属于游戏类内容，未发现该软件针对未成年人使用其服务设置相应的时间限制等防沉迷措施。经初步调查，上述软件运营方为某网络公司。

## 案件事实

2022 年 6 月 10 日，该市文化执法人员赴某网络公司进行现场检查。执法人员现场通过手机打开该 App 向公司负责人程某展示，程某确认该 App 为其公司研发运营。执法人员打开该 App 后向程某演示游戏内容，程某观看确认该软件实为游戏类软件，当初是为了在应用市场顺利上架才改为益智类，并表示未对该软件设置相应的防沉迷措施。

经查，从 2020 年起，当事人在各类安卓市场、苹果市场上传该游戏，均未设置时间管理等防沉迷措施，涉嫌未针对未成年人使用其服务设置相应的时间管理、权限管理、消费管理等功能；违法所得 242.23 元。

2022 年 8 月，该市文化执法部门对当事人依法作出没收违法所得并处罚款 10 万元的行政处罚，并对涉案公司负责人程某处罚款 1 万元的行政处罚。

## 查处过程

### 一、立案

执法部门立即制作《立案审批表》，经审批立案后，开展进一步调查。

### 二、现场执法检查

该市文化执法部门组织 4 名执法人员赴涉案公司进行现场检查，对公司负责人进行询问，现场向其展示游戏内容，并进行法规宣讲。当事人最终承认其运营的软件是一款网络游戏，且未设置相应的时间管理等防沉迷措施，亦未取得国家新闻出版部门颁发的出版物号。初步判断其涉嫌擅自上网出版网络游戏及未对游戏设置相应的时间管理、权限管理、消费管理等防沉迷措施。

**该环节核实重点：**核实当事人基本情况、涉案网络游戏有无版号及有无防沉迷措施，初步锁定相关违法行为，对涉嫌违法行为进行证据固定等。

**该环节主要措施：**对涉案网络游戏进行远程取证、制作《远程勘验笔录》和《现场检查笔录》、做好拍照取证。

**三、进一步调查取证**

对涉嫌违法行为进行立案，围绕违法事实的基本情况、性质、情节，开展调查取证工作。经查，该公司以智力开发为名在网上运营的某 App，实为一款网络游戏。从 2020 年起，该公司为躲避应用市场上架审查，将该游戏改为智力开发软件在各类应用市场上传运营，未设置时间管理等防沉迷措施，涉嫌擅自上网出版网络游戏和未针对未成年人使用其服务设置相应的时间管理、权限管理、消费管理等功能，违法所得 242.23 元。

**该环节核实重点：**

1. 认定软件性质。结合 App 的运行画面、操作方法、下载方式、运营模式等，执法人员依据相应的法规最终认定该 App 为网络游戏类 App。

2. 认定擅自从事行为。既然认定为网络游戏，根据法律规定，网络游戏上网出版前必须取得国家新闻出版部门颁发的出版物号，俗称游戏版号。该公司就是为了躲避应用市场对版号的审查，才将游戏改头换面。通过对当事人进行调查询问，制作《调查询问笔录》，调取营业执照、相关责任人员身份证件、游戏系统后台收入明细截屏等物证，进一步将证据固定。

3. 认定违法所得。通过游戏后台收入明细发现，该公司运营该游戏依靠用户充值、广告运营等方式累计收入 429.83 元，但其中有部分用户申请退费 187.6 元。因此认定违法所得 242.23 元。

## 四、作出行政处罚

2022年7月25日，执法部门向当事人送达了《行政处罚事先告知书》，告知当事人违法事实、案件证据、情节认定、处罚依据及拟处罚内容，并告知当事人享有陈述、申辩和申请听证的权利。截至8月1日（5个工作日后），当事人未提出陈述、申辩，未申请听证。8月2日，执法部门依据《中华人民共和国未成年人保护法》第一百二十七条的规定，对该公司未针对未成年人使用其服务设置相应的时间管理、权限管理、消费管理等功能的行为作出行政处罚，责令其改正违法行为，没收违法所得242.23元，罚款10万元；并对该公司直接负责人程某罚款1万元。

**该环节包括：**行政执法机关案件审查委员会对案件进行集体讨论、处罚事先告知、作出处罚决定及送达。同时关注案件后续可能出现的复议、诉讼风险。

## ▶▶ 合规要点

本案是一起违反《中华人民共和国未成年人保护法》的典型案件。

### 一、法律适应适当

该公司将其网络游戏改头换面为智力开发类App，且未设置相应的防沉迷措施。上述行为应认定为上网出版网络游戏，且未针对未成年人使用其服务设置相应的时间管理、权限管理、消费管理等功能，同时违反了《网络出版服务管理规定》第二十七条和《中华人民共和国未成年人保护法》第七十四条第二款的规定。

### 二、处罚程序合法

《现场检查笔录》、取证照片等证明现场检查情况；营业执照、法定代表人身份证件等证明当事人承担法律责任主体资格；负责人的《调查询问笔录》、游戏后台系统截屏等证据证明游戏运营收入等情况。

### 三、关于一事不再罚

根据《中华人民共和国行政处罚法》第二十九条的规定，对当事人的同一个违法行为，不得给予两次以上罚款的行政处罚。同一个违法行为违反多个法律规范应当给予罚款处罚的，按照罚款数额高的规定处罚。对当事人擅自上网出版网络游戏违法行为的处罚，依据《网络出版服务管理规定》第五十一条的规定："未经批准，擅自从事网络出版服务，或者擅自上网出版网络游戏……违法经营额不足1万元的，可以处5万元以下的罚款……"对当事人未针对未成年人使用其服务设置相应的时间管理、权限管理、消费管理等功能的处罚，依据《中华人民共和国未成年人保护法》第一百二十七条的规定，网络产品和服务提供者违反该法第七十四条规定的，由公安、网信、电信、新闻出版、广播电视、文化和旅游等有关部门按照职责分工责令改正，给予警告，没收违法所得，违法所得100万元以上的，并处违法所得1倍以上10倍以下罚款，没有违法所得或者违法所得不足100万元的，并处10万元以上100万元以下罚款，对直接负责的主管人员和其他责任人员处1万元以上10万元以下罚款。当事人擅自上网出版网络游戏的违法经营额和未针对未成年人使用其服务设置相应的时间管理等防沉迷措施的违法经营额一致，据此，执法部门仅给予一个罚款数额高的处罚，即没收违法所得，并处10万元以上100万元以下罚款，对直接负责的主管人员和其他责任人员处1万元以上10万元以下罚款。

## ▷▷法规政策依据

《中华人民共和国行政处罚法》第二十九条

《网络出版服务管理规定》第二十七条、第五十一条

《中华人民共和国未成年人保护法》第七十四条、第一百二十七条

《中央编办对文化部、广电总局、新闻出版总署〈“三定”规定〉中有关动漫、网络游戏和文化市场综合执法的部分条文的解释》

## 案件启示

《中华人民共和国未成年人保护法》修订颁布以后，各部门都在大力加强维护未成年人合法权益。为坚决防止未成年人沉迷网络游戏，各地文化市场综合执法机构也在积极作为，进一步加强网络游戏市场执法监管，严肃查处违法违规经营行为。本案就是在这种大背景下被发掘查处。本案涉案网络游戏之所以能够在网上长期存在，与其改头换面的伪装密不可分，这就对执法部门的办案水平提出了更高的要求。本案的成功查处，既成功维护了未成年人的合法权益，也为执法部门案件办理提供了新的思路，对如何界定网络游戏和益智类软件提供了一定的参考。

维护未成年人合法权益是一项系统工程，需要政府、社会、企业、学校、家庭共同努力、密切协作。只有形成保护未成年人合法权益的全社会共识，才能真正实现保护未成年人合法权益的社会效果。

（撰稿：山东省青岛市文化市场综合执法局　赵俊杰）

# 网络游戏每日22时至次日8时向未成年人提供服务

**场景呈现**

某款网络游戏由某网络科技有限公司运营，在网络平台推广。根据国家新闻出版署有关防止未成年人沉迷网络游戏的通知的精神，该游戏已要求玩家提供真实有效身份信息注册游戏账户。但未成年人使用个人有效身份信息注册游戏账户后，可以在每日22时至次日8时登录该游戏并正常使用，且可正常充值。

**处置难点**

涉及未成年人信息注册的游戏账户信息如何调查取证？

违法所得如何计算？

如何进行处罚？

## 案件来源

2021 年 9 月 23 日至 25 日，某市文化市场综合执法部门在日常网络巡查中，发现并下载试玩某款游戏，经测试初步判断为某网络科技有限公司运营。在对该游戏进行防沉迷相关远程检查中发现，其允许以未成年人身份信息注册的游戏账号在每日 22 时至次日 8 时内正常登录并游玩。

## 案件事实

2021 年 9 月 26 日，根据执法检查线索，该市文化市场综合执法部门对某网络科技有限公司运营的某款网络游戏进行远程勘验取证，发现该公司涉嫌在每日 22 时至次日 8 时向未成年人提供网络游戏服务。经执法人员现场检查和调查询问，初步确认当事人的实际经营行为和涉嫌违法行为。

经查，当事人在每日 22 时至次日 8 时向未成年人提供网络游戏服务，事实清楚，证据确凿。2022 年 2 月，该市文化市场综合执法部门对当事人依法作出警告、罚款 10 万元的行政处罚，并对其直接主管人员依法作出罚款 1 万元的行政处罚。

## 查处过程

### 一、远程勘验取证

执法部门组织 2 名执法人员对某网络游戏进行远程勘验取证。

### 二、现场执法检查

执法部门组织 2 名执法人员对某网络科技有限公司开展现场检查，其法定代表人承认该款游戏是由该公司运营，并提供了该游戏的运营流水明细。

**该环节核实重点：**确认该公司运营该游戏的实际经营行为，并获取该游戏的充值流水记录。

**该环节主要措施：**出具《现场检查（勘验）笔录》，做好拍照取证。

## 三、进一步调查取证

对涉嫌违法行为进行立案，围绕违法事实的基本情况、性质、情节，开展调查取证工作。经查，该公司于2021年4月29日与某信息技术有限公司签订某款手机网游的《联运合作协议》，并于2021年6月30日正式上线运营该游戏。关于分成比例，经双方约定，该公司获得实际充值总金额的80%，另一方获得实际充值总金额的20%。该网络游戏自上线运营以来，虽要求用户实名注册并认证，但未落实未成年人防沉迷系统相关规定，允许未成年人注册用户在每日22时至次日8时登录该网络游戏正常游玩和充值。在本案调查取证过程中，该公司拒绝提供该网络游戏的注册用户相关台账、运营主管人员相关材料以及运营明细等有关材料。

另经查，该公司运营该网络游戏的流水为330362元（截至2021年9月27日）。根据《联运合作协议》，其中20%即66072.4元归合作方所有。因该公司多次拒绝提供运营支出成本明细，该市文化市场综合执法部门经集体讨论，认定其无其他成本支出。扣除66072.4元归合作方所有，该公司运营该网络游戏的违法所得为264289.6元。

**该环节核实重点：**

1. 认定该游戏的未成年人信息注册的游戏账户台账。在调查取证过程中，该公司一直拒绝提供该网络游戏的注册用户相关台账、运营主管人员相关材料以及运营明细等有关材料，该市文化市场综合执法部门通过多种途径调查，仍无法获得上述有关材料。

2. 认定该网络游戏的违法所得。该公司运营该网络游戏的流水为330362元（截至2021年9月27日），根据《联运合作协议》，其中20%即66072.4元归合作方所有。因该公司多次拒绝提供运营支出成本明细，经该市文化市场综合执法部门集体讨论，认定其无其他成本支出，扣除66072.4

元归合作方所有，该公司运营该网络游戏的违法所得为264289.6元。

**四、作出行政处罚**

2022年1月13日，执法部门向当事人送达了《行政处罚事先告知书》，告知当事人违法事实、案件证据、情节认定、处罚依据及拟处罚内容，并告知当事人享有陈述、申辩权和要求听证的权利。

2022年1月18日，当事人向该市文化市场综合执法部门邮寄《行政处罚陈述申辩书》和《行政处罚听证申请书》。该市文化市场综合执法部门于1月24日向当事人留置送达了《行政处罚听证通知书》，告知当事人听证时间、地点、主持人、记录人以及有权申请回避等。2月9日，当事人向该市文化市场综合执法部门提出延期听证申请。2月11日，该市文化市场综合执法部门同意将听证延期至2月21日举行。2月21日，当事人向该市文化市场综合执法部门提交《行政处罚陈述申辩书（补充材料）》，同时表示放弃听证。

经查，根据当事人2022年2月21日提交的《行政处罚陈述申辩书（补充材料）》，当事人和某网络科技有限公司于2021年4月27日签署《信息服务合同》，截至2021年9月27日，当事人支付关于该网络游戏的推广费合计480968.93元。综上，经该市文化市场综合执法部门集体讨论，对当事人提交的陈述申辩补充材料予以采纳，同时认定当事人无违法所得。

2022年2月23日，执法部门依据《中华人民共和国未成年人保护法》第一百二十七条之规定，对当事人在每日22时至次日8时向未成年人提供网络游戏服务的行为作出行政处罚，鉴于当事人无违法所得，同时遵循过罚相当和包容审慎原则，并经该市文化市场综合执法部门集体讨论，建议责令当事人立即改正，并作出如下行政处罚决定：1. 警告；2. 罚款10万元。同时，张某作为该公司法定代表人，持股58%，平时负责主持公司网络游戏运营和推广工作，系本案直接负责的主管人员。依据《中华人民共和国未成年人保护法》第一百二十七条之规定，该市文化市场综合执法部门责令张某立即改正，并给予罚款1万元的行政处罚。

**该环节包括：**行政执法机关负责人案件集体讨论、处罚事先告知、陈述申辩、听证、处罚决定作出及送达等流程，同时关注案件后续可能出现的复议、诉讼风险。

## ▶▶ 合规要点

本案是新修订的《中华人民共和国未成年人保护法》自2021年6月1日实施以来，该市文化市场综合执法部门依据该法开具行政处罚的第一起案件。

### 一、法律适用得当

执法部门通过日常网络巡查，发现该公司在每日22时至次日8时向未成年人提供网络游戏服务，涉嫌违反《中华人民共和国未成年人保护法》第七十五条之规定。后续通过远程勘验、现场检查、调查询问等方法，确定该公司违法违规的有关证据。

### 二、调查取证严谨

在前期调查取证阶段，当事人抵触情绪比较强烈，拒绝提供相关材料。执法部门穷尽手段以查明案件事实，就案件处理广泛咨询各方意见，多次采取留置送达的方式向当事人下达《调查询问通知书》《限期提供材料通知书》等文书。在执法人员的不懈努力下，通过教育劝导和说理释法的方式使当事人认识到违法行为的危害，并补充了相关证据材料。同时遵循过罚相当和包容审慎原则，经集体讨论给予该公司适当的行政处罚。该案取证过程虽然曲折，但执法部门一直采取有利于当事人的原则，充分体现了行政执法的力度和温度。

### 三、处罚程序合法

《远程勘验笔录》《文化市场综合行政执法截图》《文化市场综合行政执法光盘及说明》等证明某网络游戏存在违法运营情况；《现场检查（勘验）笔

录》、现场照片等证明现场检查的情况；营业执照、居民身份证等信息证明当事人承担法律责任主体资格；法定代表人的《调查询问笔录》以及《联运合作协议》、《实名认证后台数据》、《信息服务合同》等材料证明当事人的实际运营情况。

## 法规政策依据

《中华人民共和国行政处罚法》第二十八条第二款

《中华人民共和国未成年人保护法》第七十五条第四款、第一百二十七条

## 案件启示

2019 年 10 月 25 日，《国家新闻出版署关于防止未成年人沉迷网络游戏的通知》从实名注册、规范未成年人使用时段时长、规范付费服务等方面，规范网络游戏服务，引导网络游戏企业切实把社会效益放在首位，有效遏制未成年人沉迷网络游戏、过度消费等行为。2021 年 6 月 1 日，新修订的《中华人民共和国未成年人保护法》实施，国家通过立法的方式限制未成年人网游时间，防止未成年人沉迷网游，在未成年人网络保护上迈出了重要一步。2021 年 9 月 1 日起施行的《国家新闻出版署关于进一步严格管理切实防止未成年人沉迷网络游戏的通知》在规范网络游戏服务方面比 2019 年版更严格，要求更高。

在上述政策背景下，某网络科技有限公司仍未严格落实国家新闻出版署有关网络游戏防沉迷的通知要求。在本案办理中，当事人前期故意回避调查，拒不提交任何有关材料，导致该案一度陷

入僵局。执法部门就案件处理广泛咨询各方意见，通过教育劝导和说理释法的方式使当事人认识到违法行为的危害，并补充了相关证据材料。在关于《中华人民共和国未成年人保护法》自由裁量标准未正式出台的时候，能够依法依规，以包容审慎的方式作出适当的行政处罚，充分体现了过罚相当的原则，在社会和行业内引起了广泛的反响。

（撰稿：福建省厦门市文化市场综合执法支队三大队　韩超、赵晓峰、江继棕）

# 未要求未成年人以真实身份信息注册并登录网络游戏

**场景呈现**

某科技公司在其官网上推广该公司开发并运营的游戏，向所有上网人员介绍该款游戏产品，吸引上网人员下载该游戏。未成年的小李在浏览网站时看到了这款游戏并被其吸引，用上网课的 iPad 下载了该款游戏。该款游戏不需要实名认证就能进入和充值。

**处置难点**

违法行为适用哪条法律？

违法所得如何计算？

执法部门该如何调查取证？

执法部门该如何进行处罚？

## 案件来源

2021 年 7 月 12 日，某市文化综合执法部门在日常巡查中发现，某科技公司开发并运营的网络游戏无须实名认证就能进行游戏，涉嫌未要求未成年人以真实身份信息注册并登录网络游戏。



## 案件事实

2021年8月3日，根据远程勘验取得的线索，某市文化综合执法部门对某科技公司进行检查。现场检查过程中，该文化综合执法部门要求该公司负责人打开公司开发并运营的某款游戏，发现该游戏无须实名认证就能进入。该公司负责人表示，该款游戏在苹果IOS端未接入国家建立的未成年人网络游戏电子身份认证系统，玩家不需要实名认证就能进行游戏。

经查，当事公司从事网络游戏开发及运营工作，其开发并运营的这款游戏已经取得网络游戏上网出版批准文号，但是未设置实名认证要求，未要求玩家以真实身份信息注册并登录。

2021年10月，该市文化综合执法部门对当事公司依法作出警告、没收违法所得13380元及罚款10万元的行政处罚，对公司直接负责的主管人员和其他责任人员作出罚款10000元的行政处罚。

## 查处过程

### 一、远程勘验取证

该市文化综合执法部门组织2名执法人员对该科技公司运营的游戏进行远程勘验，使用移动设备在应用市场下载该款游戏时，页面显示开发者为该科技公司，并且在国家新闻出版署网站查询到该款游戏的运营单位也是该科技公司；下载后，执法人员在未进行实名认证的状态下进入游戏，而且在未进行实名认证的状态下成功购买游戏道具并进行了超过1小时的游戏。执法人员对远程勘验全过程进行截图并录屏。

## 二、现场执法检查

该市文化综合执法部门组织2名以上执法人员赶赴该科技公司开展现场检查。在该科技公司经营场所内，执法人员要求公司现场负责人使用公司移动设备打开公司运营的该款游戏。经检查，现场检查情况与远程勘验情况一致。经现场询问，公司现场负责人表示，该款游戏确为该公司开发并运营，并且该款游戏在苹果IOS端未接入国家建立的未成年人网络游戏电子身份认证系统，玩家不需要实名认证就能正常进行游戏。执法人员随后检查了该款游戏后台数据，并对涉案后台数据进行证据保全，初步判断该公司涉嫌未要求未成年人以真实身份信息注册并登录网络游戏。

**该环节核实重点：**公司基本情况，涉案游戏是否为该公司开发、运营，涉案游戏是否要求未成年人以真实身份信息注册并登录，并对涉嫌违法的后台数据进行证据固定。

**该环节主要措施：**开具《现场检查（勘验）笔录》和《调查询问通知书》，拍照取证并全程录音录像。

## 三、进一步调查取证

该市文化综合执法部门对某科技公司涉嫌违法行为进行立案，围绕违法事实的基本情况、性质、情节开展调查取证工作。经查，该科技公司从事网络游戏开发及运营业务，但是其开发并运营的该款游戏在苹果IOS端未要求未成年人以真实身份信息注册并登录。该公司在执法人员现场检查过后，就立刻向Apple Store提交了下架申请，作出整改。

**该环节核实重点：**

1. 认定违法行为。该市文化综合执法部门通过前期的远程勘验固定证据，并在现场检查过程中要求该公司现场负责人使用公司的设备下载安装涉案的网络游戏，在现场检查情况与远程勘验取得的情况一致时，确认该公司存在违法行为。

2. 认定违法所得。该公司从2018年9月运营该款游戏以来，在苹果

IOS 端共有 58506 位用户，取得人民币 226474 元。2020 年 10 月 17 日修订的《中华人民共和国未成年人保护法》自 2021 年 6 月 1 日起施行，根据法不溯及既往原则，认定该公司从 2021 年 6 月 1 日至检查当时在苹果 IOS 端取得的 13380 元为本案的违法所得。

**四、作出行政处罚**

2021 年 9 月 18 日，该市文化综合执法部门向当事人送达《行政处罚事先告知书》，告知当事人违法事实、案件证据、情节认定、处罚依据及拟处罚内容，并告知当事人享有陈述、申辩、听证的权利。截至 2021 年 9 月 27 日（5 个工作日），当事人未提出陈述、申辩、听证申请。2021 年 10 月 26 日，该市文化综合执法部门依据《中华人民共和国未成年人保护法》第一百二十七条的规定，对该科技公司未要求未成年人以真实身份信息注册并登录网络游戏的行为作出行政处罚，责令该科技公司改正违法行为，给予警告，没收违法所得 13380 元，罚款 10 万元；并给予该游戏直接负责的主管人员和责任人员罚款 1 万元的行政处罚。

**该环节包括：**行政执法机关负责人集体讨论案件、处罚事先告知、听证、作出处罚决定、送达等流程，同时关注后续案件可能出现的复议、诉讼风险。

## ▶▶ 合规要点

本案是一起对网络游戏公司未要求未成年人以真实身份信息注册并登录网络游戏的行为进行处罚的典型案例。

**一、法律适用适当**

该科技公司从事网络游戏开发及运营业务，在开发完新的游戏之后都会向国家新闻出版署申请网络游戏上网批准文号；涉案的网络游戏在国家新闻出版署备案网站上可以查询到，运营单位确为该科技公司。该科技公司在官网上推广运营的这款游戏在苹果 IOS 端没有设置实名认证，未接入国家建立的未成年人网络游戏电子身份认证系统，未成年人可以注册并登录该网络游戏，违反了《中华人民共和国未成年人保护法》第七十五条第二款的规定。

**二、处罚程序合法**

《远程勘验笔录》、远程勘验清单证明当事公司存在违规情况；《现场检查（勘验）笔录》、《调查询问通知书》、取证照片证明现场检查情况和涉案游戏的后台数据情况；营业执照证明当事公司具有承担法律责任的主体资格；该游戏公司负责人、游戏负责人等工作人员的《调查询问笔录》证明公司运营游戏的情况；游戏负责人情况说明表、人员分工表、劳动合同证明游戏直接负责人的情况。

## 法规政策依据

《中华人民共和国未成年人保护法》第七十五条第二款、第一百二十七条

## 案件启示

2021 年 6 月 1 日，新修订的《中华人民共和国未成年人保护法》正式实施。此次修订，明确了对未成年人网络游戏方面的保护。我们要充分认识到网络游戏防沉迷工作不是一蹴而就的，未成年人网络游戏防沉迷是一项系统工程。

家庭方面，家长既要加强监护督促，更要以身作则，在孩子面前少玩网络游戏，培养孩子的运动能力和兴趣，带着孩子参加各种丰富多彩、健康有益的文娱休闲活动，填满孩子的空闲时间；学校方面，学校要定期组织班队会对学生进行教育，引导学生养成健康上网、用网的习惯，帮助指导未成年人了解掌握法律规定，严格执

行相关要求；执法方面，文化执法监管部门应始终把网络游戏防沉迷管理工作作为游戏管理的重中之重，严格落实和执行网络游戏防沉迷管理工作，并扎实推进。

（撰稿：江苏省苏州市文化市场综合执法支队　许宇帆）

# 未经批准擅自出版发行网络游戏

## 场景呈现

B公司独家运营一款取得了出版物号的游戏甲，但该游戏的运营业绩不佳。B公司的商业合作伙伴A公司认为，游戏甲的名称没有特色，内容也没有吸引力，所以才不受游戏爱好者的欢迎，B公司也因此打不开此款游戏的市场，进而影响收益。于是，A公司和B公司签订联合运营推广协议，由A公司将游戏甲的名称修改成博人眼球的另一个名称，并将其内容作了更吸睛的调整，形成游戏乙，双方公司再对游戏乙进行收益分成。果不其然，游戏乙上线运营后，颇受游戏爱好者的欢迎，市场异常火爆。那么，A公司别出心裁地对游戏甲进行修改，形成游戏乙，游戏乙和游戏甲还是同一款游戏吗？游戏乙上线运营是否需要重新履行相应的审批手续？

## 处置难点

如何认定未经批准擅自出版的行为？

违法所得和涉案经营额如何计算？

执法部门该如何调查取证？

执法部门该如何进行处罚？

## 案件来源

2022年5月24日，某市文化广电和旅游局（以下简称某局）执法人员在网络巡查中发现，某网络技术服务有限公司运营的某网站内有两款网络游戏涉嫌未经国家出版行政主管部门审批擅自上线运营。

## 案件事实

经查，涉案公司为经营网络游戏业务，开办了某游戏平台，并与其他公司签订网络游戏联合运营协议，采取将协议中已经批准出版的网络游戏进行变更游戏名称和内容的方式，形成游戏甲和游戏乙，在未重新履行相应审批手续的情况下，擅自将涉案两款游戏分别于2022年3月10日和2022年4月8日先后上线运营，并通过收取游戏用户充值款牟利。

2022年6月21日，某局依法给予涉案公司没收违法所得7469.6元、罚款3万元的行政处罚。

## 查处过程

### 一、制作《远程勘验笔录》

某局执法人员于发现线索的当日即2022年5月24日对某网站及涉案的游戏甲和游戏乙进行远程勘验，形成《远程勘验笔录》。

### 二、成立专案组

鉴于涉案公司在该市的某县，为保障案件查办工作的深入开展，某局抽调市、县两级部分执法人员成立专案组，密切配合，协同攻关。2022年6月6日，市支队4名执法人员联合某县2名执法人员找到涉案当事人，即某网络技术服务有限公司的法定代表人赵某。

**该环节核实重点**：1. 涉案公司未经批准，擅自上线运营网络游戏的事实；2. 涉案公司的基本情况；3. 涉案公司运营的游戏是否经国家出版行政主管部门审批；4. 涉案游戏有无出版物号。经核实，初步锁定涉案游戏的出版发行未经批准，即涉案公司存在擅自上网出版上线运营网络游戏的行为。执法人员通过远程勘验对涉案公司涉嫌违法行为进行了证据固定。

**该环节主要措施**：1. 在 PC 端 MuMu 手游安卓模拟器内分别顺利安装并成功运行涉案的游戏甲和游戏乙的客户端，进行注册、登录、充值，并全程录屏，将证据固定；2. 制作完成《远程勘验笔录》。

**三、进一步调查取证**

某局执法人员对涉案公司涉嫌违法行为进行立案，并围绕违法事实的基本情况、性质、情节开展了调查取证工作。经查，该网络技术服务有限公司为经营网络游戏业务，创办了某游戏平台，后又授权温州某网络科技有限公司在上述游戏平台上运营网页游戏，并以温州某网络科技有限公司的名义分别于 2022 年 2 月 28 日、2022 年 3 月 25 日与江苏某网络科技有限公司、海南某网络科技有限公司签订了《××英雄》《××传奇》网络游戏的联合运营协议。该网络技术服务有限公司对上述协议中的游戏进行变更游戏名称等修改操作，形成游戏甲和游戏乙两款新游戏，并在未重新履行相应审批手续的情况下，将上述两款新游戏分别于 2022 年 3 月 10 日和 2022 年 4 月 8 日上线运营。上述涉案的两款游戏用户充值款均为该网络技术服务有限公司账户收取，按照游戏联合运营协议约定的收益分成比例，该网络技术服务有限公司需分别向江苏某网络科技有限公司、海南某网络科技有限公司支付两款游戏各自 20% 的充值款。

调查询问过程中，执法人员要求当事人调取上述两款游戏支付系统的用户充值记录，其中，游戏甲用户充值款共计 6678 元，游戏乙用户充值款共计 2659 元。

**该环节核实重点：**

1. 认定涉案游戏的性质。

涉案游戏与联合运营的已经取得出版物号的游戏相比，游戏名称和内容发生了变更，应视为新游戏，即应该在重新履行相应审批手续后出版发行。

2. 认定非法出版行为。

执法人员对其登录国家新闻出版署官网查询国产网络游戏审批信息时，未发现涉案的甲、乙两款网络游戏的审批文号和出版物号的相关记录情况，以及在这两款游戏开始画面的显著位置标明的该游戏的批准文号、网络游戏出版号等信息系套用的情况进行证据固定。

3. 认定违法所得。

对该网络技术服务有限公司应当认定违法所得为7469.6元。

**四、作出行政处罚**

2022年6月13日，执法部门向当事人送达了《行政处罚事先告知书》，告知当事人违法事实、案件证据、情节认定、处罚依据及拟处罚内容，并告知当事人享有陈述、申辩、听证的权利。截至2022年6月21日，当事人未提出陈述、申辩申请。2022年6月21日，该局执法人员根据《网络出版服务管理规定》第五十一条的规定，对该公司未经批准，擅自上网出版网络游戏的行为作出行政处罚，责令其改正违法行为，并给予没收违法所得7469.6元、处30000元罚款的行政处罚。

**该环节包括：**处罚事先告知、处罚决定作出、送达等流程，同时关注后续案件可能出现的复议、诉讼风险。

## ▶▶ 合规要点

本案是对一起未经批准，擅自出版发行网络游戏进行处罚的典型案件。

一、法律适用适当

涉案公司为经营网络游戏业务，开办了某游戏平台，并与其他公司签订网络游戏联合运营协议，采取将协议中已经批准出版的网络游戏进行变更游戏名称和内容的方式，在未重新履行相应审批手续的情况下，擅自将涉案两款游戏先后上线运营。涉案公司的行为符合未经批准、擅自上网出版网络游戏行为的构成要件，违反了《网络出版服务管理规定》第二十七条“网络游戏上网出版前，必须向所在地省、自治区、直辖市出版行政主管部门提出申请，经审核同意后，报国家新闻出版广电总局审批”的规定，违法事实清楚，证据确凿。

《网络出版服务管理规定》第五十一条规定：“未经批准，擅自从事网络出版服务，或者擅自上网出版网络游戏（含境外著作权人授权的网络游戏），根据《出版管理条例》第六十一条、《互联网信息服务管理办法》第十九条的规定，由出版行政主管部门、工商行政管理部门依照法定职权予以取缔，并由所在地省级电信主管部门依据有关部门的通知，按照《互联网信息服务管理办法》第十九条的规定给予责令关闭网站等处罚；已经触犯刑法的，依法追究刑事责任；尚不够刑事处罚的，删除全部相关网络出版物，没收违法所得和从事违法出版活动的主要设备、专用工具，违法经营额 1 万元以上的，并处违法经营额 5 倍以上 10 倍以下的罚款；违法经营额不足 1 万元的，可以处 5 万元以下的罚款；侵犯他人合法权益的，依法承担民事责任。”鉴于该公司法定代表人积极配合调查，主动改正违法行为，应当依法在裁量幅度内从轻处罚。

二、处罚程序合法

涉案公司的《营业执照》及其法定代表人的身份证复印件证明当事人具备承担法律责任的主体资格；《远程勘验笔录》及其执法人员对法定代表人的《调查询问笔录》，证明涉案公司旗下某游戏平台运营的甲、乙两款网络游戏未经国家出版行政主管部门审批的事实。

涉案公司和温州某网络科技有限公司签订的关于某游戏网站运营的《授

权书》和《情况说明》，证明涉案公司运营某游戏平台以及授权温州某网络科技有限公司运营上述游戏平台的事实。

温州某网络科技有限公司与江苏某网络科技有限公司签订的《联合运营协议》，以及温州某网络科技有限公司和海南某网络科技有限公司签订的《联合运营合作框架协议》，证明涉案公司以温州某网络科技有限公司的名义分别与江苏某网络科技有限公司、海南某网络科技有限公司联合运营网络游戏的事实；游戏甲用户充值记录和游戏乙用户充值记录，证明了涉案公司运营上述两款游戏的违法经营额。

## 法规政策依据

《网络出版服务管理规定》第二十七条、第五十一条

《出版管理行政处罚实施办法》第十九条

《国家新闻出版广电总局办公厅关于移动游戏出版服务管理的通知》

## 案件启示

未经审批的网络游戏难以保证其内容健康干净，对其的管理合法合规。如果游戏含有法律法规禁止内容或未落实游戏防沉迷实名认证等技术措施，还会混淆未成年人的认知，导致未成年人网络沉迷。在深入贯彻《中华人民共和国未成年人保护法》等法律法规的要求、认真落实中央有关未成年人网络环境治理的决策部署的大背景下，需严格执行网络游戏前置审批制度，未经批准的游戏，不得上线运营。

同时，涉案公司擅自出版运营未经审批的网络游戏的行为，严

重破坏了国家网络游戏审批许可制度，涉案公司理应受到法律的制裁。

文化执法部门应积极履职，守住网络游戏上线运营的底线，营造风清气正的网络游戏环境，共同守护未成年人的健康成长。

（撰稿：江苏省盐城市文化市场综合执法支队　张娜）

# 网络非法传播色情游戏

**场景呈现**

小学四年级学生小琪盼望的暑假总算到来了。有一天，小琪在家想放松一下，于是打开电脑，准备找一些游戏玩。他在百度上搜索“好玩的游戏”发现了“游戏年代”网站，进入该网站，呈现在小琪面前的是大量游戏作品，有“精品合集”“PC 游戏”“PS4 游戏”“NS 游戏”“网游单机版”“手机游戏”“VR 游戏”“3DS 游戏”等 40 多个游戏分类模块入口，十分吸引人。经过一番浏览，一款名为“情望 2”的游戏引起了小琪的注意。依据系统提示，小琪交纳了一年期 80 元会员费后，完成了该游戏的下载。小琪打开这款游戏，玩过了三关之后，画面出现了十几张少女的图片，随机点击一张图片即出现一段淫秽色情视频。

**案件来源**

2021 年 1 月，某市文化市场综合执法支队在网络巡查时发现，本地的“游戏年代”网站向公众提供 3 万多个国内外游戏下载服务，用户只需交纳

80—90 元，即可享有 1 年或永久的下载权限。该网站提供的部分游戏涉嫌含有淫秽色情内容。

## 案件事实

2021 年 1 月 12 日，某市文化市场综合执法支队执法人员对“游戏年代”网站开展远程勘验。执法人员注册该网站会员，下载了多款游戏作品，发现所有下载的游戏均可正常运行，其中 2 款游戏含有淫秽色情视频。

经核查发现，涉案网站由某某信息科技有限公司开办，其法定代表人为孙某；用户只需交 80—90 元就可以成为网站会员，网站会员可在会员期内任意下载该网站上的游戏作品，部分游戏含有淫秽色情内容。该网站传播含有淫秽色情内容的游戏作品的行为涉嫌犯罪，应当依法追究其刑事责任。

2021 年 6 月 7 日，某市文化和旅游局对该网站依法作出没收违法所得 17660 元、罚款 100690 元的行政处罚。2022 年 4 月 13 日，某区人民法院以孙某犯传播淫秽物品牟利罪，判处其有期徒刑 1 年 6 个月，缓刑 2 年，并处罚金 5000 元，没收相关设备。

## 查处过程

### 一、第一次远程勘验

2021 年 1 月 12 日，某市文化市场综合执法支队执法人员对“游戏年代”网站进行第一次远程勘验，其主要任务是对该网站的基本架构及各模块的功能、提供各类游戏作品的数量、会员注册、游戏下载、主办单位及联系方式等进行查看和取证。本次远程勘验制作《远程勘验笔录》1 份，取得截屏 34 张、涉案游戏作品数量统计表1份、勘验现场照片3张、勘验录像光盘2张。通过勘验，明确了当事人的名称及其负责人的相关信息，固定了涉案游戏作品的数量等重要证据，为立案调查提供依据。

**二、立案调查**

2021年1月12日，本案经批准立案调查。2021年1月18日，办案人员开展第二次远程勘验，主要任务是确认从涉案网站上下载的游戏作品能否正常运行。经勘验证实，所有下载的游戏均能正常打开并运行，同时发现2款游戏含有淫秽色情内容。第二次勘验取得截屏10张、勘验现场照片3张、勘验录像光盘2张。

文化执法部门对在涉案游戏作品中发现淫秽色情内容一事高度重视，加之案情复杂，立即召开会议进行研判，决定继续对涉案网站中的涉秽色情游戏进行取证，达到刑事立案标准后，向市“扫黄打非”办汇报，做好向公安机关移送该线索的准备。

**三、联席会议研判**

2021年3月10日，某市“扫黄打非”办就此案召集了由文化执法、公安、网信等部门参加的联席会议，文化执法办案人员详细汇报了前期调查取证的情况，对案情和处罚依据进行了分析，并对后期的发展进行了预判。会议要求相关部门当场受领任务，加强合作，依职协力查办，依法追究违法者的行政责任和刑事责任，实现追责不漏项。

**四、形成合办机制，深挖涉黄证据**

联席会议后，文化执法部门与某开发区公安分局立即建立了合作办案机制。办案人员于2021年3月30日开展第三次远程勘验。文化执法人员利用业务特长，通过关键词搜索等方式在涉案网站上寻找相关游戏进行下载、试玩，对发现的淫秽色情内容逐个录屏取证，最终在23个违法游戏中提取出42个淫秽视频，并将涉案视频刻录后移交公安机关。某开发区公安分局通过手机定位等技术手段，锁定了当事人新的经营地址。

**五、联合现场检查，控制犯罪嫌疑人**

2021年4月20日，文化执法部门与公安机关联合到某综合楼对当事人新的经营场所进行现场检查，发现当事人召集了5名员工，正在从国内外各大游戏网站下载游戏资源、编辑相关素材以及维护“游戏年代”网站的运行。孙某提供了某某信息科技有限公司的营业执照，陈述其将取得的大量游戏资源存放在多个网盘中，再将游戏图片和介绍性文字分门别类地挂在网站上供用户选择和下载，其中部分游戏作品含有淫秽色情内容。当日，孙某被公安机关控制。

**六、联合调查询问，完善证据链条**

2021年4月21日，孙某被公安机关办案人员带至市文化市场综合执法支队，由文化执法部门办案人员主导对其进行调查询问。孙某在办案人员前期取得的所有截屏、照片以及营业执照、身份证明等材料上签字确认，并主动提供了涉案网站会员费收入证明。文化部门与公安部门的密切合作，完善了孙某犯传播淫秽物品牟利罪的证据链条。

**七、作出处罚与判决**

2021年6月7日，某市文化和旅游局对某某信息科技有限公司作出没收违法所得17660元、罚款100690元的行政处罚。2022年4月，某开发区人民法院以孙某犯传播淫秽物品牟利罪，判处其有期徒刑1年6个月，缓刑2年，并处罚金5000元，没收电脑4台、手机1部。

## 法规政策依据

《中华人民共和国未成年人保护法》第八十条第二款

《中华人民共和国刑法》第三百六十三条

## 案件启示

在互联网高度发达的时代背景下，游戏已经成为人们尤其是未成年人的普遍娱乐方式。互联网绝不是法外之地，本案中文化执法部门与公安机关联合，实现对"游戏年代"网站传播淫秽物品刑事犯罪行为的全面查处，降低了淫秽色情等不良元素毒害未成年人身心的风险。新时代的年轻人要自觉抵制传播违禁内容的行为和产品；信息科技公司经营者在经营过程中需取得相应授权和网络经营许可，建立和完善自查制度，绝不可知法犯法；文化执法、教育、市场监管、公安等部门要进一步加大网络巡查力度，克服异地、多元素合一等网络办案难点问题，大力宣传《中华人民共和国未成年人保护法》等相关法律法规，全面增强民众的守法意识。

（撰稿：山东省威海市文化市场综合执法支队　韩兵、孙秀丽
山东省威海市文化和旅游公共服务中心　宋雨滢）

# 直播平台女主播涉低俗表演

**场景呈现**

某个深夜，小明一人在家玩手机，想到网络世界寻乐排忧。小明辗转于不同的直播间，或被小姐姐的低俗舞蹈吸引，或被衣着“清凉”的美女主播迷倒。小明进直播间几分钟后，直播间就被冻结了直播权限。

**处置难点**

如何认定涉黄、低俗行为？

违法所得和涉案经营额如何计算？

执法部门该如何远程调查取证？

直播违规如何进行处罚？

## 案件来源

2022 年 4 月 14 日，某区文化综合执法部门接到上级转办线索，有群众举报称某直播平台主播在直播间跳低俗舞蹈，该直播平台涉嫌提供载有危害社会公德内容的互联网文化产品。



## 案件事实

2022 年 4 月 14 日，某区文化综合执法人员根据群众举报线索对某直播平台及投诉转办的视频线索进行远程勘验，发现该直播平台 4 名主播在舞蹈直播时出现了违反社会公德的动作。4 月 20 日，某区文化综合执法人员前往该直播平台公司开展现场核查。经核查，该直播平台 4 名主播的违法行为与举报线索基本相符，执法人员依法对涉案的 4 名主播的违法行为采取证据保存措施。

经查，举报线索属实，该涉事公司经营的直播平台的部分主播在直播间跳低俗舞蹈，该涉事公司已办理《营业执照》和《网络文化经营许可证》。

2022 年 6 月 23 日，某区文化综合执法部门对涉事公司依法作出没收违法所得及罚款 20000 元的行政处罚。

## 查处过程

### 一、远程执法检查

2022 年 4 月 14 日，某区文化综合执法人员对投诉转办的视频线索进行核查，并对该直播平台进行远程勘验检查。经查，该平台主播在舞蹈直播时出现了违反社会公德的动作，执法人员及时制作《远程勘验笔录》。

**该环节核实重点：**该直播平台的经营情况，涉案的 4 名主播是否在该直播平台开设了直播间及其开设直播的时间、主题等。

**该环节主要措施：**对直播平台的网站首页、注册登记及转办的主播涉嫌违规直播视频等采用屏幕截图、屏幕录像的方式进行调查取证。

## 二、现场执法检查

2022年4月20日，某区文化综合执法部门组织3名执法人员依法前往该涉事公司进行现场检查。该公司提供了《营业执照》和《网络文化经营许可证》；执法人员适时调取涉事主播涉嫌低俗舞蹈视频4个，发现4个直播视频中均存在违反社会公德的动作，初步判断涉事直播平台4名主播在进行舞蹈直播时涉嫌存在低俗内容。

**该环节核实重点：**涉事机构的基本情况，有无《营业执照》及《网络文化经营许可证》，涉事主播直播视频等。执法人员通过初步锁定涉低俗直播内容视频，对涉低俗视频内容截图固定。

**该环节主要措施：**对涉低俗视频内容进行截图、登记，出具《现场检查笔录》《证据保存清单》等文件，拍照取证等。

## 三、进一步调查取证

2022年4月26日，涉事公司受委托人到某区文化综合执法部门接受调查询问。该受托人承认其经营的直播平台主播甲、乙、丙、丁在直播跳舞时出现违反社会公德的动作，并向文化综合执法人员提交《涉低俗表演线索的核查情况汇报》。

2022年5月6日，涉事公司向某区文化综合执法部门提交《关于主播违规直播的违法所得证明》，违法所得共计913.5元。5月7日，某区文化综合执法部门依法对涉事公司予以立案处理。6月9日，案件调查终结。经查，涉事公司违反《互联网文化管理暂行规定》第十六条第九项的规定，经营的直播平台提供载有危害社会公德内容的互联网文化产品，由《××市文化广电旅游局关于核查转办线索的通知》，当事人《营业执照》(副本)复印件、《法定代表人证明书》、当事人法定代表人身份证复印件，《远程勘验笔录》，《现场检查笔录》，《询问调查通知书》，《网络文化经营许可证》复印件，《授权委托书》，受托人身份证复印件，涉事公司现场检查照片，《调查询问笔录》，《关于主播违规直播的违法所得证明》,《关于 ×× 直播涉低俗表演线索的核查情况汇报》等证据予以证实。

以上证据合法有效,与案件事实形成关联、相互印证,充分证明涉事公司违反《互联网文化管理暂行规定》第十六条第九项的规定,提供载有危害社会公德内容的互联网文化产品的事实。

**该环节核实重点:**

1. 认定违规直播行为。

《互联网文化管理暂行规定》第二条规定,“本规定所称互联网文化产品是指通过互联网生产、传播和流通的文化产品,主要包括:(一)专门为互联网而生产的网络音乐娱乐、网络游戏、网络演出剧(节)目、网络表演、网络艺术品、网络动漫等互联网文化产品……”。《网络表演经营活动管理办法》第二条第一款规定:“本办法所称网络表演是指以现场进行的文艺表演活动等为主要内容,通过互联网、移动通讯网、移动互联网等信息网络,实时传播或者以音视频形式上载传播而形成的互联网文化产品。”该涉案主播的表演行为是在音乐伴奏下现场直播的舞蹈表演,且是通过互联网、移动通讯网、移动互联网等信息网络平台进行的现场文艺(舞蹈)表演活动,符合《网络表演经营活动管理办法》中对“网络表演”行为的定义,属互联网文化产品,适用《互联网文化管理暂行规定》进行管理和执法。涉事公司经营的平台的主播在进行网络表演时存在违反社会公德的行为,会对他人身心健康造成伤害。

2. 认定违法所得。

涉事公司向某区文化综合执法部门提交了《关于主播违规直播的违法所得证明》一份。经调查,该直播平台分到 4 名主播在违规直播期间收到用户的打赏分别为 314.5 元、238.5 元、360.5 元、0 元,合计 913.5 元。综上,认定在违法行为发生期间,涉事公司违法所得 913.5 元。

**该环节主要措施:**录屏主播违规直播内容,固定违法证据。经某区文化综合执法部门召开执法案件会议讨论和鉴定，结合对该公司询问调查时，当事人承认以上直播内容违反《互联网文化管理暂行规定》第十六条第九项互联网文化单位不得提供载有危害社会公德或者民族优秀文化传统的文化产品的规定，该文化综合执法部门认定该网络表演危害社会公德。

**四、作出行政处罚**

2022 年 6 月 13 日，某区文化综合执法部门向涉事公司送达《行政处罚事先告知书》，告知当事人违法事实、案件证据、情节认定、处罚依据、拟处罚决定，并告知当事人享有陈述、申辩的权利。截至 2022 年 6 月 21 日（5 个工作日），当事人未提出陈述、申辩申请。2022 年 6 月 23 日，某区文化综合执法人员依据《互联网文化管理暂行规定》第二十八条第一款和《网络表演经营活动管理办法》第六条、第二十一条的规定，责令该公司改正违法行为，并作出没收违法所得 913.5 元及罚款 20000 元的行政处罚。

## ▶▶ 合规要点

本案是一起涉网络低俗直播表演，互联网文化公司提供危害社会公德文化产品的典型案件。

**一、法律适用适当**

涉事主播在直播间利用穿着、声音、动作等打“擦边球”，跳舞时出现低俗动作，且要求打赏；涉事网络直播平台未严格落实主体责任，对网络主播加以约束和管理。以上行为违反《互联网文化管理暂行规定》第十六条第九项的规定。

**二、处罚程序合法**

执法人员核查转办线索，证明线索来源合法；《现场检查笔录》、《远程勘验笔录》、现场检查照片等证明现场检查情况合法；涉事公司营业执照、法人身份证、许可资质等证明当事人具有承担法律责任的主体资格；《调查询问笔录》《关于主播违规直播的违法所得证明》《关于 ×× 直播涉低俗表演线索的核查情况汇报》等证明存在直播违规情况。

## ▷▷ 法规政策依据

《中华人民共和国行政处罚法》第二十八条第二款、第二十九条

《互联网文化管理暂行规定》第十六条第九项、第二十八条第一款

《网络表演经营活动管理办法》第六条、第二十一条

## 案件启示

近年来，网络直播节目大量涌现，网络主播队伍日渐庞大，部分网络主播法律意识淡薄，直播中传播低俗内容、打“擦边球”等违法违规情形时有发生，挑战法律法规和道德底线，严重影响和危害了社会秩序。对此种行为的查处，一方面有利于引导直播平台夯实管理责任，规范网络主播的从业秩序；另一方面有利于维护网络空间秩序和人民群众合法权益。

观看直播的群众发现直播内容涉低俗庸俗、危害社会公德等情形，可向文化执法、公安等部门反映情况，共同净化网络环境；各网络直播平台要严格遵守《互联网文化管理暂行规定》《关于规范网络直播打赏 加强未成年人保护的意见》《互联网用户账号信息管理规定》等各项规定，夯实企业主体责任；网络主播要提升自身素质，遵循基本操守，依规守法传播正能量。

“扫黄打非”、文化执法、网信、公安等管理部门，要加大对网

络直播的网络勘验和日常巡查，严格落实《互联网文化管理暂行规定》《互联网直播服务管理规定》《网络表演经营活动管理办法》等各项规定，加大打击网络有害信息的宣传力度，全面宣传引导健康上网，多形式、多渠道做好宣传教育，积极营造风清气正的网络环境。

（撰稿：广东省广州市番禺区委宣传部　郭晓璐

广东省广州市番禺区文化广电旅游体育局　徐洪涛）

# 网络主播诱导未成年人直播淫秽表演

**场景呈现**

某网络直播平台上，一名主播找来几名小学生一同进行直播表演，其要求这几名小学生在镜头前展示自己的裸体。该主播承诺，只要他们按要求做，事后就能得到相应的报酬。涉世未深的这几名小学生禁不住金钱的诱惑，在直播摄像头前按主播的要求做出各种动作。随着直播的升温，直播表演的花样越来越多，该主播甚至与这几名小学生做出各种不雅动作，以博取粉丝人气和礼物打赏。

**处置难点**

如何厘清该主播平台的组织架构、运营模式、资金流向、技术支撑等情况？

执法人员如何调查取证？

## 案件来源

2019 年 7 月，某区公安分局接到网友举报，反映辖区一个出租屋内，一名男子经常带着小孩子脱光衣服做各种不雅动作，直播淫秽表演。

## 案件事实

2019 年 7 月 4 日，根据网友举报线索，某区公安分局迅速展开侦查，选择嫌疑人正在直播的时机破门而入，现场抓获 1 名主播王某坤，解救了 6 名小学生。王某坤涉嫌组织淫秽表演、猥亵儿童。

经查，嫌疑人王某坤主要利用某手机直播平台提供淫秽视频直播服务，从粉丝的打赏中获取提成。该直播平台背后有一张庞大的犯罪网络——2 名平台组织者，4 名技术运维人员，6 名推广宣传人员，9 名洗钱人员，获利 5000 元以上的主播 1105 人，涉及全国 17 个省市。

2020 年 6 月，该涉案直播平台已被查封，该区公安分局共抓获嫌疑人 104 名，查扣电脑、手机等作案工具 1 批，扣押涉案现金 155 万元，冻结资金 1104 万元，解救未成年人 36 名。

## 查处过程

### 一、受理案件，现场抓捕

接到网友提供的线索后，公安机关立即受理案件，迅速展开侦查。网友提供的线索经查证属实，公安机关组织警力前往出租屋开展收网工作，现场抓获脱光衣服正在直播淫秽表演的王某坤，解救 6 名被诱导直播的小学生，初步判断王某坤涉嫌传播淫秽物品、组织淫秽表演、猥亵儿童。公安民警对嫌疑人的涉案手提电脑和手机进行扣押。

**该环节核实重点：**前期做好收网准备，选择嫌疑人正在直播的时机将其抓获，初步锁定嫌疑人组织淫秽表演、猥亵儿童等违法犯罪行为，对涉案物品进行扣押。

**该环节主要措施：**对嫌疑人进行口头传唤，出具《扣押决定书》和《扣押清单》对涉案物品进行扣押。

## 二、成立专班，对案件深挖扩线

公安民警在王某坤手机中发现，其用于直播的手机 App 是一个专门组织未成年男性直播淫秽表演的平台，其涉嫌传播淫秽物品，组织、介绍卖淫，聚众淫乱，猥亵儿童，引诱未成年人聚众淫乱等违法犯罪行为。该区公安分局立刻成立专班，于 2019 年 8 月 20 日立案侦查，并将案件情况层报公安部，申请指定管辖权。经查，该直播平台收取观众打赏的资金后，平台和主播按照 2∶8 的比例分成，部分主播为了博取粉丝人气和打赏，牟取更多的经济利益，威逼利诱少年儿童从事淫秽直播，涉及全国 17 个省市。

**该环节核实重点：**管辖争议会影响案件的推进，该市、区检察机关认为，案件的发起地只能打击王某坤及直播平台的实际运营者，对于散布在全国各省市的主播，只能由其属地公安机关管辖。经过不懈努力，在省厅和部局的大力支持和推动下，公安部给该区公安分局出具了指定管辖文件，解决了管辖权问题。

## 三、侦办案件，调查取证

在侦办过程中，公安民警主要从以下 4 个方面入手：

1. 资金渠道。例如，发现一个新的涉黄平台，办案人员可充值成为平台会员，通过调取充值记录，获取平台的收款账户，得到该收款账户的交易明细，根据数额和资金流向特征开展分析。

2. 通联方式。公安民警抓获犯罪嫌疑人后，审查其手机内的社交软件上有无与涉黄相关的交流群，如微信群、QQ 群等，通常相关交流群的群主或管理员就是幕后组织者。在锁定源头后，公安民警对相关人员上线侦控，获取人员关联信息，平台的运维、推广团队也会一一浮出水面。

3. 后台数据。公安民警对涉黄平台 App 抓包分析，获取其服务器 IP 地址后，不仅可以得到该平台服务器的数据，而且可以向对应的服务器供应商调取数据。通过这些核心后台服务器数据，公安民警可掌握该平台的具体会员充值打赏记录、主播身份及收益信息，为打击犯罪奠定证据基础。

4. 录屏取证。公安民警安排专人对平台中组织未成年人淫秽表演的直播逐一录屏固定证据，并制作远程电子勘验报告，根据主播的 ID、样貌和后台数据匹配，明确身份后落地核查。

**该环节核实重点：**

1. 嫌疑人租用多个公司的云服务器，嫌疑人存储的数据分布在多地的服务器中，公安民警镜像调取周期长，IP 分布零散，且需多次循环调取，工作量大。

2. 淫秽视频固定效率低。该类平台中淫秽表演直播视频只产生瞬时的数据流，不作储存，因此公安民警只能对涉嫌违法犯罪账号的直播内容逐一进行人工筛选，录屏取证，效率较低且不全面。

**该环节主要措施：**

1. 尽早聘请网络服务公司和协调对应的云计算公司（如腾讯云、阿里云等）介入，让他们指导数据的调取工作和协调相关进度。

2. 术业有专攻，将直播内容取证环节外包，让第三方即司法鉴定所的工作人员来录屏取证，提高工作效能。大部分的主播会在手机、平板和电脑内储存其个人或未成年人的原创淫秽视频，将这部分视频提取出来作为证据使用。

**四、收网行动，采取强制措施**

2020 年 6 月 2 日，专班正式发起统一收网行动。该专班辗转全国各地，最终抓获嫌疑人 104 人。公安机关根据《中华人民共和国刑法》第二百三十七条第三款猥亵儿童罪、第三百六十三条传播淫秽物品牟利罪、第三百六十五条组织淫秽表演罪的规定，对主播作出强制措施；根据《中华人民共和国刑法》第二百八十七条之二帮助信息网络犯罪活动罪的规定，对参与推广、技术运维者采取强制措施。此次行动共逮捕81人，其中个别患病嫌疑人因不能被羁押在看守所，被取保候审。

**该环节核实重点：**

1. 嫌疑人是潜在的传染疾病群体。该案中，主播患艾滋病的有10人，患梅毒的有1人，患肺结核的有3人，且分布在全国各地，在抓捕及审讯过程中有被传染的风险。

2. 主要犯罪嫌疑人在国外。该案社会影响恶劣，后果严重，两名主犯潜逃至国外，案件办理存在区域壁垒、警种壁垒，影响打击成效。

**该环节主要措施：**

在抓捕和审讯时做好防护措施；对于未能羁押在看守所的嫌疑人，联合卫健部门、疾控部门、属地公安机关做好稳控和阻断措施，严防其做出报复社会的举动。

## ▷▷ 法规政策依据

《中华人民共和国刑法》第二百三十七条第三款、第二百八十七条之二、第三百六十三条第一款、第三百六十五条

## 案件启示

针对该类案件，各相关部门应各司其职，形成合力，确保青少年身心健康不受侵害。民政、疾控等部门应关注网络主播的生理健康和心理健康，防范该类犯罪案件的发生，提高社会综合治理能

力。教育部门在义务教育阶段，应指导学校加强对学生的生理卫生教育和性教育，有针对性地普及男女生理健康知识。学生家长要引导孩子掌握防性侵知识，增强自我保护意识。

（撰稿：广东省肇庆市公安局大旺分局　潘如星、刘瑶）

# 传播网络视听节目中含有禁止内容

**场景呈现**

某文化传播有限公司在其运营的某 App 中，以“真人漫画”“真人图片剧”等形式登载 39 部网络出版物及 12 部互联网视听节目，供用户部分免费浏览、部分付费解锁浏览。其中，网络出版物 A、B、C、D 中含有血腥、恐怖、低俗等妨害未成年人身心健康的禁止内容，互联网视听节目 E、F 中含有儿童邪典、低俗、隐晦表现性行为、性过程等危害社会公德的禁止内容。

**处置难点**

如何认定网络出版物及互联网视听节目中含有禁止内容？

违法所得和违法经营额如何计算？

案件如何适用法律法规？

当事人的无证行为和内容违规行为如何合并处罚？

## 案件来源

2022 年 1 月 19 日，某区文化综合执法部门在自主巡查中发现，某文化传播有限公司涉嫌未经批准，擅自从事网络出版服务，且出版、传播的网络出版物中含有禁止内容。该文化传播有限公司还涉嫌擅自从事互联网视听节目服务，且传播的视听节目中含有禁止内容。

## 案件事实

2022 年 1 月 19 日，某区文化综合执法部门在自主巡查中发现，当事人在其运营的某 App 中登载了网络出版物及互联网视听节目供用户浏览。其中，网络出版物 A、B、C、D 中涉嫌含有血腥、恐怖、低俗等妨害未成年人身心健康的禁止内容；互联网视听节目 E、F 中涉嫌含有儿童邪典、低俗、隐晦表现性行为、性过程等危害社会公德的禁止内容。执法人员制作了《互联网稽查日志》《当事人经营活动截屏材料》，并刻录了光盘（含取证录屏文件及涉案 App 安装包文件）。

经查，当事公司在未取得《网络出版服务许可证》《信息网络传播视听节目许可证》的情况下，自 2021 年 2 月起在其运营的某 App 中登载了 39 部网络出版物及 12 部互联网视听节目供用户浏览，且网络出版物 A、B、C、D 及互联网视听节目 E、F 中含有禁止内容。当事公司擅自从事网络出版服务的违法经营额为 2329.55 元，无退赔，无违法所得，无从事违法出版活动的主要设备、专用工具；当事公司擅自从事互联网视听节目服务的违法经营额为 1164.62 元，无退赔、无违法所得。

2022 年 3 月 3 日，执法部门对当事公司的违法行为合并作出警告、罚款 31000 元的行政处罚。

## 查处过程

**一、立案审批**

2022 年 1 月 21 日，经批准后，执法部门依法对案件予以立案。

**二、现场检查**

执法部门组织 2 名执法人员对当事公司进行了现场检查。执法人员现场展示了前期制作的当事人经营活动截屏材料，播放了刻录光盘内的取证录屏文件，核对了光盘内的涉案 App 安装包的哈希值，并在现场演示安装涉案 App 后，对当事公司的网络文化产品进行现场检查。当事公司负责人现场承认未办理相关许可证且产品中含有禁止内容，后该负责人对现场检查情况及相关证据材料予以签字确认，执法人员对光盘进行现场封存。

**该环节核实重点：**当事人主体信息、当事人是否具有相关资质、对网络文化产品涉嫌含有禁止内容初步认定、当事人对电子证据等材料签字确认、执法人员对现场检查情况制作笔录并拍照。

**三、调查取证**

经调查查明，当事公司在没有取得相关许可证的情况下，自 2021 年 2 月起在其运营的某 App 中登载 39 部网络出版物及 12 部互联网视听节目。其中，网络出版物 A 中含有血腥、恐怖等妨害未成年人身心健康的内容，网络出版物 B、C、D 中含有低俗等危害社会公德的内容；互联网视听节目 E、F 中含有儿童邪典、低俗、隐晦表现性行为、性过程等危害社会公德的内容。

当事公司自 2021 年 2 月起擅自从事网络出版服务的违法经营额（即充值分成收入）为 2329.55 元，直接经营成本为 11082.47 元（该直接经营成本系扣除房租、水电、人工成本的网络服务器租赁成本），当事公司无退赔，无违法所得，无从事违法出版活动的主要设备、专用工具。当事公司自 2021 年 2 月起擅自从事互联网视听节目服务的违法经营额为 1164.62 元，直接经营成本（该直接经营成本系扣除房租、水电、人工成本的网络服务器租赁成本）为5541.24元，当事公司无退赔、无违法所得。

**该环节核实重点：**

1. 认定擅自从事网络出版服务及互联网视听节目服务的行为。

当事公司的某App内所登载的“真人漫画”“真人图片剧”形式的网络文化产品系由当事公司团队线下自行创作剧本、雇用演员、拍摄制作并通过线上编辑、制作、加工、集成的原创数字化作品。该公司通过互联网向公众提供上述网络文化产品的行为，符合从事网络出版服务及互联网视听节目服务行为的基本定义。故当事公司在未取得相关许可证的情况下，从事上述两项行为系违法行为。

2. 认定部分涉案网络出版物及互联网视听节目系禁止内容。

由于缺乏禁止内容鉴定手段，某区文化综合执法部门充分发挥自身成立的网络执法小组（其成员主要包含执法大队网络执法骨干、法制科及部门领导）的力量，针对涉案网络文化产品的禁止内容进行集体审核，并对禁止内容进行行政认定。

3. 认定违法网络文化产品的数量、违法经营额、违法所得等。

根据该地区的相关规定，当事人的行政处罚裁量基准的确定受到其互联网视听节目数量、网络出版服务违法经营额等的影响。同时，根据《中华人民共和国行政处罚法》的规定，对于当事人除依法应当退赔的违法所得以外的其他违法所得，应当予以没收。故本案执法部门除对前期证据进行固定外，还通过当事公司盖章确认的经营情况表及流水账等信息对上述内容进行了进一步确认。

**四、作出行政处罚**

2022年2月23日，执法部门依法向当事人送达了《行政处罚事先告知书》，告知当事人违法事实、案件证据、情节认定、处罚依据及拟处罚内容，并告知当事人享有陈述和申辩的权利。当事人在法定期限内未提出陈述、申辩意见。3 月 3 日，执法部门依据《网络出版服务管理规定》第五十一条的规定，对未经批准、擅自从事网络出版服务的当事公司予以取缔，并责令当事公司立即删除 39 部网络出版物，并作出罚款 26000 元的行政处罚；依据《互联网视听节目服务管理规定》第二十四条第一款的规定，责令擅自从事互联网视听节目服务的当事公司立即改正，并作出警告、罚款 5000 元的行政处罚。

**该环节处置要点：**完成处罚事先告知、处罚决定作出、送达等流程，同时做好复查工作，关注当事人整改情况。

## ▶▶ 合规要点

### 一、法律法规运用的适当性

当事公司在其运营的 App 中登载有网络出版物供用户浏览的行为，系通过信息网络向公众提供网络出版物的行为，应认定该公司从事网络出版服务；当事公司在其运营的 App 中登载有互联网视听节目供用户浏览的行为，系制作、编辑、集成并通过互联网向公众提供视音频节目的行为，应认定该公司从事互联网视听节目服务。

对于当事公司登载的网络出版物含有血腥、恐怖、低俗等妨害未成年人身心健康的内容，执法人员认为其属于《网络出版服务管理规定》第二十四条第九项、第二十五条规定的禁止内容；当事公司登载的互联网视听节目中含有儿童邪典、低俗、隐晦表现性行为、性过程等危害社会公德的内容，执法人员认为其属于《互联网视听节目服务管理规定》第十六条第九项规定的禁止内容。

当事公司无证出版行为和内容违规行为均适用上述法规，故最终选择《网络出版服务管理规定》和《互联网视听节目服务管理规定》作为案件适用法规。

**二、对无证出版行为和内容违规行为的吸收处罚**

对于当事公司同时存在经营许可资质及内容违规的问题，执法部门按照资质问题涵盖范围大、吸收禁止内容问题的原则，依据《网络出版服务管理规定》第五十一条、《互联网视听节目服务管理规定》第二十四条第一款的规定对当事公司的无证出版行为进行处理，并将内容违规行为作为当事公司无证出版行为的加重情节进行吸收。

针对当事公司擅自从事网络出版服务的行为，该公司的违法经营额为2329.55元，依据《网络出版服务管理规定》第五十一条中的规定，“违法经营额不足1万元的，可以处5万元以下的罚款”。同时，当事公司出版的网络出版物A、B、C、D含有禁止内容，综合考量后作出罚款26000元的行政处罚。

针对当事公司擅自从事互联网视听节目服务的行为，执法部门在综合考量上述情形后对该公司作出警告、罚款5000元的行政处罚。

**三、处罚程序合法**

《互联网稽查日志》、《当事人经营活动截屏材料》、光盘文件证明当事公司涉嫌违规的相关情况；现场检查照片、《现场检查笔录》证明现场检查情况；《营业执照》等证明当事人承担法律责任主体资格；《调查询问笔录》证明当事公司网络文化产品数量、违法经营额、违法所得等相关情况。

## ▷▷ 法规政策依据

《中华人民共和国行政处罚法》第二十八条第二款

《网络出版服务管理规定》第二条、第七条、第二十四条、第二十五条、第五十一条

《互联网视听节目服务管理规定》第二条、第七条第一款、第十六条、第二十四条第一款

## 案件启示

受新冠肺炎疫情冲击，大量线下文化企业进军网络文化领域，各种类似于本案中的“真人漫画”“真人图片剧”等新兴网络出版物及互联网视听节目应运而生。为吸引用户眼球，提高特殊用户的黏性，部分企业存在“打擦边球”的乱象。此类网络文化产品普遍存在内容形式新颖、用户群体年轻、传播速度极快、影响范围较广等特点，并且部分网络文化产品含有妨害未成年人身心健康的禁止内容。根据“护苗”专项行动的工作部署，执法部门应当本着从快、从严、从重的原则，对当事人的违法事实进行快速、准确的认定，并依法作出行政处罚，还未成年人一片清朗的网络空间。

家长应当关心孩子对网络文化产品的使用情况，发现疑似存在妨害未成年人身心健康的网络内容时，应当及时向有关部门反映；学校应当主动引导未成年人使用合规的网络文化产品，加强与有关部门的合作教学，把法律意识融入未成年人的学习与生活中；网络文化执法人员应当加强线上巡查执法，增强自身甄别网络文化产品、及时有效防范和化解意识形态领域风险的能力。

（撰稿：上海市嘉定区文化和旅游局执法大队　严勃）

# 互联网弹窗广告中含有不良内容及非法弹窗

**场景呈现**

某县网信办工作人员在日常网上巡查某学习网站过程中，发现该网站多个弹窗广告遮挡网页内容，隐藏学习资料。弹窗广告关闭按钮设置得非常隐蔽，用户很难找到关闭按钮。有些广告甚至上一秒刚关闭，下一秒刷新网页的时候再次出现。一些弹窗广告会跳转到含淫秽色情图文、木马病毒、诈骗信息、网页游戏等网站，严重影响未成年人的身心健康。

## 案件来源

2022年8月，某县网信办积极开展“扫黄打非·护苗2022”和“清朗·暑期未成年人网络环境整治”专项行动。工作人员在日常网上巡查过程中，发现某学习网站首页、弹窗广告出现淫秽色情信息、木马病毒、诈骗信息、网页游戏等内容。

## 案件事实

经查，该学习网站首页及弹窗广告存在传播色情、低俗及虚假信息等违法行为。

2022年8月，经网信办领导集中研判、讨论后，该县网信办干部登录该地区互联网违法和不良信息举报中心平台，依法对此网页链接进行举报，上报上级部门进行核查处置，提交相关部门作进一步处理。

## 查处过程

### 一、初步巡查发现

根据“扫黄打非·护苗2022”和“清朗·暑期未成年人网络环境整治”专项行动工作要求，某县网信办紧盯互联网主战场，重点巡查网络直播类、音视频类、网络游戏类、社交类平台，同时加大对违法违规弹窗广告的整治力度。该网信办工作人员在日常网上巡查中发现，某学习网站首页及弹窗广告存在传播含淫秽色情信息、木马病毒、诈骗信息等有害内容的违法行为，严重影响未成年人的身心健康。

**该环节核实重点：**网站基本情况以及该网站是否存在传播含淫秽色情信息、木马病毒、诈骗信息等内容的违法违规行为。

**该环节主要措施：**对网站要素、合规性等内容进行保存、登记。

### 二、研判分析

经网信办领导及工作人员对该案件进行集中研判、讨论后确定，该网站存在传播含淫秽色情信息、木马病毒、诈骗信息等内容的违法违规行为，应按照举报工作流程进行处置。

**该环节核实重点：**工作人员集中讨论研究、研判分析该网站发布信息及弹窗内容是否存在违法违规情形。

### 三、进一步调查取证

该县网信办工作人员对该网站涉嫌违法违规行为进行调查取证，围绕该网站的基本情况、发布内容等进行展开，对涉嫌淫秽色情、诈骗等的内容进行保存、记录并截图取证，最后进行证据固定。

**该环节核实重点：**该县网信办工作人员对该网站信息进行初步认定，初步锁定违法违规行为，对网站链接进行保存，对涉嫌违法违规的内容进行截图保存。

### 四、及时上报处置

该县网信办工作人员调查取证后，在当地互联网违法和不良信息举报中心平台进行举报处理，并联系上级部门进行核查处置。

**该环节主要措施：**及时通过合法渠道将涉嫌传播违法违规内容的网站进行举报处理，以减小后期违法违规内容的传播给未成年人及其他网民带来的危害。

## ▶▶ 合规要点

本案是一起对涉嫌传播违法违规内容的网站进行处置的典型案件。

该网站涉嫌传播淫秽色情信息、木马病毒、诈骗信息等有害内容，其行为违反了《中华人民共和国广告法》第四十四条，《互联网广告管理暂行办法》第八条和《中华人民共和国未成年人保护法》第五十条、第五十二条的规定。

本案严肃查处了不符合社会主义核心价值观、不符合公序良俗、挑战社会基本道德和伦理的内容，坚决杜绝有害未成年人身心健康、诱导未成年人犯罪的内容的传播。

## ▷▷ 法规政策依据

**《中华人民共和国广告法》第四十四条**

《互联网广告管理暂行办法》第八条

《中华人民共和国未成年人保护法》第五十条、第五十二条



## 案件启示

网络弹窗广告泛滥的原因主要有以下两个：一是广告推广公司与浏览器平台没有严格遵守《中华人民共和国广告法》的有关规定；二是互联网公司对广告商的资质及广告内容的质量缺乏审核，一切以经济效益为核心。因此，一些色情广告、诈骗信息和木马病毒等趁机传播，使一些缺乏经验的未成年人受到严重侵害。

通过开展专项整治，该县网信办综合运用行政管理、行业规范、道德约束等多种手段，集中清理违背社会风尚、误导青少年价值观念的违法违规信息，严厉打击传播色情、性暗示、性诱惑、暴力、血腥等低俗内容的行为，切实净化网络环境。全面清理属地网络平台中的淫秽色情、低俗庸俗、违背伦理道德、恶搞调侃、暴力恐怖等违法违规信息，综合采取删除信息、约谈整改、限制更新、暂停相关业务、下架、罚款、关闭平台账号等手段，推动属地网络平台切实履行主体责任。

作为一名普通网民，我们也应该鼓励、引导未成年人养成绿色阅读、文明上网、安全上网的好习惯，未成年人应提高鉴别“黄”“非”的能力，增强自我保护意识，努力争做文明、健康的新时代公民。

（撰稿：新疆维吾尔自治区巴音郭楞蒙古自治州中共焉耆回族自治县委员会网络安全和信息化委员会办公室　马瑶）

# K歌类社交软件涉嫌传播淫秽色情内容

## 场景呈现

某音乐娱乐公司旗下的某K歌类社交软件是一款音乐娱乐产品，其主要提供在线K歌和歌房服务。用户不仅可以使用该软件翻唱自己喜欢的歌曲并上传到平台上让其他好友欣赏并进行打赏，还可以进入“歌房”听房主唱歌或者自己抢麦唱歌。这本应是一款深受年轻人喜爱、有利于音乐文化交流的社交软件，但是王阿姨最近发现自家孩子打开该软件的时候经常遮遮掩掩，还发现自家孩子竟转发了一首夹杂淫秽内容的“黄歌”，歌词十分不雅。

## 处置难点

如何认定含有有害内容的网络音乐产品的性质？

违法所得如何计算？

执法部门该如何调查取证？

执法部门该如何进行处罚？

## 案件来源

2020 年 10 月 26 日，上级“扫黄打非”部门监测发现，某报纸报道指出某音乐娱乐公司旗下某 K 歌类社交软件涉嫌传播淫秽色情内容。上级“扫黄打非”部门随即将该线索交办至属地辖区文化综合执法部门。

## 案件事实

2020 年 10 月 27 日，根据上级交办线索，属地辖区文化综合执法部门执法人员对某音乐娱乐公司进行检查，现场打开交办线索中涉及的某 K 歌类社交软件，未发现报道中指出的相关“黄歌”。现场负责人表示，该公司已先行下架了相关歌曲并对涉事歌房、账号进行了处罚。

执法人员依据《互联网文化管理暂行规定》第二十条的规定，要求该公司提供该 K 歌类社交软件所涉及的违规内容歌曲以及违规歌房音视频文件。打开相关音视频文件后，发现歌曲唱词中含有淫秽等内容。执法人员依法提取了上述音视频文件作为证据。

经查，当事公司从事网络音乐娱乐业务，持有《网络文化经营许可证》，经营范围为利用信息网络经营音乐娱乐产品、演出剧（节）目、表演。某 K 歌类社交软件为该公司旗下的一款音乐娱乐产品，主要提供在线 K 歌和歌房等服务。经鉴定，涉案音频文件中含有淫秽色情的内容。当事公司未尽审核监管责任，致其运营的 K 歌类社交软件提供含有上述宣扬淫秽色情、危害社会公德内容的音视频。

2020 年 10 月 29 日，属地辖区文化综合执法部门对当事公司依法作出没收违法所得 1844.7 元并罚款 30000 元的行政处罚。

## 查处过程

### 一、制作、审批处理单

执法部门制作处理单，经批准后，开展核查工作。

### 二、现场执法检查

执法部门组织 2 名执法人员赶赴该音乐娱乐公司开展现场检查，现场查阅了当事公司的《网络文化经营许可证》，该音乐娱乐公司的经营许可范围包含“网络音乐”；现场调取了涉案的违规音视频文件，初步判断该经营性互联网文化单位涉嫌提供含有禁止内容的互联网文化产品。

**该环节核实重点：**该公司的基本情况，公司有无《网络文化经营许可证》，对违规互联网文化产品进行认定，对涉嫌违法行为现场进行证据固定等。

**该环节主要措施：**现场调取涉案违规互联网文化产品音视频文件、出具《现场检查（勘验）笔录》、拍照取证等。

### 三、进一步调查取证

执法部门对涉嫌违法行为进行立案，围绕违法事实的基本情况、性质、情节开展调查取证工作。经查，该公司从事网络音乐娱乐业务，持有《网络文化经营许可证》，经营范围为利用信息网络经营音乐娱乐产品、演出剧（节）目、表演。某 K 歌类社交软件为该公司旗下的一款音乐娱乐产品，主要提供在线 K 歌和歌房等服务。

该软件提供的涉案歌曲伴奏为由歌手“糖糖”演唱、×× 传媒（唱片公司）发行的歌曲的伴奏版本。部分用户在该软件下载该歌曲伴奏后，恶意演唱改编含有露骨涉黄的内容并上传。此外，少数用户在歌房内，通过恶意演唱改编含有露骨涉黄的内容，吸引流量，获取用户礼物收益。因音频内容审核存在一定的技术难度，平台运营方未能准确识别该部分违规内容。执法部门通过调取相关数据，计算确定该 K 歌类社交软件上述违法行为所得合计为 1844.7 元。

**该环节核实重点：**

1. 认定涉案的违规互联网文化产品的性质。执法部门结合歌曲唱词等要素，认定涉案违规互联网文化产品含有宣扬淫秽色情、危害社会公德的内容。

2. 计算违法所得。执法部门通过调取相关数据，确定某 K 歌类社交软件内演唱涉案歌曲的用户收益为 16359K 币。按照充值 1 元人民币获得 10K 币的比例，以及用户充值一般都是按照 97 折来折算的原则，平台获得的收益为 16359 × 0.1 × 0.97=1586.823 元。确定违规歌房总计收入为 5317K 币，按照歌房 50%、平台 50% 的比例进行分成，平台获得的收益为 5317 × 0.1 × 0.97 × 0.5=257.8745 元。四舍五入至小数点后 2 位，合计为 1844.7 元。综上，认定违法所得为 1844.7 元。

**四、作出行政处罚**

2020 年 10 月 29 日，执法部门向当事人送达《行政处罚事先告知书》，告知当事人违法事实、案件证据、情节认定、处罚依据及拟处罚内容，并告知当事人享有陈述、申辩、听证的权利。当事人当场提交声明，表示放弃陈述、申辩的权利，并请执法部门尽快制作行政处罚决定书。执法部门依据《互联网文化管理暂行规定》第二十八条第一款的规定，参照该地区的相关规定，对该公司依法作出没收违法所得 1844.7 元并顶格处以罚款 30000 元的行政处罚。

**该环节包括：**处罚事先告知、法制审核、行政执法机关负责人集体讨论案件、处罚决定审批、处罚决定作出、送达等流程，同时关注案件后续可能出现的复议、诉讼风险。

## ▶▶ 合规要点

本案是一起经营性互联网文化单位提供含有禁止内容的互联网文化产

品的典型案件。

## 一、法律适用适当

该音乐娱乐公司作为持有《网络文化经营许可证》的经营性互联网文化单位，应当建立自审制度，明确专门部门、配备专业人员负责互联网文化产品内容和活动的自查与管理，保障互联网文化产品内容和活动的合法性。该音乐娱乐公司未尽审核监管责任，致其运营的某K歌类社交软件提供含有上述宣扬淫秽色情、危害社会公德内容的音视频。当事公司的上述行为违反了《互联网文化管理暂行规定》第十六条第七项、第九项的规定。

## 二、处罚程序合法

《文体市场举报处理单》证明案件来源；《现场检查（勘验）笔录》、《电子证据提取单》、取证照片等证明现场检查涉案有害内容互联网文化产品的情况；《营业执照》《网络文化经营许可证》等证明当事人具备承担法律责任的主体资格；委托代理人的《调查询问笔录》证明当事人承认提供含有有害内容的互联网文化产品的事实情况；调取的后台数据汇总表等证明当事人的违法所得情况。

## 三、自由裁量适当

该音乐娱乐公司提供的含有有害内容的音视频数量多、传播范围广，且该情况被媒体广泛报道，造成了恶劣的社会影响，引起了群众的强烈反应。经执法部门集体讨论，当事公司的该违法行为属于相关规定中的从重情形，应当予以从重处罚。

## ▷▷ 法规政策依据

《互联网文化管理暂行规定》第十六条第七项、第九项，第二十八条第一款

## 案件启示

互联网社交平台相较于书籍、报纸、杂志等传统媒介，在传播淫秽色情等违规内容方面具有传播范围广、速度快、影响大的特点，各部门应当给予高度重视。本案是经营性互联网文化单位在主客观因素的影响下未能尽到审核监管责任，履行主体责任不到位，提供含有禁止内容的互联网文化产品的典型案例。这一案件的查处取得了以下效果：一是有效减少了淫秽色情内容的大范围传播给青少年带来的危害；二是给互联网社交平台行业内其他企业敲响了警钟。

互联网企业作为各类社交平台软件的运营方，要高度重视内容审核，加强网络管理，健全内部管理机制，用优秀的网络文化引导用户，积极传播健康有益、符合社会主义核心价值观、符合社会主义道德规范的文化产品，对违法违规内容做到早发现、早处理，共同维护健康清朗的网络空间；文化执法、市场监管等管理部门，要指导互联网企业建立健全平台内容审核管理机制，加大对各类互联网企业的日常巡视检查力度。

（撰稿：广东省深圳市南山区文化广电旅游体育局　张小明）

# 某交友软件向未成年人传播有害信息

**场景呈现**

某App是一款交友类软件平台，网民仅需通过手机验证码就可以注册平台账号，并且该平台会自动将用户的性别设置为男性，不要求网民填写其他基本信息，未对未成年人使用账号情况进行进一步验证，未采取措施保障未成年人不受淫秽色情、低俗庸俗等有害信息的影响。网民在注册账号并登录该平台后，其他大量女性账号会迅速以一对一私聊的方式打招呼，发布含有性暗示、性诱导等易使人产生性联想的违法违规信息，诱导网民充值。

## 案件来源

2022年5月26日，某省网信办接到网民提供的线索，某App在内容审核管理方面存在较大漏洞，新用户登录该系统后，该系统会自动将其性别设置为男性，并且会有大量女性用户与其打招呼，通过发布含有性暗示、性诱导等信息博取眼球、吸引流量，诱导网民充值。



## 案件事实

2022年5月下旬至6月上旬，该省网信办根据网民提供的线索对该App进行网络监测，采取网络截图、录屏等证据保存措施对该App上账号发布违法违规信息的行为进行取证。2022年6月21日，该省网信办对该App内容审核责任人进行询问，确认该App的管理存在漏洞，账号发布的相关信息属于违法违规信息，相关网络截图和录屏取证材料情况属实。

经查，该App运营主体某网络科技有限公司未履行主体管理责任，对该App上的账号及账号发布的信息管理不力，导致有账号发布含有性暗示、性诱导等易使人产生性联想的违法违规信息，严重污染了网络信息内容生态环境。

2022年7月，该省网信办对当事公司依法作出罚款20万元的行政处罚，并依法约谈运营主体相关负责人，责令其立即注销违法违规账号，限期全面整改，健全完善内容安全管理机制，内部从严处罚责任人。

## 查处过程

### 一、网上监测取证

该省网信办执法部门在对相关案件线索进行登记后，立即组织2名执法人员对该App进行巡查监测，发现该App上有40个账号共发布了54条含有性暗示、性诱导等易使人产生性联想的违法违规信息，随后执法人员对每个账号的基本信息及其发布的违法违规信息的情况采取网络截图、录屏取证等证据保存措施予以取证保存。

**二、进一步调查取证**

在对某App涉嫌违法行为进行取证后，该省网信办执法部门立即向相关领导报告申请立案，并组织2名执法人员围绕违法事实的基本情况、性质、情节对该App的内容审核责任人进行询问。

**该环节核实重点：**一是认定App管理机制。经被询问人员确认，该App系统后台没有及时迭代更新敏感关键词拦截库，无法防范App上的账号发布违法违规信息的行为，存在巨大的安全风险隐患。二是认定App上的账号发布信息的性质。经被询问人员确定，相关截图、录屏取证证据上的40个账号发布的信息属于《网络信息内容生态治理规定》第七条第四项规定的不良信息。三是认定违法违规行为。经被询问人员确认，相关截图、录屏取证证据属实，该App上确实有40个账号共发布了54条含有性暗示、性诱导等易使人产生性联想的违法违规信息。

**三、法制审核处罚决定**

该省网信办执法部门将相关案件形成的调查说明、行政执法决定建议、相关证据资料、所依据的法律法规等提交法制审核部门，由其组织公职律师、执法业务骨干等参与执法决定法制审核。最终确定该省网信办对该案件具有管辖权，并且当事人的基本情况属实，执法部门作出处罚决定依据的事实清楚、证据充分、定性准确、适用依据正确、程序合法等。

**四、作出行政处罚**

2022年7月1日，该省网信办执法部门向当事人送达《行政处罚意见告知书》，告知当事人违法事实、案件证据、情节认定、处罚依据及拟处罚内容，并告知当事人享有陈述、申辩、听证的权利。截至2022年7月7日（5个工作日），当事人未提出陈述、申辩、听证申请。7月8日，该省网信办依据《中华人民共和国网络安全法》第六十八条、《网络信息内容生态治理规定》第三十五条的规定，对当事公司作出罚款 20 万元的行政处罚。



## 合规要点

本案是一起交友类平台监督管理账号私聊内容不力的典型案件。

**一、法律适用适当**

某 App 上的账号发布的含有性暗示、性诱导等易使人产生性联想的违法违规信息，可认定为污染网络信息内容生态环境的有害信息。某 App 上发布上述违法违规信息的账号达 40 个，由此可认定该 App 运营主体对其运营开办的 App 上的用户发布的信息管理不力，未立即采取有效措施停止传输法律、行政法规禁止发布或者传输的信息，已严重影响了网络信息内容的生态环境。该 App 运营主体的相关行为违反了《中华人民共和国网络安全法》第四十七条、《网络信息内容生态治理规定》第十条的规定。

**二、处罚程序合法**

《案件来源登记表》证明案件来源；对该 App 上 40 个账号传播含有性暗示、性诱导等易使人产生性联想的信息的截图、录屏取证材料，该 App 内容审核主管人员的《询问笔录》及其对 App 截图和录屏取证签署的证据属实材料等，证明该 App 存在违法违规事实；该 App 内容审核责任人配合案件调查的《公司授权委托书》以及公司的《营业执照》等，证明当事人具备承担法律责任的主体资格。

## 法规政策依据

《中华人民共和国网络安全法》第四十七条、第六十八条

《网络信息内容生态治理规定》第十条、第三十五条

## 案件启示

互联网是一把“双刃剑”。随着网络社交软件的兴起，彼此不相识的陌生人因网络有了交集。网络在带给大家便利的同时，其产生的弊端也随之而来，如软色情、低俗庸俗、暴力血腥等不良信息在不断污染着网络生态环境。北京青少年法律援助与研究中心发布的《线上儿童性剥削预防和处置平台工作指引》显示，46% 的未成年网民曾在上网过程中遭遇过各种不良信息的影响，其中遇到淫秽色情内容信息的比例更是高达 20.6%。

该省网信办依法查处某 App 该类隐蔽违法违规问题，并以新闻通气会的形式向社会通报，形成强有力的震慑。一方面，以案为例促进各平台落实主体责任，及时清除网上软色情信息，进一步遏制该类不良信息对网络生态环境的侵蚀，为广大网民特别是未成年人营造一个风清气正的网络空间；另一方面，表明网信系统对该类违法违规问题“零容忍”的态度，网信系统始终旗帜鲜明亮剑，坚持露头就打、从严从重，大力整治网上危害未成年人身心健康的乱象。

（撰稿：海南省委网络安全和信息化委员会办公室　吉一弘）

# 某网红拍摄并发布涉未成年人低俗视频

**场景呈现**

在某平台拥有35万名粉丝的网红张某某，为博取网民关注，到某乡镇中学门口拍摄涉未成年人低俗短视频，并通过其个人账号发布至某平台，引发大范围传播，造成不良影响。视频显示，张某某在该学校门口随意搭讪、骚扰多名女学生，声称“找妹妹”，并拉扯女学生的手，甚至对女学生做出亲吻、扭动胯部等不雅动作。

**处置难点**

违法行为如何认定？

对违法行为者应如何处罚？

对违规账号应如何处置？

## 案件来源

2022年5月19日，某市网信部门在日常网上巡查中发现，有平台传播了一个短视频，该短视频的内容显示当地某乡镇中学门口有一名男子拍摄疑似搭讪、骚扰未成年女学生的短视频，且其语言、行为十分低俗。

## 案件事实

2022年5月19日，某市网信部门在日常巡查中发现某网红拍摄并发布涉未成年人的低俗短视频后，立即启动联合调查机制，与公安、教育等部门密切联动，对低俗短视频依法取证，对涉事男子依法约谈。

经查，视频中的男子为张某某，系涉案平台网红，粉丝量为35万。张某某为博取网民关注、蹭取流量，在某乡镇中学门口随意搭讪、骚扰多名女学生，声称“找妹妹”，并拉扯女学生的手，甚至对女学生做出亲吻、扭动胯部等不雅动作，并将拍摄的低俗视频上传到涉案平台，造成不良影响。

当地派出所对张某某依法进行传唤，网信办联合公安局网安大队对张某某进行联合约谈。最终，张某某被处以行政拘留10日的处罚，其账号被涉案平台永久封禁。

## 查处过程

### 一、巡查发现网上信息线索

2022年5月19日8时，该市网信办监测人员发现涉案短视频，经初步研判事发地为下属某县区，随后立即通知属地调查核实。同时，市网信办向市公安局、市教体局通报相关信息线索，协调有关部门迅速开展处置。

### 二、启动互联网联合行政执法工作机制

网信、公安等部门迅速启动联合行政执法工作机制，对涉事学校、短视频平台账号等展开调查取证工作。公安机关对发布视频的账号进行落地查人。2022 年 5 月 19 日 10 时，公安机关确认视频发布者为张某某（男，汉族，17 岁，某高校学生），派出所对张某某依法进行了传唤，网信办执法人员会同公安局网安大队对张某某实施了联合约谈。

### 三、依法依规实施处罚

据查，网红张某某为吸引人气，获取更多的粉丝量，在某乡镇中学放学时段拍摄低俗视频发送至涉案平台，造成严重负面影响。经依法传唤，张某某对其违法事实供认不讳，认错认罚。2022 年 5 月 19 日 17 时，公安机关依据《中华人民共和国治安管理处罚法》的相关规定依法给予张某某行政拘留 10 日的处罚，并发布了“警情通报”；网信部门依据《中华人民共和国未成年人保护法》第六十六条、第七十九条、第八十条第二款以及《网络信息内容生态治理规定》第六条、第七条之规定，要求涉案平台依法依规进行整改，规范网络行为。2022 年 5 月 20 日，张某某的账号被涉案平台永久封禁。

## ▷▷法规政策依据

《中华人民共和国治安管理处罚法》第二十六条

《中华人民共和国未成年人保护法》第六十六条、第七十九条、第八十条第二款

《网络信息内容生态治理规定》第六条、第七条

## 案件启示

近年来，随着互联网的更新迭代，网络短视频和直播行业迅速崛起。中国互联网络信息中心发布的第49次《中国互联网络发展状况统计报告》显示，截至2021年12月，我国网络视频（含短视频）用户规模达9.75亿人次，较2020年12月增长4794万人次，占网民整体的94.5%；其中，短视频用户规模为9.34亿人次，较2020年12月增长6080万人次，占网民整体的90.5%。短视频已经成为多数人获取和传播信息的重要渠道。在“流量为王”的短视频市场竞争中，渐渐形成了“蹭热度—引流量—涨粉丝—变现”的套路。部分自媒体运营者为了博取关注、吸引眼球、增加流量，甚至突破道德底线和法律红线，刻意制作并发布一些涉及青少年的色情、低俗视频。这样的行为既违背了公序良俗，也给网络生态和社会风气造成了负面影响。

互联网不是法外之地。网信、公安、文旅、市场监管等涉网管理部门应当加强沟通协作，不断完善联合行政执法机制，依法严厉查处违法违规行为，形成有力震慑。同时，网络直播平台应当履行主体责任，规范平台账号管理，引导自媒体运营者依法合规从事互联网信息服务。要持续深入推进网络综合治理，形成党委领导、政府管理、企业履责、社会监督、网民自律等多主体参与，经济、法律、技术等多种手段结合的综合治网格局，共同营造清朗有序的网络空间。

（撰稿：山东省委网信办　王海鹏、王硕影

山东省聊城市委网信办　于博

山东省聊城市公安局经济开发区分局　王兵）

# 不法分子网络私聊诱骗未成年女性

## 场景呈现

由于互联网的快速发展，短视频大量兴起，交友软件十分流行，犯罪分子利用网络关注并添加未成年女性为好友更加便利。犯罪分子在聊天时往往伪装身份，利用未成年女性对于性知识的匮乏、好奇和懵懂，诱骗对方发送裸露的视频及图片供其欣赏，以满足其内心变态的需求。

## 处置难点

如何确定嫌疑人的身份？

对于互联网犯罪，公安机关如何取证？

疫情期间嫌疑人不能被关押，如何保证嫌疑人不逃脱？

未成年人的权益如何得到全面保障？

## 案件来源

2022年4月1日，某市公安分局接到上级公安机关移送的线索：2021年6月，某省公安机关接到某科技有限公司提供的线索，某平台部分用户通过大量搜索、关注未成年人群体，借助App私聊功能，向未成年人用户发送敏感、色情内容，并通过伪装欺骗、利益诱导、言语威逼等手段，迫使未成年人拍摄、发送裸露的照片和视频。

## 案件事实

该公安分局接到上级公安机关移送的线索后，从涉案人员的某平台ID号入手进行研判，在研判出涉案人员马某的身份信息后，及时将案情向该公安分局法制部门汇报，并提前与检察机关沟通，对取证要点和嫌疑人涉嫌猥亵儿童罪初步达成一致。

2022年4月12日，该公安分局侦查人员在某小区将犯罪嫌疑人马某抓获，现场对马某作案时使用的手机进行扣押。审讯过程中，马某供述，其经常在网上观看淫秽色情小视频，导致心理扭曲。2020年他接触某App后，通过平台搜索、物色未成年女性并添加好友，然后故意隐匿自己的真实身份，把自己伪装成未成年女性，取得对方信任后再通过微信或者QQ聊天的方式，诱骗对方按照他的要求发送裸露的视频及图片供其欣赏，以满足其内心变态的需求。

2022年4月12日，该公安分局依法对犯罪嫌疑人马某予以刑事处理。

## 查处过程

**一、受立案、传唤的审批，制作刑事传唤证**

该公安分局治安大队接到线索后先受立案，确定管辖权后依法呈请审批制作《立案决定书》、刑事传唤证，经该公安分局批准后，开展线索研判、传唤犯罪嫌疑人。

**二、现场执法搜查、扣押**

该公安分局组织2名以上公安侦查人员赶赴马某住处，持搜查证开展调查工作。公安侦查人员在马某的住处发现一部手机，经检查发现，该手机内的微信和QQ中有涉案聊天内容。侦查人员当场出具《扣押决定书》，对涉案手机进行扣押。

**该环节核实重点：**公安机关在办理案件时，不仅要事实清楚、证据确凿，也要程序合法。公安机关侦查人员在对犯罪嫌疑人的住处进行搜查时要持有县级公安机关负责人审批的搜查证，初步问询要确保犯罪嫌疑人的身份与研判的身份吻合，以便采取下一步侦查工作。

**该环节主要措施：**对现场发现的涉案手机予以扣押，出具《扣押决定书》和《扣押清单》，现场制作《搜查、扣押笔录》，现场予以指认、拍照取证等。

**三、进一步调查取证**

现场固定好证据后，公安机关持传唤证将犯罪嫌疑人马某传唤至公安机关进一步进行讯问，固定犯罪事实证据。马某在接受公安机关讯问时供述，其经常在网上观看淫秽色情小视频，导致心理扭曲。2020年他接触某App后，发现该App里面有大量的未成年女性注册账号并在平台上发布与她们的生活有关的视频，于是他萌发了在网络交友后骗取视频的想法。他在该App上故意隐匿自己的真实身份，注册成未成年女性用户，并偶尔发布其他未成年人喜欢的视频。在该App上成功伪装身份后，马某通过该App的搜索功能，大肆物色未成年女性并添加为好友，之后便开始嘘寒问暖；获得对方信任后，利用未成年女性对性的懵懂和好奇，以导师的角色教导未成年女性拍摄大量裸露视频和图片供自己欣赏，以满足自己内心变态的需求。侦查人员固定犯罪嫌疑人的犯罪动机和方法后，及时制作讯问笔录，并予以签字按指印。

为了便于下一步的诉讼，侦查人员将犯罪嫌疑人的手机及时送交公安机关网安部门检查，恢复受害人信息等涉案数据，提取到两名受害人在该平台的账号以及另一名受害人的手机号码。网安部门研判后，确定了 3 名受害人的身份信息。

**该环节核实重点：**

1. 认定涉案人员的罪名。通过审讯中犯罪嫌疑人的自我有罪供述，及时固定其犯罪动机、目的、过程、方式，判定其涉嫌猥亵儿童罪，以便下一步采取刑事强制措施。

2. 确定受害人的身份信息。只有既掌握了马某的供述，又有了受害人的陈述等证据，才能形成证据闭环，才能将马某绳之以法。因此，需要对受害人的身份进行研判和确认，并将手机恢复的数据予以固定，形成电子数据报告等证据。

## 四、作出刑事强制措施

2022 年 4 月 12 日，公安机关在固定了马某大量的犯罪证据后，依法对其作出刑事拘留的决定，并当场向其宣读和送达了拘留证，依法告知其涉嫌的罪名，以及作出刑事拘留决定的法律依据。因疫情防控和当地相关文件的要求，看守所不予收押，故公安机关将对马某的刑事强制措施变更为有保证人保证的取保候审。

**该环节包括：**侦查人员将案件的事实、性质、涉及的罪名、拟采取的刑事强制措施层报该公安分局法制部门审核，经该公安分局局长审批后，侦查人员当场宣读和送达；因疫情防控要求看守所不予收押，故公安机关变更刑事强制措施为有保证人保证的取保候审，并告知犯罪嫌疑人取保候审期间的相关规定，作出《法定不批准出境人员通报备案通知书》，以防止犯罪嫌疑人逃脱等诉讼风险的发生。

## ▶▶ 合规要点

本案是一起利用互联网平台伪造身份骗取未成年女性的裸露视频和图片，涉嫌网上猥亵儿童罪的典型案件。

**一、法律适用适当**

马某为了满足自己的变态需求，通过伪造未成年女性的身份在互联网平台上诱骗未成年女性向其发送裸露视频和图片的事实，符合《中华人民共和国刑法》第二百三十七条第三款猥亵儿童罪的规定。

**二、取证、作出刑事强制措施程序合法**

《受案登记表》证明案件来源；搜查证、《扣押决定书》、《扣押清单》、《搜查、扣押笔录》、扣押照片等证明现场搜查、检查、涉案物品的情况；传唤证证明嫌疑人的归案情况；《取保候审决定书》证明公安机关依法采取了刑事强制措施并对案件继续侦查；《讯问笔录》证明马某的犯罪动机、过程等情况；网安部门的《电子数据报告》证明受害人的情况。

## ▷▷ 法规政策依据

《中华人民共和国刑法》第二百三十七条

《公安机关办理刑事案件程序规定》第七十九条、第八十五条、第八十六条、第八十七条、第一百六十八条

**案件启示**

在互联网时代的大背景下，一些既可以发布自己的生活视频又可以添加好友的短视频软件备受未成年人的关注和喜欢，一些不法分子通过这些软件，利用互联网的便利和手机的便捷来实施犯罪。这类犯罪的查处，一方面为社会铲除了“毒瘤”，避免了进一步对未成年女性造成侵害；另一方面警示了这些短视频以及交友软件运营商，必须对注册人员的身份和所发布视频的内容进行严格审核，合理设置短视频及交友软件的使用功能，设置保护未成年人安全健康的使用模式。

家长对涉世未深的孩子不仅要关爱，还要关注和交流；老师要将未成年人的交友原则及性教育作为教授内容；软件开发部门要加强行业自律，担负起社会责任；市场监管、网安监管等部门要加大对短视频、交友等软件的监督和处罚力度，防止不法分子利用这些软件进行违法犯罪；公安机关要与监督部门合作、联动，对公安机关管辖的罪名加大侦办力度，举全社会之力共同保护未成年人的健康成长。

（撰稿：安徽省合肥市公安局　王正东
安徽省合肥市公安局蜀山分局　翟卫保）

# 不法分子网上猥亵未成年人

**场景呈现**

犯罪嫌疑人陈某为满足自己的欲望，在网上添加多名未成年女性的QQ后，通过聊天诱骗、威胁等手段，让未成年女性展示其身体隐私部位、拍摄淫秽视频供其观看。

**处置难点**

如何认定网络聊天诱骗、猥亵行为？

执法部门该如何侦查取证？

嫌疑人应当承担什么法律责任？

## 案件来源

张某为其未成年的女儿购买了手机。2018年1月，张某发现女儿行为异常，遂对女儿使用的手机进行了检查，发现手机内存有女儿的大量不雅视频和照片。在张某的追问下，女儿说那些视频和照片是网上认识的陌生男子要求她拍摄的，张某听闻后迅速报警。

## 案件事实

犯罪嫌疑人陈某在外地打工期间长期在网上浏览色情信息，这导致其心理扭曲。为寻求刺激，其在网上注册了多个 QQ 号，并将这些 QQ 号的个人信息伪装成一名未成年在校学生。而后，陈某在网上寻找正值叛逆期或缺少父母关爱的女童。他主动添加这些女童的 QQ 号，以“谈朋友”的方式进行聊天，取得她们的信任后便与她们进行视频。陈某以给女童购买物品或检查女童的身体健康为由诱骗这些女童展示自己身体的隐私部位并录制视频，再以将这些不雅视频发给她们的老师和家人相威胁，胁迫受害女童拍摄淫秽视频或照片。

2018 年 12 月，该县人民法院以陈某犯猥亵儿童罪，判处其有期徒刑 4 年。

## 查处过程

### 一、开展侦查

接到报警后，公安机关及时成立专案组开展侦查工作。办案人员迅速将张某女儿手机里的相关证据提取保存，同时循线追踪，查清了这名隐藏在网络背后的犯罪嫌疑人的真实身份并将其抓获归案。

**该环节实施重点：**固定提取涉案电子证据，制作远程勘验工作记录或电子物证检查工作记录，锁定犯罪嫌疑人的真实身份。

### 二、组织抓捕

2018 年 1 月 31 日，犯罪嫌疑人陈某被警方抓获归案，办案民警在陈某的电脑、手机、QQ 空间中还发现了其他 7 名女童的裸露照片及视频。

**该环节核实重点：**确定犯罪嫌疑人身份，制作搜查笔录，对扣押的涉案物品制作扣押决定书和扣押清单。

**三、实施审讯**

经过审讯，犯罪嫌疑人陈某对其利用网络聊天诱骗、猥亵多名女童的犯罪事实供认不讳。

**该环节核实重点：**1. 犯罪嫌疑人实施网络聊天诱骗、猥亵的手段；2. 犯罪嫌疑人是否有威逼利诱受害者的行为；3. 犯罪嫌疑人是否有敲诈勒索受害者的行为；4. 犯罪嫌疑人是否明知受害者是未成年人；5. 犯罪嫌疑人是否为满足个人淫欲而故意诱骗、猥亵女童。

**四、移送起诉**

2018 年 8 月，该县人民检察院根据《中华人民共和国刑事诉讼法》的相关规定，将案件移送至同级人民法院开庭审理。

**五、作出判决**

2018 年 12 月，该县人民法院根据《中华人民共和国刑法》第六十一条、第六十四条、第二百三十七条第三款及《中华人民共和国刑事诉讼法》第十五条之规定，判决被告人陈某犯猥亵儿童罪，判处有期徒刑 4 年。

## 法规政策依据

《中华人民共和国刑法》第二百三十七条

## 案件启示

少年儿童是家庭的希望、民族的未来，关爱少年儿童身心健康是社会各界不可推卸的责任。随着互联网的普及，通过网络对未成年人实施犯罪的行为越来越隐蔽，严重侵害了未成年人的合法权益，本案便是其中的典型案件之一，反映出的一些问题值得深思。

一是互联网管理存在漏洞。虽然各部门不断加大对通过网络传播淫秽色情物品的行为的打击力度，但是没有完全切断淫秽色情物品的传播途径，许多不法分子依旧能够通过网络进行浏览；同时，一些互联网平台落实未成年人保护制度不力，不仅没有限制未成年人的使用，也没有对用户发布的内容进行合规审查，一些不法分子便利用这个漏洞实施犯罪。

二是家庭教育的缺失。从本案中犯罪嫌疑人侵害对象的分析来看，这些受侵害的未成年人与家长沟通不顺畅或其家庭矛盾突出、家庭教育缺失。这使他们过早地产生了叛逆思想，不愿意向家长谈论个人问题，对家人的关心有严重的排斥心理。当无法向家人倾诉情绪时，其便在网上寻找相同年龄段的网友进行沟通，这就给了不法分子可乘之机。

三是未成年人的自我保护意识差。遇到与性相关的问题时，家长和学校往往采取回避的态度，更谈不上对未成年人的性教育。学校、家庭在性教育方面的落后导致未成年人严重缺乏性保护意识，对身体的性部位不敏感。本案犯罪嫌疑人诱骗、威胁未成年女童展示身体的隐私部位，受害人对此懵懂无知，根本没有性防范的意识。当犯罪嫌疑人发现这些未成年人对犯罪嫌疑人的要求没有明显反对或者未告知家长时，其胆子往往越来越大。很多未成年人遭受侵害后，在犯罪嫌疑人的诱骗和威胁下，不敢把受侵害的事实告诉他人或者进行举报，这导致其长期遭受侵害。

（撰稿：四川省南充市委宣传部　朱成平
四川省南充市公安局　何明建、郑鹏芝）

# 利用儿童形象制成软色情表情包

## 案件来源

2021 年 1 月 22 日，某市网信部门接到上级部门通知，通报某网站平台有多个账号发布由未成年人照片制作的软色情表情包。

## 案件事实

2021 年 1 月 28 日，该市网信部门电话约谈某网站，要求其核查并清理由未成年人照片制作的软色情表情包。[①] 2 月 23 日，执法人员依法对该网站进行行政执法约谈。该网站负责人表示，由于软色情相关文本、图片形式多样，审核人员业务能力不足，未能及时发现处置，才导致部分有害内容流出。

经查，该网站平台作为网络运营者，对其用户发布的信息管理不严，未能及时发现和处置法律法规禁止发布或传播的内容，情节

① 《中华人民共和国行政处罚法》于 2021 年 1 月 22 日修订，自 2021 年 7 月 15 日起施行。《中华人民共和国未成年人保护法》于 2020 年 10 月 17 日修订，自 2021 年 6 月 1 日起施行。本案执法部门适用的上述依据条款均为法律修订前、案件适用时的条款。

严重。

2021 年 3 月 4 日，该市网信部门对该网站平台依法作出罚款 50 万元的行政处罚。

**查处过程**

**一、立案**

初步核查，该网站平台的 ICP 备案以及工商登记中公司注册地均为属地，该网站平台在从事互联网信息服务过程中，对注册用户发布的信息管理不严，未能及时发现和处置法律、行政法规禁止发布或传输的内容，涉嫌违反《中华人民共和国网络安全法》第四十七条的规定。执法部门制作《立案审批表》，经批准后开展进一步调查。

**二、调查取证**

执法部门围绕该网站平台违法事实的基本情况、性质、情节等，开展进一步调查取证工作。2021 年 2 月 23 日，执法部门对该网站进行了行政执法约谈。该网站法定代表人授权委托网站负责人贾某代为接受询问调查，行使或放弃陈述、申辩等权利，并接受相关法律文书。贾某对该网站平台有关账号发布的信息进行了确认，共涉及 12 个账号、17 条图文信息。贾某表示，由于存在违法内容的文本和图片形式多样，审核人员业务能力不足，未能及时发现和处置，这才导致有害内容流出。执法部门制作《行政执法询问笔录》，并当场告知贾某有权进行陈述、申辩以及听证，出具《行政处罚案件事先告知书》《行政执法听证告知书》。

**该环节核实重点：**

1. 询问前由 2 名执法人员出示证件，表明身份，并告知被询问人申请执法人员回避、陈述、申辩、听证等权利。

2. 被询问人需提供身份证明，包括营业执照复印件、法定代表人身份证复印件；被询问人不是法定代表人本人时，还需提供法定代表人出具的授权委托书、被询问人身份证复印件。

3. 被询问人在证据页面和询问笔录上逐页签署姓名、日期，按指印，并在询问笔录的最后一页写下“经核对，以上内容属实无误”。

**三、审查决定**

2021 年 3 月 1 日，执法部门召开案情讨论会，对该网站平台涉嫌违法行为调查处置情况进行讨论，并形成集体讨论结论性意见，出具《行政案件集体讨论记录》。同日，法制部门作出同意处罚意见的审核意见。3 月 4 日，执法部门对该网站平台作出罚款 50 万元的行政处罚。

**该环节核实重点：**

1. 认定违法行为性质。12 个账号虽然没有在网站平台公然发布色情信息，但其发布的表情包中含有挑逗性的文字，并配有未成年儿童的图片，通过打“擦边球”的形式传播涉黄信息，执法部门认定，该行为违反了《中华人民共和国未成年人保护法》第三十四条[①]“禁止任何组织、个人制作或者向未成年人出售、出租或者以其他方式传播淫秽、暴力、凶杀、恐怖、赌博等毒害未成年人的图书、报刊、音像制品、电子出版物以及网络信息等”的规定。该网站平台未能及时发现和处置上述违法行为，属于违反了《中华人民共和国网络安全法》第四十七条“网络运营者应当加强对其用户发布的信息的管理，发现法律、行政法规禁止发布或者传输的信息的，应当立即停止传输该信息，采取消除等处置措施，防止信息扩散，保存有关记录，并向有关主管部门报告”的规定。

2. 认定违法行为情节。该网站平台发布违法信息的账号达 12 个，违法信息数量达 17 条，可以认定该网站平台违法账号数量较多，违法信息条数较多；违法信息发布的时间从 2017 年持续到 2020 年，时间跨度长，说明该网

① 对应 2020 年修订后的《中华人民共和国未成年人保护法》第五十条、第五十一条。

站平台未能履行管理责任，未能及时清理违法信息；发布的违法信息涉及危害未成年人权益，性质较为恶劣，说明该网站平台对未成年人这一弱势群体保护不力。综上，应认定该网站平台违法情节严重。依据《中华人民共和国网络安全法》第六十八条第一款"网络运营者违反本法第四十七条规定，对法律、行政法规禁止发布或者传输的信息未停止传输、采取消除等处置措施、保存有关记录的，由有关主管部门责令改正，给予警告，没收违法所得；拒不改正或者情节严重的，处十万元以上五十万元以下罚款，并可以责令暂停相关业务、停业整顿、关闭网站、吊销相关业务许可证或者吊销营业执照，对直接负责的主管人员和其他直接责任人员处一万元以上十万元以下罚款"的规定，给予网站50万元的罚款。

3. 程序合法性。由于本案属于对重大违法行为给予较重的行政处罚，因此需要行政机关负责人集体讨论决定；在行政机关负责人作出决定之前，应当由从事行政处罚决定审核的人员进行审核。行政机关中初次从事行政处罚决定审核的人员，应当通过国家统一法律职业资格考试取得法律职业资格。

**四、送达执行**

2021年3月4日，执法部门向该网站平台送达《责令改正通知书》、《行政处罚决定书》和《行政处罚缴款书》，由该网站平台受托人签署《送达回证》。

**五、结案**

该网站平台于2021年3月19日完成缴款，同时依约对违法信息作删除处理，对违规账号作禁言、关闭等处理，案件执行完毕。执法部门于3月22日制作《行政处罚案件结案报告》，审批结案。

## ▷▷ 法规政策依据

《中华人民共和国行政处罚法》

《中华人民共和国网络安全法》第四十七条、第六十八条第一款

《中华人民共和国未成年人保护法》第五十条、第五十一条、第一百二十一条

《网络信息内容生态治理规定》

（撰稿：北京市网信办　宋璇）

# 网络出现“儿童邪典”视频

**场景呈现**

2018年年初，国内网络首现“儿童邪典”视频传播。经查，该类视频为境外传入，表现形式为对少年儿童喜欢的蜘蛛侠、艾莎公主、小猪佩奇等卡通形象进行二次加工，制作成卡通视频、人偶剧、小游戏供未成年人观看，其内容主要为恶搞、低俗、软色情类型。发现违规问题后，某市文化市场综合执法总队（以下简称总队）立即重拳出击，开展专项执法行动，迅速扫清网络平台中的“儿童邪典毒瘤”，做到查处一批、通报一批，“儿童邪典”视频传播得到了有效遏制。2021年年初，以“卡通猫”和“SCP”为代表的一系列新的“儿童邪典”视频再度“窜袭”而来。

**处置难点**

此次查处的“儿童邪典”视频的特点和危害有哪些？

涉案视频的来源和传播途径有哪些？

涉案视频是如何传入的，又是如何绕开审核进行传播的？

案件涉及多家主流平台，如何定性定量进行处罚，同时保障案件同步推进？

面对“儿童邪典”视频的不断来袭，如何提高执法成效？

## 案件来源

2021 年 2 月，总队执法人员在巡查中发现，网络平台再现“儿童邪典”视频传播，这些视频以“卡通猫”“SCP”系列题材的视频短片为主。当地 7 家网络平台均有相关内容，涉嫌传播含有禁止内容的视听节目。

## 案件事实

经进一步调查，此次“儿童邪典”视频均为境外传入，特点是虚构创建的卡通形象，包含两个系列：一是“卡通猫”系列。“卡通猫”为国外某插画家创作的卡通形象，该系列视频内容多为“卡通猫”从事恐怖、暴力事件，视频中描述了“卡通猫”享受做坏事的感觉，能做人类连环杀手都做不到的事情。网络中流传的相关视频多为网民使用“卡通猫”形象自己创作并上传发布。二是“SCP”系列。全称为 Secure（控制）、Contain（收容）、Protect（保护）。2007 年，国外网友构想、创建了异常生物或现象，并在论坛发帖，以编号表示，制作成动画视频上传至网络，内容大多包含恐怖、惊悚元素，慢慢地越来越多的人跟帖，随着帖子的增加，逐渐形成体系，“SCP 基金会”就此诞生。例如，SCP-993 是一个自称小丑巴伯的人教唆 10 岁以下观众如何实施谋杀、纵火等犯罪行为，并尾随 1 名女子用屠刀将其杀害；SCP-4975 是大致人形的实体，长有鸟头，它会长时间跟踪人类，最后将人类杀害并吃掉。这类“儿童邪典”视频通常会被标记或智能推送到儿童频道，视频内容存在诱导未成年人违法犯罪、渲染暴力和恐怖活动等违规情节，少年儿童观看易造成心理恐吓，损害其身心健康和引发其危险模仿。

总队围绕该案件线索开展专项执法行动，共检查当地网络平台27个，出动执法人员54人次，最终认定《爱跳舞的卡通猫，隔着电视机把观众吞了，卡通狗毫无防备》等4个“卡通猫”相关视听节目涉嫌含有渲染暴力、恐怖活动的内容，用户“王小二太好笑”上传供用户在线观看的《SCP沙雕收容所：小孩子不适合看993!》等3个视听节目涉嫌含有渲染暴力、恐怖活动的内容，对当地7家违规网络平台作出行政处罚，罚款共计110000元，清理删除相关违规视33789个。

## 查处过程

鉴于“卡通猫”和“SCP”系列动画视频存在显著违规内容，性质恶劣，总队果断采取措施，迅速部署，开展了专项查处和治理行动。

一是开展专项执法，严厉查处违规平台。总队成立联合办案组，责成5个执法小组同时对当地27家网络平台开展“儿童邪典”视频专项执法检查。利用截屏录屏软件，将远程勘验过程过中发现的问题第一时间截图和录屏取证，将每一份证据逐一添加“时间戳”，确保固定证据时间与取证过程一一对应。整理证据，选出能充分体现案件事实和违法情节的证据，并与当事人核查认定案件事实，再依法完成执法流程。最终对检查存在违规问题的7家网络平台依法作出行政处罚，责令立即改正，处罚金额共计110000元，实现了“取证同步、调查同步、事实认定同步、处罚同步”的多执法程序同步，保障了案件推进的一致性。

二是部署专项自查，全面清理违规内容。总队通过“三位一体”机制指导当地 70 家网络平台开展“儿童邪典”视频专项自查和清理，累计下架违规视频 33789 个，清理儿童邪典图片 7930 张，删除相关违规内容链接 83254 条。

三是提升预警能力，加强“儿童邪典”防范。2021 年 3 月 10 日，总队组织当地 8 家重点网络平台召开“儿童邪典”视频专项治理和防范工作会，要求网络平台强化未成年人保护工作，加强涉未成年人违规内容预警研判，制定有针对性的防范措施。各参会平台纷纷采取拓展回查、样本增强、升级算法等措施，累计新增屏蔽关键词 421 个，下线风险站点 821 个。

## ▶▶ 合规要点

本案是针对“卡通猫”“SCP”等系列境外“儿童邪典”视频的倒灌传播，在全网开展清查行动并对 7 家网络平台作出处罚的典型案件。

**一、法律适用适当**

涉案的 7 家网络平台，在监管和审核环节存在一定的漏洞，致使以“卡通猫”“SCP”系列为主要题材的境外违规“儿童邪典”视频在境内传播。该 7 家网络平台的行为应认定为互联网视听节目服务单位提供含有禁止内容的视听节目，违反了《互联网视听节目服务管理规定》第十六条第七项视听节目不得含有“诱导未成年人违法犯罪和渲染暴力、色情、赌博、恐怖活动”的规定。依据《互联网视听节目服务管理规定》第二十四条第二款“传播的视听节目内容违反本规定的，由县级以上广播电影电视主管部门予以警告、责令改正，可并处 3 万元以下罚款；情节严重的，根据《广播电视管理条例》第四十九条的规定予以处罚”的规定，予以处罚。

**二、处罚程序合法**

《举报登记受理单》证明案件来源；《现场调查（勘验）笔录》《取证情况及证据说明》等证明现场调查、取证的视频证据的核查认定等情况；《营业执照》等资质证明当事人具有承担法律责任的主体资格;《授权委托书》、法定代表人身份证复印件、受委托人身份证复印件等材料证明受委托人有权代表当事人(公司)配合执法机关进行执法调查并在相关法律文书上签字;对受委托人制作的《调查询问笔录》确定当事人违规行为发生的期间和涉案违规视频的数量、内容及危害性等情况;当事人提供的《情况说明及整改报告》等材料证明当事人对案件事实认定结果无异议及具体整改措施的情况。

## 法规政策依据

《互联网视听节目服务管理规定》第十六条第七项、第二十四条第二款

## 案件启示

通过梳理本次“儿童邪典”视频专项查处和治理行动,笔者总结出如下案情特点:

1. 内容严重违规,社会危害极大。本次查处的“卡通猫”和“SCP”系列“儿童邪典”视频较以往以恶搞、低俗为主的视频有所不同,该系列视频多以阴暗、恐怖、惊悚为基调,充斥着大量暴力血腥以及宣扬犯罪、教唆犯罪的内容,对未成年人身心健康危害极大。

2. 防范输入失守,导致国内传播。本次“儿童邪典”视频均为境外制作,汉化后上传至国内互联网,由于平台失察失守,未能履行好主体责任,这才导致含有违规内容的视频在我国网络大肆传播。

3. 泛成人化设定,麻痹大意应对。“卡通猫”和“SCP”系列卡

通视频在国外属限制级别，限成人观看，流入我国后首先在成年用户范围内得到关注和传播；因其题材新颖，又具有“卡通”“动画”标签，平台审核的警惕性降低，未能及时发现，导致其在网络上被大范围传播。

为进一步加强网络文化市场未成年人保护工作，提升执法成效，实现专项治理效果最优化、最大化，总队本着严查严办、快查快办的原则采取以下措施：一是组织落实好“净网”“护苗”等专项行动，坚持问题导向，强化查处打击，严厉整治网络文化市场“黄暴毒”等违规内容；二是以科技手段加强涉未成年人不良网络内容的治理和防范，计划设立“儿童邪典”内容协同防范专区；三是加强调研走访，对向未成年人用户提供服务的网络平台加强实地走访和交流指导，提升其落实未成年人保护措施的能力。

（撰稿：北京市文化执法总队　欧嘉庆、朱郑）

# 电商销售含有不良内容的明星写真集等明星周边产品

## 场景呈现

近年来，定位为追星平台的某网络自营平台悄然兴起，其中充斥着的“饭圈”文化在未成年人中有一定的影响力。该平台通过销售明星写真集等明星周边产品吸引大量未成年人购买并牟利，其中不少写真集包含不良内容。该平台将涉及明星情感、动作“娘化”等图片文字作为首页内容吸睛，诱导用户点击及进一步消费。

## 处置难点

如何认定非法出版行为？

违法所得和涉案经营额如何计算？

执法部门该如何调查取证？

如何进行处罚？

## 案件来源

2021年10月18日，某市文化市场综合执法部门接到举报，反映某公司通过自营平台销售的A、B和C图书为明星写真集，无出版单位，涉嫌非法出版物。

## 案件事实

2021年10月20日，根据群众举报线索，执法部门对某公司库房及发货地点进行行政执法检查，发现该公司发行的A、B和C图书共1359册，执法人员依法对涉案图书进行扣押，并提取库存数量汇总表等相关证据材料。

2021年10月21日，执法部门对该公司经营地点进行行政执法检查。经查，该公司已取得《出版物经营许可证》，主要从事商品推广的业务，未取得《图书出版许可证》；涉案图书系该公司擅自出版并通过自营平台销售，涉案图书经鉴定为非法出版物。

2021年12月17日，执法部门对该单位依法作出没收全部非法出版物、没收违法所得及罚款的行政处罚。

## 查处过程

### 一、制作、审批《举报登记受理单》和《立案审批表》

执法部门立即制作《举报登记受理单》和《立案审批表》，经批准后，开展核查。

### 二、现场执法检查

执法部门组织2名以上执法人员对涉案公司及库房开展现场检查，发现该公司正在发行A、B和C图书共1359册，对库房负责人进行询问，收集货主信息、库存数量等相关证据材料。涉案出版物均无出版单位，该公司涉嫌发行非法出版物，执法人员对上述出版物依法予以扣押。

**该环节核实重点：**该单位基本情况，有无出版物出版及发行资质，初步认定图书性质，初步锁定非法发行行为，对涉嫌违法行为现场进行证据固定等。

**该环节主要措施：**调查询问现场负责人，做好全过程执法录像；出具《扣押决定书》并对现场图书实施扣押。

**三、进一步调查取证**

执法部门围绕涉嫌违法行为与违法事实的基本情况、性质、情节开展调查取证工作。经查，该公司取得了《出版物经营许可证》，但未取得《图书出版许可证》。该公司通过同其他公司的业务往来获取明星照片资源后，自行组稿、编辑、校对、排版和审核，并委托印刷厂进行印刷，2018 年 12 月至 2021 年 10 月 20 日，擅自出版了图书 A 1142 册、图书 B 960 册、图书 C 601 册，共计 2703 册。经鉴定，上述 3 种图书为非法出版物。该公司通过自营网络平台已发行图书 A 610 册、图书 B 409 册、图书 C 325 册，共计 1344 册；未售出图书 A 532 册、图书 B 551 册、图书 C 276 册，共计 1359 册。未售出部分已全部被执法部门依法扣押，该公司从事上述活动的违法经营额为 93705.54 元，违法所得为 49038.99 元，该公司未使用从事违法活动的专用工具、设备。

**该环节核实重点：**

1. 认定擅自出版行为。执法人员通过对该公司及工作人员进行调查询问、核验机构营业执照等资质、调取涉案图书网络平台销售数据等物证，对涉案图书的出版发行情况进行证据固定。从出版物鉴定机构鉴定出具的结果可知，涉案出版物系未经批准擅自出版的非法出版物。

2. 认定违法经营额、违法所得。该单位通过自营网络平台对外销售了 1344 册图书，其中图书 A 按预售价格 48 元售出了 578 册，销售金额为 27744 元；按定价 168 元售出了 32 册，销售金额为 5376 元；累计共售出 610

册，销售金额为 33120 元。图书 B 按定价 11.11 元售出了 409 册，销售金额为 4543.99 元。图书 C 按定价 35 元售出了 325 册，销售金额为 11375 元。3 种图书销售总额合计 49038.99 元。综上，认定违法所得 49038.99 元，未售出物品经营额 44666.55 元，违法经营额 93705.54 元。

**四、作出行政处罚**

2021 年 12 月 6 日，执法部门向当事人送达了《行政处罚事先告知书》，告知当事人违法事实、案件证据、情节认定、处罚依据及拟处罚内容，并告知当事人享有陈述、申辩、要求听证的权利。截至 2021 年 12 月 14 日（超过 5 个工作日），当事人未提出陈述、申辩，未要求听证。12 月 17 日，执法部门依据《出版管理条例》第九条第一款、第六十一条的规定，对该公司擅自从事出版物的出版业务的违法行为作出行政处罚，责令其改正违法行为，并给予没收非法出版物 1359 册，没收违法所得 49038.99 元，罚款 655938.78 元（违法经营额的 7 倍）的行政处罚。

**该环节包括：**行政执法机关负责人对案件集体讨论、处罚事先告知、处罚决定作出及送达等流程，同时关注案件后续可能出现的复议、诉讼风险。

## ▶▶ 合规要点

本案是一起对在电商平台销售非法出版物以及含违禁有害内容的出版物的行为进行行政处罚的典型案件。

**一、法律适用适当**

涉案公司对涉案出版物进行组稿、编辑、校对和排版，并委托印刷厂进行印刷，上述行为应认定为从事出版物的出版业务；该公司通过自营网络平台对外销售涉案出版物的行为，应认定为从事出版物的发行业务。该公司在未取得《图书出版许可证》的情况下，擅自从事涉案出版物的出版业务，违反了《出版管理条例》第九条第一款、第六十一条的规定。涉案图书为非法出版物，该公司进行非法出版物销售的行为，违反了《出版物市场管理规定》第二十条第二项的规定。

**二、处罚程序合法**

《举报登记受理单》证明案件来源；《现场检查（勘验）笔录》《取证情况及证据说明》《扣押审批表》《扣押决定书》《物品清单》等证明现场检查、扣押物品情况；营业执照、许可资质等证明当事人承担法律责任的主体资格；出版物鉴定机构鉴定结论证明涉案出版物性质；该公司负责人的《调查询问笔录》证明编辑、印刷、销售等情况。

### 法规政策依据

《出版管理条例》第七条、第九条第一款、第六十一条

《中华人民共和国行政处罚法》第二十八条第二款

《新闻出版署关于处理白孝琪非法出版〈半色曝光〉一案中如何计算非法经营数额的批复》

### 案件启示

“饭圈”自营销售平台在未办理《图书出版许可证》的情况下擅自出版、发行非法出版物，并在出版物中包含不良引导内容。本案的查处，一方面能够敦促监管单位加强网上新业态新领域的巡查，规范网络销售平台出版、发行等行为；另一方面能够治理“饭圈”乱象，为护航青少年健康成长建立正确的价值导向。

（撰稿：北京市文化执法总队　王海鹏、高涵柏、柯剑强）

# 电商平台店铺销售非法少儿出版物

**场景呈现**

某电商平台店铺展示并售卖从某文化传播有限公司购进的《×× 拼读训练》，这些出版物和市场上正式出版的教辅类书籍看上去非常相似，封面上除书名外，署名某某出版社出版，某某印刷厂印制。

**处置难点**

如何认定销售非法出版物行为？

违法所得和涉案经营额如何计算？

执法部门该如何调查取证？

如何进行处罚？

## 案件来源

2021 年 5 月 28 日，某县文化综合执法部门接到群众举报，反映某电商平台店铺涉嫌销售非法少儿出版物。

## 案件事实

2021 年 5 月 31 日，某县文化综合执法部门根据群众举报，对某电商平台店铺经营场所进行检查，现场发现《×× 拼读训练》出版物。现场负责人称其已取得《出版物经营许可证》，但未能提供所销售出版物的进销货清单。经执法人员初步判断，该出版物涉嫌非法出版，执法人员依法对涉案出版物采取证据先行登记保存措施。

经查，涉案店铺从事出版物发行业务，但未能提供销售出版物的进销货清单。经鉴定，涉案出版物均为非法出版物。涉案店铺通过某电商平台将该非法出版物对外进行销售。

2021 年 7 月，该县文化综合执法部门对涉案店铺依法作出没收全部非法出版物，没收违法所得及罚款 25000 元的行政处罚。

## 查处过程

**一、制作、审批《举报投诉处理单》**

执法部门接举报后立即制作《举报投诉处理单》，经批准后，开展核查。

**二、现场执法检查**

执法部门组织 2 名以上执法人员赶赴该电商平台店铺实际经营场所开展现场检查，在该经营场所内发现涉案出版物 92 本。经对负责人进行询问，该电商平台店铺已取得《出版物经营许可证》，但现场未能提供进销货清单，执法人员初步判断该电商平台店铺涉嫌销售非法出版物。执法人员对涉案图书进行了证据保全。

**该环节核实重点：**该电商平台店铺基本情况，有无出版物发行资质，对图书性质初步认定，初步锁定发行非法出版物行为，对涉嫌违法行为现场进行证据固定等。

**该环节主要措施：**对现场图书进行证据登记保存，制作《现场检查（勘验）笔录》和《证据保存清单》，拍照取证等。

**三、进一步调查取证**

执法人员对该电商平台店铺涉嫌违法行为进行立案，围绕违法事实的基本情况、性质、情节开展调查取证工作。经查，该电商平台店铺从事出版物经营业务，已取得《出版物经营许可证》，但未能提供出版物进销货清单。其中，一种涉案出版物码洋价是 25.8 元，由负责人从某文化传播有限公司订购了 100 册，以每册 10.8 元的价格售出 8 册，销售金额为 86.4 元，剩余 92 册被执法部门查扣；另一种涉案出版物码洋价是 29.8 元，由负责人从某店铺以刷单形式拍下来，以每册 10.8 元的价格售卖，在某 App 平台显示已售出 499 册，销售金额计 5389.2 元。两种出版物销售金额共计 5475.6 元。执法人员将涉案出版物送出版物鉴定机构进行抽样鉴定，经审读，送审的样本《××拼读训练》属于假冒出版单位名称出版的出版物。

**该环节核实重点：**

1. 认定涉案图书的性质。出版物鉴定机构结合图书内容、式样、定价等要素，出具非法出版物鉴定结果。经鉴定，涉案出版物系假冒出版单位名称出版的出版物。

2. 认定发行非法出版物行为。通过对当事人及工作人员制作《调查询问笔录》，核验电商平台店铺的营业执照等资质，调取图书发行单据（包括订单、网络销售数据、结算单等）等物证，对涉案图书的发行情况进行证据固定。

3. 认定违法经营额、违法所得。该电商平台店铺通过某电商平台对外销售 8 册，经营额为 86.4 元；以刷单形式销售 499 册，经营额为 5389.2 元；共计销售507册，违法经营额总计5475.6元（86.4元+5389.2元）。

已发行出版物中，因该电商平台负责人所订购出版物和刷单所发行出版物未实际支付出版物成本，对外销售507册，该部分违法所得认定为5475.6元。综上，认定违法所得为5475.6元。

**四、作出行政处罚**

2021年6月22日，执法部门向当事人送达了《行政处罚事先告知书》，告知当事人违法事实、案件证据、情节认定、处罚依据及拟处罚内容，并告知当事人享有陈述、申辩、听证的权利。截至6月25日（3个工作日），当事人未提出陈述、申辩、听证的申请。7月2日，执法部门依据《出版管理条例》第六十五条、《出版物市场管理规定》第三十二条第三款的规定，对该电商平台店铺发行伪造、假冒出版单位名称或者报纸、期刊名称的出版物的行为作出行政处罚，责令其改正违法行为，并给予没收非法出版物92册、没收违法所得5475.6元、罚款25000元的行政处罚。

**该环节包括：**行政机关负责人案件集体讨论、处罚事先告知、听证、处罚决定作出、送达等流程，同时关注后续案件可能出现的复议、诉讼风险。

## ▶▶ 合规要点

本案是一起对电商平台店铺发行非法出版物进行行政处罚的典型案件。

**一、法律适用适当**

该电商平台店铺对外销售涉案出版物的行为，应认定为从事出版物的发行业务。涉案图书为非法出版物，该电商平台店铺的行为违反了《出版物市场管理规定》第三十二条第三款的规定。

**二、处罚程序合法**

《举报处理单》证明案件来源；《现场检查（勘验）笔录》、《证据保存清单》、取证照片等证明现场检查、涉案物品的情况；营业执照、许可资质等信息证明当事人具有承担法律责任的主体资格；出版物鉴定机构鉴定结论证明涉案出版物的性质；销售及经营状况等单据证明当事人的经营状况。



## 法规政策依据

《中华人民共和国行政处罚法》第二十八条

《出版管理条例》第六十五条

《出版物市场管理规定》第三十二条第三款

《新闻出版署关于认定非法出版物单价数额的意见》

《新闻出版署关于处理白孝琪非法出版〈半色曝光〉一案中如何计算非法经营数额的批复》

## 案件启示

本案是电商平台店铺向社会发行非法少儿出版物的典型案例。对销售非法少儿出版物这一行为的查处，一方面减少了该类出版物对广大青少年文化权益造成的危害；另一方面对出版物发行市场进行了规范。

广大消费者应对从电商平台购买的相关出版物予以辨别，发现非法出版物时，应积极向文化执法、市场监管等部门反映情况；各类电商平台要严格落实出版物审核责任，提供正规出版物；文化执法、市场监管等管理部门要加大对电商平台店铺的日常巡查，宣传《出版管理条例》《出版物市场管理规定》等有关内容，增强电商平台的正版意识。

（撰稿：河南省信阳市淮滨县文广旅局　董博）

# 网店大量销售盗版中小学教科书

## 场景呈现

某网店在其店铺内面向全国销售小学、初中、高中教科书，这些教科书的质量参差不齐。从网店内消费者的评价来看，该网店前期销售的教科书在内容、装订、印刷质量上都存在明显问题，严重影响学习使用，但后期质量明显有所改善，与正版无明显差异。在该网店的背后，是集印刷、批发、发行于一体的一整条犯罪产业链。该犯罪团伙通过异地经营等手段，规避执法检查。

## 处置难点

如何查处异地运营的网络书店？

网络案件如何调查取证？

网店已售出的图书如何定性？

如何确定违法经营额及违法所得？

## 案件来源

2020 年 11 月，A 省 B 市文化市场综合执法支队接到“12318”电话举报，称某网店销售盗版中小学教科书。执法人员联系举报人后，举报人将从该网店购买的未拆封的包裹邮寄到文化市场综合执法支队。

## 案件事实

执法人员将举报人邮寄的包裹内的教科书邮寄到相关出版社进行核实，同时对该网店进行了远程勘验，发现该网店销售的商品均为中小学教科书，且销量巨大。

该市文化市场综合执法支队、公安机关随即成立联合专案组展开调查，查明了盗版中小学教科书印刷、批发、发行的一整条犯罪产业链。经查，3 名犯罪嫌疑人（陈某、代某、丁某）自 2020 年 5 月至 2021 年 1 月通过某电商平台销售盗版中小学教科书，违法经营额达 1570 余万元，涉案图书 174 万余册；犯罪嫌疑人李某伙同孙某印刷盗版教科书，并向陈某等人提供货源。

2021 年 12 月至 2022 年 1 月，该市人民法院以侵犯著作权罪分别判处 5 名被告人 2 年 6 个月至 4 年不等的有期徒刑，共处罚金 180 万元，共没收违法所得 113 万余元。

## 查处过程

### 一、远程勘验

执法部门组织 2 名执法人员对该网店的经营资质、销售的商品等情况进行远程勘验，发现该网店销售的 91 种商品均为中小学教科书，仅九年级下册语文这一个品种的销量就达 10 万余册。

**二、核实该网店资质和图书**

执法部门联系许可部门了解该网店的许可情况，得知该公司于2019年变更了法定代表人和住所。通过对该住所暗访发现，该公司不在该地运营。执法部门将该网店销售的图书寄送至相关出版社进行核实，核实结果为该网店销售的图书是侵权复制品。

**三、调取销售记录**

执法部门在电商平台调取了该网店全部的销售记录，包括销售商品名称、销售金额、快递单号、发货地等关键信息。

**四、移送公安机关开展进一步调查**

该市文化市场综合执法支队立即将该案件线索通报至该市公安机关，并与公安机关共同抽调精干力量成立联合专案组，继续调查本案。经专案组研判，本案调查主要将仓储发货、网店资金流水和电子商务运营地点作为切入点，寻找突破口。

2021年1月3日，专案组根据网店销售记录指向，赴S省L市调查该网店仓储发货情况。经查，2020年11月上旬至12月中旬，该网店租用S省L市某村的民房作为仓储点，主要通过两家快递公司进行发货，日发货量可达5000单，2020年12月中旬以后，该发货地点已经转移。该网店发货地点频繁转移，涉及S省、H省等多地，仓储发货、运营地点难以查明。

2021年1月20日，专案组再赴电商平台调取该公司网店全部销售记录及资金账户，进而确定违法经营额，掌握该公司银行账户资金流向，锁定本案主要犯罪嫌疑人，通过对主要犯罪嫌疑人的抓捕、审讯，查清犯罪事实。

2021年2月至4月，专案组赴S省多地开展抓捕和取证工作。本轮抓捕行动抓获了经营该网店的代某、陈某以及利用印刷企业工作人员身份印刷盗版教科书的孙某。专案组在来到S省某地的快递公司开展调查时，接收了该网店的109件快递退货件，该退货件为盗版中小学教科书，共计34种293册，专案组取得了本案的关键物证。

为该网店提供批发盗版教科书的犯罪嫌疑人李某迫于公安机关的压力，于2022年4月主动投案自首。

经第三方对该网店的销售记录的审计，该网店销售盗版教科书174万余册，违法经营额为1570余万元。

2021年7月，在逃犯罪嫌疑人丁某落网。

**五、作出刑事判决**

2021年12月至2022年1月，该市人民法院以侵犯著作权罪分别判处5名被告人2年6个月至4年不等的有期徒刑，共处罚金180万元，共没收违法所得113万余元。

**该环节核实重点：**通过远程取证、调取销售记录、调查快递情况、调查资金流向等取得证明犯罪事实的证据，协助当地公安机关对犯罪嫌疑人实施抓捕，通过讯问、询问等获得嫌疑人供述及证人证言，通过第三方审计电子数据确定违法经营额和违法所得。

## ▶▶ 合规要点

本案是一起对印制、批发以及网络销售盗版教科书的行为实施全链条打击的典型案件。

**一、法律适用适当**

该团伙中被告人孙某印刷盗版图书的行为，为未经著作权人许可复制其作品的行为。其他4名被告人批发、销售盗版图书的行为，为未经著作权人许可发行其作品的行为。根据《最高人民法院、最高人民检察院关于办理侵犯知识产权刑事案件具体应用法律若干问题的解释（二）》第二条第一款“刑法第二百一十七条侵犯著作权罪中的‘复制发行’，包括复制、发行或者既复制又发行的行为”的规定，本案中5名被告人均符合《中华人民共和国刑法》第二百一十七条的规定，构成侵犯著作权罪。

**二、证据来源合法**

在本案中，该市文化市场综合执法支队根据《中华人民共和国刑事诉讼法》第五十四条第二款的规定，取得的远程勘验笔录、截屏证据，调取的网店销售电子数据等经审查质证可作为刑事诉讼证据使用，证明该公司通过其网店向全国销售各类盗版教科书1744242册，销售金额共计人民币15700479.67元。

**三、关于著作权归属认定**

本案前期调查获得了出版社的鉴定意见：该书在印刷质量、封面工艺、用纸质量、装订工艺、版权页标识等诸多方面与正版图书有较大差异，不属于该出版社重印或经销的出版物。

本案后期文化执法部门联系出版社，通过该出版社联系到了相关著作权人——教科书编写组，取得了本案团伙复制、发行盗版教科书未经著作权人许可的证据。

**四、关于已销售的图书定性**

在本案中，由于犯罪团伙频繁转移仓储、该网店被平台下架等原因，专案组始终无法查实该团伙的仓储位置。从该网店销售记录可以看出，该网店已销售的中小学教科书达174万余册。在无法将这些已销售的图书作为物证的前提下，根据《最高人民法院、最高人民检察院关于办理侵犯知识产权刑事案件具体应用法律若干问题的解释（三）》第二条第二款的规定，有证据证明涉案图书为非法出版、复制发行，且出版者、复制发行者不能提供获得著作权人许可的相关证据材料的，可认定为未经著作权人许可。

## 法规政策依据

《中华人民共和国刑法》第二十五条、第二十六条、第二十七条、第六十一条、第六十四条、第六十七条、第二百一十七条

《中华人民共和国刑事诉讼法》第五十四条

《最高人民法院、最高人民检察院关于办理侵犯知识产权刑事案件具体应用法律若干问题的解释》第五条

《最高人民法院、最高人民检察院关于办理侵犯知识产权刑事案件具体应用法律若干问题的解释(二)》第一条、第二条

《最高人民法院、最高人民检察院关于办理侵犯知识产权刑事案件具体应用法律若干问题的解释(三)》第二条

**案件启示**

该案犯罪团伙向全国发行174万余册中小学教科书，既侵害了著作权人的合法权益，损害了公共利益；又严重冲击了我国中小学教科书征订、发行的正常秩序，助长了一些中小学校不遵守教学计划，“非零起点教学”“超纲教学”“强化应试”的行为，加重了中小学生的课业负担。

该案由全国“扫黄打非”办、文旅部、公安部三部门联合挂牌督办，自2020年11月受理举报到2021年11月开庭审理，办案过程跨三省多地，案情曲折，线索一度中断。经过办案人员的不懈努力，在上级部门的支持下，在多地各部门的协助下，最终实现了对复制、发行盗版教科书的全链条打击。

(撰稿：安徽省安庆市文化市场综合执法支队　肖晟、邹彤)

# 网店销售盗版境外少儿绘本图书

**场景呈现**

一位家长想给孩子添置全英文课外绘本，她在某网络购物平台上发现了一家价格低廉、产品齐全的网店，于是在这家网店下了单。该家长收到绘本时发现，快递箱上没有寄件人的准确信息，里面的图书字迹混浊、油墨味重、纸张较薄；询问其客服却解释为正常现象。家长无处维权只能接受问题图书。该网店不仅通过某网络购物平台售卖图书，还利用微信群、微信朋友圈等途径对图书进行销售。

**处置难点**

如何通过伪造后的物流信息追根溯源？

如何联系境外出版社开展侵权盗版鉴定？

执法部门如何调查取证？

如何通过下游销售寻找上家？

## 案件来源

2021 年 4 月 20 日，某市某区文化市场综合行政执法支队接群众举报称，某片区存在一个盗版书仓库。

## 案件事实

2021 年 4 月 21 日，该区“扫黄打非”办公室、区文化市场综合行政执法支队、区公安分局通过物流公司追踪到发货仓库，对该贸易公司进行检查。执法人员在仓库内发现大量字体颜色暗淡、味道较重的全英文出版物，调查询问后发现经营者姚某未获得著作权人许可便复制、发行该批出版物，执法人员依法对现场出版物进行扣押。

经市新闻出版物监测中心鉴定，所送鉴定的抽样图书为非法出版物。在市版权局的协助联络下，境外出版社将扣押图书鉴定为侵权盗版出版物。办案民警通过梳理物流、资金流等信息，跨区域办案捣毁非法印制、仓储批发、网上销售窝点 3 处。

2022 年 4 月 26 日，该区人民法院判决 3 名当事人犯侵犯著作权罪，分别判处 2 年至 3 年不等有期徒刑，并处 3000 元至 5000 元不等罚金。

## 查处过程

### 一、制作、审批《文化市场举报处理单》

接到群众举报后，执法部门立即制作《文化市场举报处理单》，经批准后，开展核查。

### 二、现场执法检查

区“扫黄打非”办公室、区文化市场综合行政执法支队、区公安分局联合前往物流寄递点核查，通过多方查问追踪到仓库位置，并赴该贸易公司开展现场检查，在现场发现涉案图书 21 种共 45797 册。负责人姚某提供了《营业执照》和《出版物经营许可证》，但无法出具著作权人复制、发行许可。初步判断涉嫌销售非法出版物，执法人员依法查封、扣押了涉案图书。

**该环节核实重点：**物流信息真实性查验、企业有无出版物出版及发行资质、对图书性质初步认定、初步锁定非法发行行为、对涉嫌违法行为现场进行证据固定等。

**该环节主要措施：**对现场情况开展检查，制作《现场检查（勘验）笔录》；根据《查封（扣押）审批表》的批准，查封、扣押现场图书，出具《查封（扣押）决定书》和《扣押物品清单》；做好拍照取证等工作。

**三、进一步调查取证**

由区"扫黄打非"办公室抽样将上述查封扣押的 21 种出版物共 645 册样本送市新闻出版物监测中心进行鉴定。经鉴定，送检图书中共 20 种图书为非法出版物。市版权局协助联络境外出版机构，将出版物分送相关出版社进行鉴定，鉴定结果均为侵权盗版出版物。依据《最高人民法院、最高人民检察院关于办理侵犯知识产权刑事案件具体应用法律若干问题的解释》第五条、《中华人民共和国行政处罚法》第二十七条的规定，姚某等人侵犯著作权案属于"有其他严重情节"，已涉嫌构成犯罪，区文化旅游委于 2021 年 8 月 9 日将案件相关资料移送区公安分局办理。接到移送线索后，区公安分局于 2021 年 8 月 10 日立案，并对嫌疑人姚某采取强制措施，进行审讯。在查找姚某的上家时，姚某曾主动向警方提供了一个伪造的境外微信号，误导了警方的侦查方向。办案民警通过重新梳理物流、资金流等信息，最终锁定物流来源在外省，嫌疑人通过物流点汇总货物，再转给专线物流发给姚某。通过深入实地走访、了解、调查，办案民警成功捣毁非法印制、仓储批发、网上销售窝点 3 处；抓获犯罪嫌疑人姚某、冯某龙、冯某凤 3 人；查获 12 种盗版幼儿英语启蒙绘本共计 4.5 万余册；查获制假印刷设备 1 批；涉案金额达 400 余万元。

**该环节核实重点：**

1. 认定涉案图书性质。首先，需由出版物鉴定机构出具非法出版物鉴定结果。经鉴定，涉案出版物系经营者通过网络购物平台销售的非法出版物，该经营者不具备出版物进口经营单位资质，且未从依法设立的出版物进口经营单位购进。其次，需由相关出版社对其是否为侵权盗版图书进行鉴定。

2. 立案审讯寻找上游。寻找非法出版物制售源头，通过对当事人调查询问，核查交易记录，梳理物流、资金流等信息，锁定非法出版物的来源。

3. 跨区域协作办案。制作办案协作函件、传唤证，在当地警方的配合下，找到并传唤嫌疑人，嫌疑人供认犯罪事实后，对其采取取保候审强制措施。

**四、作出刑事处罚、行政处罚**

姚某、冯某龙、冯某凤的行为已触犯《中华人民共和国刑法》第二百一十七条第一项之规定，涉嫌侵犯著作权罪。2021 年 11 月 26 日，区公安分局将此案移送区人民检察院审查起诉。2022 年 4 月 20 日，区人民检察院起诉至区人民法院。2022 年 4 月 26 日，区人民法院依照《中华人民共和国刑法》第二百一十七条、第六十七条第一款及第三款、第七十二条第一款及第三款、第七十三条第二款及第三款、第五十二条、第五十三条、第六十四条，《中华人民共和国刑事诉讼法》第十五条之规定，判决如下：1. 姚某犯侵犯著作权罪，判处有期徒刑 2 年，缓刑 3 年，并处罚金 3000 元；2. 冯某凤犯侵犯著作权罪，判处有期徒刑 3 年，缓刑 4 年，并处罚金 5000 元；3. 冯某龙犯侵犯著作权罪，判处有期徒刑 3 年，缓刑 4 年，并处罚金 5000 元；4. 姚某主动退缴的违法所得 3193 元、冯某龙主动退缴的违法所得 5000 元，依法予以没收；5. 扣押在案的非法出版物、作案工具笔记本电脑 1 台和手机 1 部，依法予以没收。截至 2022 年 5 月 6 日，当事人未提出上诉。

2022 年 6 月 28 日，依据《出版物市场管理规定》第三十二条第三款、第四款，《出版管理条例》第六十五条之规定，区文化旅游委对姚某侵犯著作权的相关非法出版物作出没收的行政处罚。

## ▶▶ 合规要点

本案是一起对网络销售侵权盗版少儿类图书进行处罚的典型案件。

一、法律适用适当

姚某经营的贸易公司通过网络购物平台销售的20种境外图书经市新闻出版物监测中心鉴定均属非法出版物。其中，15种境外图书，共计6741册，均系姚某从冯某凤、冯某龙处购进。2020年10月至2021年4月，冯某凤、冯某龙未经著作权人授权印刷上述境外图书，并以每吨600元至700元的价格出售给姚某，通过物流多次将上述境外图书从外省寄递到姚某所在的某市某区，收取书款5000余元。依据《中华人民共和国刑法》第二百一十七条第一项之规定，冯某凤、冯某龙、姚某的行为已构成侵犯著作权罪。

二、处罚程序合法

《文化市场举报处理单》证明案件来源；《现场检查（勘验）笔录》、《查封（扣押）审批表》、《查封（扣押）决定书》、《扣押物品清单》、取证照片等证明现场检查、涉案物品的情况；出版物鉴定机构的鉴定结果、相关出版社鉴定结论等证明涉案出版物的性质；办案协作函件、传唤证等证明跨区域办案的合规性。

## ▷▷ 法规政策依据

《出版管理条例》第七条、第六十五条

《出版管理行政处罚实施办法》第十七条第二项

《出版物市场管理规定》第三十二条第三款、第四款

《最高人民法院、最高人民检察院关于办理侵犯知识产权刑事案件具体应用法律若干问题的解释》第五条

《中华人民共和国行政处罚法》第二十七条

《中华人民共和国刑法》第二百一十七条，第六十七条第一款、第三款，第七十二条第一款、第三款，第七十三条第二款、第三款，第五十二条，第五十三条，第六十四条

《中华人民共和国刑事诉讼法》第十五条

**案件启示**

网络购物平台销售侵权盗版图书不仅会对读者造成误导，更会损害出版发行企业和著作权人的权益。本案涉案企业在未取得出版物进口经营单位资质的情况下，购进盗版图书并以正品“优惠”名义通过各大网络购物平台销售牟利。该案的查处，一方面，有力地维护了出版物市场秩序，有效保护了未成年人的身心健康；另一方面，对违法行为实现了最大的打击成效，得到了相关著作权人的高度赞誉。

为防治网购盗版图书类似案件的发生，网络平台应充分审查销售链接，限制显著低于市场价格的可疑产品上市，禁止有盗版销售污点的商铺上新链接；出版社应建立编辑、印刷、发行全流程防盗版机制，加强源头防控，设置维权快速通道；家长应提升非法出版物辨别能力，及时向文化执法、市场监管等部门反映情况；文化执法、教育、市场监管等管理部门应当树立打防结合、以防为主的理念，加大《出版管理条例》《出版物市场管理规定》等有关内容的宣传力度。

（撰稿：中共重庆市大渡口区委宣传部　王丹妮）

# 不法人员通过 QQ 销售涉未成年人淫秽物品

**场景呈现**

2021 年 1 月 22 日，崔某通过 QQ 从犯罪嫌疑人胡某处购买了视频、图片和小说，后发现所购买的视频、图片和小说中的内容涉及淫秽情节，遂于 1 月 27 日向公安局报案。某县公安局立案后经侦查发现，犯罪嫌疑人通过 QQ 对外贩卖淫秽视频的方式非法牟利，且上下层级较多；并于 3 月至 6 月先后赴四川、河南、安徽、广东、内蒙古等地开展抓捕行动，抓获胡某、王某翰、马某飞、苏某、包某明等 5 个层级共 5 名犯罪嫌疑人，解救被猥亵、引诱拍摄淫秽视频的男童 2 人，扣押涉案手机 5 部、电脑 4 台、移动硬盘 8 个，查明涉案网站 1 个、QQ 群 20 余个、网络云盘 3 个、淫秽视频 9 万余个、淫秽图片 50 余万张、淫秽文章 1.2 万余篇。犯罪嫌疑人非法获利 70 余万元，购买淫秽视频的人员涉及全国各地。

**处置难点**

如何对贩卖的淫秽物品进行取证？

如何对大量的疑似淫秽物品进行鉴定？

**案件来源**

崔某从犯罪嫌疑人胡某处购买了视频、图片和小说，后发现所购买的视频、图片和小说中的内容涉及淫秽情节，觉得影响恶劣，主动向公安局报案。

## 案件事实

2020年年初，犯罪嫌疑人苏某为非法牟利，从网上购买了大量的淫秽视频，通过自建网站定期发布淫秽视频的缩略截图，并将网址和登录密码发至QQ群；群内成员看中截图后将图片发给苏某；后苏某再以每部视频1—20元的价格对外销售，共获利60余万元。犯罪嫌疑人马某飞从苏某处购买淫秽视频后，通过QQ群发布淫秽视频的缩略截图；群内好友看中截图后将图片发给马某飞；后马某飞再以每部视频1—20元的价格对外销售，共获利50余万元。犯罪嫌疑人王某翰从马某飞处购买淫秽视频后，通过与马某飞同样的犯罪方式，以每部视频1—5元的价格对外销售，共获利10万余元。犯罪嫌疑人胡某从王某翰处购买淫秽视频后，以99元的价格打包销售148个淫秽视频、311张淫秽图片和2725篇淫秽文章，并通过QQ传输的方式对外售卖，共获利10万余元。

苏某到案后，专案组发现其并没有直接拍摄淫秽视频的行为。专案组在海量视频中通过人脸识别比对，发现除1名受害男童外，还有其他受害男童，分析马某飞还有其他上线的可能。专案组通过对马某飞的进一步审讯，成功突破其心理防线，马某飞提供了其有一名上线猥亵多名男童并拍摄淫秽视频进行销售的重要线索。专案组经过侦查，很快锁定了该名上线的真实身份，并于6月21日在某市将犯罪嫌疑人抓获，现场扣押手机1部、电脑1台，查明涉案云盘2个、淫秽视频5万余个、淫秽图片20万余张以及部分淫秽小说。根据犯罪嫌疑人包某明供述，其自2018年夏天开始贩卖淫秽物品至今，非法牟利60余万元；其间通过金钱引诱等手段，于2019年11月至案发多次猥亵不满14岁的男童，并拍摄成淫秽视频对外销售，并将自己猥亵男童的犯罪行为编写成20余部淫秽小说通过境外通信软件向境外销售。

从2021年7月3日起，专案组先后赴外地成功解救被猥亵、引诱拍摄淫秽视频的未成年人2人。

## 查处过程

**一、制作、审批《受案登记表》《立案决定书》**

公安机关接到举报后，经逐级审批，受案、立案后开展调查、取证工作。

**二、网络侦控**

根据报案人提供的QQ号，公安机关通过网络侦控锁定犯罪嫌疑人胡某，通过进一步调查，拓展出胡某的上线王某翰、王某翰的上线马某飞、马某飞的上线苏某和包某明等犯罪嫌疑人。

**该环节核实重点：**厘清人员组织框架脉络。

**三、抓捕犯罪嫌疑人**

公安机关于2021年3月至6月先后赴四川、河南、安徽、广东、内蒙古等地开展抓捕行动，成功抓获胡某、王某翰、马某飞、苏某、包某明等5个层级共 5 名犯罪嫌疑人。

**该环节核实重点：**

1. 讯问犯罪嫌疑人。对抓获的每一名犯罪嫌疑人进行讯问，查清其涉嫌犯罪的基本事实。

2. 搜查、扣押涉案物品。在抓获犯罪嫌疑人时，出具搜查证对犯罪嫌疑人住宅进行搜查；出具《扣押决定书》《扣押清单》等文书扣押犯罪嫌疑人用于作案的手机、电脑、移动硬盘、存储卡等涉案物品；并做好拍照取证等工作。

## 四、对贩卖的疑似淫秽物品进行审查鉴定

根据《全国人大常务委员会关于惩治走私、制作、贩卖、传播淫秽物品的犯罪分子的决定》和《关于认定淫秽及色情出版物的暂行规定》，某县公安局淫秽物品鉴定中心民警对犯罪嫌疑人售卖的疑似淫秽物品进行审查鉴定，确定犯罪嫌疑人售卖的淫秽物品的数量。

**该环节核实重点：**

1. 将犯罪嫌疑人的涉案手机、电脑送至网安部门进行电子数据取证，梳理出其贩卖的疑似淫秽物品。

2. 逐一对疑似淫秽物品进行审查鉴定，确定淫秽物品的数量。

## 五、收集证人证言、被害人陈述等材料

通过犯罪嫌疑人交代，找到相关购买淫秽物品的证人及被猥亵的儿童作询问笔录，佐证案件事实。

## 六、移送起诉

公安机关通过收集、汇总犯罪嫌疑人的供述和辩解、证人证言、被害人陈述、辨认笔录、检查笔录、鉴定意见、电子数据等证据，结合犯罪嫌疑人到案后的表现，撰写《起诉意见书》，经过审批，依照《中华人民共和国刑事诉讼法》第一百六十二条之规定，移送人民检察院审查起诉。

## ▶▶ 合规要点

本案是一起对制作、贩卖淫秽物品牟利及猥亵儿童进行刑事处罚的典型案件。

通过审理公安机关调查的案件情况，人民检察院依照《中华人民共和国刑事诉讼法》第一百七十六条之规定提起公诉，人民法院依照《中华人民共和国刑法》等规定，依法作出判决。

被告人胡某因犯贩卖淫秽物品牟利罪被判处有期徒刑 3 年，宣告缓刑 5 年，并处罚金 1 万元。被告人王某翰因犯贩卖淫秽物品牟利罪被判处有期徒刑 1 年 6 个月，宣告缓刑 2 年，并处罚金 5000 元。被告人马某飞因犯贩卖淫秽物品牟利罪被判处有期徒刑 3 年 2 个月，并处罚金 15000 元。被告人苏某因犯贩卖淫秽物品牟利罪被判处有期徒刑 3 年，并处罚金 9000 元。被告人包某明犯猥亵儿童罪，判处有期徒刑 5 年；犯制作、贩卖淫秽物品牟利罪，判处有期徒刑 5 年，并处罚金 2 万元；人民法院对其进行数罪并罚，决定执行有期徒刑 9 年，并处罚金 2 万元。

## ▷▷ 法规政策依据

《中华人民共和国刑法》第二百三十七条第三款、第三百六十三条第一款、第六十七条第三款、第六十四条、第六十九条

《最高人民法院、最高人民检察院关于办理利用互联网、移动通讯终端、声讯台制作、复制、出版、贩卖、传播淫秽电子信息刑事案件具体应用法律若干问题的解释》第一条第一款、第二条

《最高人民法院、最高人民检察院关于办理利用互联网、移动通讯终端、声讯台制作、复制、出版、贩卖、传播淫秽电子信息刑事案件具体应用法律若干问题的解释（二）》第一条、第十一条

《最高人民法院、最高人民检察院关于利用网络云盘制作、复制、贩卖、传播淫秽电子信息牟利行为定罪量刑问题的批复》第二条



**案件启示**

该案中，涉案人员大多法律意识淡薄，利用网络贩卖淫秽物品牟取不当利益，污染网络空间，败坏社会风气，践踏法律和道德底线，危害广大群众特别是青少年的身心健康。对此，必须坚决制止、严厉打击。只有坚持不懈地整治网络传播淫秽色情现象，发现淫秽色情信息及时清理、毫不手软、动真碰硬，才能形成震慑，从而推动网络空间清朗。

（撰稿：安徽省滁州市来安县公安局　朱国兴）

# 某教育培训机构微信公众号发布违法招生广告

## 场景呈现

某教育培训机构在其微信公众号上发布了一则名为“可签约保分：×× 教育中高考冲刺课程 2022 届一期开始招生”的广告，广告包含“最低提分 80 分，最高提分 312 分”和“陈某某同学入学 324 分，高考 563 分被 ×× 大学录取。方某某同学入学 419 分，高考 509 分被 ×× 大学录取”等内容。该则广告还以表格的形式，列举了王某某等 20 名同学的姓名、科目、入学分数、中高考分数、提升分数，以及 6 名学生的“2021 年普通高考录取信息查询”截图。

## 处置难点

如何锁定非法发布广告的证据？

执法人员如何确定广告主、广告经营者、广告发布者？

广告费用如何计算？

## 案件来源

2021 年 10 月 19 日，某市市场监督管理部门接到省市场监督管理局广告监测平台监测到的违法广告线索，反映某教育培训机构涉嫌发布违法培训广告。

## 案件事实

根据省局交办的违法广告线索，该市市场监督管理部门对某教育培训机构的微信公众号进行线上排查，发现内容涉嫌违法广告。10 月 22 日，该市市场监督管理部门对该教育培训机构经营场所进行现场检查；现场负责人承认发布了该违法培训广告，并表示将积极整改。

经查，当事人为教育培训机构，利用自行注册的微信公众号"××教育"，自行设计、制作、发布了对教育培训效果作出明示或暗示的保证性承诺及以受益人名义或形象作推荐证明的违法广告。

2021 年 11 月，该市市场监督管理部门依法责令当事人停止违法行为，在相应范围内消除影响，并作出罚款 20000 元的行政处罚。

## 查处过程

### 一、制作《案件来源登记表》《立案审批表》

执法部门立即制作《案件来源登记表》《立案审批表》，经批准后，开展核查工作。

### 二、执法检查

1. 执法部门对某教育培训机构的微信公众号进行线上排查，对发现的违法广告内容进行截图取证。

2. 执法部门组织 2 名以上执法人员到该教育培训机构开展检查，对现场负责人于某进行询问。于某承认该违法广告由当事人自行设计、制作，并在当事人自己注册的微信公众号上发布。执法人员通过于某的手机查阅并打印了该培训机构发布的违法广告。

**该环节核实重点：**首先，在线上确认存在违法广告内容；其次，对现场负责人进行询问；最后，现场打印证据，由现场负责人确认。通过以上环节初步锁定了某教育培训机构发布违法广告的行为。

**该环节主要措施：**首先，执法人员通过微信查询某教育培训机构的微信公众号，对该机构发布的违法广告内容进行截图取证。其次，执法人员到当事人经营场所开展检查，制作现场笔录和询问笔录。最后，通过现场负责人于某的手机进入某教育培训机构的微信公众号后台查询、打印相关证据，并由现场负责人于某进行确认。

**三、进一步调查取证**

经批准立案调查后，该市市场监督管理部门围绕违法事实的基本情况、性质、情节，开展进一步调查取证工作。经查，该教育培训机构法定代表人于某的爱人于某某，负责该教育培训机构及其微信公众号“×× 教育”的日常管理工作。2021 年 7 月，于某某自行设计并制作了一则名为“可签约保分：×× 教育中高考冲刺课程 2022 届一期开始招生”的广告，并利用微信公众号“×× 教育”发布。广告中存在对教育培训效果作出明示或暗示的保证性承诺及以受益人名义或形象作推荐证明的违法内容。该广告没有通过其他媒介发布，没有广告费用产生，广告费用无法计算。本案中，广告从设计到制作发布均由该教育培训机构自行实施完成，因此该教育培训机构既是案涉广告的广告主，也是案涉广告的制作者及发布者。该广告于 2021 年 7 月 27 日发布，截至 10 月 20 日现场检查，阅读量为 696 次。该教育培训机构在办案人员检查后，主动删除了其微信公众号上涉嫌违法的广告，且于 11 月 1 日主动在微信公众号发布了《致公众号朋友们的一封信》，主动消除或者减轻违法广告所带来的危害后果。

**该环节核实重点：**

1. 是否存在广告经营者。通过线上排查、现场检查、询问调查等方式，逐一调查广告设计、制作、发布等环节，确定是否存在其他广告经营者。

2. 固定违法行为证据：通过对当事人制作询问笔录、打印广告内容、调取后台数据等方式，固定当事人违法行为的证据。

3. 广告费用的认定。本案广告是当事人自行设计、制作并发布在自媒体上的，从而案涉广告费用无法计算。

4. 认定减轻情节。根据当事人积极配合调查、如实陈述违法事实、主动提供证据材料、主动删除违法广告、发布《致公众号朋友们的一封信》等情节，结合《中华人民共和国行政处罚法》的"过罚相当原则""处罚与教育相结合原则"，认定当事人主动消除或者减轻违法广告所带来的危害后果，具有减轻处罚的情节。

**四、作出行政处罚**

2021年11月11日，执法部门向当事人送达了《行政处罚告知书》，告知了对当事人拟作出行政处罚的事实、理由、依据、处罚内容，以及当事人依法享有陈述、申辩及要求听证的权利。当事人在法定期限内未提出陈述、申辩，未要求听证。11月23日，执法部门依据《中华人民共和国广告法》第五十八条第一款第六项、《中华人民共和国行政处罚法》第三十二条第一项等规定，对该教育培训机构发布对教育培训效果作出明示或暗示的保证性承诺及以受益人名义或形象作推荐证明的违法广告行为作出了行政处罚。执法部门责令当事人改正违法行为，在相应范围内消除影响，罚款20000元。

**该环节包括：**处罚事先告知、行政执法机关负责人案件集体讨论、处罚决定作出及送达等流程，同时关注案件后续可能出现的复议、诉讼风险。

## 法规政策依据

《中华人民共和国广告法》第二十四条第一项、第三项，第五十八条第一款第六项

《中华人民共和国行政处罚法》第三十二条第一项

## 案件启示

在教育培训广告铺天盖地袭来的同时，广告内容违法成为一个日渐严重的问题。特别是针对青少年的教育培训广告，制造家长的焦虑情绪，误导公众的教育观念。

本案中，某教育培训机构挑选学习成绩优秀或者进步较大的学员在广告中进行宣传，误导广大青少年及家长，违反了《中华人民共和国广告法》中禁止利用受益者的名义或者形象作推荐、证明的规定。这类违法广告也是目前查处的教育培训广告中比较典型的违法类型。同时，教育培训的效果具有一定的不确定性，并不能保证每个学员都能取得高分。该教育培训机构以承诺取得高分或者考入名校作为广告宣传内容，实际上是吸引学员报名的手段，并不能保证一定实现，违反了《中华人民共和国广告法》关于禁止对教育培训效果作出保证性承诺的规定。

校外培训机构应当遵守国家和当地对校外培训管理政策的各项要求，自觉加强广告内容管控。市场监督管理部门应持续开展校外培训广告检查，严肃查处制造焦虑、夸大培训效果、误导公众教育观念的虚假违法校外培训广告，为未成年人的健康成长提供良好的学习环境。

（撰稿：辽宁省营口市市场监督管理综合行政执法队　白正童、朱丽）

# “护苗”法律法规

# 中华人民共和国宪法（节选）

（1982年12月4日第五届全国人民代表大会第五次会议通过 1982年12月4日全国人民代表大会公告公布施行 根据1988年4月12日第七届全国人民代表大会第一次会议通过的《中华人民共和国宪法修正案》、1993年3月29日第八届全国人民代表大会第一次会议通过的《中华人民共和国宪法修正案》、1999年3月15日第九届全国人民代表大会第二次会议通过的《中华人民共和国宪法修正案》、2004年3月14日第十届全国人民代表大会第二次会议通过的《中华人民共和国宪法修正案》和2018年3月11日第十三届全国人民代表大会第一次会议通过的《中华人民共和国宪法修正案》修正）

**第二十二条 【文化事业】**[①] 国家发展为人民服务、为社会主义服务的文学艺术事业、新闻广播电视事业、出版发行事业、图书馆博物馆文化馆和其他文化事业，开展群众性的文化活动。

国家保护名胜古迹、珍贵文物和其他重要历史文化遗产。

**第三十五条 【基本政治自由】**中华人民共和国公民有言论、出版、集会、结社、游行、示威的自由。

**第四十七条 【文化活动权】**中华人民共和国公民有进行科学研究、文学艺术创作和其他文化活动的自由。国家对于从事教育、科学、技术、文学、艺术

① 为便于阅读，编者对若干法律编写了条旨，仅供参考。

和其他文化事业的公民的有益于人民的创造性工作，给以鼓励和帮助。

**第四十九条 【婚姻家庭制度】**婚姻、家庭、母亲和儿童受国家的保护。

夫妻双方有实行计划生育的义务。

父母有抚养教育未成年子女的义务，成年子女有赡养扶助父母的义务。

禁止破坏婚姻自由，禁止虐待老人、妇女和儿童。

**第五十一条 【公民自由和权利的限度】**中华人民共和国公民在行使自由和权利的时候，不得损害国家的、社会的、集体的利益和其他公民的合法的自由和权利。

# 中华人民共和国未成年人保护法

（1991年9月4日第七届全国人民代表大会常务委员会第二十一次会议通过 2006年12月29日第十届全国人民代表大会常务委员会第二十五次会议第一次修订 根据2012年10月26日第十一届全国人民代表大会常务委员会第二十九次会议《关于修改〈中华人民共和国未成年人保护法〉的决定》修正 2020年10月17日第十三届全国人民代表大会常务委员会第二十二次会议第二次修订）

## 目　录

## 第一章　总　　则

**第一条**　为了保护未成年人身心健康，保障未成年人合法权益，促进未成年人德智体美劳全面发展，培养有理想、有道德、有文化、有纪律的社会主义建设者和接班人，培养担当民族复兴大任的时代新人，根据宪法，制定本法。

**第二条**　本法所称未成年人是指未满十八周岁的公民。

**第三条**　国家保障未成年人的生存权、发展权、受保护权、参与权等权利。

未成年人依法平等地享有各项权利，不因本人及其父母或者其他监护人的民族、种族、性别、户籍、职业、宗教信仰、教育程度、家庭状况、身心健康状况等受到歧视。

**第四条**　保护未成年人，应当坚持最有利于未成年人的原则。处理涉及未成年人事项，应当符合下列要求：

（一）给予未成年人特殊、优先保护；

（二）尊重未成年人人格尊严；

（三）保护未成年人隐私权和个人信息；

（四）适应未成年人身心健康发展的规律和特点；

（五）听取未成年人的意见；

（六）保护与教育相结合。

**第五条**　国家、社会、学校和家庭应当对未成年人进行理想教育、道德教育、科学教育、文化教育、法治教育、国家安全教育、健康教育、劳动教育，加强爱国主义、集体主义和中国特色社会主义的教育，培养爱祖国、爱人民、爱劳动、爱科学、爱社会主义的公德，抵制资本主义、封建主义和其他腐朽思想的侵蚀，引导未成年人树立和践行社会主义核心价值观。

**第六条** 保护未成年人，是国家机关、武装力量、政党、人民团体、企业事业单位、社会组织、城乡基层群众性自治组织、未成年人的监护人以及其他成年人的共同责任。

国家、社会、学校和家庭应当教育和帮助未成年人维护自身合法权益，增强自我保护的意识和能力。

**第七条** 未成年人的父母或者其他监护人依法对未成年人承担监护职责。

国家采取措施指导、支持、帮助和监督未成年人的父母或者其他监护人履行监护职责。

**第八条** 县级以上人民政府应当将未成年人保护工作纳入国民经济和社会发展规划，相关经费纳入本级政府预算。

**第九条** 县级以上人民政府应当建立未成年人保护工作协调机制，统筹、协调、督促和指导有关部门在各自职责范围内做好未成年人保护工作。协调机制具体工作由县级以上人民政府民政部门承担，省级人民政府也可以根据本地实际情况确定由其他有关部门承担。

**第十条** 共产主义青年团、妇女联合会、工会、残疾人联合会、关心下一代工作委员会、青年联合会、学生联合会、少年先锋队以及其他人民团体、有关社会组织，应当协助各级人民政府及其有关部门、人民检察院、人民法院做好未成年人保护工作，维护未成年人合法权益。

**第十一条** 任何组织或者个人发现不利于未成年人身心健康或者侵犯未成年人合法权益的情形，都有权劝阻、制止或者向公安、民政、教育等有关部门提出检举、控告。

国家机关、居民委员会、村民委员会、密切接触未成年人的单位及其工作人员，在工作中发现未成年人身心健康受到侵害、疑似受到侵害或者面临其他危险情形的，应当立即向公安、民政、教育等有关部门报告。

有关部门接到涉及未成年人的检举、控告或者报告，应当依法及时受理、处置，并以适当方式将处理结果告知相关单位和人员。

**第十二条** 国家鼓励和支持未成年人保护方面的科学研究，建设相关学科、设置相关专业，加强人才培养。

**第十三条** 国家建立健全未成年人统计调查制度，开展未成年人健康、受教育等状况的统计、调查和分析，发布未成年人保护的有关信息。

**第十四条** 国家对保护未成年人有显著成绩的组织和个人给予表彰和奖励。

## 第二章 家庭保护

**第十五条** 未成年人的父母或者其他监护人应当学习家庭教育知识，接受家庭教育指导，创造良好、和睦、文明的家庭环境。

共同生活的其他成年家庭成员应当协助未成年人的父母或者其他监护人抚养、教育和保护未成年人。

**第十六条** 未成年人的父母或者其他监护人应当履行下列监护职责：

（一）为未成年人提供生活、健康、安全等方面的保障；

（二）关注未成年人的生理、心理状况和情感需求；

（三）教育和引导未成年人遵纪守法、勤俭节约，养成良好的思想品德和行为习惯；

（四）对未成年人进行安全教育，提高未成年人的自我保护意识和能力；

（五）尊重未成年人受教育的权利，保障适龄未成年人依法接受并完成义务教育；

（六）保障未成年人休息、娱乐和体育锻炼的时间，引导未成年人进行有益身心健康的活动；

（七）妥善管理和保护未成年人的财产；

（八）依法代理未成年人实施民事法律行为；

（九）预防和制止未成年人的不良行为和违法犯罪行为，并进行合理管教；

（十）其他应当履行的监护职责。

**第十七条** 未成年人的父母或者其他监护人不得实施下列行为：

（一）虐待、遗弃、非法送养未成年人或者对未成年人实施家庭暴力；

（二）放任、教唆或者利用未成年人实施违法犯罪行为；

（三）放任、唆使未成年人参与邪教、迷信活动或者接受恐怖主义、分裂主义、极端主义等侵害；

（四）放任、唆使未成年人吸烟（含电子烟，下同）、饮酒、赌博、流浪乞讨或者欺凌他人；

（五）放任或者迫使应当接受义务教育的未成年人失学、辍学；

（六）放任未成年人沉迷网络，接触危害或者可能影响其身心健康的图书、报刊、电影、广播电视节目、音像制品、电子出版物和网络信息等；

（七）放任未成年人进入营业性娱乐场所、酒吧、互联网上网服务营业场所等不适宜未成年人活动的场所；

（八）允许或者迫使未成年人从事国家规定以外的劳动；

（九）允许、迫使未成年人结婚或者为未成年人订立婚约；

（十）违法处分、侵吞未成年人的财产或者利用未成年人牟取不正当利益；

（十一）其他侵犯未成年人身心健康、财产权益或者不依法履行未成年人保护义务的行为。

**第十八条** 未成年人的父母或者其他监护人应当为未成年人提供安全的家庭生活环境，及时排除引发触电、烫伤、跌落等伤害的安全隐患；采取配备儿童安全座椅、教育未成年人遵守交通规则等措施，防止未成年人受到交通事故的伤害；提高户外安全保护意识，避免未成年人发生溺水、动物伤害等事故。

**第十九条** 未成年人的父母或者其他监护人应当根据未成年人的年龄和智力发展状况，在作出与未成年人权益有关的决定前，听取未成年人的意见，充分考虑其真实意愿。

**第二十条** 未成年人的父母或者其他监护人发现未成年人身心健康受到

侵害、疑似受到侵害或者其他合法权益受到侵犯的，应当及时了解情况并采取保护措施；情况严重的，应当立即向公安、民政、教育等部门报告。

**第二十一条** 未成年人的父母或者其他监护人不得使未满八周岁或者由于身体、心理原因需要特别照顾的未成年人处于无人看护状态，或者将其交由无民事行为能力、限制民事行为能力、患有严重传染性疾病或者其他不适宜的人员临时照护。

未成年人的父母或者其他监护人不得使未满十六周岁的未成年人脱离监护单独生活。

**第二十二条** 未成年人的父母或者其他监护人因外出务工等原因在一定期限内不能完全履行监护职责的，应当委托具有照护能力的完全民事行为能力人代为照护；无正当理由的，不得委托他人代为照护。

未成年人的父母或者其他监护人在确定被委托人时，应当综合考虑其道德品质、家庭状况、身心健康状况、与未成年人生活情感上的联系等情况，并听取有表达意愿能力未成年人的意见。

具有下列情形之一的，不得作为被委托人：

(一)曾实施性侵害、虐待、遗弃、拐卖、暴力伤害等违法犯罪行为；

(二)有吸毒、酗酒、赌博等恶习；

(三)曾拒不履行或者长期怠于履行监护、照护职责；

(四)其他不适宜担任被委托人的情形。

**第二十三条** 未成年人的父母或者其他监护人应当及时将委托照护情况书面告知未成年人所在学校、幼儿园和实际居住地的居民委员会、村民委员会，加强和未成年人所在学校、幼儿园的沟通；与未成年人、被委托人至少每周联系和交流一次，了解未成年人的生活、学习、心理等情况，并给予未成年人亲情关爱。

未成年人的父母或者其他监护人接到被委托人、居民委员会、村民委员会、学校、幼儿园等关于未成年人心理、行为异常的通知后，应当及时采取干预措施。

**第二十四条** 未成年人的父母离婚时，应当妥善处理未成年子女的抚养、教育、探望、财产等事宜，听取有表达意愿能力未成年人的意见。不得以抢夺、藏匿未成年子女等方式争夺抚养权。

未成年人的父母离婚后，不直接抚养未成年子女的一方应当依照协议、人民法院判决或者调解确定的时间和方式，在不影响未成年人学习、生活的情况下探望未成年子女，直接抚养的一方应当配合，但被人民法院依法中止探望权的除外。

## 第三章 学校保护

**第二十五条** 学校应当全面贯彻国家教育方针，坚持立德树人，实施素质教育，提高教育质量，注重培养未成年学生认知能力、合作能力、创新能力和实践能力，促进未成年学生全面发展。

学校应当建立未成年学生保护工作制度，健全学生行为规范，培养未成年学生遵纪守法的良好行为习惯。

**第二十六条** 幼儿园应当做好保育、教育工作，遵循幼儿身心发展规律，实施启蒙教育，促进幼儿在体质、智力、品德等方面和谐发展。

**第二十七条** 学校、幼儿园的教职员工应当尊重未成年人人格尊严，不得对未成年人实施体罚、变相体罚或者其他侮辱人格尊严的行为。

**第二十八条** 学校应当保障未成年学生受教育的权利，不得违反国家规定开除、变相开除未成年学生。

学校应当对尚未完成义务教育的辍学未成年学生进行登记并劝返复学；劝返无效的，应当及时向教育行政部门书面报告。

**第二十九条** 学校应当关心、爱护未成年学生，不得因家庭、身体、心理、学习能力等情况歧视学生。对家庭困难、身心有障碍的学生，应当提供关爱；对行为异常、学习有困难的学生，应当耐心帮助。

学校应当配合政府有关部门建立留守未成年学生、困境未成年学生的信息档案，开展关爱帮扶工作。

**第三十条** 学校应当根据未成年学生身心发展特点，进行社会生活指导、心理健康辅导、青春期教育和生命教育。

**第三十一条** 学校应当组织未成年学生参加与其年龄相适应的日常生活劳动、生产劳动和服务性劳动，帮助未成年学生掌握必要的劳动知识和技能，养成良好的劳动习惯。

**第三十二条** 学校、幼儿园应当开展勤俭节约、反对浪费、珍惜粮食、文明饮食等宣传教育活动，帮助未成年人树立浪费可耻、节约为荣的意识，养成文明健康、绿色环保的生活习惯。

**第三十三条** 学校应当与未成年学生的父母或者其他监护人互相配合，合理安排未成年学生的学习时间，保障其休息、娱乐和体育锻炼的时间。

学校不得占用国家法定节假日、休息日及寒暑假期，组织义务教育阶段的未成年学生集体补课，加重其学习负担。

幼儿园、校外培训机构不得对学龄前未成年人进行小学课程教育。

**第三十四条** 学校、幼儿园应当提供必要的卫生保健条件，协助卫生健康部门做好在校、在园未成年人的卫生保健工作。

**第三十五条** 学校、幼儿园应当建立安全管理制度，对未成年人进行安全教育，完善安保设施、配备安保人员，保障未成年人在校、在园期间的人身和财产安全。

学校、幼儿园不得在危及未成年人人身安全、身心健康的校舍和其他设施、场所中进行教育教学活动。

学校、幼儿园安排未成年人参加文化娱乐、社会实践等集体活动，应当保护未成年人的身心健康，防止发生人身伤害事故。

**第三十六条** 使用校车的学校、幼儿园应当建立健全校车安全管理制度，配备安全管理人员，定期对校车进行安全检查，对校车驾驶人进行安全教育，并向未成年人讲解校车安全乘坐知识，培养未成年人校车安全事故应急处理技能。

**第三十七条** 学校、幼儿园应当根据需要，制定应对自然灾害、事故灾难、公共卫生事件等突发事件和意外伤害的预案，配备相应设施并定期进行必要的演练。

未成年人在校内、园内或者本校、本园组织的校外、园外活动中发生人身伤害事故的，学校、幼儿园应当立即救护，妥善处理，及时通知未成年人的父母或者其他监护人，并向有关部门报告。

**第三十八条** 学校、幼儿园不得安排未成年人参加商业性活动，不得向未成年人及其父母或者其他监护人推销或者要求其购买指定的商品和服务。

学校、幼儿园不得与校外培训机构合作为未成年人提供有偿课程辅导。

**第三十九条** 学校应当建立学生欺凌防控工作制度，对教职员工、学生等开展防治学生欺凌的教育和培训。

学校对学生欺凌行为应当立即制止，通知实施欺凌和被欺凌未成年学生的父母或者其他监护人参与欺凌行为的认定和处理；对相关未成年学生及时给予心理辅导、教育和引导；对相关未成年学生的父母或者其他监护人给予必要的家庭教育指导。

对实施欺凌的未成年学生，学校应当根据欺凌行为的性质和程度，依法加强管教。对严重的欺凌行为，学校不得隐瞒，应当及时向公安机关、教育行政部门报告，并配合相关部门依法处理。

**第四十条** 学校、幼儿园应当建立预防性侵害、性骚扰未成年人工作制度。对性侵害、性骚扰未成年人等违法犯罪行为，学校、幼儿园不得隐瞒，应当及时向公安机关、教育行政部门报告，并配合相关部门依法处理。

学校、幼儿园应当对未成年人开展适合其年龄的性教育，提高未成年人防范性侵害、性骚扰的自我保护意识和能力。对遭受性侵害、性骚扰的未成年人，学校、幼儿园应当及时采取相关的保护措施。

**第四十一条** 婴幼儿照护服务机构、早期教育服务机构、校外培训机构、校外托管机构等应当参照本章有关规定，根据不同年龄阶段未成年人的成长特点和规律，做好未成年人保护工作。

## 第四章　社会保护

**第四十二条**　全社会应当树立关心、爱护未成年人的良好风尚。

国家鼓励、支持和引导人民团体、企业事业单位、社会组织以及其他组织和个人，开展有利于未成年人健康成长的社会活动和服务。

**第四十三条**　居民委员会、村民委员会应当设置专人专岗负责未成年人保护工作，协助政府有关部门宣传未成年人保护方面的法律法规，指导、帮助和监督未成年人的父母或者其他监护人依法履行监护职责，建立留守未成年人、困境未成年人的信息档案并给予关爱帮扶。

居民委员会、村民委员会应当协助政府有关部门监督未成年人委托照护情况，发现被委托人缺乏照护能力、怠于履行照护职责等情况，应当及时向政府有关部门报告，并告知未成年人的父母或者其他监护人，帮助、督促被委托人履行照护职责。

**第四十四条**　爱国主义教育基地、图书馆、青少年宫、儿童活动中心、儿童之家应当对未成年人免费开放；博物馆、纪念馆、科技馆、展览馆、美术馆、文化馆、社区公益性互联网上网服务场所以及影剧院、体育场馆、动物园、植物园、公园等场所，应当按照有关规定对未成年人免费或者优惠开放。

国家鼓励爱国主义教育基地、博物馆、科技馆、美术馆等公共场馆开设未成年人专场，为未成年人提供有针对性的服务。

国家鼓励国家机关、企业事业单位、部队等开发自身教育资源，设立未成年人开放日，为未成年人主题教育、社会实践、职业体验等提供支持。

国家鼓励科研机构和科技类社会组织对未成年人开展科学普及活动。

**第四十五条**　城市公共交通以及公路、铁路、水路、航空客运等应当按照有关规定对未成年人实施免费或者优惠票价。

**第四十六条** 国家鼓励大型公共场所、公共交通工具、旅游景区景点等设置母婴室、婴儿护理台以及方便幼儿使用的坐便器、洗手台等卫生设施，为未成年人提供便利。

**第四十七条** 任何组织或者个人不得违反有关规定，限制未成年人应当享有的照顾或者优惠。

**第四十八条** 国家鼓励创作、出版、制作和传播有利于未成年人健康成长的图书、报刊、电影、广播电视节目、舞台艺术作品、音像制品、电子出版物和网络信息等。

**第四十九条** 新闻媒体应当加强未成年人保护方面的宣传，对侵犯未成年人合法权益的行为进行舆论监督。新闻媒体采访报道涉及未成年人事件应当客观、审慎和适度，不得侵犯未成年人的名誉、隐私和其他合法权益。

**第五十条** 禁止制作、复制、出版、发布、传播含有宣扬淫秽、色情、暴力、邪教、迷信、赌博、引诱自杀、恐怖主义、分裂主义、极端主义等危害未成年人身心健康内容的图书、报刊、电影、广播电视节目、舞台艺术作品、音像制品、电子出版物和网络信息等。

**第五十一条** 任何组织或者个人出版、发布、传播的图书、报刊、电影、广播电视节目、舞台艺术作品、音像制品、电子出版物或者网络信息，包含可能影响未成年人身心健康内容的，应当以显著方式作出提示。

**第五十二条** 禁止制作、复制、发布、传播或者持有有关未成年人的淫秽色情物品和网络信息。

**第五十三条** 任何组织或者个人不得刊登、播放、张贴或者散发含有危害未成年人身心健康内容的广告；不得在学校、幼儿园播放、张贴或者散发商业广告；不得利用校服、教材等发布或者变相发布商业广告。

**第五十四条** 禁止拐卖、绑架、虐待、非法收养未成年人，禁止对未成年人实施性侵害、性骚扰。

禁止胁迫、引诱、教唆未成年人参加黑社会性质组织或者从事违法犯罪活动。

禁止胁迫、诱骗、利用未成年人乞讨。

**第五十五条** 生产、销售用于未成年人的食品、药品、玩具、用具和游戏游艺设备、游乐设施等，应当符合国家或者行业标准，不得危害未成年人的人身安全和身心健康。上述产品的生产者应当在显著位置标明注意事项，未标明注意事项的不得销售。

**第五十六条** 未成年人集中活动的公共场所应当符合国家或者行业安全标准，并采取相应安全保护措施。对可能存在安全风险的设施，应当定期进行维护，在显著位置设置安全警示标志并标明适龄范围和注意事项；必要时应当安排专门人员看管。

大型的商场、超市、医院、图书馆、博物馆、科技馆、游乐场、车站、码头、机场、旅游景区景点等场所运营单位应当设置搜寻走失未成年人的安全警报系统。场所运营单位接到求助后，应当立即启动安全警报系统，组织人员进行搜寻并向公安机关报告。

公共场所发生突发事件时，应当优先救护未成年人。

**第五十七条** 旅馆、宾馆、酒店等住宿经营者接待未成年人入住，或者接待未成年人和成年人共同入住时，应当询问父母或者其他监护人的联系方式、入住人员的身份关系等有关情况；发现有违法犯罪嫌疑的，应当立即向公安机关报告，并及时联系未成年人的父母或者其他监护人。

**第五十八条** 学校、幼儿园周边不得设置营业性娱乐场所、酒吧、互联网上网服务营业场所等不适宜未成年人活动的场所。营业性歌舞娱乐场所、酒吧、互联网上网服务营业场所等不适宜未成年人活动场所的经营者，不得允许未成年人进入；游艺娱乐场所设置的电子游戏设备，除国家法定节假日外，不得向未成年人提供。经营者应当在显著位置设置未成年人禁入、限入标志；对难以判明是否是未成年人的，应当要求其出示身份证件。

**第五十九条** 学校、幼儿园周边不得设置烟、酒、彩票销售网点。禁止向未成年人销售烟、酒、彩票或者兑付彩票奖金。烟、酒和彩票经营者应当在显著位置设置不向未成年人销售烟、酒或者彩票的标志；对难以判明是否是未成年人的，应当要求其出示身份证件。

任何人不得在学校、幼儿园和其他未成年人集中活动的公共场所吸烟、饮酒。

**第六十条** 禁止向未成年人提供、销售管制刀具或者其他可能致人严重伤害的器具等物品。经营者难以判明购买者是否是未成年人的，应当要求其出示身份证件。

**第六十一条** 任何组织或者个人不得招用未满十六周岁未成年人，国家另有规定的除外。

营业性娱乐场所、酒吧、互联网上网服务营业场所等不适宜未成年人活动的场所不得招用已满十六周岁的未成年人。

招用已满十六周岁未成年人的单位和个人应当执行国家在工种、劳动时间、劳动强度和保护措施等方面的规定，不得安排其从事过重、有毒、有害等危害未成年人身心健康的劳动或者危险作业。

任何组织或者个人不得组织未成年人进行危害其身心健康的表演等活动。经未成年人的父母或者其他监护人同意，未成年人参与演出、节目制作等活动，活动组织方应当根据国家有关规定，保障未成年人合法权益。

**第六十二条** 密切接触未成年人的单位招聘工作人员时，应当向公安机关、人民检察院查询应聘者是否具有性侵害、虐待、拐卖、暴力伤害等违法犯罪记录；发现其具有前述行为记录的，不得录用。

密切接触未成年人的单位应当每年定期对工作人员是否具有上述违法犯罪记录进行查询。通过查询或者其他方式发现其工作人员具有上述行为的，应当及时解聘。

**第六十三条** 任何组织或者个人不得隐匿、毁弃、非法删除未成年人的信件、日记、电子邮件或者其他网络通讯内容。

除下列情形外，任何组织或者个人不得开拆、查阅未成年人的信件、日记、电子邮件或者其他网络通讯内容：

（一）无民事行为能力未成年人的父母或者其他监护人代未成年人开拆、查阅；

（二）因国家安全或者追查刑事犯罪依法进行检查；

（三）紧急情况下为了保护未成年人本人的人身安全。

## 第五章　网络保护

**第六十四条**　国家、社会、学校和家庭应当加强未成年人网络素养宣传教育，培养和提高未成年人的网络素养，增强未成年人科学、文明、安全、合理使用网络的意识和能力，保障未成年人在网络空间的合法权益。

**第六十五条**　国家鼓励和支持有利于未成年人健康成长的网络内容的创作与传播，鼓励和支持专门以未成年人为服务对象、适合未成年人身心健康特点的网络技术、产品、服务的研发、生产和使用。

**第六十六条**　网信部门及其他有关部门应当加强对未成年人网络保护工作的监督检查，依法惩处利用网络从事危害未成年人身心健康的活动，为未成年人提供安全、健康的网络环境。

**第六十七条**　网信部门会同公安、文化和旅游、新闻出版、电影、广播电视等部门根据保护不同年龄阶段未成年人的需要，确定可能影响未成年人身心健康网络信息的种类、范围和判断标准。

**第六十八条**　新闻出版、教育、卫生健康、文化和旅游、网信等部门应当定期开展预防未成年人沉迷网络的宣传教育，监督网络产品和服务提供者履行预防未成年人沉迷网络的义务，指导家庭、学校、社会组织互相配合，采取科学、合理的方式对未成年人沉迷网络进行预防和干预。

任何组织或者个人不得以侵害未成年人身心健康的方式对未成年人沉迷网络进行干预。

**第六十九条** 学校、社区、图书馆、文化馆、青少年宫等场所为未成年人提供的互联网上网服务设施,应当安装未成年人网络保护软件或者采取其他安全保护技术措施。

智能终端产品的制造者、销售者应当在产品上安装未成年人网络保护软件,或者以显著方式告知用户未成年人网络保护软件的安装渠道和方法。

**第七十条** 学校应当合理使用网络开展教学活动。未经学校允许,未成年学生不得将手机等智能终端产品带入课堂,带入学校的应当统一管理。

学校发现未成年学生沉迷网络的,应当及时告知其父母或者其他监护人,共同对未成年学生进行教育和引导,帮助其恢复正常的学习生活。

**第七十一条** 未成年人的父母或者其他监护人应当提高网络素养,规范自身使用网络的行为,加强对未成年人使用网络行为的引导和监督。

未成年人的父母或者其他监护人应当通过在智能终端产品上安装未成年人网络保护软件、选择适合未成年人的服务模式和管理功能等方式,避免未成年人接触危害或者可能影响其身心健康的网络信息,合理安排未成年人使用网络的时间,有效预防未成年人沉迷网络。

**第七十二条** 信息处理者通过网络处理未成年人个人信息的,应当遵循合法、正当和必要的原则。处理不满十四周岁未成年人个人信息的,应当征得未成年人的父母或者其他监护人同意,但法律、行政法规另有规定的除外。

未成年人、父母或者其他监护人要求信息处理者更正、删除未成年人个人信息的,信息处理者应当及时采取措施予以更正、删除,但法律、行政法规另有规定的除外。

**第七十三条** 网络服务提供者发现未成年人通过网络发布私密信息的,应当及时提示,并采取必要的保护措施。

**第七十四条** 网络产品和服务提供者不得向未成年人提供诱导其沉迷的产品和服务。

网络游戏、网络直播、网络音视频、网络社交等网络服务提供者应当针对未成年人使用其服务设置相应的时间管理、权限管理、消费管理等功能。

以未成年人为服务对象的在线教育网络产品和服务，不得插入网络游戏链接，不得推送广告等与教学无关的信息。

**第七十五条** 网络游戏经依法审批后方可运营。

国家建立统一的未成年人网络游戏电子身份认证系统。网络游戏服务提供者应当要求未成年人以真实身份信息注册并登录网络游戏。

网络游戏服务提供者应当按照国家有关规定和标准，对游戏产品进行分类，作出适龄提示，并采取技术措施，不得让未成年人接触不适宜的游戏或者游戏功能。

网络游戏服务提供者不得在每日二十二时至次日八时向未成年人提供网络游戏服务。

**第七十六条** 网络直播服务提供者不得为未满十六周岁的未成年人提供网络直播发布者账号注册服务；为年满十六周岁的未成年人提供网络直播发布者账号注册服务时，应当对其身份信息进行认证，并征得其父母或者其他监护人同意。

**第七十七条** 任何组织或者个人不得通过网络以文字、图片、音视频等形式，对未成年人实施侮辱、诽谤、威胁或者恶意损害形象等网络欺凌行为。

遭受网络欺凌的未成年人及其父母或者其他监护人有权通知网络服务提供者采取删除、屏蔽、断开链接等措施。网络服务提供者接到通知后，应当及时采取必要的措施制止网络欺凌行为，防止信息扩散。

**第七十八条** 网络产品和服务提供者应当建立便捷、合理、有效的投诉和举报渠道，公开投诉、举报方式等信息，及时受理并处理涉及未成年人的投诉、举报。

**第七十九条** 任何组织或者个人发现网络产品、服务含有危害未成年人身心健康的信息，有权向网络产品和服务提供者或者网信、公安等部门投诉、举报。

**第八十条** 网络服务提供者发现用户发布、传播可能影响未成年人身心健康的信息且未作显著提示的，应当作出提示或者通知用户予以提示；未作出提示的，不得传输相关信息。

网络服务提供者发现用户发布、传播含有危害未成年人身心健康内容的信息的，应当立即停止传输相关信息，采取删除、屏蔽、断开链接等处置措施，保存有关记录，并向网信、公安等部门报告。

网络服务提供者发现用户利用其网络服务对未成年人实施违法犯罪行为的，应当立即停止向该用户提供网络服务，保存有关记录，并向公安机关报告。

## 第六章 政府保护

**第八十一条** 县级以上人民政府承担未成年人保护协调机制具体工作的职能部门应当明确相关内设机构或者专门人员，负责承担未成年人保护工作。

乡镇人民政府和街道办事处应当设立未成年人保护工作站或者指定专门人员，及时办理未成年人相关事务；支持、指导居民委员会、村民委员会设立专人专岗，做好未成年人保护工作。

**第八十二条** 各级人民政府应当将家庭教育指导服务纳入城乡公共服务体系，开展家庭教育知识宣传，鼓励和支持有关人民团体、企业事业单位、社会组织开展家庭教育指导服务。

**第八十三条** 各级人民政府应当保障未成年人受教育的权利，并采取措施保障留守未成年人、困境未成年人、残疾未成年人接受义务教育。

对尚未完成义务教育的辍学未成年学生，教育行政部门应当责令父母或者其他监护人将其送入学校接受义务教育。

**第八十四条** 各级人民政府应当发展托育、学前教育事业，办好婴幼儿照护服务机构、幼儿园，支持社会力量依法兴办母婴室、婴幼儿照护服务机构、幼儿园。

县级以上地方人民政府及其有关部门应当培养和培训婴幼儿照护服务机

构、幼儿园的保教人员，提高其职业道德素质和业务能力。

**第八十五条** 各级人民政府应当发展职业教育，保障未成年人接受职业教育或者职业技能培训，鼓励和支持人民团体、企业事业单位、社会组织为未成年人提供职业技能培训服务。

**第八十六条** 各级人民政府应当保障具有接受普通教育能力、能适应校园生活的残疾未成年人就近在普通学校、幼儿园接受教育；保障不具有接受普通教育能力的残疾未成年人在特殊教育学校、幼儿园接受学前教育、义务教育和职业教育。

各级人民政府应当保障特殊教育学校、幼儿园的办学、办园条件，鼓励和支持社会力量举办特殊教育学校、幼儿园。

**第八十七条** 地方人民政府及其有关部门应当保障校园安全，监督、指导学校、幼儿园等单位落实校园安全责任，建立突发事件的报告、处置和协调机制。

**第八十八条** 公安机关和其他有关部门应当依法维护校园周边的治安和交通秩序，设置监控设备和交通安全设施，预防和制止侵害未成年人的违法犯罪行为。

**第八十九条** 地方人民政府应当建立和改善适合未成年人的活动场所和设施，支持公益性未成年人活动场所和设施的建设和运行，鼓励社会力量兴办适合未成年人的活动场所和设施，并加强管理。

地方人民政府应当采取措施，鼓励和支持学校在国家法定节假日、休息日及寒暑假期将文化体育设施对未成年人免费或者优惠开放。

地方人民政府应当采取措施，防止任何组织或者个人侵占、破坏学校、幼儿园、婴幼儿照护服务机构等未成年人活动场所的场地、房屋和设施。

**第九十条** 各级人民政府及其有关部门应当对未成年人进行卫生保健和营养指导，提供卫生保健服务。

卫生健康部门应当依法对未成年人的疫苗预防接种进行规范，防治未成年人常见病、多发病，加强传染病防治和监督管理，做好伤害预防和干预，指导和监督学校、幼儿园、婴幼儿照护服务机构开展卫生保健工作。

教育行政部门应当加强未成年人的心理健康教育，建立未成年人心理问题的早期发现和及时干预机制。卫生健康部门应当做好未成年人心理治疗、心理危机干预以及精神障碍早期识别和诊断治疗等工作。

**第九十一条** 各级人民政府及其有关部门对困境未成年人实施分类保障，采取措施满足其生活、教育、安全、医疗康复、住房等方面的基本需要。

**第九十二条** 具有下列情形之一的，民政部门应当依法对未成年人进行临时监护：

（一）未成年人流浪乞讨或者身份不明，暂时查找不到父母或者其他监护人；

（二）监护人下落不明且无其他人可以担任监护人；

（三）监护人因自身客观原因或者因发生自然灾害、事故灾难、公共卫生事件等突发事件不能履行监护职责，导致未成年人监护缺失；

（四）监护人拒绝或者怠于履行监护职责，导致未成年人处于无人照料的状态；

（五）监护人教唆、利用未成年人实施违法犯罪行为，未成年人需要被带离安置；

（六）未成年人遭受监护人严重伤害或者面临人身安全威胁，需要被紧急安置；

（七）法律规定的其他情形。

**第九十三条** 对临时监护的未成年人，民政部门可以采取委托亲属抚养、家庭寄养等方式进行安置，也可以交由未成年人救助保护机构或者儿童福利机构进行收留、抚养。

临时监护期间，经民政部门评估，监护人重新具备履行监护职责条件的，民政部门可以将未成年人送回监护人抚养。

**第九十四条** 具有下列情形之一的，民政部门应当依法对未成年人进行长期监护：

（一）查找不到未成年人的父母或者其他监护人；

（二）监护人死亡或者被宣告死亡且无其他人可以担任监护人；

（三）监护人丧失监护能力且无其他人可以担任监护人；

（四）人民法院判决撤销监护人资格并指定由民政部门担任监护人；

（五）法律规定的其他情形。

**第九十五条** 民政部门进行收养评估后，可以依法将其长期监护的未成年人交由符合条件的申请人收养。收养关系成立后，民政部门与未成年人的监护关系终止。

**第九十六条** 民政部门承担临时监护或者长期监护职责的，财政、教育、卫生健康、公安等部门应当根据各自职责予以配合。

县级以上人民政府及其民政部门应当根据需要设立未成年人救助保护机构、儿童福利机构，负责收留、抚养由民政部门监护的未成年人。

**第九十七条** 县级以上人民政府应当开通全国统一的未成年人保护热线，及时受理、转介侵犯未成年人合法权益的投诉、举报；鼓励和支持人民团体、企业事业单位、社会组织参与建设未成年人保护服务平台、服务热线、服务站点，提供未成年人保护方面的咨询、帮助。

**第九十八条** 国家建立性侵害、虐待、拐卖、暴力伤害等违法犯罪人员信息查询系统，向密切接触未成年人的单位提供免费查询服务。

**第九十九条** 地方人民政府应当培育、引导和规范有关社会组织、社会工作者参与未成年人保护工作，开展家庭教育指导服务，为未成年人的心理辅导、康复救助、监护及收养评估等提供专业服务。

## 第七章 司法保护

**第一百条** 公安机关、人民检察院、人民法院和司法行政部门应当依法履行职责，保障未成年人合法权益。

**第一百零一条** 公安机关、人民检察院、人民法院和司法行政部门应当确定专门机构或者指定专门人员，负责办理涉及未成年人案件。办理涉及未成年人案件的人员应当经过专门培训，熟悉未成年人身心特点。专门机构或者专门人员中，应当有女性工作人员。

公安机关、人民检察院、人民法院和司法行政部门应当对上述机构和人员实行与未成年人保护工作相适应的评价考核标准。

**第一百零二条** 公安机关、人民检察院、人民法院和司法行政部门办理涉及未成年人案件，应当考虑未成年人身心特点和健康成长的需要，使用未成年人能够理解的语言和表达方式，听取未成年人的意见。

**第一百零三条** 公安机关、人民检察院、人民法院、司法行政部门以及其他组织和个人不得披露有关案件中未成年人的姓名、影像、住所、就读学校以及其他可能识别出其身份的信息，但查找失踪、被拐卖未成年人等情形除外。

**第一百零四条** 对需要法律援助或者司法救助的未成年人，法律援助机构或者公安机关、人民检察院、人民法院和司法行政部门应当给予帮助，依法为其提供法律援助或者司法救助。

法律援助机构应当指派熟悉未成年人身心特点的律师为未成年人提供法律援助服务。

法律援助机构和律师协会应当对办理未成年人法律援助案件的律师进行指导和培训。

**第一百零五条** 人民检察院通过行使检察权，对涉及未成年人的诉讼活动等依法进行监督。

**第一百零六条** 未成年人合法权益受到侵犯，相关组织和个人未代为提起诉讼的，人民检察院可以督促、支持其提起诉讼；涉及公共利益的，人民检察院有权提起公益诉讼。

**第一百零七条** 人民法院审理继承案件，应当依法保护未成年人的继承权和受遗赠权。

人民法院审理离婚案件，涉及未成年子女抚养问题的，应当尊重已满八周岁未成年子女的真实意愿，根据双方具体情况，按照最有利于未成年子女的原则依法处理。

**第一百零八条** 未成年人的父母或者其他监护人不依法履行监护职责或者严重侵犯被监护的未成年人合法权益的，人民法院可以根据有关人员或者单位的申请，依法作出人身安全保护令或者撤销监护人资格。

被撤销监护人资格的父母或者其他监护人应当依法继续负担抚养费用。

**第一百零九条** 人民法院审理离婚、抚养、收养、监护、探望等案件涉及未成年人的，可以自行或者委托社会组织对未成年人的相关情况进行社会调查。

**第一百一十条** 公安机关、人民检察院、人民法院讯问未成年犯罪嫌疑人、被告人，询问未成年被害人、证人，应当依法通知其法定代理人或者其成年亲属、所在学校的代表等合适成年人到场，并采取适当方式，在适当场所进行，保障未成年人的名誉权、隐私权和其他合法权益。

人民法院开庭审理涉及未成年人案件，未成年被害人、证人一般不出庭作证；必须出庭的，应当采取保护其隐私的技术手段和心理干预等保护措施。

**第一百一十一条** 公安机关、人民检察院、人民法院应当与其他有关政府部门、人民团体、社会组织互相配合，对遭受性侵害或者暴力伤害的未成年被害人及其家庭实施必要的心理干预、经济救助、法律援助、转学安置等保护措施。

**第一百一十二条** 公安机关、人民检察院、人民法院办理未成年人遭受性侵害或者暴力伤害案件，在询问未成年被害人、证人时，应当采取同步录音录像等措施，尽量一次完成；未成年被害人、证人是女性的，应当由女性工作人员进行。

**第一百一十三条** 对违法犯罪的未成年人，实行教育、感化、挽救的方针，坚持教育为主、惩罚为辅的原则。

对违法犯罪的未成年人依法处罚后，在升学、就业等方面不得歧视。

**第一百一十四条** 公安机关、人民检察院、人民法院和司法行政部门发现有关单位未尽到未成年人教育、管理、救助、看护等保护职责的，应当向该单位提出建议。被建议单位应当在一个月内作出书面回复。

**第一百一十五条** 公安机关、人民检察院、人民法院和司法行政部门应当结合实际，根据涉及未成年人案件的特点，开展未成年人法治宣传教育工作。

**第一百一十六条** 国家鼓励和支持社会组织、社会工作者参与涉及未成年人案件中未成年人的心理干预、法律援助、社会调查、社会观护、教育矫治、社区矫正等工作。

## 第八章 法律责任

**第一百一十七条** 违反本法第十一条第二款规定，未履行报告义务造成严重后果的，由上级主管部门或者所在单位对直接负责的主管人员和其他直接责任人员依法给予处分。

**第一百一十八条** 未成年人的父母或者其他监护人不依法履行监护职责或者侵犯未成年人合法权益的，由其居住地的居民委员会、村民委员会予以劝诫、制止；情节严重的，居民委员会、村民委员会应当及时向公安机关报告。

公安机关接到报告或者公安机关、人民检察院、人民法院在办理案件过程中发现未成年人的父母或者其他监护人存在上述情形的，应当予以训诫，并可以责令其接受家庭教育指导。

**第一百一十九条** 学校、幼儿园、婴幼儿照护服务等机构及其教职员工违反本法第二十七条、第二十八条、第三十九条规定的，由公安、教育、卫生健康、市场监督管理等部门按照职责分工责令改正；拒不改正或者情节严重的，对直接负责的主管人员和其他直接责任人员依法给予处分。

**第一百二十条** 违反本法第四十四条、第四十五条、第四十七条规定，未给予未成年人免费或者优惠待遇的，由市场监督管理、文化和旅游、交通运输等部门按照职责分工责令限期改正，给予警告；拒不改正的，处一万元以上十万元以下罚款。

**第一百二十一条** 违反本法第五十条、第五十一条规定的，由新闻出版、广播电视、电影、网信等部门按照职责分工责令限期改正，给予警告，没收违法所得，可以并处十万元以下罚款；拒不改正或者情节严重的，责令暂停相关业务、停产停业或者吊销营业执照、吊销相关许可证，违法所得一百万元以上的，并处违法所得一倍以上十倍以下的罚款，没有违法所得或者违法所得不足一百万元的，并处十万元以上一百万元以下罚款。

**第一百二十二条** 场所运营单位违反本法第五十六条第二款规定、住宿经营者违反本法第五十七条规定的，由市场监督管理、应急管理、公安等部门按照职责分工责令限期改正，给予警告；拒不改正或者造成严重后果的，责令停业整顿或者吊销营业执照、吊销相关许可证，并处一万元以上十万元以下罚款。

**第一百二十三条** 相关经营者违反本法第五十八条、第五十九条第一款、第六十条规定的，由文化和旅游、市场监督管理、烟草专卖、公安等部门按照职责分工责令限期改正，给予警告，没收违法所得，可以并处五万元以下罚款；拒不改正或者情节严重的，责令停业整顿或者吊销营业执照、吊销相关许可证，可以并处五万元以上五十万元以下罚款。

**第一百二十四条** 违反本法第五十九条第二款规定，在学校、幼儿园和其他未成年人集中活动的公共场所吸烟、饮酒的，由卫生健康、教育、市场监督管理等部门按照职责分工责令改正，给予警告，可以并处五百元以下罚款；场所管理者未及时制止的，由卫生健康、教育、市场监督管理等部门按照职责分工给予警告，并处一万元以下罚款。

**第一百二十五条** 违反本法第六十一条规定的，由文化和旅游、人力资源和社会保障、市场监督管理等部门按照职责分工责令限期改正，给予警告，没收违法所得，可以并处十万元以下罚款；拒不改正或者情节严重的，责令停产停业或者吊销营业执照、吊销相关许可证，并处十万元以上一百万元以下罚款。

**第一百二十六条** 密切接触未成年人的单位违反本法第六十二条规定，未履行查询义务，或者招用、继续聘用具有相关违法犯罪记录人员的，由教育、人力资源和社会保障、市场监督管理等部门按照职责分工责令限期改正，给予警告，并处五万元以下罚款；拒不改正或者造成严重后果的，责令停业整顿或者吊销营业执照、吊销相关许可证，并处五万元以上五十万元以下罚款，对直接负责的主管人员和其他直接责任人员依法给予处分。

**第一百二十七条** 信息处理者违反本法第七十二条规定，或者网络产品和服务提供者违反本法第七十三条、第七十四条、第七十五条、第七十六条、第七十七条、第八十条规定的，由公安、网信、电信、新闻出版、广播电视、文化和旅游等有关部门按照职责分工责令改正，给予警告，没收违法所得，违法所得一百万元以上的，并处违法所得一倍以上十倍以下罚款，没有违法所得或者违法所得不足一百万元的，并处十万元以上一百万元以下罚款，对直接负责的主管人员和其他责任人员处一万元以上十万元以下罚款；拒不改正或者情节严重的，并可以责令暂停相关业务、停业整顿、关闭网站、吊销营业执照或者吊销相关许可证。

**第一百二十八条** 国家机关工作人员玩忽职守、滥用职权、徇私舞弊，损害未成年人合法权益的，依法给予处分。

**第一百二十九条** 违反本法规定，侵犯未成年人合法权益，造成人身、财产或者其他损害的，依法承担民事责任。

违反本法规定，构成违反治安管理行为的，依法给予治安管理处罚；构成犯罪的，依法追究刑事责任。

## 第九章 附　　则

**第一百三十条** 本法中下列用语的含义：

（一）密切接触未成年人的单位，是指学校、幼儿园等教育机构；校外培训机构；未成年人救助保护机构、儿童福利机构等未成年人安置、救助机构；婴幼儿照护服务机构、早期教育服务机构；校外托管、临时看护机构；家政服务机构；

为未成年人提供医疗服务的医疗机构;其他对未成年人负有教育、培训、监护、救助、看护、医疗等职责的企业事业单位、社会组织等。

(二)学校,是指普通中小学、特殊教育学校、中等职业学校、专门学校。

(三)学生欺凌,是指发生在学生之间,一方蓄意或者恶意通过肢体、语言及网络等手段实施欺压、侮辱,造成另一方人身伤害、财产损失或者精神损害的行为。

**第一百三十一条** 对中国境内未满十八周岁的外国人、无国籍人,依照本法有关规定予以保护。

**第一百三十二条** 本法自2021年6月1日起施行。

# 中华人民共和国民法典(节选)

(2020年5月28日第十三届全国人民代表大会第三次会议通过 2020年5月28日中华人民共和国主席令第45号公布 自2021年1月1日起施行)

**第十七条 【成年人与未成年人的年龄标准】**十八周岁以上的自然人为成年人。不满十八周岁的自然人为未成年人。

**第十九条 【限制民事行为能力的未成年人】**八周岁以上的未成年人为限制民事行为能力人,实施民事法律行为由其法定代理人代理或者经其法定代理人同意、追认;但是,可以独立实施纯获利益的民事法律行为或者与其年龄、智力相适应的民事法律行为。

**第二十条 【无民事行为能力的未成年人】**不满八周岁的未成年人为无民事行为能力人,由其法定代理人代理实施民事法律行为。

**第二十一条 【无民事行为能力的成年人】**不能辨认自己行为的成年人为

无民事行为能力人，由其法定代理人代理实施民事法律行为。

八周岁以上的未成年人不能辨认自己行为的，适用前款规定。

**第二十六条　【父母子女之间的法律义务】**父母对未成年子女负有抚养、教育和保护的义务。

成年子女对父母负有赡养、扶助和保护的义务。

**第一百二十三条　【知识产权】**民事主体依法享有知识产权。

知识产权是权利人依法就下列客体享有的专有的权利：

（一）作品；

（二）发明、实用新型、外观设计；

（三）商标；

（四）地理标志；

（五）商业秘密；

（六）集成电路布图设计；

（七）植物新品种；

（八）法律规定的其他客体。

**第一百四十四条　【无民事行为能力人实施的民事法律行为的效力】**无民事行为能力人实施的民事法律行为无效。

**第一百四十五条　【限制民事行为能力人实施的民事法律行为的效力】**限制民事行为能力人实施的纯获利益的民事法律行为或者与其年龄、智力、精神健康状况相适应的民事法律行为有效；实施的其他民事法律行为经法定代理人同意或者追认后有效。

相对人可以催告法定代理人自收到通知之日起三十日内予以追认。法定代理人未作表示的，视为拒绝追认。民事法律行为被追认前，善意相对人有撤销的权利。撤销应当以通知的方式作出。

**第一千零四条　【健康权】**自然人享有健康权。自然人的身心健康受法律保护。任何组织或者个人不得侵害他人的健康权。

**第一千零一十四条　【姓名权或名称权不得被非法侵害】**任何组织或者个人不得以干涉、盗用、假冒等方式侵害他人的姓名权或者名称权。

**第一千零一十九条　【肖像权的保护】**任何组织或者个人不得以丑化、污损，或者利用信息技术手段伪造等方式侵害他人的肖像权。未经肖像权人同意，不得制作、使用、公开肖像权人的肖像，但是法律另有规定的除外。

未经肖像权人同意，肖像作品权利人不得以发表、复制、发行、出租、展览等方式使用或者公开肖像权人的肖像。

**第一千零二十四条　【名誉权及名誉】**民事主体享有名誉权。任何组织或者个人不得以侮辱、诽谤等方式侵害他人的名誉权。

名誉是对民事主体的品德、声望、才能、信用等的社会评价。

**第一千零三十二条　【隐私权及隐私】**自然人享有隐私权。任何组织或者个人不得以刺探、侵扰、泄露、公开等方式侵害他人的隐私权。

隐私是自然人的私人生活安宁和不愿为他人知晓的私密空间、私密活动、私密信息。

**第一千零六十七条　【父母的抚养义务和子女的赡养义务】**父母不履行抚养义务的，未成年子女或者不能独立生活的成年子女，有要求父母给付抚养费的权利。

成年子女不履行赡养义务的，缺乏劳动能力或者生活困难的父母，有要求成年子女给付赡养费的权利。

**第一千一百六十九条　【教唆侵权、帮助侵权】**教唆、帮助他人实施侵权行为的，应当与行为人承担连带责任。

教唆、帮助无民事行为能力人、限制民事行为能力人实施侵权行为的，应当承担侵权责任；该无民事行为能力人、限制民事行为能力人的监护人未尽到监护职责的，应当承担相应的责任。

**第一千一百八十八条　【监护人责任】**无民事行为能力人、限制民事行为能力人造成他人损害的，由监护人承担侵权责任。监护人尽到监护职责的，可以减轻其侵权责任。

有财产的无民事行为能力人、限制民事行为能力人造成他人损害的，从本人财产中支付赔偿费用；不足部分，由监护人赔偿。

**第一千一百八十九条　【委托监护责任】**无民事行为能力人、限制民事行为能力人造成他人损害，监护人将监护职责委托给他人的，监护人应当承担侵权责任；受托人有过错的，承担相应的责任。

**第一千一百九十九条　【教育机构的过错推定责任】**无民事行为能力人在幼儿园、学校或者其他教育机构学习、生活期间受到人身损害的，幼儿园、学校或者其他教育机构应当承担侵权责任；但是，能够证明尽到教育、管理职责的，不承担侵权责任。

**第一千二百条　【教育机构的过错责任】**限制民事行为能力人在学校或者其他教育机构学习、生活期间受到人身损害，学校或者其他教育机构未尽到教育、管理职责的，应当承担侵权责任。

**第一千二百零一条　【在教育机构内第三人侵权时的责任分担】**无民事行为能力人或者限制民事行为能力人在幼儿园、学校或者其他教育机构学习、生活期间，受到幼儿园、学校或者其他教育机构以外的第三人人身损害的，由第三人承担侵权责任；幼儿园、学校或者其他教育机构未尽到管理职责的，承担相应的补充责任。幼儿园、学校或者其他教育机构承担补充责任后，可以向第三人追偿。

# 中华人民共和国刑法（节选）

（1979年7月1日第五届全国人民代表大会第二次会议通过　1997年3月14日第八届全国人民代表大会第五次会议修订　根据1998年12月29日第九届全国人民代表大会常务委员会第六次会议通过的《关于惩治骗购外汇、逃汇和非法买卖外汇犯罪的决定》、1999年12月25日第九届全国人民代表大会常务委员会第十三次会议通过的《中华人民共和国刑法修正案》、2001年8月31日第九届全国人民代表大会常务委员会第二十三次会议通过的《中华人民共和国刑法修正案（二）》、2001年12月29日第九届全国人民代表大会常务委员会第二十五次会议通过的《中华人民共和国刑法修正案（三）》、2002年12月28日第九届全国人民代表大会常务委员会第三十一次会议通过的《中华人民共和国刑法修正案（四）》、2005年2月28日第十届全国人民代表大会常务委员会第十四次会议通过的《中华人民共和国刑法修正案（五）》、2006年6月29日第十届全国人民代表大会常务委员会第二十二次会议通过的《中华人民共和国刑法修正案（六）》、2009年2月28日第十一届全国人民代表大会常务委员会第七次会议通过的《中华人民共和国刑法修正案（七）》、2009年8月27日第十一届全国人民代表大会常务委员会第十次会议通过的《关于修改部分法律的决定》、2011年2月25日第十一届全国人民代表大会常务委员会第十九次会议通过的《中华人民共和国刑法修正案（八）》、2015年8月29日第十二届全国人民代表大会常务委员会第十六次会议通过的《中华人民共和国刑法修正案（九）》、2017年11

月 4 日第十二届全国人民代表大会常务委员会第三十次会议通过的《中华人民共和国刑法修正案(十)》、2020 年 12 月 26 日第十三届全国人民代表大会常务委员会第二十四次会议通过的《中华人民共和国刑法修正案(十一)》修正)

**第十七条 【刑事责任年龄】**已满十六周岁的人犯罪,应当负刑事责任。

已满十四周岁不满十六周岁的人,犯故意杀人、故意伤害致人重伤或者死亡、强奸、抢劫、贩卖毒品、放火、爆炸、投放危险物质罪的,应当负刑事责任。

已满十二周岁不满十四周岁的人,犯故意杀人、故意伤害罪,致人死亡或者以特别残忍手段致人重伤造成严重残疾,情节恶劣,经最高人民检察院核准追诉的,应当负刑事责任。

对依照前三款规定追究刑事责任的不满十八周岁的人,应当从轻或者减轻处罚。

因不满十六周岁不予刑事处罚的,责令其父母或者其他监护人加以管教;在必要的时候,依法进行专门矫治教育。

**第三百六十四条 【传播淫秽物品罪】**传播淫秽的书刊、影片、音像、图片或者其他淫秽物品,情节严重的,处二年以下有期徒刑、拘役或者管制。

**【组织播放淫秽音像制品罪】**组织播放淫秽的电影、录像等音像制品的,处三年以下有期徒刑、拘役或者管制,并处罚金;情节严重的,处三年以上十年以下有期徒刑,并处罚金。

制作、复制淫秽的电影、录像等音像制品组织播放的,依照第二款的规定从重处罚。

向不满十八周岁的未成年人传播淫秽物品的,从重处罚。

# 中华人民共和国预防未成年人犯罪法

（1999年6月28日第九届全国人民代表大会常务委员会第十次会议通过　根据2012年10月26日第十一届全国人民代表大会常务委员会第二十九次会议《关于修改〈中华人民共和国预防未成年人犯罪法〉的决定》修正　2020年12月26日第十三届全国人民代表大会常务委员会第二十四次会议修订）

## 目　　录



## 第一章　总　　则

**第一条**　为了保障未成年人身心健康，培养未成年人良好品行，有效预防未成年人违法犯罪，制定本法。

**第二条**　预防未成年人犯罪，立足于教育和保护未成年人相结合，坚持预防为主、提前干预，对未成年人的不良行为和严重不良行为及时进行分级预防、干预和矫治。

**第三条** 开展预防未成年人犯罪工作，应当尊重未成年人人格尊严，保护未成年人的名誉权、隐私权和个人信息等合法权益。

**第四条** 预防未成年人犯罪，在各级人民政府组织下，实行综合治理。

国家机关、人民团体、社会组织、企业事业单位、居民委员会、村民委员会、学校、家庭等各负其责、相互配合，共同做好预防未成年人犯罪工作，及时消除滋生未成年人违法犯罪行为的各种消极因素，为未成年人身心健康发展创造良好的社会环境。

**第五条** 各级人民政府在预防未成年人犯罪方面的工作职责是：

（一）制定预防未成年人犯罪工作规划；

（二）组织公安、教育、民政、文化和旅游、市场监督管理、网信、卫生健康、新闻出版、电影、广播电视、司法行政等有关部门开展预防未成年人犯罪工作；

（三）为预防未成年人犯罪工作提供政策支持和经费保障；

（四）对本法的实施情况和工作规划的执行情况进行检查；

（五）组织开展预防未成年人犯罪宣传教育；

（六）其他预防未成年人犯罪工作职责。

**第六条** 国家加强专门学校建设，对有严重不良行为的未成年人进行专门教育。专门教育是国民教育体系的组成部分，是对有严重不良行为的未成年人进行教育和矫治的重要保护处分措施。

省级人民政府应当将专门教育发展和专门学校建设纳入经济社会发展规划。县级以上地方人民政府成立专门教育指导委员会，根据需要合理设置专门学校。

专门教育指导委员会由教育、民政、财政、人力资源社会保障、公安、司法行政、人民检察院、人民法院、共产主义青年团、妇女联合会、关心下一代工作委员会、专门学校等单位，以及律师、社会工作者等人员组成，研究确定专门学校教学、管理等相关工作。

专门学校建设和专门教育具体办法，由国务院规定。

**第七条** 公安机关、人民检察院、人民法院、司法行政部门应当由专门机构或者经过专业培训、熟悉未成年人身心特点的专门人员负责预防未成年人犯罪工作。

**第八条** 共产主义青年团、妇女联合会、工会、残疾人联合会、关心下一代工作委员会、青年联合会、学生联合会、少年先锋队以及有关社会组织，应当协助各级人民政府及其有关部门、人民检察院和人民法院做好预防未成年人犯罪工作，为预防未成年人犯罪培育社会力量，提供支持服务。

**第九条** 国家鼓励、支持和指导社会工作服务机构等社会组织参与预防未成年人犯罪相关工作，并加强监督。

**第十条** 任何组织或者个人不得教唆、胁迫、引诱未成年人实施不良行为或者严重不良行为，以及为未成年人实施上述行为提供条件。

**第十一条** 未成年人应当遵守法律法规及社会公共道德规范，树立自尊、自律、自强意识，增强辨别是非和自我保护的能力，自觉抵制各种不良行为以及违法犯罪行为的引诱和侵害。

**第十二条** 预防未成年人犯罪，应当结合未成年人不同年龄的生理、心理特点，加强青春期教育、心理关爱、心理矫治和预防犯罪对策的研究。

**第十三条** 国家鼓励和支持预防未成年人犯罪相关学科建设、专业设置、人才培养及科学研究，开展国际交流与合作。

**第十四条** 国家对预防未成年人犯罪工作有显著成绩的组织和个人，给予表彰和奖励。

## 第二章 预防犯罪的教育

**第十五条** 国家、社会、学校和家庭应当对未成年人加强社会主义核心价值观教育，开展预防犯罪教育，增强未成年人的法治观念，使未成年人树立遵纪守法和防范违法犯罪的意识，提高自我管控能力。

**第十六条** 未成年人的父母或者其他监护人对未成年人的预防犯罪教育负有直接责任，应当依法履行监护职责，树立优良家风，培养未成年人良好品行；发现未成年人心理或者行为异常的，应当及时了解情况并进行教育、引导和劝诫，不得拒绝或者怠于履行监护职责。

**第十七条** 教育行政部门、学校应当将预防犯罪教育纳入学校教学计划，指导教职员工结合未成年人的特点，采取多种方式对未成年学生进行有针对性的预防犯罪教育。

**第十八条** 学校应当聘任从事法治教育的专职或者兼职教师，并可以从司法和执法机关、法学教育和法律服务机构等单位聘请法治副校长、校外法治辅导员。

**第十九条** 学校应当配备专职或者兼职的心理健康教育教师，开展心理健康教育。学校可以根据实际情况与专业心理健康机构合作，建立心理健康筛查和早期干预机制，预防和解决学生心理、行为异常问题。

学校应当与未成年学生的父母或者其他监护人加强沟通，共同做好未成年学生心理健康教育；发现未成年学生可能患有精神障碍的，应当立即告知其父母或者其他监护人送相关专业机构诊治。

**第二十条** 教育行政部门应当会同有关部门建立学生欺凌防控制度。学校应当加强日常安全管理，完善学生欺凌发现和处置的工作流程，严格排查并及时消除可能导致学生欺凌行为的各种隐患。

**第二十一条** 教育行政部门鼓励和支持学校聘请社会工作者长期或者定期进驻学校，协助开展道德教育、法治教育、生命教育和心理健康教育，参与预防和处理学生欺凌等行为。

**第二十二条** 教育行政部门、学校应当通过举办讲座、座谈、培训等活动，介绍科学合理的教育方法，指导教职员工、未成年学生的父母或者其他监护人有效预防未成年人犯罪。

学校应当将预防犯罪教育计划告知未成年学生的父母或者其他监护人。未成年学生的父母或者其他监护人应当配合学校对未成年学生进行有针对性的预防犯罪教育。

**第二十三条** 教育行政部门应当将预防犯罪教育的工作效果纳入学校年度考核内容。

**第二十四条** 各级人民政府及其有关部门、人民检察院、人民法院、共产主义青年团、少年先锋队、妇女联合会、残疾人联合会、关心下一代工作委员会等应当结合实际，组织、举办多种形式的预防未成年人犯罪宣传教育活动。有条件的地方可以建立青少年法治教育基地，对未成年人开展法治教育。

**第二十五条** 居民委员会、村民委员会应当积极开展有针对性的预防未成年人犯罪宣传活动，协助公安机关维护学校周围治安，及时掌握本辖区内未成年人的监护、就学和就业情况，组织、引导社区社会组织参与预防未成年人犯罪工作。

**第二十六条** 青少年宫、儿童活动中心等校外活动场所应当把预防犯罪教育作为一项重要的工作内容，开展多种形式的宣传教育活动。

**第二十七条** 职业培训机构、用人单位在对已满十六周岁准备就业的未成年人进行职业培训时，应当将预防犯罪教育纳入培训内容。

## 第三章 对不良行为的干预

**第二十八条** 本法所称不良行为，是指未成年人实施的不利于其健康成长的下列行为：

（一）吸烟、饮酒；

（二）多次旷课、逃学；

（三）无故夜不归宿、离家出走；

（四）沉迷网络；

（五）与社会上具有不良习性的人交往，组织或者参加实施不良行为的团伙；

（六）进入法律法规规定未成年人不宜进入的场所；

（七）参与赌博、变相赌博，或者参加封建迷信、邪教等活动；

（八）阅览、观看或者收听宣扬淫秽、色情、暴力、恐怖、极端等内容的读物、音像制品或者网络信息等；

（九）其他不利于未成年人身心健康成长的不良行为。

**第二十九条** 未成年人的父母或者其他监护人发现未成年人有不良行为的，应当及时制止并加强管教。

**第三十条** 公安机关、居民委员会、村民委员会发现本辖区内未成年人有不良行为的，应当及时制止，并督促其父母或者其他监护人依法履行监护职责。

**第三十一条** 学校对有不良行为的未成年学生，应当加强管理教育，不得歧视；对拒不改正或者情节严重的，学校可以根据情况予以处分或者采取以下管理教育措施：

（一）予以训导；

（二）要求遵守特定的行为规范；

（三）要求参加特定的专题教育；

（四）要求参加校内服务活动；

（五）要求接受社会工作者或者其他专业人员的心理辅导和行为干预；

（六）其他适当的管理教育措施。

**第三十二条** 学校和家庭应当加强沟通，建立家校合作机制。学校决定对未成年学生采取管理教育措施的，应当及时告知其父母或者其他监护人；未成年学生的父母或者其他监护人应当支持、配合学校进行管理教育。

**第三十三条** 未成年学生偷窃少量财物，或者有殴打、辱骂、恐吓、强行索要财物等学生欺凌行为，情节轻微的，可以由学校依照本法第三十一条规定采取相应的管理教育措施。

**第三十四条** 未成年学生旷课、逃学的，学校应当及时联系其父母或者其他监护人，了解有关情况；无正当理由的，学校和未成年学生的父母或者其他监护人应当督促其返校学习。

**第三十五条** 未成年人无故夜不归宿、离家出走的，父母或者其他监护人、所在的寄宿制学校应当及时查找，必要时向公安机关报告。

收留夜不归宿、离家出走未成年人的，应当及时联系其父母或者其他监护人、所在学校；无法取得联系的，应当及时向公安机关报告。

**第三十六条** 对夜不归宿、离家出走或者流落街头的未成年人，公安机关、公共场所管理机构等发现或者接到报告后，应当及时采取有效保护措施，并通知其父母或者其他监护人、所在的寄宿制学校，必要时应当护送其返回住所、学校；无法与其父母或者其他监护人、学校取得联系的，应当护送未成年人到救助保护机构接受救助。

**第三十七条** 未成年人的父母或者其他监护人、学校发现未成年人组织或者参加实施不良行为的团伙，应当及时制止；发现该团伙有违法犯罪嫌疑的，应当立即向公安机关报告。

## 第四章　对严重不良行为的矫治

**第三十八条** 本法所称严重不良行为，是指未成年人实施的有刑法规定、因不满法定刑事责任年龄不予刑事处罚的行为，以及严重危害社会的下列行为：

（一）结伙斗殴，追逐、拦截他人，强拿硬要或者任意损毁、占用公私财物等寻衅滋事行为；

（二）非法携带枪支、弹药或者弩、匕首等国家规定的管制器具；

（三）殴打、辱骂、恐吓，或者故意伤害他人身体；

（四）盗窃、哄抢、抢夺或者故意损毁公私财物；

（五）传播淫秽的读物、音像制品或者信息等；

（六）卖淫、嫖娼，或者进行淫秽表演；

（七）吸食、注射毒品，或者向他人提供毒品；

（八）参与赌博赌资较大；

（九）其他严重危害社会的行为。

**第三十九条** 未成年人的父母或者其他监护人、学校、居民委员会、村民委员会发现有人教唆、胁迫、引诱未成年人实施严重不良行为的，应当立即向公安机关报告。公安机关接到报告或者发现有上述情形的，应当及时依法查处；对人身安全受到威胁的未成年人，应当立即采取有效保护措施。

**第四十条**　公安机关接到举报或者发现未成年人有严重不良行为的，应当及时制止，依法调查处理，并可以责令其父母或者其他监护人消除或者减轻违法后果，采取措施严加管教。

**第四十一条**　对有严重不良行为的未成年人，公安机关可以根据具体情况，采取以下矫治教育措施：

（一）予以训诫；

（二）责令赔礼道歉、赔偿损失；

（三）责令具结悔过；

（四）责令定期报告活动情况；

（五）责令遵守特定的行为规范，不得实施特定行为、接触特定人员或者进入特定场所；

（六）责令接受心理辅导、行为矫治；

（七）责令参加社会服务活动；

（八）责令接受社会观护，由社会组织、有关机构在适当场所对未成年人进行教育、监督和管束；

（九）其他适当的矫治教育措施。

**第四十二条**　公安机关在对未成年人进行矫治教育时，可以根据需要邀请学校、居民委员会、村民委员会以及社会工作服务机构等社会组织参与。

未成年人的父母或者其他监护人应当积极配合矫治教育措施的实施，不得妨碍阻挠或者放任不管。

**第四十三条**　对有严重不良行为的未成年人，未成年人的父母或者其他监护人、所在学校无力管教或者管教无效的，可以向教育行政部门提出申请，经专门教育指导委员会评估同意后，由教育行政部门决定送入专门学校接受专门教育。

**第四十四条**　未成年人有下列情形之一的，经专门教育指导委员会评估同意，教育行政部门会同公安机关可以决定将其送入专门学校接受专门教育：

（一）实施严重危害社会的行为，情节恶劣或者造成严重后果；

（二）多次实施严重危害社会的行为；

（三）拒不接受或者配合本法第四十一条规定的矫治教育措施；

（四）法律、行政法规规定的其他情形。

**第四十五条** 未成年人实施刑法规定的行为、因不满法定刑事责任年龄不予刑事处罚的，经专门教育指导委员会评估同意，教育行政部门会同公安机关可以决定对其进行专门矫治教育。

省级人民政府应当结合本地的实际情况，至少确定一所专门学校按照分校区、分班级等方式设置专门场所，对前款规定的未成年人进行专门矫治教育。

前款规定的专门场所实行闭环管理，公安机关、司法行政部门负责未成年人的矫治工作，教育行政部门承担未成年人的教育工作。

**第四十六条** 专门学校应当在每个学期适时提请专门教育指导委员会对接受专门教育的未成年学生的情况进行评估。对经评估适合转回普通学校就读的，专门教育指导委员会应当向原决定机关提出书面建议，由原决定机关决定是否将未成年学生转回普通学校就读。

原决定机关决定将未成年学生转回普通学校的，其原所在学校不得拒绝接收；因特殊情况，不适宜转回原所在学校的，由教育行政部门安排转学。

**第四十七条** 专门学校应当对接受专门教育的未成年人分级分类进行教育和矫治，有针对性地开展道德教育、法治教育、心理健康教育，并根据实际情况进行职业教育；对没有完成义务教育的未成年人，应当保证其继续接受义务教育。

专门学校的未成年学生的学籍保留在原学校，符合毕业条件的，原学校应当颁发毕业证书。

**第四十八条** 专门学校应当与接受专门教育的未成年人的父母或者其他监护人加强联系，定期向其反馈未成年人的矫治和教育情况，为父母或者其他监护人、亲属等看望未成年人提供便利。

**第四十九条** 未成年人及其父母或者其他监护人对本章规定的行政决定不服的，可以依法提起行政复议或者行政诉讼。

## 第五章 对重新犯罪的预防

**第五十条** 公安机关、人民检察院、人民法院办理未成年人刑事案件，应当根据未成年人的生理、心理特点和犯罪的情况，有针对性地进行法治教育。

对涉及刑事案件的未成年人进行教育，其法定代理人以外的成年亲属或者教师、辅导员等参与有利于感化、挽救未成年人的，公安机关、人民检察院、人民法院应当邀请其参加有关活动。

**第五十一条** 公安机关、人民检察院、人民法院办理未成年人刑事案件，可以自行或者委托有关社会组织、机构对未成年犯罪嫌疑人或者被告人的成长经历、犯罪原因、监护、教育等情况进行社会调查；根据实际需要并经未成年犯罪嫌疑人、被告人及其法定代理人同意，可以对未成年犯罪嫌疑人、被告人进行心理测评。

社会调查和心理测评的报告可以作为办理案件和教育未成年人的参考。

**第五十二条** 公安机关、人民检察院、人民法院对于无固定住所、无法提供保证人的未成年人适用取保候审的，应当指定合适成年人作为保证人，必要时可以安排取保候审的未成年人接受社会观护。

**第五十三条** 对被拘留、逮捕以及在未成年犯管教所执行刑罚的未成年人，应当与成年人分别关押、管理和教育。对未成年人的社区矫正，应当与成年人分别进行。

对有上述情形且没有完成义务教育的未成年人，公安机关、人民检察院、人民法院、司法行政部门应当与教育行政部门相互配合，保证其继续接受义务教育。

**第五十四条** 未成年犯管教所、社区矫正机构应当对未成年犯、未成年社区矫正对象加强法治教育，并根据实际情况对其进行职业教育。

**第五十五条** 社区矫正机构应当告知未成年社区矫正对象安置帮教的有关规定，并配合安置帮教工作部门落实或者解决未成年社区矫正对象的就学、就业等问题。

**第五十六条** 对刑满释放的未成年人，未成年犯管教所应当提前通知其父母或者其他监护人按时接回，并协助落实安置帮教措施。没有父母或者其他监护人、无法查明其父母或者其他监护人的，未成年犯管教所应当提前通知未成年人原户籍所在地或者居住地的司法行政部门安排人员按时接回，由民政部门或者居民委员会、村民委员会依法对其进行监护。

**第五十七条** 未成年人的父母或者其他监护人和学校、居民委员会、村民委员会对接受社区矫正、刑满释放的未成年人，应当采取有效的帮教措施，协助司法机关以及有关部门做好安置帮教工作。

居民委员会、村民委员会可以聘请思想品德优秀，作风正派，热心未成年人工作的离退休人员、志愿者或其他人员协助做好前款规定的安置帮教工作。

**第五十八条** 刑满释放和接受社区矫正的未成年人，在复学、升学、就业等方面依法享有与其他未成年人同等的权利，任何单位和个人不得歧视。

**第五十九条** 未成年人的犯罪记录依法被封存的，公安机关、人民检察院、人民法院和司法行政部门不得向任何单位或者个人提供，但司法机关因办案需要或者有关单位根据国家有关规定进行查询的除外。依法进行查询的单位和个人应当对相关记录信息予以保密。

未成年人接受专门矫治教育、专门教育的记录，以及被行政处罚、采取刑事强制措施和不起诉的记录，适用前款规定。

**第六十条** 人民检察院通过依法行使检察权，对未成年人重新犯罪预防工作等进行监督。

## 第六章 法律责任

**第六十一条** 公安机关、人民检察院、人民法院在办理案件过程中发现实施严重不良行为的未成年人的父母或者其他监护人不依法履行监护职责的，应当予以训诫，并可以责令其接受家庭教育指导。

**第六十二条** 学校及其教职员工违反本法规定，不履行预防未成年人犯罪工作职责，或者虐待、歧视相关未成年人的，由教育行政等部门责令改正，通报批评；情节严重的，对直接负责的主管人员和其他直接责任人员依法给予处分。构成违反治安管理行为的，由公安机关依法予以治安管理处罚。

教职员工教唆、胁迫、引诱未成年人实施不良行为或者严重不良行为，以及品行不良、影响恶劣的，教育行政部门、学校应当依法予以解聘或者辞退。

**第六十三条** 违反本法规定，在复学、升学、就业等方面歧视相关未成年人的，由所在单位或者教育、人力资源社会保障等部门责令改正；拒不改正的，对直接负责的主管人员或者其他直接责任人员依法给予处分。

**第六十四条** 有关社会组织、机构及其工作人员虐待、歧视接受社会观护的未成年人，或者出具虚假社会调查、心理测评报告的，由民政、司法行政等部门对直接负责的主管人员或者其他直接责任人员依法给予处分，构成违反治安管理行为的，由公安机关予以治安管理处罚。

**第六十五条** 教唆、胁迫、引诱未成年人实施不良行为或者严重不良行为，构成违反治安管理行为的，由公安机关依法予以治安管理处罚。

**第六十六条** 国家机关及其工作人员在预防未成年人犯罪工作中滥用职权、玩忽职守、徇私舞弊的，对直接负责的主管人员和其他直接责任人员，依法给予处分。

**第六十七条** 违反本法规定，构成犯罪的，依法追究刑事责任。

## 第七章 附 则

**第六十八条** 本法自 2021 年 6 月 1 日起施行。

# 中华人民共和国行政处罚法（节选）

（1996年3月17日第八届全国人民代表大会第四次会议通过　根据2009年8月27日第十一届全国人民代表大会常务委员会第十次会议《关于修改部分法律的决定》第一次修正　根据2017年9月1日第十二届全国人民代表大会常务委员会第二十九次会议《关于修改〈中华人民共和国法官法〉等八部法律的决定》第二次修正　2021年1月22日第十三届全国人民代表大会常务委员会第二十五次会议修订）

**第三十条**　不满十四周岁的未成年人有违法行为的，不予行政处罚，责令监护人加以管教；已满十四周岁不满十八周岁的未成年人有违法行为的，应当从轻或者减轻行政处罚。

# 中华人民共和国个人信息保护法（节选）

（2021年8月20日第十三届全国人民代表大会常务委员会第三十次会议通过　2021年8月20日中华人民共和国主席令第91号公布　自2021年11月1日起施行）

**第二十八条**　敏感个人信息是一旦泄露或者非法使用，容易导致自然人的人格尊严受到侵害或者人身、财产安全受到危害的个人信息，包括生物识别、宗教信仰、特定身份、医疗健康、金融账户、行踪轨迹等信息，以及不满十四周岁未成年人的个人信息。

只有在具有特定的目的和充分的必要性，并采取严格保护措施的情形下，个人信息处理者方可处理敏感个人信息。

**第三十一条** 个人信息处理者处理不满十四周岁未成年人个人信息的，应当取得未成年人的父母或者其他监护人的同意。

个人信息处理者处理不满十四周岁未成年人个人信息的，应当制定专门的个人信息处理规则。

# 中华人民共和国家庭教育促进法

（2021 年 10 月 23 日第十三届全国人民代表大会常务委员会第三十一次会议通过　2021 年 10 月 23 日中华人民共和国主席令第 98 号公布　自 2022 年 1 月 1 日起施行）

## 目　录

# 第一章　总　　则

**第一条　【立法目的】**为了发扬中华民族重视家庭教育的优良传统，引导全社会注重家庭、家教、家风，增进家庭幸福与社会和谐，培养德智体美劳全面发展的社会主义建设者和接班人，制定本法。

**第二条　【家庭教育的概念】**本法所称家庭教育，是指父母或者其他监护人为促进未成年人全面健康成长，对其实施的道德品质、身体素质、生活技能、文化修养、行为习惯等方面的培育、引导和影响。

**第三条　【根本任务】**家庭教育以立德树人为根本任务，培育和践行社会主义核心价值观，弘扬中华民族优秀传统文化、革命文化、社会主义先进文化，促进未成年人健康成长。

**第四条　【实施与指导】**未成年人的父母或者其他监护人负责实施家庭教育。

国家和社会为家庭教育提供指导、支持和服务。

国家工作人员应当带头树立良好家风，履行家庭教育责任。

**第五条　【要求】**家庭教育应当符合以下要求：

（一）尊重未成年人身心发展规律和个体差异；

（二）尊重未成年人人格尊严，保护未成年人隐私权和个人信息，保障未成年人合法权益；

（三）遵循家庭教育特点，贯彻科学的家庭教育理念和方法；

（四）家庭教育、学校教育、社会教育紧密结合、协调一致；

（五）结合实际情况采取灵活多样的措施。

**第六条　【家庭学校社会协同育人机制】**各级人民政府指导家庭教育工作，建立健全家庭学校社会协同育人机制。县级以上人民政府负责妇女儿童工作的机构，组织、协调、指导、督促有关部门做好家庭教育工作。

教育行政部门、妇女联合会统筹协调社会资源，协同推进覆盖城乡的家庭教育指导服务体系建设，并按照职责分工承担家庭教育工作的日常事务。

县级以上精神文明建设部门和县级以上人民政府公安、民政、司法行政、人力资源和社会保障、文化和旅游、卫生健康、市场监督管理、广播电视、体育、新闻出版、网信等有关部门在各自的职责范围内做好家庭教育工作。

**第七条 【家庭教育工作专项规划】**县级以上人民政府应当制定家庭教育工作专项规划，将家庭教育指导服务纳入城乡公共服务体系和政府购买服务目录，将相关经费列入财政预算，鼓励和支持以政府购买服务的方式提供家庭教育指导。

**第八条 【家庭教育工作联动机制】**人民法院、人民检察院发挥职能作用，配合同级人民政府及其有关部门建立家庭教育工作联动机制，共同做好家庭教育工作。

**第九条 【社会支持】**工会、共产主义青年团、残疾人联合会、科学技术协会、关心下一代工作委员会以及居民委员会、村民委员会等应当结合自身工作，积极开展家庭教育工作，为家庭教育提供社会支持。

**第十条 【公益性服务活动】**国家鼓励和支持企业事业单位、社会组织及个人依法开展公益性家庭教育服务活动。

**第十一条 【开设专业课程】**国家鼓励开展家庭教育研究，鼓励高等学校开设家庭教育专业课程，支持师范院校和有条件的高等学校加强家庭教育学科建设，培养家庭教育服务专业人才，开展家庭教育服务人员培训。

**第十二条 【捐赠和志愿服务】**国家鼓励和支持自然人、法人和非法人组织为家庭教育事业进行捐赠或者提供志愿服务，对符合条件的，依法给予税收优惠。

国家对在家庭教育工作中做出突出贡献的组织和个人，按照有关规定给予表彰、奖励。

**第十三条 【家庭教育宣传周】**每年 5 月 15 日国际家庭日所在周为全国家庭教育宣传周。

## 第二章　家庭责任

**第十四条　【主体责任】**父母或者其他监护人应当树立家庭是第一个课堂、家长是第一任老师的责任意识，承担对未成年人实施家庭教育的主体责任，用正确思想、方法和行为教育未成年人养成良好思想、品行和习惯。

共同生活的具有完全民事行为能力的其他家庭成员应当协助和配合未成年人的父母或者其他监护人实施家庭教育。

**第十五条　【家庭文化】**未成年人的父母或者其他监护人及其他家庭成员应当注重家庭建设，培育积极健康的家庭文化，树立和传承优良家风，弘扬中华民族家庭美德，共同构建文明、和睦的家庭关系，为未成年人健康成长营造良好的家庭环境。

**第十六条　【内容指引】**未成年人的父母或者其他监护人应当针对不同年龄段未成年人的身心发展特点，以下列内容为指引，开展家庭教育：

（一）教育未成年人爱党、爱国、爱人民、爱集体、爱社会主义，树立维护国家统一的观念，铸牢中华民族共同体意识，培养家国情怀；

（二）教育未成年人崇德向善、尊老爱幼、热爱家庭、勤俭节约、团结互助、诚信友爱、遵纪守法，培养其良好社会公德、家庭美德、个人品德意识和法治意识；

（三）帮助未成年人树立正确的成才观，引导其培养广泛兴趣爱好、健康审美追求和良好学习习惯，增强科学探索精神、创新意识和能力；

（四）保证未成年人营养均衡、科学运动、睡眠充足、身心愉悦，引导其养成良好生活习惯和行为习惯，促进其身心健康发展；

（五）关注未成年人心理健康，教导其珍爱生命，对其进行交通出行、健康上网和防欺凌、防溺水、防诈骗、防拐卖、防性侵等方面的安全知识教育，帮助其掌握安全知识和技能，增强其自我保护的意识和能力；

（六）帮助未成年人树立正确的劳动观念，参加力所能及的劳动，提高生活自理能力和独立生活能力，养成吃苦耐劳的优秀品格和热爱劳动的良好习惯。

**第十七条 【方式方法】**未成年人的父母或者其他监护人实施家庭教育，应当关注未成年人的生理、心理、智力发展状况，尊重其参与相关家庭事务和发表意见的权利，合理运用以下方式方法：

（一）亲自养育，加强亲子陪伴；

（二）共同参与，发挥父母双方的作用；

（三）相机而教，寓教于日常生活之中；

（四）潜移默化，言传与身教相结合；

（五）严慈相济，关心爱护与严格要求并重；

（六）尊重差异，根据年龄和个性特点进行科学引导；

（七）平等交流，予以尊重、理解和鼓励；

（八）相互促进，父母与子女共同成长；

（九）其他有益于未成年人全面发展、健康成长的方式方法。

**第十八条 【学习家庭教育知识】**未成年人的父母或者其他监护人应当树立正确的家庭教育理念，自觉学习家庭教育知识，在孕期和未成年人进入婴幼儿照护服务机构、幼儿园、中小学校等重要时段进行有针对性的学习，掌握科学的家庭教育方法，提高家庭教育的能力。

**第十九条 【参加公益性家庭教育指导和实践活动】**未成年人的父母或者其他监护人应当与中小学校、幼儿园、婴幼儿照护服务机构、社区密切配合，积极参加其提供的公益性家庭教育指导和实践活动，共同促进未成年人健康成长。

**第二十条 【离异双方相互配合履行家庭教育责任】**未成年人的父母分居或者离异的，应当相互配合履行家庭教育责任，任何一方不得拒绝或者怠于履行；除法律另有规定外，不得阻碍另一方实施家庭教育。

**第二十一条 【监护人与被委托人共同履行家庭教育责任】**未成年人的父母或者其他监护人依法委托他人代为照护未成年人的，应当与被委托人、未成年人保持联系，定期了解未成年人学习、生活情况和心理状况，与被委托人共同履行家庭教育责任。

**第二十二条　【合理安排作息时间】**未成年人的父母或者其他监护人应当合理安排未成年人学习、休息、娱乐和体育锻炼的时间，避免加重未成年人学习负担，预防未成年人沉迷网络。

**第二十三条　【禁止歧视、家暴】**未成年人的父母或者其他监护人不得因性别、身体状况、智力等歧视未成年人，不得实施家庭暴力，不得胁迫、引诱、教唆、纵容、利用未成年人从事违反法律法规和社会公德的活动。

## 第三章　国家支持

**第二十四条　【家庭教育指导大纲】**国务院应当组织有关部门制定、修订并及时颁布全国家庭教育指导大纲。

省级人民政府或者有条件的设区的市级人民政府应当组织有关部门编写或者采用适合当地实际的家庭教育指导读本，制定相应的家庭教育指导服务工作规范和评估规范。

**第二十五条　【线上家庭教育指导服务】**省级以上人民政府应当组织有关部门统筹建设家庭教育信息化共享服务平台，开设公益性网上家长学校和网络课程，开通服务热线，提供线上家庭教育指导服务。

**第二十六条　【减负】**县级以上地方人民政府应当加强监督管理，减轻义务教育阶段学生作业负担和校外培训负担，畅通学校家庭沟通渠道，推进学校教育和家庭教育相互配合。

**第二十七条　【组建家庭教育指导服务专业队伍】**县级以上地方人民政府及有关部门组织建立家庭教育指导服务专业队伍，加强对专业人员的培养，鼓励社会工作者、志愿者参与家庭教育指导服务工作。

**第二十八条　【家庭教育指导机构】**县级以上地方人民政府可以结合当地实际情况和需要，通过多种途径和方式确定家庭教育指导机构。

家庭教育指导机构对辖区内社区家长学校、学校家长学校及其他家庭教育指导服务站点进行指导，同时开展家庭教育研究、服务人员队伍建设和培训、公共服务产品研发。

**第二十九条 【提供有针对性的服务】**家庭教育指导机构应当及时向有需求的家庭提供服务。

对于父母或者其他监护人履行家庭教育责任存在一定困难的家庭，家庭教育指导机构应当根据具体情况，与相关部门协作配合，提供有针对性的服务。

**第三十条 【提供关爱服务】**设区的市、县、乡级人民政府应当结合当地实际采取措施，对留守未成年人和困境未成年人家庭建档立卡，提供生活帮扶、创业就业支持等关爱服务，为留守未成年人和困境未成年人的父母或者其他监护人实施家庭教育创造条件。

教育行政部门、妇女联合会应当采取有针对性的措施，为留守未成年人和困境未成年人的父母或者其他监护人实施家庭教育提供服务，引导其积极关注未成年人身心健康状况、加强亲情关爱。

**第三十一条 【禁止营利性教育培训】**家庭教育指导机构开展家庭教育指导服务活动，不得组织或者变相组织营利性教育培训。

**第三十二条 【婚姻、收养登记机构的家庭教育指导】**婚姻登记机构和收养登记机构应当通过现场咨询辅导、播放宣传教育片等形式，向办理婚姻登记、收养登记的当事人宣传家庭教育知识，提供家庭教育指导。

**第三十三条 【福利机构、救助保护机构的家庭教育指导】**儿童福利机构、未成年人救助保护机构应当对本机构安排的寄养家庭、接受救助保护的未成年人的父母或者其他监护人提供家庭教育指导。

**第三十四条 【法院的家庭教育指导】**人民法院在审理离婚案件时，应当对有未成年子女的夫妻双方提供家庭教育指导。

**第三十五条 【妇联的家庭教育指导】**妇女联合会发挥妇女在弘扬中华民族家庭美德、树立良好家风等方面的独特作用，宣传普及家庭教育知识，通过家庭教育指导机构、社区家长学校、文明家庭建设等多种渠道组织开展家庭教育实践活动，提供家庭教育指导服务。

**第三十六条　【依法设立非营利性家庭教育服务机构】**自然人、法人和非法人组织可以依法设立非营利性家庭教育服务机构。

县级以上地方人民政府及有关部门可以采取政府补贴、奖励激励、购买服务等扶持措施，培育家庭教育服务机构。

教育、民政、卫生健康、市场监督管理等有关部门应当在各自职责范围内，依法对家庭教育服务机构及从业人员进行指导和监督。

**第三十七条　【家风建设纳入单位文化建设】**国家机关、企业事业单位、群团组织、社会组织应当将家风建设纳入单位文化建设，支持职工参加相关的家庭教育服务活动。

文明城市、文明村镇、文明单位、文明社区、文明校园和文明家庭等创建活动，应当将家庭教育情况作为重要内容。

## 第四章　社会协同

**第三十八条　【基层组织的协同】**居民委员会、村民委员会可以依托城乡社区公共服务设施，设立社区家长学校等家庭教育指导服务站点，配合家庭教育指导机构组织面向居民、村民的家庭教育知识宣传，为未成年人的父母或者其他监护人提供家庭教育指导服务。

**第三十九条　【教育机构的协同】**中小学校、幼儿园应当将家庭教育指导服务纳入工作计划，作为教师业务培训的内容。

**第四十条　【建立家长学校】**中小学校、幼儿园可以采取建立家长学校等方式，针对不同年龄段未成年人的特点，定期组织公益性家庭教育指导服务和实践活动，并及时联系、督促未成年人的父母或者其他监护人参加。

**第四十一条　【促进共同教育】**中小学校、幼儿园应当根据家长的需求，邀请有关人员传授家庭教育理念、知识和方法，组织开展家庭教育指导服务和实践活动，促进家庭与学校共同教育。

**第四十二条　【支持开展公益性家庭教育指导服务】**具备条件的中小学校、幼儿园应当在教育行政部门的指导下，为家庭教育指导服务站点开展公益性家庭教育指导服务活动提供支持。

**第四十三条　【对严重违纪未成年学生的处理】**中小学校发现未成年学生严重违反校规校纪的，应当及时制止、管教，告知其父母或者其他监护人，并为其父母或者其他监护人提供有针对性的家庭教育指导服务；发现未成年学生有不良行为或者严重不良行为的，按照有关法律规定处理。

**第四十四条　【早教机构的家庭教育指导服务】**婴幼儿照护服务机构、早期教育服务机构应当为未成年人的父母或者其他监护人提供科学养育指导等家庭教育指导服务。

**第四十五条　【医疗保健机构开展科学养育宣传和指导】**医疗保健机构在开展婚前保健、孕产期保健、儿童保健、预防接种等服务时，应当对有关成年人、未成年人的父母或者其他监护人开展科学养育知识和婴幼儿早期发展的宣传和指导。

**第四十六条　【公共文化服务机构开展家庭教育宣传活动】**图书馆、博物馆、文化馆、纪念馆、美术馆、科技馆、体育场馆、青少年宫、儿童活动中心等公共文化服务机构和爱国主义教育基地每年应当定期开展公益性家庭教育宣传、家庭教育指导服务和实践活动，开发家庭教育类公共文化服务产品。

广播、电视、报刊、互联网等新闻媒体应当宣传正确的家庭教育知识，传播科学的家庭教育理念和方法，营造重视家庭教育的良好社会氛围。

**第四十七条　【家庭教育服务机构的职责】**家庭教育服务机构应当加强自律管理，制定家庭教育服务规范，组织从业人员培训，提高从业人员的业务素质和能力。

## 第五章　法律责任

**第四十八条　【监护人及委托人的违法责任】**未成年人住所地的居民委员

会、村民委员会、妇女联合会，未成年人的父母或者其他监护人所在单位，以及中小学校、幼儿园等有关密切接触未成年人的单位，发现父母或者其他监护人拒绝、怠于履行家庭教育责任，或者非法阻碍其他监护人实施家庭教育的，应当予以批评教育、劝诫制止，必要时督促其接受家庭教育指导。

未成年人的父母或者其他监护人依法委托他人代为照护未成年人，有关单位发现被委托人不依法履行家庭教育责任的，适用前款规定。

**第四十九条 【公检法机关训诫指导】**公安机关、人民检察院、人民法院在办理案件过程中，发现未成年人存在严重不良行为或者实施犯罪行为，或者未成年人的父母或者其他监护人不正确实施家庭教育侵害未成年人合法权益的，根据情况对父母或者其他监护人予以训诫，并可以责令其接受家庭教育指导。

**第五十条 【政府部门、机构的违法责任】**负有家庭教育工作职责的政府部门、机构有下列情形之一的，由其上级机关或者主管单位责令限期改正；情节严重的，对直接负责的主管人员和其他直接责任人员依法予以处分：

（一）不履行家庭教育工作职责；

（二）截留、挤占、挪用或者虚报、冒领家庭教育工作经费；

（三）其他滥用职权、玩忽职守或者徇私舞弊的情形。

**第五十一条 【教育机构的违法责任】**家庭教育指导机构、中小学校、幼儿园、婴幼儿照护服务机构、早期教育服务机构违反本法规定，不履行或者不正确履行家庭教育指导服务职责的，由主管部门责令限期改正；情节严重的，对直接负责的主管人员和其他直接责任人员依法予以处分。

**第五十二条 【家庭教育服务机构的违法责任】**家庭教育服务机构有下列情形之一的，由主管部门责令限期改正；拒不改正或者情节严重的，由主管部门责令停业整顿、吊销营业执照或者撤销登记：

（一）未依法办理设立手续；

（二）从事超出许可业务范围的行为或作虚假、引人误解宣传，产生不良后果；

（三）侵犯未成年人及其父母或者其他监护人合法权益。

**第五十三条　【实施家庭暴力的法律责任】**未成年人的父母或者其他监护人在家庭教育过程中对未成年人实施家庭暴力的，依照《中华人民共和国未成年人保护法》、《中华人民共和国反家庭暴力法》等法律的规定追究法律责任。

**第五十四条　【治安处罚及刑事责任】**违反本法规定，构成违反治安管理行为的，由公安机关依法予以治安管理处罚；构成犯罪的，依法追究刑事责任。

### 第六章　附　　则

**第五十五条　【施行日期】**本法自 2022 年 1 月 1 日起施行。

## 中华人民共和国公共图书馆法（节选）

（2017 年 11 月 4 日第十二届全国人民代表大会常务委员会第三十次会议通过　根据 2018 年 10 月 26 日第十三届全国人民代表大会常务委员会第六次会议《关于修改〈中华人民共和国野生动物保护法〉等十五部法律的决定》修正）

**第三十七条　【禁止违法活动】**公共图书馆向社会公众提供文献信息，应当遵守有关法律、行政法规的规定，不得向未成年人提供内容不适宜的文献信息。

公共图书馆不得从事或者允许其他组织、个人在馆内从事危害国家安全、损害社会公共利益和其他违反法律法规的活动。

**第五十条　【公共图书馆及工作人员违规处置文献信息的责任】**公共图书馆及其工作人员有下列行为之一的，由文化主管部门责令改正，没收违法所得：

（一）违规处置文献信息；

（二）出售或者以其他方式非法向他人提供读者的个人信息、借阅信息以及其他可能涉及读者隐私的信息；

（三）向社会公众提供文献信息违反有关法律、行政法规的规定，或者向未成年人提供内容不适宜的文献信息；

（四）将设施设备场地用于与公共图书馆服务无关的商业经营活动；

（五）其他不履行本法规定的公共图书馆服务要求的行为。

公共图书馆及其工作人员对应当免费提供的服务收费或者变相收费的，由价格主管部门依照前款规定给予处罚。

公共图书馆及其工作人员有前两款规定行为的，对直接负责的主管人员和其他直接责任人员依法追究法律责任。

# 中华人民共和国邮政法（节选）

（1986年12月2日第六届全国人民代表大会常务委员会第十八次会议通过　2009年4月24日第十一届全国人民代表大会常务委员会第八次会议修订　根据2012年10月26日第十一届全国人民代表大会常务委员会第二十九次会议《关于修改〈中华人民共和国邮政法〉的决定》第一次修正　根据2015年4月24日第十二届全国人民代表大会常务委员会第十四次会议《关于修改〈中华人民共和国义务教育法〉等五部法律的决定》第二次修正）

**第三十七条　【禁止邮寄的物品】**任何单位和个人不得利用邮件寄递含有下列内容的物品：

（一）煽动颠覆国家政权、推翻社会主义制度或者分裂国家、破坏国家统一，危害国家安全的；

（二）泄露国家秘密的；

（三）散布谣言扰乱社会秩序，破坏社会稳定的；

（四）煽动民族仇恨、民族歧视，破坏民族团结的；

（五）宣扬邪教或者迷信的；

（六）散布淫秽、赌博、恐怖信息或者教唆犯罪的；

（七）法律、行政法规禁止的其他内容。

# 中华人民共和国著作权法

（1990年9月7日第七届全国人民代表大会常务委员会第十五次会议通过　根据2001年10月27日第九届全国人民代表大会常务委员会第二十四次会议《关于修改〈中华人民共和国著作权法〉的决定》第一次修正　根据2010年2月26日第十一届全国人民代表大会常务委员会第十三次会议《关于修改〈中华人民共和国著作权法〉的决定》第二次修正　根据2020年11月11日第十三届全国人民代表大会常务委员会第二十三次会议《关于修改〈中华人民共和国著作权法〉的决定》第三次修正）

## 目　录

## 第一章　总　　则

**第一条**　为保护文学、艺术和科学作品作者的著作权，以及与著作权有关的权益，鼓励有益于社会主义精神文明、物质文明建设的作品的创作和传播，促进社会主义文化和科学事业的发展与繁荣，根据宪法制定本法。

**第二条**　中国公民、法人或者非法人组织的作品，不论是否发表，依照本法享有著作权。

外国人、无国籍人的作品根据其作者所属国或者经常居住地国同中国签订的协议或者共同参加的国际条约享有的著作权，受本法保护。

外国人、无国籍人的作品首先在中国境内出版的，依照本法享有著作权。

未与中国签订协议或者共同参加国际条约的国家的作者以及无国籍人的作品首次在中国参加的国际条约的成员国出版的，或者在成员国和非成员国同时出版的，受本法保护。

**第三条**　本法所称的作品，是指文学、艺术和科学领域内具有独创性并能以一定形式表现的智力成果，包括：

（一）文字作品；

（二）口述作品；

（三）音乐、戏剧、曲艺、舞蹈、杂技艺术作品；

（四）美术、建筑作品；

（五）摄影作品；

（六）视听作品；

（七）工程设计图、产品设计图、地图、示意图等图形作品和模型作品；

（八）计算机软件；

（九）符合作品特征的其他智力成果。

**第四条** 著作权人和与著作权有关的权利人行使权利，不得违反宪法和法律，不得损害公共利益。国家对作品的出版、传播依法进行监督管理。

**第五条** 本法不适用于：

（一）法律、法规，国家机关的决议、决定、命令和其他具有立法、行政、司法性质的文件，及其官方正式译文；

（二）单纯事实消息；

（三）历法、通用数表、通用表格和公式。

**第六条** 民间文学艺术作品的著作权保护办法由国务院另行规定。

**第七条** 国家著作权主管部门负责全国的著作权管理工作；县级以上地方主管著作权的部门负责本行政区域的著作权管理工作。

**第八条** 著作权人和与著作权有关的权利人可以授权著作权集体管理组织行使著作权或者与著作权有关的权利。依法设立的著作权集体管理组织是非营利法人，被授权后可以以自己的名义为著作权人和与著作权有关的权利人主张权利，并可以作为当事人进行涉及著作权或者与著作权有关的权利的诉讼、仲裁、调解活动。

著作权集体管理组织根据授权向使用者收取使用费。使用费的收取标准由著作权集体管理组织和使用者代表协商确定，协商不成的，可以向国家著作权主管部门申请裁决，对裁决不服的，可以向人民法院提起诉讼；当事人也可以直接向人民法院提起诉讼。

著作权集体管理组织应当将使用费的收取和转付、管理费的提取和使用、使用费的未分配部分等总体情况定期向社会公布，并应当建立权利信息查询系统，供权利人和使用者查询。国家著作权主管部门应当依法对著作权集体管理组织进行监督、管理。

著作权集体管理组织的设立方式、权利义务、使用费的收取和分配，以及对其监督和管理等由国务院另行规定。

# 第二章 著 作 权

## 第一节 著作权人及其权利

**第九条** 著作权人包括：

（一）作者；

（二）其他依照本法享有著作权的自然人、法人或者非法人组织。

**第十条** 著作权包括下列人身权和财产权：

（一）发表权，即决定作品是否公之于众的权利；

（二）署名权，即表明作者身份，在作品上署名的权利；

（三）修改权，即修改或者授权他人修改作品的权利；

（四）保护作品完整权，即保护作品不受歪曲、篡改的权利；

（五）复制权，即以印刷、复印、拓印、录音、录像、翻录、翻拍、数字化等方式将作品制作一份或者多份的权利；

（六）发行权，即以出售或者赠与方式向公众提供作品的原件或者复制件的权利；

（七）出租权，即有偿许可他人临时使用视听作品、计算机软件的原件或者复制件的权利，计算机软件不是出租的主要标的的除外；

（八）展览权，即公开陈列美术作品、摄影作品的原件或者复制件的权利；

（九）表演权，即公开表演作品，以及用各种手段公开播送作品的表演的权利；

（十）放映权，即通过放映机、幻灯机等技术设备公开再现美术、摄影、视听作品等的权利；

（十一）广播权，即以有线或者无线方式公开传播或者转播作品，以及通过扩音器或者其他传送符号、声音、图像的类似工具向公众传播广播的作品的权利，但不包括本款第十二项规定的权利；

（十二）信息网络传播权，即以有线或者无线方式向公众提供，使公众可以在其选定的时间和地点获得作品的权利；

（十三）摄制权，即以摄制视听作品的方法将作品固定在载体上的权利；

（十四）改编权，即改变作品，创作出具有独创性的新作品的权利；

（十五）翻译权，即将作品从一种语言文字转换成另一种语言文字的权利；

（十六）汇编权，即将作品或者作品的片段通过选择或者编排，汇集成新作品的权利；

（十七）应当由著作权人享有的其他权利。

著作权人可以许可他人行使前款第五项至第十七项规定的权利，并依照约定或者本法有关规定获得报酬。

著作权人可以全部或者部分转让本条第一款第五项至第十七项规定的权利，并依照约定或者本法有关规定获得报酬。

## 第二节　著作权归属

**第十一条**　著作权属于作者，本法另有规定的除外。

创作作品的自然人是作者。

由法人或者非法人组织主持，代表法人或者非法人组织意志创作，并由法人或者非法人组织承担责任的作品，法人或者非法人组织视为作者。

**第十二条**　在作品上署名的自然人、法人或者非法人组织为作者，且该作品上存在相应权利，但有相反证明的除外。

作者等著作权人可以向国家著作权主管部门认定的登记机构办理作品登记。

与著作权有关的权利参照适用前两款规定。

**第十三条**　改编、翻译、注释、整理已有作品而产生的作品，其著作权由改编、翻译、注释、整理人享有，但行使著作权时不得侵犯原作品的著作权。

**第十四条**　两人以上合作创作的作品，著作权由合作作者共同享有。没有参加创作的人，不能成为合作作者。

合作作品的著作权由合作作者通过协商一致行使；不能协商一致，又无正当理由的，任何一方不得阻止他方行使除转让、许可他人专有使用、出质以外的其他权利，但是所得收益应当合理分配给所有合作作者。

合作作品可以分割使用的，作者对各自创作的部分可以单独享有著作权，但行使著作权时不得侵犯合作作品整体的著作权。

**第十五条** 汇编若干作品、作品的片段或者不构成作品的数据或者其他材料，对其内容的选择或者编排体现独创性的作品，为汇编作品，其著作权由汇编人享有，但行使著作权时，不得侵犯原作品的著作权。

**第十六条** 使用改编、翻译、注释、整理、汇编已有作品而产生的作品进行出版、演出和制作录音录像制品，应当取得该作品的著作权人和原作品的著作权人许可，并支付报酬。

**第十七条** 视听作品中的电影作品、电视剧作品的著作权由制作者享有，但编剧、导演、摄影、作词、作曲等作者享有署名权，并有权按照与制作者签订的合同获得报酬。

前款规定以外的视听作品的著作权归属由当事人约定；没有约定或者约定不明确的，由制作者享有，但作者享有署名权和获得报酬的权利。

视听作品中的剧本、音乐等可以单独使用的作品的作者有权单独行使其著作权。

**第十八条** 自然人为完成法人或者非法人组织工作任务所创作的作品是职务作品，除本条第二款的规定以外，著作权由作者享有，但法人或者非法人组织有权在其业务范围内优先使用。作品完成两年内，未经单位同意，作者不得许可第三人以与单位使用的相同方式使用该作品。

有下列情形之一的职务作品，作者享有署名权，著作权的其他权利由法人或者非法人组织享有，法人或者非法人组织可以给予作者奖励：

（一）主要是利用法人或者非法人组织的物质技术条件创作，并由法人或者非法人组织承担责任的工程设计图、产品设计图、地图、示意图、计算机软件等职务作品；

（二）报社、期刊社、通讯社、广播电台、电视台的工作人员创作的职务作品；

（三）法律、行政法规规定或者合同约定著作权由法人或者非法人组织享有的职务作品。

**第十九条** 受委托创作的作品，著作权的归属由委托人和受托人通过合同约定。合同未作明确约定或者没有订立合同的，著作权属于受托人。

**第二十条** 作品原件所有权的转移，不改变作品著作权的归属，但美术、摄影作品原件的展览权由原件所有人享有。

作者将未发表的美术、摄影作品的原件所有权转让给他人，受让人展览该原件不构成对作者发表权的侵犯。

**第二十一条** 著作权属于自然人的，自然人死亡后，其本法第十条第一款第五项至第十七项规定的权利在本法规定的保护期内，依法转移。

著作权属于法人或者非法人组织的，法人或者非法人组织变更、终止后，其本法第十条第一款第五项至第十七项规定的权利在本法规定的保护期内，由承受其权利义务的法人或者非法人组织享有；没有承受其权利义务的法人或者非法人组织的，由国家享有。

## 第三节 权利的保护期

**第二十二条** 作者的署名权、修改权、保护作品完整权的保护期不受限制。

**第二十三条** 自然人的作品，其发表权、本法第十条第一款第五项至第十七项规定的权利的保护期为作者终生及其死亡后五十年，截止于作者死亡后第五十年的 12 月 31 日；如果是合作作品，截止于最后死亡的作者死亡后第五十年的 12 月 31 日。

法人或者非法人组织的作品、著作权（署名权除外）由法人或者非法人组织享有的职务作品，其发表权的保护期为五十年，截止于作品创作完成后第五十年的12月31日；本法第十条第一款第五项至第十七项规定的权利的保护期为五十年，截止于作品首次发表后第五十年的12月31日，但作品自创作完成后五十年内未发表的，本法不再保护。

视听作品，其发表权的保护期为五十年，截止于作品创作完成后第五十年的12月31日；本法第十条第一款第五项至第十七项规定的权利的保护期为五十年，截止于作品首次发表后第五十年的12月31日，但作品自创作完成后五十年内未发表的，本法不再保护。

## 第四节　权利的限制

**第二十四条**　在下列情况下使用作品，可以不经著作权人许可，不向其支付报酬，但应当指明作者姓名或者名称、作品名称，并且不得影响该作品的正常使用，也不得不合理地损害著作权人的合法权益：

（一）为个人学习、研究或者欣赏，使用他人已经发表的作品；

（二）为介绍、评论某一作品或者说明某一问题，在作品中适当引用他人已经发表的作品；

（三）为报道新闻，在报纸、期刊、广播电台、电视台等媒体中不可避免地再现或者引用已经发表的作品；

（四）报纸、期刊、广播电台、电视台等媒体刊登或者播放其他报纸、期刊、广播电台、电视台等媒体已经发表的关于政治、经济、宗教问题的时事性文章，但著作权人声明不许刊登、播放的除外；

（五）报纸、期刊、广播电台、电视台等媒体刊登或者播放在公众集会上发表的讲话，但作者声明不许刊登、播放的除外；

（六）为学校课堂教学或者科学研究，翻译、改编、汇编、播放或者少量复制已经发表的作品，供教学或者科研人员使用，但不得出版发行；

（七）国家机关为执行公务在合理范围内使用已经发表的作品；

（八）图书馆、档案馆、纪念馆、博物馆、美术馆、文化馆等为陈列或者保存版本的需要，复制本馆收藏的作品；

（九）免费表演已经发表的作品，该表演未向公众收取费用，也未向表演者支付报酬，且不以营利为目的；

（十）对设置或者陈列在公共场所的艺术作品进行临摹、绘画、摄影、录像；

（十一）将中国公民、法人或者非法人组织已经发表的以国家通用语言文字创作的作品翻译成少数民族语言文字作品在国内出版发行；

（十二）以阅读障碍者能够感知的无障碍方式向其提供已经发表的作品；

（十三）法律、行政法规规定的其他情形。

前款规定适用于对与著作权有关的权利的限制。

**第二十五条** 为实施义务教育和国家教育规划而编写出版教科书，可以不经著作权人许可，在教科书中汇编已经发表的作品片段或者短小的文字作品、音乐作品或者单幅的美术作品、摄影作品、图形作品，但应当按照规定向著作权人支付报酬，指明作者姓名或者名称、作品名称，并且不得侵犯著作权人依照本法享有的其他权利。

前款规定适用于对与著作权有关的权利的限制。

## 第三章 著作权许可使用和转让合同

**第二十六条** 使用他人作品应当同著作权人订立许可使用合同，本法规定可以不经许可的除外。

许可使用合同包括下列主要内容：

（一）许可使用的权利种类；

（二）许可使用的权利是专有使用权或者非专有使用权；

（三）许可使用的地域范围、期间；

（四）付酬标准和办法；

（五）违约责任；

（六）双方认为需要约定的其他内容。

**第二十七条** 转让本法第十条第一款第五项至第十七项规定的权利，应当订立书面合同。

权利转让合同包括下列主要内容：

（一）作品的名称；

（二）转让的权利种类、地域范围；

（三）转让价金；

（四）交付转让价金的日期和方式；

（五）违约责任；

（六）双方认为需要约定的其他内容。

**第二十八条** 以著作权中的财产权出质的，由出质人和质权人依法办理出质登记。

**第二十九条** 许可使用合同和转让合同中著作权人未明确许可、转让的权利，未经著作权人同意，另一方当事人不得行使。

**第三十条** 使用作品的付酬标准可以由当事人约定，也可以按照国家著作权主管部门会同有关部门制定的付酬标准支付报酬。当事人约定不明确的，按照国家著作权主管部门会同有关部门制定的付酬标准支付报酬。

**第三十一条** 出版者、表演者、录音录像制作者、广播电台、电视台等依照本法有关规定使用他人作品的，不得侵犯作者的署名权、修改权、保护作品完整权和获得报酬的权利。

## 第四章 与著作权有关的权利

### 第一节 图书、报刊的出版

**第三十二条** 图书出版者出版图书应当和著作权人订立出版合同，并支付报酬。

**第三十三条** 图书出版者对著作权人交付出版的作品，按照合同约定享有的专有出版权受法律保护，他人不得出版该作品。

**第三十四条** 著作权人应当按照合同约定期限交付作品。图书出版者应当按照合同约定的出版质量、期限出版图书。

图书出版者不按照合同约定期限出版，应当依照本法第六十一条的规定承担民事责任。

图书出版者重印、再版作品的，应当通知著作权人，并支付报酬。图书脱销后，图书出版者拒绝重印、再版的，著作权人有权终止合同。

**第三十五条** 著作权人向报社、期刊社投稿的，自稿件发出之日起十五日内未收到报社通知决定刊登的，或者自稿件发出之日起三十日内未收到期刊社通知决定刊登的，可以将同一作品向其他报社、期刊社投稿。双方另有约定的除外。

作品刊登后，除著作权人声明不得转载、摘编的外，其他报刊可以转载或者作为文摘、资料刊登，但应当按照规定向著作权人支付报酬。

**第三十六条** 图书出版者经作者许可，可以对作品修改、删节。

报社、期刊社可以对作品作文字性修改、删节。对内容的修改，应当经作者许可。

**第三十七条** 出版者有权许可或者禁止他人使用其出版的图书、期刊的版式设计。

前款规定的权利的保护期为十年，截止于使用该版式设计的图书、期刊首次出版后第十年的 12 月 31 日。

## 第二节 表　　演

**第三十八条** 使用他人作品演出，表演者应当取得著作权人许可，并支付报酬。演出组织者组织演出，由该组织者取得著作权人许可，并支付报酬。

**第三十九条** 表演者对其表演享有下列权利：

（一）表明表演者身份；

（二）保护表演形象不受歪曲；

（三）许可他人从现场直播和公开传送其现场表演，并获得报酬；

（四）许可他人录音录像，并获得报酬；

（五）许可他人复制、发行、出租录有其表演的录音录像制品，并获得报酬；

（六）许可他人通过信息网络向公众传播其表演，并获得报酬。

被许可人以前款第三项至第六项规定的方式使用作品，还应当取得著作权人许可，并支付报酬。

**第四十条** 演员为完成本演出单位的演出任务进行的表演为职务表演，演员享有表明身份和保护表演形象不受歪曲的权利，其他权利归属由当事人约定。当事人没有约定或者约定不明确的，职务表演的权利由演出单位享有。

职务表演的权利由演员享有的，演出单位可以在其业务范围内免费使用该表演。

**第四十一条** 本法第三十九条第一款第一项、第二项规定的权利的保护期不受限制。

本法第三十九条第一款第三项至第六项规定的权利的保护期为五十年，截止于该表演发生后第五十年的12月31日。

## 第三节 录音录像

**第四十二条** 录音录像制作者使用他人作品制作录音录像制品，应当取得著作权人许可，并支付报酬。

录音制作者使用他人已经合法录制为录音制品的音乐作品制作录音制品，可以不经著作权人许可，但应当按照规定支付报酬；著作权人声明不许使用的不得使用。

**第四十三条** 录音录像制作者制作录音录像制品，应当同表演者订立合同，并支付报酬。

**第四十四条** 录音录像制作者对其制作的录音录像制品，享有许可他人复制、发行、出租、通过信息网络向公众传播并获得报酬的权利；权利的保护期为五十年，截止于该制品首次制作完成后第五十年的12月31日。

被许可人复制、发行、通过信息网络向公众传播录音录像制品，应当同时取得著作权人、表演者许可，并支付报酬；被许可人出租录音录像制品，还应当取得表演者许可，并支付报酬。

**第四十五条** 将录音制品用于有线或者无线公开传播，或者通过传送声音的技术设备向公众公开播送的，应当向录音制作者支付报酬。

## 第四节 广播电台、电视台播放

**第四十六条** 广播电台、电视台播放他人未发表的作品，应当取得著作权人许可，并支付报酬。

广播电台、电视台播放他人已发表的作品，可以不经著作权人许可，但应当按照规定支付报酬。

**第四十七条** 广播电台、电视台有权禁止未经其许可的下列行为：

(一)将其播放的广播、电视以有线或者无线方式转播；

(二)将其播放的广播、电视录制以及复制；

(三)将其播放的广播、电视通过信息网络向公众传播。

广播电台、电视台行使前款规定的权利，不得影响、限制或者侵害他人行使著作权或者与著作权有关的权利。

本条第一款规定的权利的保护期为五十年，截止于该广播、电视首次播放后第五十年的12月31日。

**第四十八条** 电视台播放他人的视听作品、录像制品，应当取得视听作品著作权人或者录像制作者许可，并支付报酬；播放他人的录像制品，还应当取得著作权人许可，并支付报酬。

## 第五章 著作权和与著作权有关的权利的保护

**第四十九条** 为保护著作权和与著作权有关的权利，权利人可以采取技术措施。

未经权利人许可，任何组织或者个人不得故意避开或者破坏技术措施，不得以避开或者破坏技术措施为目的制造、进口或者向公众提供有关装置或者部件，不得故意为他人避开或者破坏技术措施提供技术服务。但是，法律、行政法规规定可以避开的情形除外。

本法所称的技术措施，是指用于防止、限制未经权利人许可浏览、欣赏作品、表演、录音录像制品或者通过信息网络向公众提供作品、表演、录音录像制品的有效技术、装置或者部件。

**第五十条** 下列情形可以避开技术措施，但不得向他人提供避开技术措施的技术、装置或者部件，不得侵犯权利人依法享有的其他权利：

（一）为学校课堂教学或者科学研究，提供少量已经发表的作品，供教学或者科研人员使用，而该作品无法通过正常途径获取；

（二）不以营利为目的，以阅读障碍者能够感知的无障碍方式向其提供已经发表的作品，而该作品无法通过正常途径获取；

（三）国家机关依照行政、监察、司法程序执行公务；

（四）对计算机及其系统或者网络的安全性能进行测试；

（五）进行加密研究或者计算机软件反向工程研究。

前款规定适用于对与著作权有关的权利的限制。

**第五十一条** 未经权利人许可，不得进行下列行为：

（一）故意删除或者改变作品、版式设计、表演、录音录像制品或者广播、电视上的权利管理信息，但由于技术上的原因无法避免的除外；

（二）知道或者应当知道作品、版式设计、表演、录音录像制品或者广播、电视上的权利管理信息未经许可被删除或者改变，仍然向公众提供。

**第五十二条** 有下列侵权行为的，应当根据情况，承担停止侵害、消除影响、赔礼道歉、赔偿损失等民事责任：

（一）未经著作权人许可，发表其作品的；

（二）未经合作作者许可，将与他人合作创作的作品当作自己单独创作的作品发表的；

（三）没有参加创作，为谋取个人名利，在他人作品上署名的；

（四）歪曲、篡改他人作品的；

（五）剽窃他人作品的；

（六）未经著作权人许可，以展览、摄制视听作品的方法使用作品，或者以改编、翻译、注释等方式使用作品的，本法另有规定的除外；

（七）使用他人作品，应当支付报酬而未支付的；

（八）未经视听作品、计算机软件、录音录像制品的著作权人、表演者或者录音录像制作者许可，出租其作品或者录音录像制品的原件或者复制件的，本法另有规定的除外；

（九）未经出版者许可，使用其出版的图书、期刊的版式设计的；

（十）未经表演者许可，从现场直播或者公开传送其现场表演，或者录制其表演的；

（十一）其他侵犯著作权以及与著作权有关的权利的行为。

**第五十三条** 有下列侵权行为的，应当根据情况，承担本法第五十二条规定的民事责任；侵权行为同时损害公共利益的，由主管著作权的部门责令停止侵权行为，予以警告，没收违法所得，没收、无害化销毁处理侵权复制品以及主要用于制作侵权复制品的材料、工具、设备等，违法经营额五万元以上的，可以并处违法经营额一倍以上五倍以下的罚款；没有违法经营额、违法经营额难以计算或者不足五万元的，可以并处二十五万元以下的罚款；构成犯罪的，依法追究刑事责任：

（一）未经著作权人许可，复制、发行、表演、放映、广播、汇编、通过信息网络向公众传播其作品的，本法另有规定的除外；

（二）出版他人享有专有出版权的图书的；

（三）未经表演者许可，复制、发行录有其表演的录音录像制品，或者通过信息网络向公众传播其表演的，本法另有规定的除外；

（四）未经录音录像制作者许可，复制、发行、通过信息网络向公众传播其制作的录音录像制品的，本法另有规定的除外；

（五）未经许可，播放、复制或者通过信息网络向公众传播广播、电视的，本法另有规定的除外；

（六）未经著作权人或者与著作权有关的权利人许可，故意避开或者破坏技术措施的，故意制造、进口或者向他人提供主要用于避开、破坏技术措施的装置或者部件的，或者故意为他人避开或者破坏技术措施提供技术服务的，法律、行政法规另有规定的除外；

（七）未经著作权人或者与著作权有关的权利人许可，故意删除或者改变作品、版式设计、表演、录音录像制品或者广播、电视上的权利管理信息的，知道或者应当知道作品、版式设计、表演、录音录像制品或者广播、电视上的权利管理信息未经许可被删除或者改变，仍然向公众提供的，法律、行政法规另有规定的除外；

（八）制作、出售假冒他人署名的作品的。

**第五十四条**　侵犯著作权或者与著作权有关的权利的，侵权人应当按照权利人因此受到的实际损失或者侵权人的违法所得给予赔偿；权利人的实际损失或者侵权人的违法所得难以计算的，可以参照该权利使用费给予赔偿。对故意侵犯著作权或者与著作权有关的权利，情节严重的，可以在按照上述方法确定数额的一倍以上五倍以下给予赔偿。

权利人的实际损失、侵权人的违法所得、权利使用费难以计算的，由人民法院根据侵权行为的情节，判决给予五百元以上五百万元以下的赔偿。

赔偿数额还应当包括权利人为制止侵权行为所支付的合理开支。

人民法院为确定赔偿数额，在权利人已经尽了必要举证责任，而与侵权行为相关的账簿、资料等主要由侵权人掌握的，可以责令侵权人提供与侵权行为相关的账簿、资料等；侵权人不提供，或者提供虚假的账簿、资料等的，人民法院可以参考权利人的主张和提供的证据确定赔偿数额。

人民法院审理著作权纠纷案件，应权利人请求，对侵权复制品，除特殊情况外，责令销毁；对主要用于制造侵权复制品的材料、工具、设备等，责令销毁，且不予补偿；或者在特殊情况下，责令禁止前述材料、工具、设备等进入商业渠道，且不予补偿。

**第五十五条** 主管著作权的部门对涉嫌侵犯著作权和与著作权有关的权利的行为进行查处时，可以询问有关当事人，调查与涉嫌违法行为有关的情况；对当事人涉嫌违法行为的场所和物品实施现场检查；查阅、复制与涉嫌违法行为有关的合同、发票、账簿以及其他有关资料；对于涉嫌违法行为的场所和物品，可以查封或者扣押。

主管著作权的部门依法行使前款规定的职权时，当事人应当予以协助、配合，不得拒绝、阻挠。

**第五十六条** 著作权人或者与著作权有关的权利人有证据证明他人正在实施或者即将实施侵犯其权利、妨碍其实现权利的行为，如不及时制止将会使其合法权益受到难以弥补的损害的，可以在起诉前依法向人民法院申请采取财产保全、责令作出一定行为或者禁止作出一定行为等措施。

**第五十七条** 为制止侵权行为，在证据可能灭失或者以后难以取得的情况下，著作权人或者与著作权有关的权利人可以在起诉前依法向人民法院申请保全证据。

**第五十八条** 人民法院审理案件，对于侵犯著作权或者与著作权有关的权利的，可以没收违法所得、侵权复制品以及进行违法活动的财物。

**第五十九条** 复制品的出版者、制作者不能证明其出版、制作有合法授权的，复制品的发行者或者视听作品、计算机软件、录音录像制品的复制品的出租者不能证明其发行、出租的复制品有合法来源的，应当承担法律责任。

在诉讼程序中，被诉侵权人主张其不承担侵权责任的，应当提供证据证明已经取得权利人的许可，或者具有本法规定的不经权利人许可而可以使用的情形。

**第六十条** 著作权纠纷可以调解，也可以根据当事人达成的书面仲裁协议或者著作权合同中的仲裁条款，向仲裁机构申请仲裁。

当事人没有书面仲裁协议，也没有在著作权合同中订立仲裁条款的，可以直接向人民法院起诉。

**第六十一条** 当事人因不履行合同义务或者履行合同义务不符合约定而承担民事责任，以及当事人行使诉讼权利、申请保全等，适用有关法律的规定。

## 第六章 附 则

**第六十二条** 本法所称的著作权即版权。

**第六十三条** 本法第二条所称的出版，指作品的复制、发行。

**第六十四条** 计算机软件、信息网络传播权的保护办法由国务院另行规定。

**第六十五条** 摄影作品，其发表权、本法第十条第一款第五项至第十七项规定的权利的保护期在 2021 年 6 月 1 日前已经届满，但依据本法第二十三条第一款的规定仍在保护期内的，不再保护。

**第六十六条** 本法规定的著作权人和出版者、表演者、录音录像制作者、广播电台、电视台的权利，在本法施行之日尚未超过本法规定的保护期的，依照本法予以保护。

本法施行前发生的侵权或者违约行为，依照侵权或者违约行为发生时的有关规定处理。

**第六十七条** 本法自 1991 年 6 月 1 日起施行。

# 国务院关于严厉打击非法出版活动的通知

（1987年7月6日　国发〔1987〕65号）

当前社会上非法出版活动猖獗。一些不法分子伪造或盗用合法出版单位名义，大量非法印制有害的书刊和音像出版物。这类出版物充斥市场，不仅内容腐朽，大多宣扬凶杀、色情和迷信，而且印制质量低劣、售价昂贵，对群众特别是青少年的身心健康危害极大，严重影响社会主义精神文明的建设。这种情况，必须采取措施坚决予以制止。国务院决定，立即在全国范围内开展一次打击非法出版活动的行动。现将有关问题通知如下：

**一**、除国家批准的出版单位外，任何单位和个人不得出版在社会上公开发行的图书、报刊和音像出版物，违者属非法出版活动。

非出版单位编印、翻录内部使用的非营利性的资料性图书、报刊和音像出版物，须报经主管单位批准，并经县级以上（含县级）新闻出版（文化）行政机关或音像管理机关核准并发给准印证，方可印制。违者亦视为非法出版活动。

**二**、任何国营、集体、个体印刷（装订）厂，均不得承印（装订）非法出版物。凡已承接非法出版物的，应一律停止印制，将成品、半成品、图版等全部上缴所在地县级以上（含县级）人民政府指定的新闻出版（文化）行政机关，就地销毁。

未经国家音像管理机关批准的音像翻录加工单位，一律予以取缔。

**三**、任何国营、集体、个体发行单位和个人，均不得销售非法出版物。如有非法出版物，应一律停止销售，主动清理上缴所在地县（含县）以上人民政府指定的新闻出版（文化）行政机关和音像管理机关，就地销毁。

**四**、对委印、承印、翻录、销售非法出版物的单位和个人，可视不同情节，分别给予警告、停业整顿、吊销注册登记证或营业执照，对直接责任人或领导者给予行政处分。

对非法出版物和非法收入除全部没收外，还应视不同情节，加处出版物总定价五倍以内的罚款。没收的非法收入和罚款一律上缴国库。

对从事非法出版活动情节恶劣，后果严重，触犯刑律的，应当依法追究刑事责任。

**五**、这次打击非法出版活动，重点查处对象是大量委印、承印、翻录、销售非法出版物，所得暴利数额巨大的单位和个人。

**六**、打击非法出版活动，既要坚决，又要稳妥。各地要从实际情况出发，实事求是，区别对待，以达到打击极少数严重不法分子、教育大多数的目的。

**七**、这次打击非法出版活动由各级人民政府领导，新闻出版、广播电影电视、工商行政管理、公安部门具体负责，文化管理部门予以积极配合和支持；邮电、轻工、交通、铁道、海关等有关部门要加强联系，互通情况，密切配合。对涉及几个地区的查处对象，有关地区应当及时通报，协同动作。

**八**、当前要抓住一两个重大典型案件尽快查清，依法处理，并运用报纸、广播、电视加以宣传，以推动全国的查处工作。

**九**、查处经费，按财政部《关于发布〈罚没财物和追回赃款赃物管理办法〉的通知》(1986 年财预字第 228 号)的有关规定办理。

**十**、为改变目前书刊印刷业混乱的状况，由公安机关按照有关规定把印刷业作为“特种行业”进行管理。各级人民政府要指定有关机构或人员，负责对所在地的印刷厂特别是乡镇小印刷厂实行经常性的检查和监督。

各地接到本通知后应立即行动，具体安排可根据本地实际情况自行确定。今年十月底前，各省、自治区、直辖市人民政府应将贯彻执行情况向国务院作一专题报告。

# 出版管理条例（节选）

（2001 年 12 月 25 日国务院令第 343 号公布　根据 2011 年 3 月 19 日《国务院关于修改〈出版管理条例〉的决定》第一次修订　根据 2013 年 7 月 18 日《国务院关于废止和修改部分行政法规的决定》第二次修订　根据 2014 年 7 月 29 日《国务院关于修改部分行政法规的决定》第三次修订　根据 2016 年 2 月 6 日《国务院关于修改部分行政法规的决定》第四次修订　根据 2020 年 11 月 29 日《国务院关于修改和废止部分行政法规的决定》第五次修订）

**第二条**　在中华人民共和国境内从事出版活动，适用本条例。

本条例所称出版活动，包括出版物的出版、印刷或者复制、进口、发行。

本条例所称出版物，是指报纸、期刊、图书、音像制品、电子出版物等。

**第二十三条**　公民可以依照本条例规定，在出版物上自由表达自己对国家事务、经济和文化事业、社会事务的见解和意愿，自由发表自己从事科学研究、文学艺术创作和其他文化活动的成果。

合法出版物受法律保护，任何组织和个人不得非法干扰、阻止、破坏出版物的出版。

**第二十五条**　任何出版物不得含有下列内容：

（一）反对宪法确定的基本原则的；

（二）危害国家统一、主权和领土完整的；

（三）泄露国家秘密、危害国家安全或者损害国家荣誉和利益的；

（四）煽动民族仇恨、民族歧视，破坏民族团结，或者侵害民族风俗、习

惯的;

(五)宣扬邪教、迷信的;

(六)扰乱社会秩序,破坏社会稳定的;

(七)宣扬淫秽、赌博、暴力或者教唆犯罪的;

(八)侮辱或者诽谤他人,侵害他人合法权益的;

(九)危害社会公德或者民族优秀文化传统的;

(十)有法律、行政法规和国家规定禁止的其他内容的。

**第二十六条** 以未成年人为对象的出版物不得含有诱发未成年人模仿违反社会公德的行为和违法犯罪的行为的内容,不得含有恐怖、残酷等妨害未成年人身心健康的内容。

**第二十七条** 出版物的内容不真实或者不公正,致使公民、法人或者其他组织的合法权益受到侵害的,其出版单位应当公开更正,消除影响,并依法承担其他民事责任。

报纸、期刊发表的作品内容不真实或者不公正,致使公民、法人或者其他组织的合法权益受到侵害的,当事人有权要求有关出版单位更正或者答辩,有关出版单位应当在其近期出版的报纸、期刊上予以发表;拒绝发表的,当事人可以向人民法院提起诉讼。

**第三十条** 中学小学教科书由国务院教育行政主管部门审定;其出版、发行单位应当具有适应教科书出版、发行业务需要的资金、组织机构和人员等条件,并取得国务院出版行政主管部门批准的教科书出版、发行资质。纳入政府采购范围的中学小学教科书,其发行单位按照《中华人民共和国政府采购法》的有关规定确定。其他任何单位或者个人不得从事中学小学教科书的出版、发行业务。

**第四十条** 印刷或者复制单位、发行单位或者个体工商户不得印刷或者复制、发行有下列情形之一的出版物:

(一)含有本条例第二十五条、第二十六条禁止内容的;

（二）非法进口的；

（三）伪造、假冒出版单位名称或者报纸、期刊名称的；

（四）未署出版单位名称的；

（五）中学小学教科书未经依法审定的；

（六）侵犯他人著作权的。

## 第八章 法律责任

**第六十条** 出版行政主管部门或者其他有关部门的工作人员，利用职务上的便利收受他人财物或者其他好处，批准不符合法定条件的申请人取得许可证、批准文件，或者不履行监督职责，或者发现违法行为不予查处，造成严重后果的，依法给予降级直至开除的处分；构成犯罪的，依照刑法关于受贿罪、滥用职权罪、玩忽职守罪或者其他罪的规定，依法追究刑事责任。

**第六十一条** 未经批准，擅自设立出版物的出版、印刷或者复制、进口单位，或者擅自从事出版物的出版、印刷或者复制、进口、发行业务，假冒出版单位名称或者伪造、假冒报纸、期刊名称出版出版物的，由出版行政主管部门、工商行政管理部门依照法定职权予以取缔；依照刑法关于非法经营罪的规定，依法追究刑事责任；尚不够刑事处罚的，没收出版物、违法所得和从事违法活动的专用工具、设备，违法经营额1万元以上的，并处违法经营额5倍以上10倍以下的罚款，违法经营额不足1万元的，可以处5万元以下的罚款；侵犯他人合法权益的，依法承担民事责任。

**第六十二条** 有下列行为之一，触犯刑律的，依照刑法有关规定，依法追究刑事责任；尚不够刑事处罚的，由出版行政主管部门责令限期停业整顿，没收出版物、违法所得，违法经营额1万元以上的，并处违法经营额5倍以上10倍以下的罚款；违法经营额不足1万元的，可以处5万元以下的罚款；情节严重的，由原发证机关吊销许可证：

（一）出版、进口含有本条例第二十五条、第二十六条禁止内容的出版物的；

（二）明知或者应知出版物含有本条例第二十五条、第二十六条禁止内容而印刷或者复制、发行的；

（三）明知或者应知他人出版含有本条例第二十五条、第二十六条禁止内容的出版物而向其出售或者以其他形式转让本出版单位的名称、书号、刊号、版号、版面，或者出租本单位的名称、刊号的。

**第六十三条** 有下列行为之一的，由出版行政主管部门责令停止违法行为，没收出版物、违法所得，违法经营额1万元以上的，并处违法经营额5倍以上10倍以下的罚款；违法经营额不足1万元的，可以处5万元以下的罚款；情节严重的，责令限期停业整顿或者由原发证机关吊销许可证：

（一）进口、印刷或者复制、发行国务院出版行政主管部门禁止进口的出版物的；

（二）印刷或者复制走私的境外出版物的；

（三）发行进口出版物未从本条例规定的出版物进口经营单位进货的。

**第六十四条** 走私出版物的，依照刑法关于走私罪的规定，依法追究刑事责任；尚不够刑事处罚的，由海关依照海关法的规定给予行政处罚。

**第六十五条** 有下列行为之一的，由出版行政主管部门没收出版物、违法所得，违法经营额1万元以上的，并处违法经营额5倍以上10倍以下的罚款；违法经营额不足1万元的，可以处5万元以下的罚款；情节严重的，责令限期停业整顿或者由原发证机关吊销许可证：

（一）出版单位委托未取得出版物印刷或者复制许可的单位印刷或者复制出版物的；

（二）印刷或者复制单位未取得印刷或者复制许可而印刷或者复制出版物的；

（三）印刷或者复制单位接受非出版单位和个人的委托印刷或者复制出版

物的；

（四）印刷或者复制单位未履行法定手续印刷或者复制境外出版物的，印刷或者复制的境外出版物没有全部运输出境的；

（五）印刷或者复制单位、发行单位或者个体工商户印刷或者复制、发行未署出版单位名称的出版物的；

（六）印刷或者复制单位、发行单位或者个体工商户印刷或者复制、发行伪造、假冒出版单位名称或者报纸、期刊名称的出版物的；

（七）出版、印刷、发行单位出版、印刷、发行未经依法审定的中学小学教科书，或者非依照本条例规定确定的单位从事中学小学教科书的出版、发行业务的。

**第六十六条** 出版单位有下列行为之一的，由出版行政主管部门责令停止违法行为，给予警告，没收违法经营的出版物、违法所得，违法经营额 1 万元以上的，并处违法经营额 5 倍以上 10 倍以下的罚款；违法经营额不足 1 万元的，可以处 5 万元以下的罚款；情节严重的，责令限期停业整顿或者由原发证机关吊销许可证：

（一）出售或者以其他形式转让本出版单位的名称、书号、刊号、版号、版面，或者出租本单位的名称、刊号的；

（二）利用出版活动谋取其他不正当利益的。

**第六十七条** 有下列行为之一的，由出版行政主管部门责令改正，给予警告；情节严重的，责令限期停业整顿或者由原发证机关吊销许可证：

（一）出版单位变更名称、主办单位或者其主管机关、业务范围，合并或者分立，出版新的报纸、期刊，或者报纸、期刊改变名称，以及出版单位变更其他事项，未依照本条例的规定到出版行政主管部门办理审批、变更登记手续的；

（二）出版单位未将其年度出版计划和涉及国家安全、社会安定等方面的重大选题备案的；

（三）出版单位未依照本条例的规定送交出版物的样本的；

（四）印刷或者复制单位未依照本条例的规定留存备查的材料的；

（五）出版进口经营单位未将其进口的出版物目录报送备案的；

（六）出版单位擅自中止出版活动超过180日的；

（七）出版物发行单位、出版物进口经营单位未依照本条例的规定办理变更审批手续的；

（八）出版物质量不符合有关规定和标准的。

**第六十八条** 未经批准，举办境外出版物展览的，由出版行政主管部门责令停止违法行为，没收出版物、违法所得；情节严重的，责令限期停业整顿或者由原发证机关吊销许可证。

**第六十九条** 印刷或者复制、批发、零售、出租、散发含有本条例第二十五条、第二十六条禁止内容的出版物或者其他非法出版物的，当事人对非法出版物的来源作出说明、指认，经查证属实的，没收出版物、违法所得，可以减轻或者免除其他行政处罚。

**第七十条** 单位违反本条例被处以吊销许可证行政处罚的，其法定代表人或者主要负责人自许可证被吊销之日起10年内不得担任出版、印刷或者复制、进口、发行单位的法定代表人或者主要负责人。

出版从业人员违反本条例规定，情节严重的，由原发证机关吊销其资格证书。

**第七十一条** 依照本条例的规定实施罚款的行政处罚，应当依照有关法律、行政法规的规定，实行罚款决定与罚款收缴分离；收缴的罚款必须全部上缴国库。

# 印刷业管理条例（节选）

（2001年8月2日国务院令第315号公布　根据2016年2月6日《国务院关于修改部分行政法规的决定》第一次修订　根据2017年3月1日《国务院关于修改和废止部分行政法规的决定》第二次修订　根据2020年11月29日《国务院关于修改和废止部分行政法规的决定》第三次修订）

**第二条**　本条例适用于出版物、包装装潢印刷品和其他印刷品的印刷经营活动。

本条例所称出版物，包括报纸、期刊、书籍、地图、年画、图片、挂历、画册及音像制品、电子出版物的装帧封面等。

本条例所称包装装潢印刷品，包括商标标识、广告宣传品及作为产品包装装潢的纸、金属、塑料等的印刷品。

本条例所称其他印刷品，包括文件、资料、图表、票证、证件、名片等。

本条例所称印刷经营活动，包括经营性的排版、制版、印刷、装订、复印、影印、打印等活动。

**第三条**　印刷业经营者必须遵守有关法律、法规和规章，讲求社会效益。

禁止印刷含有反动、淫秽、迷信内容和国家明令禁止印刷的其他内容的出版物、包装装潢印刷品和其他印刷品。

**第十七条**　从事出版物印刷经营活动的企业不得印刷国家明令禁止出版的出版物和非出版单位出版的出版物。

**第二十三条**　印刷企业不得盗印出版物，不得销售、擅自加印或者接受第三人委托加印受委托印刷的出版物，不得将接受委托印刷的出版物纸型及印刷底片等出售、出租、出借或者以其他形式转让给其他单位或者个人。

**第二十四条** 印刷企业不得征订、销售出版物，不得假冒或者盗用他人名义印刷、销售出版物。

**第二十五条** 从事包装装潢印刷品印刷的企业不得印刷假冒、伪造的注册商标标识，不得印刷容易对消费者产生误导的广告宣传品和作为产品包装装潢的印刷品。

**第三十五条** 印刷企业和从事其他印刷品印刷经营活动的个人不得盗印他人的其他印刷品，不得销售、擅自加印或者接受第三人委托加印委托印刷的其他印刷品，不得将委托印刷的其他印刷品的纸型及印刷底片等出售、出租、出借或者以其他形式转让给其他单位或者个人。

## 第六章　罚　　则

**第三十六条** 违反本条例规定，擅自设立从事出版物印刷经营活动的企业或者擅自从事印刷经营活动的，由出版行政部门、工商行政管理部门依据法定职权予以取缔，没收印刷品和违法所得以及进行违法活动的专用工具、设备，违法经营额1万元以上的，并处违法经营额5倍以上10倍以下的罚款；违法经营额不足1万元的，并处1万元以上5万元以下的罚款；构成犯罪的，依法追究刑事责任。

单位内部设立的印刷厂（所）未依照本条例第二章的规定办理手续，从事印刷经营活动的，依照前款的规定处罚。

**第三十七条** 印刷业经营者违反本条例规定，有下列行为之一的，由县级以上地方人民政府出版行政部门责令停止违法行为，责令停业整顿，没收印刷品和违法所得，违法经营额1万元以上的，并处违法经营额5倍以上10倍以下的罚款；违法经营额不足1万元的，并处1万元以上5万元以下的罚款；情节严重的，由原发证机关吊销许可证；构成犯罪的，依法追究刑事责任：

（一）未取得出版行政部门的许可，擅自兼营或者变更从事出版物、包装装潢印刷品或者其他印刷品印刷经营活动，或者擅自兼并其他印刷业经营者的；

（二）因合并、分立而设立新的印刷业经营者，未依照本条例的规定办理手续的；

（三）出售、出租、出借或者以其他形式转让印刷经营许可证的。

**第三十八条** 印刷业经营者印刷明知或者应知含有本条例第三条规定禁止印刷内容的出版物、包装装潢印刷品或者其他印刷品的，或者印刷国家明令禁止出版的出版物或者非出版单位出版的出版物的，由县级以上地方人民政府出版行政部门、公安部门依据法定职权责令停业整顿，没收印刷品和违法所得，违法经营额1万元以上的，并处违法经营额5倍以上10倍以下的罚款；违法经营额不足1万元的，并处1万元以上5万元以下的罚款；情节严重的，由原发证机关吊销许可证；构成犯罪的，依法追究刑事责任。

**第三十九条** 印刷业经营者有下列行为之一的，由县级以上地方人民政府出版行政部门、公安部门依据法定职权责令改正，给予警告；情节严重的，责令停业整顿或者由原发证机关吊销许可证：

（一）没有建立承印验证制度、承印登记制度、印刷品保管制度、印刷品交付制度、印刷活动残次品销毁制度等的；

（二）在印刷经营活动中发现违法犯罪行为没有及时向公安部门或者出版行政部门报告的；

（三）变更名称、法定代表人或者负责人、住所或者经营场所等主要登记事项，或者终止印刷经营活动，不向原批准设立的出版行政部门备案的；

（四）未依照本条例的规定留存备查的材料的。

单位内部设立印刷厂（所）违反本条例的规定，没有向所在地县级以上地方人民政府出版行政部门、保密工作部门办理登记手续的，由县级以上地方人民政府出版行政部门、保密工作部门依据法定职权责令改正，给予警告；情节严重的，责令停业整顿。

**第四十条** 从事出版物印刷经营活动的企业有下列行为之一的，由县级以上地方人民政府出版行政部门给予警告，没收违法所得，违法经营额1万元以上的，并处违法经营额5倍以上10倍以下的罚款；违法经营额不足1万元的，并处1万元以上5万元以下的罚款；情节严重的，责令停业整顿或者由原发证机关吊销许可证；构成犯罪的，依法追究刑事责任：

（一）接受他人委托印刷出版物，未依照本条例的规定验证印刷委托书、有关证明或者准印证，或者未将印刷委托书报出版行政部门备案的；

（二）假冒或者盗用他人名义，印刷出版物的；

（三）盗印他人出版物的；

（四）非法加印或者销售受委托印刷的出版物的；

（五）征订、销售出版物的；

（六）擅自将出版单位委托印刷的出版物纸型及印刷底片等出售、出租、出借或者以其他形式转让的；

（七）未经批准，接受委托印刷境外出版物的，或者未将印刷的境外出版物全部运输出境的。

**第四十一条**　从事包装装潢印刷品印刷经营活动的企业有下列行为之一的，由县级以上地方人民政府出版行政部门给予警告，没收违法所得，违法经营额1万元以上的，并处违法经营额5倍以上10倍以下的罚款；违法经营额不足1万元的，并处1万元以上5万元以下的罚款；情节严重的，责令停业整顿或者由原发证机关吊销许可证；构成犯罪的，依法追究刑事责任：

（一）接受委托印刷注册商标标识，未依照本条例的规定验证、核查工商行政管理部门签章的《商标注册证》复印件、注册商标图样或者注册商标使用许可合同复印件的；

（二）接受委托印刷广告宣传品、作为产品包装装潢的印刷品，未依照本条例的规定验证委托印刷单位的营业执照或者个人的居民身份证的，或者接受广告经营者的委托印刷广告宣传品，未验证广告经营资格证明的；

（三）盗印他人包装装潢印刷品的；

（四）接受委托印刷境外包装装潢印刷品未依照本条例的规定向出版行政部门备案的，或者未将印刷的境外包装装潢印刷品全部运输出境的。

印刷企业接受委托印刷注册商标标识、广告宣传品，违反国家有关注册商标、广告印刷管理规定的，由工商行政管理部门给予警告，没收印刷品和违法所得，违法经营额1万元以上的，并处违法经营额5倍以上10倍以下的罚款；违法经营额不足1万元的，并处1万元以上5万元以下的罚款。

**第四十二条** 从事其他印刷品印刷经营活动的企业和个人有下列行为之一的，由县级以上地方人民政府出版行政部门给予警告，没收印刷品和违法所得，违法经营额1万元以上的，并处违法经营额5倍以上10倍以下的罚款；违法经营额不足1万元的，并处1万元以上5万元以下的罚款；情节严重的，责令停业整顿或者由原发证机关吊销许可证；构成犯罪的，依法追究刑事责任：

（一）接受委托印刷其他印刷品，未依照本条例的规定验证有关证明的；

（二）擅自将接受委托印刷的其他印刷品再委托他人印刷的；

（三）将委托印刷的其他印刷品的纸型及印刷底片出售、出租、出借或者以其他形式转让的；

（四）伪造、变造学位证书、学历证书等国家机关公文、证件或者企业事业单位、人民团体公文、证件的，或者盗印他人的其他印刷品的；

（五）非法加印或者销售委托印刷的其他印刷品的；

（六）接受委托印刷境外其他印刷品未依照本条例的规定向出版行政部门备案的，或者未将印刷的境外其他印刷品全部运输出境的；

（七）从事其他印刷品印刷经营活动的个人超范围经营的。

**第四十三条** 有下列行为之一的，由出版行政部门给予警告，没收印刷品和违法所得，违法经营额1万元以上的，并处违法经营额5倍以上10倍以下的罚款；违法经营额不足1万元的，并处1万元以上5万元以下的罚款；情节严重的，责令停业整顿或者吊销印刷经营许可证；构成犯罪的，依法追究刑事责任：

（一）印刷布告、通告、重大活动工作证、通行证、在社会上流通使用的票证，印刷企业没有验证主管部门的证明的，或者再委托他人印刷上述印刷品的；

（二）印刷业经营者伪造、变造学位证书、学历证书等国家机关公文、证件或者企业事业单位、人民团体公文、证件的。

印刷布告、通告、重大活动工作证、通行证、在社会上流通使用的票证，委托印刷单位没有取得主管部门证明的，由县级以上人民政府出版行政部门处以500元以上5000元以下的罚款。

**第四十四条** 印刷业经营者违反本条例规定，有下列行为之一的，由县级以上地方人民政府出版行政部门责令改正，给予警告；情节严重的，责令停业整顿或者由原发证机关吊销许可证：

（一）从事包装装潢印刷品印刷经营活动的企业擅自留存委托印刷的包装装潢印刷品的成品、半成品、废品和印板、纸型、印刷底片、原稿等的；

（二）从事其他印刷品印刷经营活动的企业和个人擅自保留其他印刷品的样本、样张的，或者在所保留的样本、样张上未加盖“样本”、“样张”戳记的。

**第四十五条** 印刷企业被处以吊销许可证行政处罚的，其法定代表人或者负责人自许可证被吊销之日起10年内不得担任印刷企业的法定代表人或者负责人。

从事其他印刷品印刷经营活动的个人被处以吊销许可证行政处罚的，自许可证被吊销之日起10年内不得从事印刷经营活动。

**第四十六条** 依照本条例的规定实施罚款的行政处罚，应当依照有关法律、行政法规的规定，实行罚款决定与罚款收缴分离；收缴的罚款必须全部上缴国库。

**第四十七条** 出版行政部门、工商行政管理部门或者其他有关部门违反本条例规定，擅自批准不符合法定条件的申请人取得许可证、批准文件，或者不履行监督职责，或者发现违法行为不予查处，造成严重后果的，对负责的主管人员和其他直接责任人员给予降级或者撤职的处分；构成犯罪的，依法追究刑事责任。

# 音像制品管理条例（节选）

（2001年12月25日国务院令第341号公布　根据2011年3月19日《国务院关于修改〈音像制品管理条例〉的决定》第一次修订　根据2013年12月7日《国务院关于修改部分行政法规的决定》第二次修订　根据2016年2月6日《国务院关于修改部分行政法规的决定》第三次修订　根据2020年11月29日《国务院关于修改和废止部分行政法规的决定》第四次修订）

**第二条**　本条例适用于录有内容的录音带、录像带、唱片、激光唱盘和激光视盘等音像制品的出版、制作、复制、进口、批发、零售、出租等活动。

音像制品用于广播电视播放的，适用广播电视法律、行政法规。

**第三条**　出版、制作、复制、进口、批发、零售、出租音像制品，应当遵守宪法和有关法律、法规，坚持为人民服务和为社会主义服务的方向，传播有益于经济发展和社会进步的思想、道德、科学技术和文化知识。

音像制品禁止载有下列内容：

（一）反对宪法确定的基本原则的；

（二）危害国家统一、主权和领土完整的；

（三）泄露国家秘密、危害国家安全或者损害国家荣誉和利益的；

（四）煽动民族仇恨、民族歧视，破坏民族团结，或者侵害民族风俗、习惯的；

（五）宣扬邪教、迷信的；

（六）扰乱社会秩序，破坏社会稳定的；

（七）宣扬淫秽、赌博、暴力或者教唆犯罪的；

（八）侮辱或者诽谤他人，侵害他人合法权益的；

（九）危害社会公德或者民族优秀文化传统的；

（十）有法律、行政法规和国家规定禁止的其他内容的。

**第十二条** 音像出版单位应当在其出版的音像制品及其包装的明显位置，标明出版单位的名称、地址和音像制品的版号、出版时间、著作权人等事项；出版进口的音像制品，还应当标明进口批准文号。

音像出版单位应当按照国家有关规定向国家图书馆、中国版本图书馆和国务院出版行政主管部门免费送交样本。

**第二十五条** 从事光盘复制的音像复制单位复制光盘，必须使用蚀刻有国务院出版行政主管部门核发的激光数码储存片来源识别码的注塑模具。

**第三十六条** 音像制品批发单位和从事音像制品零售、出租等业务的单位或者个体工商户，不得经营非音像出版单位出版的音像制品或者非音像复制单位复制的音像制品，不得经营未经国务院出版行政主管部门批准进口的音像制品，不得经营侵犯他人著作权的音像制品。

## 第六章 罚 则

**第三十七条** 出版行政主管部门或者其他有关行政部门及其工作人员，利用职务上的便利收受他人财物或者其他好处，批准不符合法定条件的申请人取得许可证、批准文件，或者不履行监督职责，或者发现违法行为不予查处，造成严重后果的，对负有责任的主管人员和其他直接责任人员依法给予降级直至开除的处分；构成犯罪的，依照刑法关于受贿罪、滥用职权罪、玩忽职守罪或者其他罪的规定，依法追究刑事责任。

**第三十八条** 音像制品经营活动的监督管理部门的工作人员从事或者变相从事音像制品经营活动的，参与或者变相参与音像制品经营单位的经营活动的，依法给予撤职或者开除的处分。

音像制品经营活动的监督管理部门有前款所列行为的，对负有责任的主管人员和其他直接责任人员依照前款规定处罚。

**第三十九条** 未经批准，擅自设立音像制品出版、进口单位，擅自从事音像制品出版、制作、复制业务或者进口、批发、零售经营活动的，由出版行政主管部门、工商行政管理部门依照法定职权予以取缔；依照刑法关于非法经营罪的规定，依法追究刑事责任；尚不够刑事处罚的，没收违法经营的音像制品和违法所得以及进行违法活动的专用工具、设备；违法经营额1万元以上的，并处违法经营额5倍以上10倍以下的罚款；违法经营额不足1万元的，可以处5万元以下的罚款。

**第四十条** 出版含有本条例第三条第二款禁止内容的音像制品，或者制作、复制、批发、零售、出租、放映明知或者应知含有本条例第三条第二款禁止内容的音像制品的，依照刑法有关规定，依法追究刑事责任；尚不够刑事处罚的，由出版行政主管部门、公安部门依据各自职权责令停业整顿，没收违法经营的音像制品和违法所得；违法经营额1万元以上的，并处违法经营额5倍以上10倍以下的罚款；违法经营额不足1万元的，可以处5万元以下的罚款；情节严重的，并由原发证机关吊销许可证。

**第四十一条** 走私音像制品的，依照刑法关于走私罪的规定，依法追究刑事责任；尚不够刑事处罚的，由海关依法给予行政处罚。

**第四十二条** 有下列行为之一的，由出版行政主管部门责令停止违法行为，给予警告，没收违法经营的音像制品和违法所得；违法经营额1万元以上的，并处违法经营额5倍以上10倍以下的罚款；违法经营额不足1万元的，可以处5万元以下的罚款；情节严重的，并责令停业整顿或者由原发证机关吊销许可证：

（一）音像出版单位向其他单位、个人出租、出借、出售或者以其他任何形式转让本单位的名称，出售或者以其他形式转让本单位的版号的；

（二）音像出版单位委托未取得《音像制品制作许可证》的单位制作音像制品，或者委托未取得《复制经营许可证》的单位复制音像制品的；

（三）音像出版单位出版未经国务院出版行政主管部门批准擅自进口的音像制品的；

（四）音像制作单位、音像复制单位未依照本条例的规定验证音像出版单位的委托书、有关证明的；

（五）音像复制单位擅自复制他人的音像制品，或者接受非音像出版单位、个人的委托复制经营性的音像制品，或者自行复制音像制品的。

**第四十三条** 音像出版单位违反国家有关规定与香港特别行政区、澳门特别行政区、台湾地区或者外国的组织、个人合作制作音像制品，音像复制单位违反国家有关规定接受委托复制境外音像制品，未经省、自治区、直辖市人民政府出版行政主管部门审核同意，或者未将复制的境外音像制品全部运输出境的，由省、自治区、直辖市人民政府出版行政主管部门责令改正，没收违法经营的音像制品和违法所得；违法经营额 1 万元以上的，并处违法经营额 5 倍以上 10 倍以下的罚款；违法经营额不足 1 万元的，可以处 5 万元以下的罚款；情节严重的，并由原发证机关吊销许可证。

**第四十四条** 有下列行为之一的，由出版行政主管部门责令改正，给予警告；情节严重的，并责令停业整顿或者由原发证机关吊销许可证：

（一）音像出版单位未将其年度出版计划和涉及国家安全、社会安定等方面的重大选题报国务院出版行政主管部门备案的；

（二）音像制品出版、制作、复制、批发、零售单位变更名称、地址、法定代表人或者主要负责人、业务范围等，未依照本条例规定办理审批、备案手续的；

（三）音像出版单位未在其出版的音像制品及其包装的明显位置标明本条例规定的内容的；

（四）音像出版单位未依照本条例的规定送交样本的；

（五）音像复制单位未依照本条例的规定留存备查的材料的；

（六）从事光盘复制的音像复制单位复制光盘，使用未蚀刻国务院出版行政主管部门核发的激光数码储存片来源识别码的注塑模具的。

**第四十五条** 有下列行为之一的，由出版行政主管部门责令停止违法行为，给予警告，没收违法经营的音像制品和违法所得；违法经营额1万元以上的，并处违法经营额5倍以上10倍以下的罚款；违法经营额不足1万元的，可以处5万元以下的罚款；情节严重的，并责令停业整顿或者由原发证机关吊销许可证：

（一）批发、零售、出租、放映非音像出版单位出版的音像制品或者非音像复制单位复制的音像制品的；

（二）批发、零售、出租或者放映未经国务院出版行政主管部门批准进口的音像制品的；

（三）批发、零售、出租、放映供研究、教学参考或者用于展览、展示的进口音像制品的。

**第四十六条** 单位违反本条例的规定，被处以吊销许可证行政处罚的，其法定代表人或者主要负责人自许可证被吊销之日起10年内不得担任音像制品出版、制作、复制、进口、批发、零售单位的法定代表人或者主要负责人。

从事音像制品零售业务的个体工商户违反本条例的规定，被处以吊销许可证行政处罚的，自许可证被吊销之日起10年内不得从事音像制品零售业务。

**第四十七条** 依照本条例的规定实施罚款的行政处罚，应当依照有关法律、行政法规的规定，实行罚款决定与罚款收缴分离；收缴的罚款必须全部上缴国库。

# 中华人民共和国电信条例（节选）

（2000年9月25日国务院令第291号公布　根据2014年7月29日《国务院关于修改部分行政法规的决定》第一次修订　根据2016年2月6日《国务院关于修改部分行政法规的决定》第二次修订）

**第二条**　在中华人民共和国境内从事电信活动或者与电信有关的活动，必须遵守本条例。

本条例所称电信，是指利用有线、无线的电磁系统或者光电系统，传送、发射或者接收语音、文字、数据、图像以及其他任何形式信息的活动。

**第六条**　电信网络和信息的安全受法律保护。任何组织或者个人不得利用电信网络从事危害国家安全、社会公共利益或者他人合法权益的活动。

**第五十六条**　任何组织或者个人不得利用电信网络制作、复制、发布、传播含有下列内容的信息：

（一）反对宪法所确定的基本原则的；

（二）危害国家安全，泄露国家秘密，颠覆国家政权，破坏国家统一的；

（三）损害国家荣誉和利益的；

（四）煽动民族仇恨、民族歧视，破坏民族团结的；

（五）破坏国家宗教政策，宣扬邪教和封建迷信的；

（六）散布谣言，扰乱社会秩序，破坏社会稳定的；

（七）散布淫秽、色情、赌博、暴力、凶杀、恐怖或者教唆犯罪的；

（八）侮辱或者诽谤他人，侵害他人合法权益的；

（九）含有法律、行政法规禁止的其他内容的。

**第五十七条**　任何组织或者个人不得有下列危害电信网络安全和信息安全的行为：

（一）对电信网的功能或者存储、处理、传输的数据和应用程序进行删除或者修改；

（二）利用电信网从事窃取或者破坏他人信息、损害他人合法权益的活动；

（三）故意制作、复制、传播计算机病毒或者以其他方式攻击他人电信网络等电信设施；

（四）危害电信网络安全和信息安全的其他行为。

**第六十六条**　违反本条例第五十六条、第五十七条的规定，构成犯罪的，依法追究刑事责任；尚不构成犯罪的，由公安机关、国家安全机关依照有关法律、行政法规的规定予以处罚。

**第六十七条**　有本条例第五十八条第（二）、（三）、（四）项所列行为之一，扰乱电信市场秩序，构成犯罪的，依法追究刑事责任；尚不构成犯罪的，由国务院信息产业主管部门或者省、自治区、直辖市电信管理机构依据职权责令改正，没收违法所得，处违法所得3倍以上5倍以下罚款；没有违法所得或者违法所得不足1万元的，处1万元以上10万元以下罚款。

# 中华人民共和国无线电管理条例（节选）

（1993年9月11日国务院、中央军事委员会令第128号发布　2016年11月11日国务院、中央军事委员会令第672号修订）

**第二条**　在中华人民共和国境内使用无线电频率，设置、使用无线电台

（站），研制、生产、进口、销售和维修无线电发射设备，以及使用辐射无线电波的非无线电设备，应当遵守本条例。

**第六条** 任何单位或者个人不得擅自使用无线电频率，不得对依法开展的无线电业务造成有害干扰，不得利用无线电台（站）进行违法犯罪活动。

**第七十条** 违反本条例规定，未经许可擅自使用无线电频率，或者擅自设置、使用无线电台（站）的，由无线电管理机构责令改正，没收从事违法活动的设备和违法所得，可以并处5万元以下的罚款；拒不改正的，并处5万元以上20万元以下的罚款；擅自设置、使用无线电台（站）从事诈骗等违法活动，尚不构成犯罪的，并处20万元以上50万元以下的罚款。

# 广播电视管理条例（节选）

（1997年8月11日国务院令第228号发布　根据2013年12月7日国务院令第645号《关于修改部分行政法规的决定》第一次修订　根据2017年3月1日国务院令第676号《关于修改和废止部分行政法规的决定》第二次修订　根据2020年11月29日国务院令第732号《关于修改和废止部分行政法规的决定》第三次修订）

**第二条** 本条例适用于在中华人民共和国境内设立广播电台、电视台和采编、制作、播放、传输广播电视节目等活动。

**第二十八条** 任何单位和个人不得侵占、干扰广播电视专用频率，不得擅自截传、干扰、解扰广播电视信号。

**第三十二条** 广播电台、电视台应当提高广播电视节目质量，增加国产优秀节目数量，禁止制作、播放载有下列内容的节目：

（一）危害国家的统一、主权和领土完整的；

（二）危害国家的安全、荣誉和利益的；

（三）煽动民族分裂，破坏民族团结的；

（四）泄露国家秘密的；

（五）诽谤、侮辱他人的；

（六）宣扬淫秽、迷信或者渲染暴力的；

（七）法律、行政法规规定禁止的其他内容。

**第三十三条** 广播电台、电视台对其播放的广播电视节目内容，应当依照本条例第三十二条的规定进行播前审查，重播重审。

## 第五章 罚 则

**第四十七条** 违反本条例规定，擅自设立广播电台、电视台、教育电视台、有线广播电视传输覆盖网、广播电视站的，由县级以上人民政府广播电视行政部门予以取缔，没收其从事违法活动的设备，并处投资总额1倍以上2倍以下的罚款。

擅自设立广播电视发射台、转播台、微波站、卫星上行站的，由县级以上人民政府广播电视行政部门予以取缔，没收其从事违法活动的设备，并处投资总额1倍以上2倍以下的罚款；或者由无线电管理机构依照国家无线电管理的有关规定予以处罚。

**第四十八条** 违反本条例规定，擅自设立广播电视节目制作经营单位或者擅自制作电视剧及其他广播电视节目的，由县级以上人民政府广播电视行政部门予以取缔，没收其从事违法活动的专用工具、设备和节目载体，并处1万元以上5万元以下的罚款。

**第四十九条** 违反本条例规定，制作、播放、向境外提供含有本条例第三十二条规定禁止内容的节目的，由县级以上人民政府广播电视行政部门责令停止制作、播放、向境外提供，收缴其节目载体，并处1万元以上5万元以下的罚款；情节严重的，由原批准机关吊销许可证；违反治安管理规定的，由公安机关依法给予治安管理处罚；构成犯罪的，依法追究刑事责任。

**第五十条** 违反本条例规定，有下列行为之一的，由县级以上人民政府广播电视行政部门责令停止违法活动，给予警告，没收违法所得，可以并处2万元以下的罚款；情节严重的，由原批准机关吊销许可证：

（一）未经批准，擅自变更台名、台标、节目设置范围或者节目套数的；

（二）出租、转让播出时段的；

（三）转播、播放广播电视节目违反规定的；

（四）播放境外广播电视节目或者广告的时间超出规定的；

（五）播放未取得广播电视节目制作经营许可的单位制作的广播电视节目或者未取得电视剧制作许可的单位制作的电视剧的；

（六）播放未经批准的境外电影、电视剧和其他广播电视节目的；

（七）教育电视台播放本条例第四十四条规定禁止播放的节目的；

（八）未经批准，擅自举办广播电视节目交流、交易活动的。

**第五十一条** 违反本条例规定，有下列行为之一的，由县级以上人民政府广播电视行政部门责令停止违法活动，给予警告，没收违法所得和从事违法活动的专用工具、设备，可以并处2万元以下的罚款；情节严重的，由原批准机关吊销许可证：

（一）出租、转让频率、频段，擅自变更广播电视发射台、转播台技术参数的；

（二）广播电视发射台、转播台擅自播放自办节目、插播广告的；

（三）未经批准，擅自利用卫星方式传输广播电视节目的；

（四）未经批准，擅自以卫星等传输方式进口、转播境外广播电视节目的；

（五）未经批准，擅自利用有线广播电视传输覆盖网播放节目的；

（六）未经批准，擅自进行广播电视传输覆盖网的工程选址、设计、施工、安装的；

（七）侵占、干扰广播电视专用频率，擅自截传、干扰、解扰广播电视信号的。

**第五十二条** 违反本条例规定，危害广播电台、电视台安全播出的，破坏广播电视设施的，由县级以上人民政府广播电视行政部门责令停止违法活动；情节严重的，处2万元以上5万元以下的罚款；造成损害的，侵害人应当依法赔偿损失；构成犯罪的，依法追究刑事责任。

**第五十三条** 广播电视行政部门及其工作人员在广播电视管理工作中滥用职权、玩忽职守、徇私舞弊，构成犯罪的，依法追究刑事责任；尚不构成犯罪的，依法给予行政处分。

# 互联网上网服务营业场所管理条例（节选）

（2002年9月29日中华人民共和国国务院令第363号公布　根据2011年1月8日《国务院关于废止和修改部分行政法规的决定》第一次修订　根据2016年2月6日《国务院关于修改部分行政法规的决定》第二次修订　根据2019年3月24日《国务院关于修改部分行政法规的决定》第三次修订　根据2022年3月29日《国务院关于修改和废止部分行政法规的决定》第四次修订）

**第二条**　本条例所称互联网上网服务营业场所，是指通过计算机等装置向公众提供互联网上网服务的网吧、电脑休闲室等营业性场所。

学校、图书馆等单位内部附设的为特定对象获取资料、信息提供上网服务的场所，应当遵守有关法律、法规，不适用本条例。

**第十四条**　互联网上网服务营业场所经营单位和上网消费者不得利用互联网上网服务营业场所制作、下载、复制、查阅、发布、传播或者以其他方式使用含有下列内容的信息：

（一）反对宪法确定的基本原则的；

（二）危害国家统一、主权和领土完整的；

（三）泄露国家秘密，危害国家安全或者损害国家荣誉和利益的；

（四）煽动民族仇恨、民族歧视，破坏民族团结，或者侵害民族风俗、习惯的；

（五）破坏国家宗教政策，宣扬邪教、迷信的；

（六）散布谣言，扰乱社会秩序，破坏社会稳定的；

（七）宣传淫秽、赌博、暴力或者教唆犯罪的；

（八）侮辱或者诽谤他人，侵害他人合法权益的；

（九）危害社会公德或者民族优秀文化传统的；

（十）含有法律、行政法规禁止的其他内容的。

**第十五条** 互联网上网服务营业场所经营单位和上网消费者不得进行下列危害信息网络安全的活动：

（一）故意制作或者传播计算机病毒以及其他破坏性程序的；

（二）非法侵入计算机信息系统或者破坏计算机信息系统功能、数据和应用程序的；

（三）进行法律、行政法规禁止的其他活动的。

**第二十一条** 互联网上网服务营业场所经营单位不得接纳未成年人进入营业场所。

互联网上网服务营业场所经营单位应当在营业场所入口处的显著位置悬挂未成年人禁入标志。

**第三十条** 互联网上网服务营业场所经营单位违反本条例的规定，利用营业场所制作、下载、复制、查阅、发布、传播或者以其他方式使用含有本条例第十四条规定禁止含有的内容的信息，触犯刑律的，依法追究刑事责任；尚不够刑事处罚的，由公安机关给予警告，没收违法所得；违法经营额 1 万元以上的，并处违法经营额 2 倍以上 5 倍以下的罚款；违法经营额不足 1 万元的，并处 1 万元以上 2 万元以下的罚款；情节严重的，责令停业整顿，直至由文化行政部门吊销《网络文化经营许可证》。

上网消费者有前款违法行为，触犯刑律的，依法追究刑事责任，尚不够刑事处罚的，由公安机关依照治安管理处罚法的规定给予处罚。

**第三十一条** 互联网上网服务营业场所经营单位违反本条例的规定，有下列行为之一的，由文化行政部门给予警告，可以并处15000元以下的罚款；情节严重的，责令停业整顿，直至吊销《网络文化经营许可证》：

（一）在规定的营业时间以外营业的；

（二）接纳未成年人进入营业场所的；

（三）经营非网络游戏的；

（四）擅自停止实施经营管理技术措施的；

（五）未悬挂《网络文化经营许可证》或者未成年人禁入标志的。

# 娱乐场所管理条例（节选）

（2006年1月29日国务院令第458号公布　根据2016年2月6日国务院令第666号《关于修改部分行政法规的决定》第一次修订　根据2020年11月29日国务院令第732号《关于修改和废止部分行政法规的决定》第二次修订）

**第二条**　本条例所称娱乐场所，是指以营利为目的，并向公众开放、消费者自娱自乐的歌舞、游艺等场所。

**第四条**　国家机关及其工作人员不得开办娱乐场所，不得参与或者变相参与娱乐场所的经营活动。

与文化主管部门、公安部门的工作人员有夫妻关系、直系血亲关系、三代以内旁系血亲关系以及近姻亲关系的亲属，不得开办娱乐场所，不得参与或者变相参与娱乐场所的经营活动。

**第七条**　娱乐场所不得设在下列地点：

（一）居民楼、博物馆、图书馆和被核定为文物保护单位的建筑物内；

（二）居民住宅区和学校、医院、机关周围；

（三）车站、机场等人群密集的场所；

（四）建筑物地下一层以下；

（五）与危险化学品仓库毗连的区域。

娱乐场所的边界噪声，应当符合国家规定的环境噪声标准。

**第十三条**　国家倡导弘扬民族优秀文化，禁止娱乐场所内的娱乐活动含有下列内容：

（一）违反宪法确定的基本原则的；

（二）危害国家统一、主权或者领土完整的；

（三）危害国家安全，或者损害国家荣誉、利益的；

（四）煽动民族仇恨、民族歧视，伤害民族感情或者侵害民族风俗、习惯，破坏民族团结的；

（五）违反国家宗教政策，宣扬邪教、迷信的；

（六）宣扬淫秽、赌博、暴力以及与毒品有关的违法犯罪活动，或者教唆犯罪的；

（七）违背社会公德或者民族优秀文化传统的；

（八）侮辱、诽谤他人，侵害他人合法权益的；

（九）法律、行政法规禁止的其他内容。

**第十四条**　娱乐场所及其从业人员不得实施下列行为，不得为进入娱乐场所的人员实施下列行为提供条件：

（一）贩卖、提供毒品，或者组织、强迫、教唆、引诱、欺骗、容留他人吸食、注射毒品；

（二）组织、强迫、引诱、容留、介绍他人卖淫、嫖娼；

（三）制作、贩卖、传播淫秽物品；

（四）提供或者从事以营利为目的的陪侍；

（五）赌博；

（六）从事邪教、迷信活动；

（七）其他违法犯罪行为。

娱乐场所的从业人员不得吸食、注射毒品，不得卖淫、嫖娼；娱乐场所及其从业人员不得为进入娱乐场所的人员实施上述行为提供条件。

**第二十三条** 歌舞娱乐场所不得接纳未成年人。除国家法定节假日外，游艺娱乐场所设置的电子游戏机不得向未成年人提供。

**第二十四条** 娱乐场所不得招用未成年人；招用外国人的，应当按照国家有关规定为其办理外国人就业许可证。

**第三十条** 娱乐场所应当在营业场所的大厅、包厢、包间内的显著位置悬挂含有禁毒、禁赌、禁止卖淫嫖娼等内容的警示标志、未成年人禁入或者限入标志。标志应当注明公安部门、文化主管部门的举报电话。

**第四十一条** 违反本条例规定，擅自从事娱乐场所经营活动的，由文化主管部门依法予以取缔；公安部门在查处治安、刑事案件时，发现擅自从事娱乐场所经营活动的，应当依法予以取缔。

**第四十四条** 娱乐场所违反本条例规定，有下列情形之一的，由县级公安部门责令改正，给予警告；情节严重的，责令停业整顿1个月至3个月：

（一）照明设施、包厢、包间的设置以及门窗的使用不符合本条例规定的；

（二）未按照本条例规定安装闭路电视监控设备或者中断使用的；

（三）未按照本条例规定留存监控录像资料或者删改监控录像资料的；

（四）未按照本条例规定配备安全检查设备或者未对进入营业场所的人员进行安全检查的；

（五）未按照本条例规定配备保安人员的。

**第四十七条** 娱乐场所取得营业执照后，未按照本条例规定向公安部门备案的，由县级公安部门责令改正，给予警告。

**第五十条** 娱乐场所未按照本条例规定建立从业人员名簿、营业日志，或者发现违法犯罪行为未按照本条例规定报告的，由县级人民政府文化主管部门、县级公安部门依据法定职权责令改正，给予警告；情节严重的，责令停业整顿1个月至3个月。

**第五十一条** 娱乐场所未按照本条例规定悬挂警示标志、未成年人禁入或者限入标志的，由县级人民政府文化主管部门、县级公安部门依据法定职权责令改正，给予警告。

**第五十二条** 娱乐场所招用未成年人的，由劳动保障行政部门责令改正，并按照每招用一名未成年人每月处5000元罚款的标准给予处罚。

# 营业性演出管理条例（节选）

（2005年7月7日国务院令第439号公布 根据2008年7月22日《国务院关于修改〈营业性演出管理条例〉的决定》第一次修订 根据2013年7月18日《国务院关于废止和修改部分行政法规的决定》第二次修订 根据2016年2月6日《国务院关于修改部分行政法规的决定》第三次修订 根据2020年11月29日《国务院关于修改和废止部分行政法规的决定》第四次修订）

**第二条** 本条例所称营业性演出，是指以营利为目的为公众举办的现场文艺表演活动。

**第四条** 国家鼓励文艺表演团体、演员创作和演出思想性艺术性统一、体现民族优秀文化传统、受人民群众欢迎的优秀节目，鼓励到农村、工矿企业演出和为少年儿童提供免费或者优惠的演出。

**第二十五条** 营业性演出不得有下列情形：

（一）反对宪法确定的基本原则的；

（二）危害国家统一、主权和领土完整，危害国家安全，或者损害国家荣誉和利益的；

（三）煽动民族仇恨、民族歧视，侵害民族风俗习惯，伤害民族感情，破坏民族团结，违反宗教政策的；

（四）扰乱社会秩序，破坏社会稳定的；

（五）危害社会公德或者民族优秀文化传统的；

（六）宣扬淫秽、色情、邪教、迷信或者渲染暴力的；

（七）侮辱或者诽谤他人，侵害他人合法权益的；

（八）表演方式恐怖、残忍，摧残演员身心健康的；

（九）利用人体缺陷或者以展示人体变异等方式招徕观众的；

（十）法律、行政法规禁止的其他情形。

**第四十一条** 国务院文化主管部门和省、自治区、直辖市人民政府文化主管部门，对在农村、工矿企业进行演出以及为少年儿童提供免费或者优惠演出表现突出的文艺表演团体、演员，应当给予表彰，并采取多种形式予以宣传。

国务院文化主管部门对适合在农村、工矿企业演出的节目，可以在依法取得著作权人许可后，提供给文艺表演团体、演员在农村、工矿企业演出时使用。

文化主管部门实施文艺评奖，应当适当考虑参评对象在农村、工矿企业的演出场次。

县级以上地方人民政府应当对在农村、工矿企业演出的文艺表演团体、演员给予支持。

# 中华人民共和国网络安全法（节选）

（2016 年 11 月 7 日第十二届全国人民代表大会常务委员会第二十四次会议通过　2016 年 11 月 7 日中华人民共和国主席令第 53 号公布　自 2017 年 6 月 1 日起施行）

**第二条**　在中华人民共和国境内建设、运营、维护和使用网络，以及网络安全的监督管理，适用本法。

**第十二条**　国家保护公民、法人和其他组织依法使用网络的权利，促进网络接入普及，提升网络服务水平，为社会提供安全、便利的网络服务，保障网络信息依法有序自由流动。

任何个人和组织使用网络应当遵守宪法法律，遵守公共秩序，尊重社会公德，不得危害网络安全，不得利用网络从事危害国家安全、荣誉和利益，煽动颠覆国家政权、推翻社会主义制度，煽动分裂国家、破坏国家统一，宣扬恐怖主义、极端主义，宣扬民族仇恨、民族歧视，传播暴力、淫秽色情信息，编造、传播虚假信息扰乱经济秩序和社会秩序，以及侵害他人名誉、隐私、知识产权和其他合法权益等活动。

**第十三条**　国家支持研究开发有利于未成年人健康成长的网络产品和服务，依法惩治利用网络从事危害未成年人身心健康的活动，为未成年人提供安全、健康的网络环境。

**第十九条**　各级人民政府及其有关部门应当组织开展经常性的网络安全

宣传教育，并指导、督促有关单位做好网络安全宣传教育工作。

大众传播媒介应当有针对性地面向社会进行网络安全宣传教育。

**第二十七条** 任何个人和组织不得从事非法侵入他人网络、干扰他人网络正常功能、窃取网络数据等危害网络安全的活动；不得提供专门用于从事侵入网络、干扰网络正常功能及防护措施、窃取网络数据等危害网络安全活动的程序、工具；明知他人从事危害网络安全的活动的，不得为其提供技术支持、广告推广、支付结算等帮助。

**第四十一条** 网络运营者收集、使用个人信息，应当遵循合法、正当、必要的原则，公开收集、使用规则，明示收集、使用信息的目的、方式和范围，并经被收集者同意。

网络运营者不得收集与其提供的服务无关的个人信息，不得违反法律、行政法规的规定和双方的约定收集、使用个人信息，并应当依照法律、行政法规的规定和与用户的约定，处理其保存的个人信息。

**第四十二条** 网络运营者不得泄露、篡改、毁损其收集的个人信息；未经被收集者同意，不得向他人提供个人信息。但是，经过处理无法识别特定个人且不能复原的除外。

网络运营者应当采取技术措施和其他必要措施，确保其收集的个人信息安全，防止信息泄露、毁损、丢失。在发生或者可能发生个人信息泄露、毁损、丢失的情况时，应当立即采取补救措施，按照规定及时告知用户并向有关主管部门报告。

**第四十四条** 任何个人和组织不得窃取或者以其他非法方式获取个人信息，不得非法出售或者非法向他人提供个人信息。

# 全国人民代表大会常务委员会关于维护互联网安全的决定

（2000 年 12 月 28 日第九届全国人民代表大会常务委员会第十九次会议通过　根据 2009 年 8 月 27 日第十一届全国人民代表大会常务委员会第十次会议《关于修改部分法律的决定》修正）

我国的互联网，在国家大力倡导和积极推动下，在经济建设和各项事业中得到日益广泛的应用，使人们的生产、工作、学习和生活方式已经开始并将继续发生深刻的变化，对于加快我国国民经济、科学技术的发展和社会服务信息化进程具有重要作用。同时，如何保障互联网的运行安全和信息安全问题已经引起全社会的普遍关注。为了兴利除弊，促进我国互联网的健康发展，维护国家安全和社会公共利益，保护个人、法人和其他组织的合法权益，特作如下决定：

**一、**为了保障互联网的运行安全，对有下列行为之一，构成犯罪的，依照刑法有关规定追究刑事责任：

（一）侵入国家事务、国防建设、尖端科学技术领域的计算机信息系统；

（二）故意制作、传播计算机病毒等破坏性程序，攻击计算机系统及通信网络，致使计算机系统及通信网络遭受损害；

（三）违反国家规定，擅自中断计算机网络或者通信服务，造成计算机网络或者通信系统不能正常运行。

**二、**为了维护国家安全和社会稳定，对有下列行为之一，构成犯罪的，依照刑法有关规定追究刑事责任：

（一）利用互联网造谣、诽谤或者发表、传播其他有害信息，煽动颠覆国家政权、推翻社会主义制度，或者煽动分裂国家、破坏国家统一；

（二）通过互联网窃取、泄露国家秘密、情报或者军事秘密；

（三）利用互联网煽动民族仇恨、民族歧视，破坏民族团结；

（四）利用互联网组织邪教组织、联络邪教组织成员，破坏国家法律、行政法规实施。

**三**、为了维护社会主义市场经济秩序和社会管理秩序，对有下列行为之一，构成犯罪的，依照刑法有关规定追究刑事责任：

（一）利用互联网销售伪劣产品或者对商品、服务作虚假宣传；

（二）利用互联网损害他人商业信誉和商品声誉；

（三）利用互联网侵犯他人知识产权；

（四）利用互联网编造并传播影响证券、期货交易或者其他扰乱金融秩序的虚假信息；

（五）在互联网上建立淫秽网站、网页，提供淫秽站点链接服务，或者传播淫秽书刊、影片、音像、图片。

**四**、为了保护个人、法人和其他组织的人身、财产等合法权利，对有下列行为之一，构成犯罪的，依照刑法有关规定追究刑事责任：

（一）利用互联网侮辱他人或者捏造事实诽谤他人；

（二）非法截获、篡改、删除他人电子邮件或者其他数据资料，侵犯公民通信自由和通信秘密；

（三）利用互联网进行盗窃、诈骗、敲诈勒索。

**五**、利用互联网实施本决定第一条、第二条、第三条、第四条所列行为以外的其他行为，构成犯罪的，依照刑法有关规定追究刑事责任。

**六**、利用互联网实施违法行为，违反社会治安管理，尚不构成犯罪的，由公安机关依照《治安管理处罚法》予以处罚；违反其他法律、行政法规，尚不构成犯罪的，由有关行政管理部门依法给予行政处罚；对直接负责的主管人员和其他直接责任人员，依法给予行政处分或者纪律处分。

利用互联网侵犯他人合法权益，构成民事侵权的，依法承担民事责任。

**七、**各级人民政府及有关部门要采取积极措施，在促进互联网的应用和网络技术的普及过程中，重视和支持对网络安全技术的研究和开发，增强网络的安全防护能力。有关主管部门要加强对互联网的运行安全和信息安全的宣传教育，依法实施有效的监督管理，防范和制止利用互联网进行的各种违法活动，为互联网的健康发展创造良好的社会环境。从事互联网业务的单位要依法开展活动，发现互联网上出现违法犯罪行为和有害信息时，要采取措施，停止传输有害信息，并及时向有关机关报告。任何单位和个人在利用互联网时，都要遵纪守法，抵制各种违法犯罪行为和有害信息。人民法院、人民检察院、公安机关、国家安全机关要各司其职，密切配合，依法严厉打击利用互联网实施的各种犯罪活动。要动员全社会的力量，依靠全社会的共同努力，保障互联网的运行安全与信息安全，促进社会主义精神文明和物质文明建设。

# 互联网信息服务管理办法（节选）

（2000年9月25日国务院令第292号公布　根据2011年1月8日《国务院关于废止和修改部分行政法规的决定》修订）

**第二条**　在中华人民共和国境内从事互联网信息服务活动，必须遵守本办法。

本办法所称互联网信息服务，是指通过互联网向上网用户提供信息的服务活动。

**第十五条**　互联网信息服务提供者不得制作、复制、发布、传播含有下列内容的信息：

（一）反对宪法所确定的基本原则的；

（二）危害国家安全，泄露国家秘密，颠覆国家政权，破坏国家统一的；

（三）损害国家荣誉和利益的；

（四）煽动民族仇恨、民族歧视，破坏民族团结的；

（五）破坏国家宗教政策，宣扬邪教和封建迷信的；

（六）散布谣言，扰乱社会秩序，破坏社会稳定的；

（七）散布淫秽、色情、赌博、暴力、凶杀、恐怖或者教唆犯罪的；

（八）侮辱或者诽谤他人，侵害他人合法权益的；

（九）含有法律、行政法规禁止的其他内容的。

## 最高人民法院、最高人民检察院关于办理利用互联网、移动通讯终端、声讯台制作、复制、出版、贩卖、传播淫秽电子信息刑事案件具体应用法律若干问题的解释（二）（节选）

（2010年1月18日最高人民法院审判委员会第1483次会议、2010年1月14日最高人民检察院第十一届检察委员会第28次会议通过　2010年2月2日公布　自2010年2月4日起施行　法释〔2010〕3号）

为依法惩治利用互联网、移动通讯终端制作、复制、出版、贩卖、传播淫秽电子信息，通过声讯台传播淫秽语音信息等犯罪活动，维护社会秩序，保障公民权益，根据《中华人民共和国刑法》、全国人民代表大会常务委员会《关于维护互联网安全的决定》的规定，现对办理该类刑事案件具体应用法律的若干问题解释如下：

**第一条**　以牟利为目的，利用互联网、移动通讯终端制作、复制、出版、贩卖、传播淫秽电子信息的，依照《最高人民法院、最高人民检察院关于办理利用互联网、移动通讯终端、声讯台制作、复制、出版、贩卖、传播淫秽电子信息刑事案件具体应用法律若干问题的解释》第一条、第二条的规定定罪处罚。

以牟利为目的，利用互联网、移动通讯终端制作、复制、出版、贩卖、传播内容含有不满十四周岁未成年人的淫秽电子信息，具有下列情形之一的，依照刑法第三百六十三条第一款的规定，以制作、复制、出版、贩卖、传播淫秽物品牟利罪定罪处罚：

（一）制作、复制、出版、贩卖、传播淫秽电影、表演、动画等视频文件十个以上的；

（二）制作、复制、出版、贩卖、传播淫秽音频文件五十个以上的；

（三）制作、复制、出版、贩卖、传播淫秽电子刊物、图片、文章等一百件以上的；

（四）制作、复制、出版、贩卖、传播的淫秽电子信息，实际被点击数达到五千次以上的；

（五）以会员制方式出版、贩卖、传播淫秽电子信息，注册会员达一百人以上的；

（六）利用淫秽电子信息收取广告费、会员注册费或者其他费用，违法所得五千元以上的；

（七）数量或者数额虽未达到第（一）项至第（六）项规定标准，但分别达到其中两项以上标准一半以上的；

（八）造成严重后果的。

实施第二款规定的行为，数量或者数额达到第二款第（一）项至第（七）项规定标准五倍以上的，应当认定为刑法第三百六十三条第一款规定的“情节严重”；达到规定标准二十五倍以上的，应当认定为“情节特别严重”。

**第二条** 利用互联网、移动通讯终端传播淫秽电子信息的，依照《最高人民法院、最高人民检察院关于办理利用互联网、移动通讯终端、声讯台制作、复制、出版、贩卖、传播淫秽电子信息刑事案件具体应用法律若干问题的解释》第三条的规定定罪处罚。

利用互联网、移动通讯终端传播内容含有不满十四周岁未成年人的淫秽电子信息，具有下列情形之一的，依照刑法第三百六十四条第一款的规定，以传播淫秽物品罪定罪处罚：

（一）数量达到第一条第二款第（一）项至第（五）项规定标准二倍以上的；

（二）数量分别达到第一条第二款第（一）项至第（五）项两项以上标准的；

（三）造成严重后果的。

# 中华人民共和国电影产业促进法（节选）

（2016年11月7日第十二届全国人民代表大会常务委员会第二十四次会议通过　2016年11月7日中华人民共和国主席令第54号公布　自2017年3月1日起施行）

**第二条　【适用范围】**在中华人民共和国境内从事电影创作、摄制、发行、放映等活动（以下统称电影活动），适用本法。

本法所称电影，是指运用视听技术和艺术手段摄制、以胶片或者数字载体记录、由表达一定内容的有声或者无声的连续画面组成、符合国家规定的技术标准、用于电影院等固定放映场所或者流动放映设备公开放映的作品。

通过互联网、电信网、广播电视网等信息网络传播电影的，还应当遵守互联网、电信网、广播电视网等信息网络管理的法律、行政法规的规定。

**第十六条　【电影中的禁止内容】**电影不得含有下列内容：

（一）违反宪法确定的基本原则，煽动抗拒或者破坏宪法、法律、行政法规实施；

（二）危害国家统一、主权和领土完整，泄露国家秘密，危害国家安全，损害国家尊严、荣誉和利益，宣扬恐怖主义、极端主义；

（三）诋毁民族优秀文化传统，煽动民族仇恨、民族歧视，侵害民族风俗习惯，歪曲民族历史或者民族历史人物，伤害民族感情，破坏民族团结；

（四）煽动破坏国家宗教政策，宣扬邪教、迷信；

（五）危害社会公德，扰乱社会秩序，破坏社会稳定，宣扬淫秽、赌博、吸毒，渲染暴力、恐怖，教唆犯罪或者传授犯罪方法；

（六）侵害未成年人合法权益或者损害未成年人身心健康；

（七）侮辱、诽谤他人或者散布他人隐私，侵害他人合法权益；

（八）法律、行政法规禁止的其他内容。

**第二十条　【电影公映许可证的标识及提示】**摄制电影的法人、其他组织应当将取得的电影公映许可证标识置于电影的片头处；电影放映可能引起未成年人等观众身体或者心理不适的，应当予以提示。

未取得电影公映许可证的电影，不得发行、放映，不得通过互联网、电信网、广播电视网等信息网络进行传播，不得制作为音像制品；但是，国家另有规定的，从其规定。

**第二十八条　【国家支持利于未成年人的电影及为特殊人群观影提供便利】**国务院教育、电影主管部门可以共同推荐有利于未成年人健康成长的电影，并采取措施支持接受义务教育的学生免费观看，由所在学校组织安排。

国家鼓励电影院以及从事电影流动放映活动的企业、个人采取票价优惠、建设不同条件的放映厅、设立社区放映点等多种措施，为未成年人、老年人、残疾人、城镇低收入居民以及进城务工人员等观看电影提供便利；电影院以及从事电影流动放映活动的企业、个人所在地人民政府可以对其发放奖励性补贴。

**第三十六条　【国家鼓励创作、摄制的电影】**国家支持下列电影的创作、摄制：

（一）传播中华优秀文化、弘扬社会主义核心价值观的重大题材电影；

（二）促进未成年人健康成长的电影；

（三）展现艺术创新成果、促进艺术进步的电影；

（四）推动科学教育事业发展和科学技术普及的电影；

（五）其他符合国家支持政策的电影。

# 中华人民共和国广告法（节选）

（1994 年 10 月 27 日第八届全国人民代表大会常务委员会第十次会议通过　2015 年 4 月 24 日第十二届全国人民代表大会常务委员会第十四次会议修订　根据 2018 年 10 月 26 日第十三届全国人民代表大会常务委员会第六次会议《关于修改〈中华人民共和国野生动物保护法〉等十五部法律的决定》第一次修正　根据 2021 年 4 月 29 日第十三届全国人民代表大会常务委员会第二十八次会议《关于修改〈中华人民共和国道路交通安全法〉等八部法律的决定》第二次修正）

**第九条　【一般禁止情形】**广告不得有下列情形：

（一）使用或者变相使用中华人民共和国的国旗、国歌、国徽，军旗、军歌、军徽；

（二）使用或者变相使用国家机关、国家机关工作人员的名义或者形象；

（三）使用“国家级”、“最高级”、“最佳”等用语；

（四）损害国家的尊严或者利益，泄露国家秘密；

（五）妨碍社会安定，损害社会公共利益；

（六）危害人身、财产安全，泄露个人隐私；

（七）妨碍社会公共秩序或者违背社会良好风尚；

（八）含有淫秽、色情、赌博、迷信、恐怖、暴力的内容；

（九）含有民族、种族、宗教、性别歧视的内容；

（十）妨碍环境、自然资源或者文化遗产保护；

（十一）法律、行政法规规定禁止的其他情形。

**第十条　【保护未成年人和残疾人】**广告不得损害未成年人和残疾人的身心健康。

**第三十八条　【广告代言人的义务】**广告代言人在广告中对商品、服务作推荐、证明，应当依据事实，符合本法和有关法律、行政法规规定，并不得为其未使用过的商品或者未接受过的服务作推荐、证明。

不得利用不满十周岁的未成年人作为广告代言人。

对在虚假广告中作推荐、证明受到行政处罚未满三年的自然人、法人或者其他组织，不得利用其作为广告代言人。

**第三十九条　【广告不得侵扰中小学生、幼儿】**不得在中小学校、幼儿园内开展广告活动，不得利用中小学生和幼儿的教材、教辅材料、练习册、文具、教具、校服、校车等发布或者变相发布广告，但公益广告除外。

**第四十条　【针对未成年人的广告】**在针对未成年人的大众传播媒介上不得发布医疗、药品、保健食品、医疗器械、化妆品、酒类、美容广告，以及不利于未成年人身心健康的网络游戏广告。

针对不满十四周岁的未成年人的商品或者服务的广告不得含有下列内容：

（一）劝诱其要求家长购买广告商品或者服务；

（二）可能引发其模仿不安全行为。

# 中华人民共和国食品安全法（节选）

（2009年2月28日第十一届全国人民代表大会常务委员会第七次会议通过　2015年4月24日第十二届全国人民代表大会常务委员会第十四次会议修订　根据2018年12月29日第十三届全国人民代表大会常务委员会第七次会议《关于修改〈中华人民共和国产品质量法〉等五部法律的决定》第一次修正　根据2021年4月29日第十三届全国人民代表大会常务委员会第二十八次会议《关于修改〈中华人民共和国道路交通安全法〉等八部法律的决定》第二次修正）

**第三十四条　【禁止生产经营的食品、食品添加剂、食品相关产品】**禁止生产经营下列食品、食品添加剂、食品相关产品：

（一）用非食品原料生产的食品或者添加食品添加剂以外的化学物质和其他可能危害人体健康物质的食品，或者用回收食品作为原料生产的食品；

（二）致病性微生物，农药残留、兽药残留、生物毒素、重金属等污染物质以及其他危害人体健康的物质含量超过食品安全标准限量的食品、食品添加剂、食品相关产品；

（三）用超过保质期的食品原料、食品添加剂生产的食品、食品添加剂；

（四）超范围、超限量使用食品添加剂的食品；

（五）营养成分不符合食品安全标准的专供婴幼儿和其他特定人群的主辅食品；

（六）腐败变质、油脂酸败、霉变生虫、污秽不洁、混有异物、掺假掺杂或者感官性状异常的食品、食品添加剂；

（七）病死、毒死或者死因不明的禽、畜、兽、水产动物肉类及其制品；

（八）未按规定进行检疫或者检疫不合格的肉类，或者未经检验或者检验不合格的肉类制品；

（九）被包装材料、容器、运输工具等污染的食品、食品添加剂；

（十）标注虚假生产日期、保质期或者超过保质期的食品、食品添加剂；

（十一）无标签的预包装食品、食品添加剂；

（十二）国家为防病等特殊需要明令禁止生产经营的食品；

（十三）其他不符合法律、法规或者食品安全标准的食品、食品添加剂、食品相关产品。

# “护苗”规章政策

# “扫黄打非”工作举报奖励办法

(2018 年 10 月 31 日全国“扫黄打非”工作小组办公室、
财政部、国家新闻出版署、国家版权局修订发布)

## 第一章　总　　则

**第一条**　为奖励举报涉及“扫黄打非”有关非法活动(以下简称“有关非法活动”)的有功人员,规范全国“扫黄打非”举报奖励制度,推动“扫黄打非”工作深入开展,根据国家有关法律法规和规章制度,制定本办法。

**第二条**　本办法适用于全国“扫黄打非”工作小组办公室和地方各级“扫黄打非”工作领导小组办公室(以下简称“‘扫黄打非’部门”),对举报人员以书面、来访、电话、电子邮件、互联网或者其他形式,举报涉及“扫黄打非”的有关非法活动,经查证属实并依法作出处理后,按规定对举报有功人员给予奖励。

**第三条**　向各级“扫黄打非”部门提供线索并形成“扫黄打非”部门挂牌督办案件的有功人员,按本办法予以奖励。

## 第二章　举报奖励范围与标准

**第四条**　举报下列非法行为属于本办法奖励范围:

(一)出版、制作、印刷、复制、发行、传播、寄递、储运含有下列违禁内容的出版物(含网络出版物)行为:

1. 反对宪法确定的基本原则的;

2. 危害国家统一、主权和领土完整的；

3. 泄露国家秘密、危害国家安全或者损害国家荣誉和利益的；

4. 煽动民族仇恨、民族歧视，破坏民族团结，或者侵害民族风俗、习惯的；

5. 宣扬邪教、迷信的；

6. 扰乱社会秩序，破坏社会稳定的；

7. 宣扬赌博、暴力或者教唆犯罪的；

8. 侮辱或者诽谤他人，侵害他人合法权益的；

9. 危害社会公德或者民族优秀文化传统的；

10. 有法律、行政法规和国家规定禁止的其他内容的。

（二）出版、制作、印刷、复制、发行、传播、寄递、储运淫秽出版物（含网络出版物）、印刷品及相关信息的行为。

（三）未经著作权人许可，复制、发行其文字、音乐、电影、电视、录像作品、计算机软件以及其他作品，同时损害公共利益的行为。

（四）擅自印刷、复制、出版或大量寄递、储运他人及相关企业、单位享有专有出版权的出版物的行为。

（五）未经批准，擅自设立出版单位或者擅自从事出版物的出版、印刷或者复制、发行业务，擅自从事内部资料性出版物的编印、发送活动。

（六）伪造、假冒出版单位或者报纸、期刊名称出版出版物及设立网站。

（七）擅自印刷或者复制、发行境外出版物，非法进口境外出版物、非法携带有违禁内容或超出个人自用数量的境外出版物入境。

（八）买卖书号、刊号、版号及相关许可证书的行为。

（九）淫秽色情网站、客户端和其他网上淫秽色情信息；利用网络社交平台、即时通讯工具、网络存储及存储介质等方式制作、复制、出版、贩卖、传播淫秽色情信息。

（十）制作、复制、出版、贩卖、传播损害未成年人身心健康的暴力、凶杀、恐怖、赌博的出版物、网络出版物、印刷品以及相关信息。

（十一）制作、复制、出版、贩卖、传播危害社会公德、公序良俗，违背社会主义核心价值观的内容低俗、庸俗、媚俗的出版物、网络出版物及相关信息。

（十二）因出版物（含网络出版物）和印刷品内容问题，可能影响意识形态安全或引发社会不稳定因素的线索。

（十三）假报刊、假记者站、假记者以及制作、传播假新闻的违规违法行为。在互联网上假冒新闻媒体、新闻网站和新闻记者，打着舆论监督名义进行诈骗、敲诈的行为。

（十四）新闻出版单位及从业人员涉及新闻出版相关工作的违规违法行为。

（十五）利用网络平台和相关渠道，针对境内推销、传播有违禁内容的境外出版物及相关信息行为。

（十六）其他可能影响意识形态安全和文化安全的涉“黄”涉“非”问题。

**第五条**　举报奖励应当同时符合以下条件：

（一）有明确的举报对象、事实及相关证据。

（二）举报内容经相关“扫黄打非”部门核查确认，属于第一举报人。

（三）举报内容经查证属实并依法作出处理。

**第六条**　有下列情形之一的，不属于举报奖励范围：

（一）“扫黄打非”部门工作人员及其委托代理人或利害关系人的举报。

（二）属于申诉案件的举报。

（三）侵权盗版等行为的直接利害关系人或其委托代理人的举报。

（四）其他不符合法律法规规定的情况。

**第七条**　对举报有功人员的奖励标准如下：

（一）对于一般举报有功人员，举报非法出版活动（含网上网下）按照每案所涉及出版物（包括内部资料性出版物）经营额的 2% 以内的奖励金予以奖励（个案奖励金不超过 60 万元）；不能核实经营额（违法所得）或经营额（违法所得）

低于 5 万元的，视案件情况给予 1000 元至 5000 元的奖励。

（二）举报非法出版活动的生产、经营和运输等设备的，按每案罚没款 10% 以内予以奖励；如未能形成罚没款，可按没收设备依法拍卖所得的 5% 以内予以奖励（上述个案奖励金均不超过 60 万元）；经核算，奖励金不足 1000 元的，按 1000 元标准予以奖励。

（三）举报非法光盘生产线非法复制光盘的，按照每条生产线 10 万元至 20 万元予以奖励；举报正规光盘生产企业未经授权擅自复制光盘，按照 1 万元至 10 万元的奖励金予以奖励；举报集成刻录生产盗版光盘的，按本条第二项执行。

（四）举报制作、复制、出版、贩卖、传播淫秽色情、凶杀暴力等违禁内容以及其他校园欺凌、自杀自残、虐童施暴等危害未成年人身心健康、危害社会公德的网站、客户端以及网络社交平台、即时通讯工具、网络存储及存储介质等，举报对象被依法处理，或有害信息被删除后，给予举报人 1000 元奖励；对形成行政处罚案件的，给予举报人 1000 元至 5000 元奖励；对形成刑事案件的，给予举报人 5000 元至 1 万元奖励；对提供重大违法案件线索、为打击网上违法犯罪行为做出重要贡献的，每条给予 2 万元至 5 万元奖励。

（五）举报新闻敲诈、假新闻、假媒体、假记者站、假记者，擅自设立或者伪造、假冒出版单位的，给予 1000 元奖励；对形成行政处罚案件的，给予举报人 1000 元至 5000 元奖励；对形成刑事案件的，给予举报人 5000 元至 1 万元奖励。

（六）举报买卖书号、刊号、版号及许可证书等新闻出版相关工作违法违规行为的，按本条第五项执行。

（七）举报擅自印刷或者复制、发行境外出版物，非法进口境外出版物、非法携带有违禁内容或超出个人自用数量入境的；举报利用网络平台和相关渠道，针对境内推销、传播有违禁内容的境外出版物及有关信息的，给予举报人 1000 元的奖励，形成行政处罚及刑事案件的，每案给予举报人 1000 元至 1 万元的奖励。

（八）举报反映出版物（含网络出版物）、印刷品及相关信息内容存在问题，可能影响意识形态安全或引发社会不稳定因素的，给予举报人1000元奖励；形成行政处罚和刑事案件的，每案给予举报人1000元至1万元的奖励。

（九）举报反映影响意识形态安全和文化安全的其他涉“黄”涉“非”问题和线索，并对妥善处置工作发挥重要作用、取得良好社会效果的，给予举报人1000元至1万元的奖励。

（十）举报的有关非法活动被列为全国“扫黄打非”工作小组办公室挂牌督办案件，或有其他特殊重大贡献者，奖励金可以报全国“扫黄打非”工作小组审批后适当增加，最高不超过本办法规定的奖励金额上限。

（十一）一人向不同的“扫黄打非”部门举报同一非法行为的，只能获得一次奖励；两人以上先后举报同一非法行为的，奖励第一举报人；两人以上共同举报同一非法行为，由受理举报的“扫黄打非”部门确定奖励金额后举报人自行协商分配，协商不成的，奖励平均分配。

## 第三章　举报奖励程序与监督

**第八条**　举报奖励部门应在查证属实、案件作出行政处罚或刑事立案、删除有害信息后30个工作日内，告知符合本奖励办法规定的举报人是否接受奖励及接受奖励程序。

举报人在接到奖励通知之日起30个工作日内，按照举报奖励金发放程序，填写举报奖金发放单，由本人签字，并附上本人身份证复印件及本人银行账号寄回发放奖金实施部门。奖金发放相关资料由“扫黄打非”办公室指定专人负责保管，并严格保密，财务核销手续需保留相关签报复印件及奖金发放对应证明。

**第九条**　对举报有功人员的奖励金，由受理举报的“扫黄打非”工作（领导）小组办公室发放。

**第十条** 严格为举报人保密，未经举报人同意并经主管领导批准，不得公开举报人的姓名、身份、居住地等信息，违者依法依纪追究相关单位和责任人的责任。

任何单位和个人不得对举报人员进行打击报复，违者依法依纪追究其责任。

**第十一条** 基层“扫黄打非”网格员、志愿者等举报本网格内涉及“扫黄打非”相关线索的，纳入举报奖励，具体要求及奖励标准由地方“扫黄打非”工作（领导）小组办公室制订。

**第十二条** 对法人或者其他组织的举报奖励，按照本办法执行。如属本办法第六条规定的情形，不予奖励。

**第十三条** 各省、自治区、直辖市“扫黄打非”工作（领导）小组办公室依据本办法，会同财政厅（局）及有关部门制定本地区的举报奖励办法，安排经费用于奖励举报有功人员。有关办法报全国“扫黄打非”办公室备案。

**第十四条** 各级“扫黄打非”部门会同财政部门，制定奖励资金使用办法，确保专人负责、专款专用、专账核算，奖励经费的使用由同级财政部门负责监督，审计部门予以审计。

## 第四章 附 则

**第十五条** 本办法由全国“扫黄打非”工作小组办公室负责解释。

**第十六条** 本办法自2018年12月1日起施行。2000年1月18日由全国“扫黄”工作小组办公室、新闻出版署、财政部、公安部、国家版权局联合发布的《对举报“制黄”、“贩黄”、侵权盗版和其他非法出版活动有关人员奖励办法》同时废止。

# 文化部、国家文物局关于贯彻落实《中共中央办公厅、国务院办公厅关于进一步净化社会文化环境促进未成年人健康成长的若干意见》的通知

（2009 年 3 月 19 日　文市发〔2009〕8 号）

各省、自治区、直辖市文化厅（局）、文物局（文管会），新疆生产建设兵团文化局，本部各直属单位：

为了深入学习实践科学发展观，贯彻落实中办、国办《关于进一步净化社会文化环境促进未成年人健康成长的若干意见》（中办发〔2009〕6 号）（以下简称《若干意见》），保护未成年人合法权益，促进未成年人健康成长，结合文化、文物部门职责，现就有关工作要求通知如下：

**一、切实加强文化市场管理，整治文化场所经营秩序，打击非法文化产品，净化文化市场环境。**

（一）加大网吧管理力度，开展网吧集中整治行动，重点打击违法接纳未成年人行为。

各级文化行政部门要以保护未成年人为重点，严格执法，强化网吧监管工作。根据文化部、工商总局、公安部、工业和信息化部、全国关心下一代工作委员会关于净化网吧管理工作的有关部署，开展网吧集中整治行动，配合相关部门坚决取缔黑网吧，以农村及城乡结合部为重点，着力整治网吧接纳未成年人行为。严把网吧审核关，强化退出机制。积极推进网吧连锁化、规范化，以经营规范、制度健全的连锁网吧挤压非法网吧的生存空间。切实发挥“五老”等社

会监督员的有效作用。

（二）强化网络文化内容产品审查和监督管理，净化网络文化环境。

一是加大内容审查力度，完善内容审查细则。凡不符合法律规定、含有违禁内容的网络游戏、网络动漫和网络音乐等网络文化产品一律不得运行。对未经文化部内容审查，擅自从事进口网络文化经营活动的予以严肃查处，直至吊销《互联网文化经营许可证》。

二是深化和细化网络游戏管理，出台网络游戏分级运营管理等相关办法。按照“分类管理、分级运营”的原则，在网络游戏内容审查的基础上进一步加强动态功能的监管，引导网络游戏研发方向，限制有碍于未成年人道德观、价值观、世界观培养的游戏功能，有效解决未成年人沉迷游戏等一系列问题，遏制网络游戏对于未成年人的不良影响。

三是加强网络巡查和对运营环节的跟踪监管，加大对违法行为的处罚力度。发挥“经营性互联网文化活动监管通知单”制度的预警作用，对经营性互联网文化活动中出现的问题及时发出警示并限期改正，对整改不力的或经营暴力、色情等问题严重的网络文化经营活动坚决予以查处。

四是加强行业引导，开展网络文化从业人员培训工作。鼓励企业开发和创作有利于未成年人健康成长的网络文化作品，建立相关从业人员培训制度，对网络文化经营单位从业人员进行轮训，持证上岗，培训内容包括政策法规、文化素养、技术规范等，从源头上引导网络文化产品的研发和创作。

（三）加大娱乐演出场所和经营活动的管理力度。

各级文化行政部门要严格依照《娱乐场所管理条例》、《营业性演出管理条例》等相关规定，依法对娱乐、演出等场所的设立、经营行为进行监督管理。严禁在学校周围设立娱乐场所，严禁歌舞娱乐场所接纳未成年人，除国家法定节假日外，游艺娱乐场所设置的电子游戏机不得向未成年人提供。依法净化娱乐场所、演出活动传播的文化内容，严格禁止歌舞娱乐场所播放的曲目和屏幕画面以及游艺娱乐场所的电子游戏机内的游戏项目中含有暴力、色情等非法内容。以文化部等 3 部门印发的《关于进一步加强游艺娱乐场所管理的通知》为依托，建立健全游艺娱乐市场长效监管机制。开展歌舞娱乐场所“阳光工程”，切实保障未成年人健康成长。

**二、积极促进优秀文化产品的创作和传播，满足未成年人的文化生活需求。**

（一）推动文化艺术创新，促进优秀文化产品的创作和传播。加大扶持力度和推介力度，着力打造一批具有民族特色、深受未成年人喜爱的文学、戏剧、音乐、美术、书法、摄影、舞蹈、杂技等文化艺术精品。继续做好“全国儿童剧优秀剧目展演”的演出推展工作，使优秀的舞台艺术作品发挥更大的社会效益。继续实施国产动漫振兴工程，通过原创动漫扶持计划和动漫文化推广计划，引导动漫创作方向，鼓励创作、推广和传播面向未成年人的优秀动漫产品。实施网络游戏技术研发引导等项目，提升网络游戏文化价值内涵，大力推广严肃游戏在未成年人教育和社会认知方面的应用。

（二）加强未成年人文化活动阵地和设施的建设，为未成年人提供更多丰富的文化资源。积极推动各地人民政府将未成年人文化设施建设纳入当地经济和社会发展规划，纳入文化设施建设整体规划，改建、扩建和新建一批未成年人文化设施。积极挖掘现有群艺馆、文化馆等文化设施的内部潜力，努力开辟青少年文化活动场地，建立文化馆、图书馆、科技馆、青少年活动场所、学校图书馆共建共享的新机制，为广大未成年人提供更为广阔的文化活动空间。

（三）深化博物馆免费开放工作，充分发挥博物馆社会教育功能，高度重视对未成年人的服务。根据未成年人群体的特点，结合博物馆资源，制定有针对性的教育计划，开展有针对性的教育活动，组织有针对性的参观与讲解，以达到寓教于乐的参观学习效果。大力开展博物馆进校园进社区活动，建立将博物馆纳入国民教育体系的长效机制。

（四）继续推进和充分利用全国文化信息资源共享工程，促进数字和网络技术在公共文化服务领域的应用，用先进的科技手段，将规模化的优秀文化资源传播到城乡基层。认真组织实施数字博物馆计划，借助远程教育网络，使博物馆文化辐射广大城镇、农村和边远地区的未成年人。加强公共上网场所建设，建立数字图书馆、网上剧场和文化活动远程指导网络，为未成年人提供文化信息、娱乐服务和绿色上网空间，活跃少年儿童网络文化生活。

（五）提高未成年人文化艺术素养，广泛开展文学艺术基础知识的普及工作，实施“国民艺术教育推进工程”，开展为未成年人送书、送戏、送电影活动。发挥文化馆（站、中心）等文化机构的组织作用，开展歌咏、读书、书法、朗诵、科普知识等各种文化活动，丰富未成年人文化生活，提高艺术欣赏水平。建立健全各级各类爱国主义教育示范基地和公共文化设施向未成年人免费或者优惠开放制度，发挥对未成年人进行思想道德教育的重要作用。

（六）重视中华优秀传统文化的教育和传承。促进中华优秀传统文化内容进入未成年人文化活动阵地。在未成年人校外活动场所广泛开展非物质文化遗产传承教育活动，大力弘扬中华优秀传统文化。深入开展优秀少儿歌曲创作推广活动，办好文化部、教育部举办的中国少年儿童合唱节活动。广泛开展吟诵古典诗词、传习传统技艺等优秀传统文化普及活动。改造和发展富有浓郁民族特色的民间传统节庆内容、风俗、礼仪，利用春节、元宵节、清明节、端午节、七夕节、中秋节、重阳节等传统民族节庆活动，增强中华民族凝聚力，促进和谐社会建设。

**三、推进文化市场综合执法改革，加快全国网络文化市场监管平台建设，为净化社会文化环境提供基本保障和技术手段。**

（一）加强执法队伍建设，加快推进文化市场综合执法改革。

深化文化体制改革，实行文化市场综合执法，是党中央从社会主义文化事业发展全局和战略的高度做出的重大部署，是净化社会文化环境的切实保障。各级文化行政部门要按照中央的要求，在宣传部门的领导和支持下，积极规划和推进综合执法改革工作，用 3 年左右的时间完成在地市级城市组建文化市场综合执法机构。要发挥市场监管主力军作用，将净化社会文化环境工作作为重要内容，确保文化市场秩序更加规范和稳定。

（二）加快全国网络文化市场监管平台建设，完善文化市场管理防控技术手段。积极发挥技术监管优势，确保今年内实现网络文化市场计算机监管平台与省级监控平台互联互通，形成中央、省、市、县四级技术管理网络。要充分利用技术监管平台，建立非法网络文化企业和产品“黑名单”，全面提高网络文化内容监控预警能力，在网吧内有效屏蔽有害信息和不良网站，构筑起全方位、多层次、人防与技防相结合的监防体系，保护广大人民群众尤其是未成年人的身心健康。

**四、加快行业协会建设，做好文化经营企业自律工作。**

各级文化行政部门要积极促进各地文化行业协会的成立，引导行业协会做好自律、自查、自纠工作。充分发挥行业协会的桥梁和纽带作用，建立和完善行业自律公约，健全内部管理制度，加强对从业人员的培训和教育，对严重违反行业自律的会员要坚决取消其会员资格，引导企业自觉遵守法律法规和社会公德、职业道德，落实行业规范，增强社会责任感，自觉为净化未成年人社会文化环境做贡献。

**五、加强领导，明确责任，切实做好两办6号文的贯彻实施工作。**

（一）各级文化行政部门要高度重视《若干意见》的贯彻落实工作，加强领导，精心部署，分解任务，明确责任。在各级党委、政府的领导下，采取有效措施，齐心协力，狠抓落实。要加强与其他相关部门的沟通协调，保证净化社会文化环境的这一系统工程的有效实施。做好宣传工作，在全社会形成净化社会文化环境、关心未成年人成长的良好氛围。

（二）建立信息定期通报制度。各省级文化行政部门要做好贯彻落实《若干意见》的情况汇总工作，指派专人担任信息员，对本地区、本单位的工作进展、采取的措施，以及出现的新情况、新问题等事项及时汇总，于每月20日前，以书面形式向文化部文化市场司报送。突发事件及重大事项须随时报告。

特此通知。

# 中共中央宣传部、新闻出版署关于不得出版宣扬愚昧迷信和伪科学内容出版物的通知

（1999年8月23日　新出联〔1999〕16号）

近年来，社会上出现了一些值得注意的倾向。有的打着气功、练功的旗号，散布荒诞言论和歪理邪说；有的以研究民俗为幌子，通过看相、算命、看风水等宣扬愚昧迷信和伪科学。少数出版单位受此影响，置国家有关出版法规于不顾，也出版、印刷、复制、发行了一些宣扬愚昧迷信内容的出版物。这些出版物，影响了社会主义精神文明建设，有害于人民群众的身心健康，不利于社会的稳定。对此，必须引起我们的高度重视，要从讲政治的高度加强对此类出版物的管理。根据《出版管理条例》第三条、第二十五条第六款和《音像制品管理条例》、《印刷业管理条例》的有关规定，现就不得出版宣扬愚昧迷信和伪科学内容出版物的问题，通知如下：

一、所有图书、期刊、电子出版物和音像制品出版单位，必须坚持为人民服务、为社会主义服务的出版方针，坚持把社会效益放在首位。所出版的出版物，内容必须有利于社会主义物质文明和精神文明建设，有利于提高全民族的思想道德和科学文化素质，有利于人民群众的身心健康。

二、所有出版单位不得出版借气功、练功健身之名，散布荒诞言论和歪理邪说，宣传愚昧迷信和伪科学的出版物；不得出版借研究民俗、传统文化之名，宣

扬看相、算命、占卜、看风水等愚昧迷信、伪科学的出版物；不得登载法律、法规和有关出版管理规定禁止的内容。同时严禁买卖书号、刊号、版号出版上述出版物。



**三、**今后，有关涉及气功、练功类的出版物限于国家出版行政管理部门指定的体育、卫生类出版单位出版，其他出版单位一律不得出版。上述出版单位在出版有关气功、练功类出版物时，要严格履行选题论证制度、稿件审核制度，其主管部门也要严格把关。对出版中把握不准的问题，要及时请示有关部门。

**四、**所有印刷、复制企业在印制、复制出版单位正式出版的有关气功、练功类出版物时，必须严格按《印刷业管理条例》、《出版物印刷管理规定》、《音像制品管理条例》、《音像制品复制管理办法》、《电子出版物管理规定》办理委印和承印手续，并严格执行《图书、期刊印制委托书》、《录音录像制品复制委托书》、《电子出版物复制委托书》制度。印刷、复制企业不得擅自加印、翻印、盗印、销售上述出版物。所有印刷、复制企业不得印制、复制宣扬愚昧迷信、伪科学内容的非法出版物。驻厂监督员要严格履行职责，加强监督管理。

**五、**加强出版物发行管理。具有总发行权的发行单位在征订发行有关气功、练功类的出版物时，必须严格执行征订发行委托书制度；零售单位只能从正式渠道进货，并严格履行进货手续，完整保存进货凭证；任何发行单位不得经营非法出版物。

**六、**各地、各出版单位要按照上述要求和规定，并结合新闻出版署《关于不得出版宣传愚昧迷信的图书的通知》(〔89〕新出图字第338号)的要求，对有关气功、练功类的出版物和看相、算命、看风水等宣扬愚昧迷信、伪科学内容的出版物进行一次全面清理。凡不符合上述规定的，已安排的选题要坚决撤销；在制品要坚决停止出版、印刷、复制；已出版的，一律停止发行。出版单位清理后，应及时将停售的出版物列出清单通知有关发行单位；各发行单位要及时下架、停售，并认真清理库存，向原供货单位办理退货手续；各地书刊和音像市场管理部门要按照出版单位的停售通知，加强对书刊音像市场的检查。清理工作中要严格掌握有关政策和要求，将真正研究民俗和传统文化的学术研究著作同宣扬愚昧迷信和伪科学内容的出版物区分开来。各省、自治区、直辖市新闻出版局，各有关部委出版单位主管部门，要将清理结果于9月20日前报新闻出版署，同时抄报中宣部出版局。

各级出版行政管理部门，各出版、印刷、复制、发行单位，要严格按照本通知的规定和要求，认真贯彻执行。对违反本通知的单位和个人，要依照《出版管理条例》、《印刷业管理条例》、《音像制品管理条例》、《电子出版物管理规定》、《图书总发行管理的暂行规定》等有关法规，给予相应的行政处罚；构成犯罪的，要依法追究刑事责任。

## 内部资料性出版物管理办法（节选）

(2015年2月10日国家新闻出版广电总局令第2号公布
自2015年4月1日起施行)

**第二条**　凡从事内部资料性出版物编印和发送活动，必须遵守本办法。

本办法所称内部资料性出版物(以下简称内部资料)，是指在本行业、本系统、本单位内部，用于指导工作、交流信息的非卖性单本成册或连续性折页、散页印刷品，不包括机关公文性的简报等信息资料。

内部资料分为一次性内部资料和连续性内部资料。

**第十三条**　内部资料不得含有下列内容：

(一)反对宪法确定的基本原则的；

(二)危害国家统一、主权和领土完整的；

（三）泄露国家秘密、危害国家安全或者损害国家荣誉和利益的；

（四）煽动民族仇恨、民族歧视，破坏民族团结，或者侵害少数民族风俗、习惯的；

（五）宣扬邪教、迷信的；

（六）扰乱社会秩序，破坏社会稳定的；

（七）宣扬淫秽、赌博、暴力或者教唆犯罪的；

（八）侮辱或者诽谤他人，侵害他人合法权益的；

（九）危害社会公德或者民族优秀文化传统的；

（十）法律、行政法规和国家规定禁止的其他内容的。

**第二十六条** 各级各类学校学生自行编印仅面向本校发送的内部资料由该校校内有关主管部门负责审批和管理。

## 出版物市场管理规定（节选）

（2016年5月31日国家新闻出版广电总局、商务部令
第10号公布 自2016年6月1日起施行）

**第二条** 本规定适用于出版物发行活动及其监督管理。本规定所称出版物，是指图书、报纸、期刊、音像制品、电子出版物。

本规定所称发行，包括批发、零售以及出租、展销等活动。

批发是指供货商向其他出版物经营者销售出版物。

零售是指经营者直接向消费者销售出版物。

出租是指经营者以收取租金的形式向消费者提供出版物。

展销是指主办者在一定场所、时间内组织出版物经营者集中展览、销售、订购出版物。

**第三条** 国家对出版物批发、零售依法实行许可制度。从事出版物批发、零售活动的单位和个人凭出版物经营许可证开展出版物批发、零售活动；未经许可，任何单位和个人不得从事出版物批发、零售活动。

任何单位和个人不得委托非出版物批发、零售单位或者个人销售出版物或者代理出版物销售业务。

**第二十条** 任何单位和个人不得发行下列出版物：

（一）含有《出版管理条例》禁止内容的违禁出版物；

（二）各种非法出版物，包括：未经批准擅自出版、印刷或者复制的出版物，伪造、假冒出版单位或者报刊名称出版的出版物，非法进口的出版物；

（三）侵犯他人著作权或者专有出版权的出版物；

（四）出版行政主管部门明令禁止出版、印刷或者复制、发行的出版物。

## 第四章 法律责任

**第三十一条** 未经批准，擅自从事出版物发行业务的，依照《出版管理条例》第六十一条处罚。

**第三十二条** 发行违禁出版物的，依照《出版管理条例》第六十二条处罚。

发行国家新闻出版广电总局禁止进口的出版物，或者发行未从依法批准的出版物进口经营单位进货的进口出版物，依照《出版管理条例》第六十三条处罚。

发行其他非法出版物和出版行政主管部门明令禁止出版、印刷或者复制、发行的出版物的，依照《出版管理条例》第六十五条处罚。

发行违禁出版物或者非法出版物的，当事人对其来源作出说明、指认，经查证属实的，没收出版物和非法所得，可以减轻或免除其他行政处罚。

**第三十三条** 违反本规定发行侵犯他人著作权或者专有出版权的出版物的，依照《中华人民共和国著作权法》和《中华人民共和国著作权法实施条例》的规定处罚。

**第三十四条** 在中小学教科书发行过程中违反本规定，有下列行为之一的，依照《出版管理条例》第六十五条处罚：

（一）发行未经依法审定的中小学教科书的；

（二）不具备中小学教科书发行资质的单位从事中小学教科书发行活动的；

（三）未按照《中华人民共和国政府采购法》有关规定确定的单位从事纳入政府采购范围的中小学教科书发行活动的。

**第三十五条** 出版物发行单位未依照规定办理变更审批手续的，依照《出版管理条例》第六十七条处罚。

**第三十六条** 单位、个人违反本规定被吊销出版物经营许可证的，其法定代表人或者主要负责人自许可证被吊销之日起 10 年内不得担任发行单位的法定代表人或者主要负责人。

**第三十七条** 违反本规定，有下列行为之一的，由出版行政主管部门责令停止违法行为，予以警告，并处 3 万元以下罚款：

（一）未能提供近两年的出版物发行进销货清单等有关非财务票据或者清单、票据未按规定载明有关内容的；

（二）超出出版行政主管部门核准的经营范围经营的；

（三）张贴、散发、登载有法律、法规禁止内容的或者有欺诈性文字、与事实不符的征订单、广告和宣传画的；

（四）擅自更改出版物版权页的；

（五）出版物经营许可证未在经营场所明显处张挂或者未在网页醒目位置公开出版物经营许可证和营业执照登载的有关信息或者链接标识的；

（六）出售、出借、出租、转让或者擅自涂改、变造出版物经营许可证的；

（七）公开宣传、陈列、展示、征订、销售或者面向社会公众发送规定应由内部发行的出版物的；

（八）委托无出版物批发、零售资质的单位或者个人销售出版物或者代理出版物销售业务的；

（九）未从依法取得出版物批发、零售资质的出版发行单位进货的；

（十）提供出版物网络交易平台服务的经营者未按本规定履行有关审查及管理责任的；

（十一）应按本规定进行备案而未备案的；

（十二）不按规定接受年度核验的。

**第三十八条** 在中小学教科书发行过程中违反本规定，有下列行为之一的，由出版行政主管部门责令停止违法行为，予以警告，并处3万元以下罚款：

（一）擅自调换已选定的中小学教科书的；

（二）擅自征订、搭售教学用书目录以外的出版物的；

（三）擅自将中小学教科书发行任务向他人转让和分包的；

（四）涂改、倒卖、出租、出借中小学教科书发行资质证书的；

（五）未在规定时间内完成中小学教科书发行任务的；

（六）违反国家有关规定收取中小学教科书发行费用的；

（七）未按规定做好中小学教科书的调剂、添货、零售和售后服务的；

（八）未按规定报告中小学教科书发行情况的；

（九）出版单位向不具备中小学教科书发行资质的单位供应中小学教科书的；

（十）出版单位未在规定时间内向依法确定的中小学教科书发行企业足量供货的；

（十一）在中小学教科书发行过程中出现重大失误，或者存在其他干扰中小学教科书发行活动行为的。

**第三十九条** 征订、储存、运输、邮寄、投递、散发、附送本规定第二十条所列出版物的，按照本规定第三十二条进行处罚。

**第四十条** 未按本规定第三十条报送统计资料的，按照《新闻出版统计管理办法》有关规定处理。

# 图书、期刊、音像制品、电子出版物重大选题备案办法

（2019年10月25日国家新闻出版署印发　国新出发〔2019〕35号）

**第一条**　为加强和改进出版物重大选题备案工作，根据中央有关精神和《出版管理条例》相关规定，制定本办法。

**第二条**　列入备案范围内的重大选题，图书、期刊、音像制品、电子出版物出版单位在出版之前，应当依照本办法报国家新闻出版署备案。未经备案批准的，不得出版发行。

**第三条**　本办法所称重大选题，指涉及国家安全、社会稳定等方面内容选题，具体包括：

（一）有关党和国家重要文件、文献选题。

（二）有关现任、曾任党和国家领导人讲话、著作、文章及其工作和生活情况的选题，有关现任党和国家主要领导人重要讲话学习读物类选题。

（三）涉及中国共产党历史、中华人民共和国历史上重大事件、重大决策过程、重要人物选题。

（四）涉及国防和军队建设及我军各个历史时期重大决策部署、重要战役战斗、重要工作、重要人物选题。

（五）集中介绍党政机构设置和领导干部情况选题。

（六）专门或集中反映、评价“文化大革命”等历史和重要事件、重要人物选题。

（七）专门反映国民党重要人物和其他上层统战对象的选题。

（八）涉及民族宗教问题选题。

（九）涉及中国国界地图选题。

（十）反映香港特别行政区、澳门特别行政区和台湾地区经济、政治、历史、文化、重要社会事务等选题。

（十一）涉及苏联、东欧等社会主义时期重大事件和主要领导人选题。

（十二）涉及外交方面重要工作选题。

有关重大选题范围，国家新闻出版署根据情况适时予以调整并另行公布。

**第四条**　编辑制作出版反映党和国家领导人生平、业绩、工作和生活经历的重大题材作品，实行统筹规划、归口审批，按照中央和国家有关文件要求办理立项手续。经批准立项的选题，出版前按规定履行重大选题备案程序。

**第五条**　图书、音像制品和电子出版物重大选题备案中有以下情况的，由相关单位出具选题审核意见报国家新闻出版署，国家新闻出版署根据审核意见直接核批。

（一）中央和国家机关有关部门组织编写的主要涉及本部门工作领域的选题，由本部门出具审核意见。

（二）中央统战部、中央党史和文献研究院、外交部、国家民委等部门所属出版单位出版的只涉及本部门工作领域的选题，由本部门出具审核意见。

（三）解放军和武警部队出版单位出版的只涉及军事军史内容的选题，由中央军委政治工作部出具审核意见。

（四）各地编写的只涉及本地区党史事件、人物和本地区民族问题的选题，不涉及敏感、复杂内容和全局工作的，由所在地省级出版管理部门组织审读把关，出具审核意见。

（五）涉及中国国界地图选题，不涉及其他应备案内容的，由出版单位在报备时出具国务院测绘地理信息行政主管部门的审核意见。

**第六条**　期刊重大选题备案中有以下情况的，按本条相关要求执行。

（一）期刊首发涉及本办法第三条第二、三、四项内容的文章，经期刊主管主办单位审核同意，报国家新闻出版署备案。转载或摘要刊发已正式出版的图书、期刊以及人民日报、新华社刊发播发的涉及上述内容的文章，经期刊主管单位审核同意后出版。

（二）中央各部门各单位主管的期刊刊发涉及重大选题备案范围的文章，主要反映本领域工作，不涉及敏感、复杂内容的，经本部门审核同意后出版。

（三）中央党史和文献研究院、人民日报社、求是杂志社、新华社主管的期刊，刊发涉及重大选题备案范围的文章，经主管单位审核同意后出版。

（四）解放军和武警部队期刊刊发涉及重大选题备案范围的文章，经所在大单位或中央军委机关部门审核同意后出版。

（五）地方期刊刊发文章涉及本办法第五条第四项内容的文章，由所在地省级出版管理部门组织审读把关，审核同意后出版。

由期刊主管单位或有关部门审核同意出版的，审核意见应存档备查。

**第七条** 出版单位申报重大选题备案，应当通过所在地省级出版管理部门或主管单位进行。

（一）地方出版单位申报材料经主管主办单位审核同意后报所在地省级出版管理部门，非在京的中央各部门各单位出版单位申报材料经主办单位审核同意后报所在地省级出版管理部门，由所在地省级出版管理部门报国家新闻出版署。

（二）在京的中央各部门各单位出版单位申报材料经主管主办单位审核同意后，由主管单位报国家新闻出版署。

（三）解放军和武警部队出版单位申报材料经中央军委政治工作部审核同意后报国家新闻出版署。

**第八条** 申报重大选题备案时，应当如实、完整、规范填报并提交如下材料：

（一）省级出版管理部门或主管单位的备案申请报告。报告应当对申报备案的重大选题有明确审核意见。

（二）重大选题备案申报表。应当清楚填写涉及重大选题备案范围，需审核问题，需审核的具体章节、页码和待审核的人物、事件、文献、图片等内容。

（三）书稿、文章、图片或者样片、样盘、样带。书稿应当“齐清定”、经过编辑排版并装订成册，文字符合国家语言文字规范，引文注明出处。

（四）出版物“三审”意见复印件。

（五）备案需要的其他材料。包括有关部门同意立项的材料，送审照片（图片）样稿，相关部门保密审核意见等。

**第九条** 国家新闻出版署对申报备案的重大选题进行审核，必要时转请有关部门或组织专家协助审核。

**第十条** 国家新闻出版署自备案受理之日起 20 日内（不含有关部门或专家协助审核时间），对备案申请予以答复或提出意见。

**第十一条** 国家新闻出版署审核同意的备案批复文件，两年内有效；备案批复文件超出有效期及出版物修订再版的，应当重新履行备案程序。

**第十二条** 出版单位应当按照出版专业分工安排重大选题出版计划，对不具备相关出版资质和编辑能力的选题，不得报备和出版；应当严格履行出版物内容把关主体责任，坚持优化结构、提高质量，严格执行选题论证、“三审三校”制度，确保政治方向、出版导向、价值取向正确。

**第十三条** 各地出版管理部门和主管主办单位是落实重大选题备案制度的前置把关部门，应当严格落实属地管理和主管主办责任。主要职责是：负责审核所属出版单位申请备案选题的内容导向质量及出版单位出版资质，对不符合备案条件的不予受理，对思想倾向不好、内容平庸、题材重复、超业务范围等不具备出版要求的选题予以撤销；对由地方出版管理部门和主管单位审核把关的选题，组织相关单位认真做好内容审核和保密审查，提出具体审核意见；对审核部门提出的意见，督促出版单位认真修改并做好复核工作；对应履行重大选题备案程序但未按要求备案的出版单位进行处理、追责问责。

**第十四条** 出版单位违反本办法，未经备案出版涉及重大选题范围出版物的，由国家新闻出版署或省级出版管理部门责成其主管单位对出版单位的主要负责人员给予行政处分；停止出版、发行该出版物；违反《出版管理条例》和有关规定的，依照有关规定处罚。

**第十五条** 国家新闻出版署对重大选题备案执行情况开展年度检查和考核评估，视情况予以奖惩。

**第十六条** 本办法由国家新闻出版署负责解释。

**第十七条** 本办法自印发之日起施行。《图书、期刊、音像制品、电子出版物重大选题备案办法》（新出图〔1997〕860号）同时废止。

# 出版物鉴定管理办法

（2020 年 12 月 14 日国家新闻出版署发布　国新出发〔2020〕22 号）

## 第一章　总　　则

**第一条**　为加强出版物鉴定活动管理，规范出版物鉴定工作，保障出版物鉴定质量，根据《出版管理条例》和国家有关规定，制定本办法。

**第二条**　本办法所称出版物鉴定，是指出版物鉴定机构运用专业知识或者技术手段，对出版物鉴定样本是否属于非法出版物或者违禁出版物进行分析审鉴，并提出鉴定意见的活动。

**第三条**　出版物鉴定主要针对以下出版物：

（一）非法出版物，包括未经批准擅自出版、印刷或者复制的出版物，伪造、假冒出版单位或者报刊名称出版的出版物，非法进口的出版物等；

（二）违禁出版物，是指含有《出版管理条例》和国家有关规定禁止内容的出版物。

**第四条**　本办法所称出版物鉴定机构，是指承担出版物鉴定职责的出版主管部门和出版主管部门所属的承担出版物鉴定职责的机构。

**第五条**　出版物鉴定机构接受“扫黄打非”工作机构、文化综合执法机构、公安机关、检察机关、审判机关等具有行政和司法职能的国家机关和单位的委托，开展出版物鉴定活动。

**第六条**　出版物鉴定实行鉴定机构负责制。出版物鉴定机构应当严格依据国家法律法规和有关规定，独立、客观、公正、规范地开展出版物鉴定活动。

**第七条** 出版物鉴定机构和鉴定相关人员应当对在出版物鉴定活动中知悉的国家秘密、工作秘密、商业秘密和个人隐私予以保密。

**第八条** 国家新闻出版署负责全国出版物鉴定活动的监督管理。省级以下出版主管部门负责本行政区域内出版物鉴定活动的监督管理。

## 第二章 出版物鉴定机构

**第九条** 出版物鉴定机构应当具有健全的工作制度和专业的鉴定人员队伍,能够独立开展出版物鉴定活动,承担相应的管理责任和法律责任。

**第十条** 出版物鉴定机构应当规范鉴定委托受理、委托手续办理等工作程序,建立完善鉴定材料审核、接收、保管、使用、退还、存档等工作制度。

接到涉及重大社会影响案件的鉴定委托后,出版物鉴定机构应当在受理委托 24 小时内向同级出版主管部门报告相关信息。

**第十一条** 出版物鉴定人员应当具备以下基本条件:

(一)拥护中华人民共和国宪法,遵守国家法律和社会公德;

(二)熟悉国家有关新闻出版的法律法规和政策规范;

(三)具备出版物鉴定业务知识和专业技能;

(四)具有新闻出版相关工作经验。

**第十二条** 出版物鉴定机构应当成立出版物鉴定委员会,研究决定本机构受理的复杂、疑难或者有重大争议的鉴定事项等。出版物鉴定委员会应当由本机构负责人、鉴定人员以及与鉴定业务相关的人员组成,组成人数应当为单数。

出版物鉴定机构可以聘请其他相关专业领域的专家,为出版物鉴定事项提供咨询意见。

**第十三条** 出版物鉴定人员、鉴定委员会成员存在以下情形的,应当回避:

(一)是鉴定事项当事人或者当事人近亲属的;

(二)与鉴定事项有利害关系的;

(三)与鉴定事项有其他关系可能影响公正鉴定的。

委托单位、鉴定相关人员提出回避申请的，应当说明理由，并经出版物鉴定机构负责人批准。

**第十四条** 出版物鉴定机构应当加强鉴定文书管理，严格鉴定文书的制作、复核、审核及签发、发送等工作流程，确保鉴定过程规范高效、鉴定结果准确客观。

**第十五条** 出版物鉴定机构应当建立鉴定人员上岗培训、继续教育、业务考评制度，支持鉴定人员参加教育培训和业务交流活动，确保鉴定人员具备较高的政治素养和较强的专业技能。

## 第三章 出版物鉴定程序

**第十六条** 委托单位应当委托所在行政区域内同级出版物鉴定机构进行鉴定；同级无具备相应鉴定职责的出版物鉴定机构的，应当委托上一级出版物鉴定机构进行鉴定。

有关少数民族语言文字类出版物的鉴定，委托单位所在省级行政区域内无具备相应鉴定能力的出版物鉴定机构的，经省级出版主管部门同意，委托单位可以委托具有鉴定能力的其他省级出版物鉴定机构进行鉴定。

省级以上出版主管部门根据工作需要，可以指定本行政区域内具备相应鉴定职责的出版物鉴定机构受理鉴定委托。

违禁出版物的鉴定应当由省级以上出版物鉴定机构作出。

**第十七条** 委托单位向出版物鉴定机构提供的鉴定材料应当真实、客观、完整、充分，对鉴定材料及其来源的真实性、合法性负责。

**第十八条** 出版物鉴定机构收到鉴定委托后，应当与委托单位办理接收手续，核对并记录鉴定材料的名称、种类、数量、送鉴时间等。鉴定材料包括：

（一）鉴定委托函件；

（二）鉴定事项说明；

（三）鉴定样本及清单；

（四）鉴定所需的其他材料。

**第十九条** 出版物鉴定机构应当自收到鉴定委托之日起5个工作日内作出是否受理的决定。对于复杂、疑难或者特殊鉴定事项，经本机构负责人批准，可以延长至10个工作日。

**第二十条** 出版物鉴定机构应当对委托鉴定事项、鉴定材料等进行审查。对属于本机构鉴定职责、鉴定材料能够满足鉴定需要的，应当受理。

对于鉴定材料不完整、不充分、不能满足鉴定需要的，出版物鉴定机构可以要求委托单位补充，经补充后能够满足鉴定需要的，应当受理。

**第二十一条** 具有下列情形之一的鉴定委托，出版物鉴定机构不予受理：

（一）鉴定事项超出本机构鉴定职责范围的；

（二）鉴定材料不完整、不充分，经补充后仍无法满足鉴定需要的；

（三）委托单位就同一鉴定事项同时委托其他鉴定机构鉴定的；

（四）法律法规规定的其他情形。

**第二十二条** 出版物鉴定机构决定受理鉴定委托的，应当与委托单位办理委托手续，明确鉴定事项、鉴定用途、鉴定时限，以及需要约定的其他事项等。

出版物鉴定机构决定不予受理的，应当向委托单位书面说明理由，并退还鉴定材料。

**第二十三条** 出版物鉴定机构应当自受理委托生效之日起20个工作日内完成鉴定。情况复杂确需延长的，经本机构负责人批准，延长时限不得超过20个工作日。鉴定时限延长的，应当及时告知委托单位。

鉴定过程中补充或者重新提取鉴定材料所需的时间，以及与相关单位进行信息核实所需的时间，不计入鉴定时限。

**第二十四条** 出版物鉴定机构受理鉴定委托后，应当指定不少于2名鉴定人员进行鉴定。鉴定人员应当对鉴定方法和鉴定过程等进行记录，记录内容应当真实、客观、规范、完整。

**第二十五条** 出版物鉴定机构在鉴定过程中，需要就所鉴定样本的出版、印刷或者复制、进口等情况，与相关部门和单位进行核实时，应当出具书面文件，并加盖公章。相关部门和单位应当就出版物鉴定机构提出的核实事项及时提供真实、明确的书面说明及相关证据材料，并加盖公章。

**第二十六条** 出版物鉴定机构在鉴定过程中有下列情形之一的，应当终止鉴定：

（一）有本办法第二十一条规定情形的；

（二）鉴定材料发生损毁或者灭失，影响作出鉴定意见且委托单位不能补充提供的；

（三）委托单位撤回鉴定委托的；

（四）因不可抗力致使鉴定无法继续进行的；

（五）对复杂、疑难或者有重大争议的鉴定事项难以作出鉴定意见的；

（六）其他需要终止鉴定的情形。

出版物鉴定机构终止鉴定的，应当向委托单位书面说明理由，并退还鉴定材料。

**第二十七条** 有下列情形之一的，委托单位可以委托出版物鉴定机构进行补充鉴定：

（一）委托单位因故导致鉴定事项有遗漏的；

（二）委托单位就原鉴定事项补充新的鉴定材料的；

（三）其他需要补充鉴定的情形。

补充鉴定应当委托原鉴定机构进行，超出原鉴定机构鉴定职责范围的除外。

**第二十八条** 有下列情形之一的，委托单位可以委托出版物鉴定机构进行重新鉴定：

（一）原鉴定机构超出鉴定职责范围组织鉴定的；

（二）原鉴定相关人员应当回避没有回避的；

（三）委托单位确有合理理由，需要重新鉴定的；

（四）其他需要重新鉴定的情形。

**第二十九条** 对于出版物鉴定机构难以作出鉴定意见而终止鉴定的，以及需要重新鉴定的，委托单位可以委托上一级出版物鉴定机构进行鉴定。

**第三十条** 出版物鉴定机构完成鉴定后，应当将与鉴定事项相关的鉴定样本、核实的信息材料、其他鉴定材料、鉴定记录、鉴定委员会决定、鉴定专家意见、鉴定文书等整理立卷、存档保管。鉴定样本数量较大的，可以存档保管其主要信息页的扫描件、复印件或者照片。

委托单位需要取回鉴定材料的，应当提交书面说明。出版物鉴定机构应当将鉴定样本主要信息以及其他鉴定材料进行扫描、复印或者拍照留存。

出版物鉴定档案保管期限不少于30年，重要鉴定事项档案应当永久保存。

## 第四章　出版物鉴定文书

**第三十一条** 出版物鉴定机构完成鉴定后，鉴定人员应当及时规范地制作鉴定文书。

鉴定文书制作完成后，出版物鉴定机构应当指定其他鉴定人员进行复核，并提出复核意见。

出版物鉴定机构负责人对复核后的鉴定文书进行审核与签发。

**第三十二条** 出版物鉴定文书一般应当包括标题、编号、基本情况、鉴定情况、鉴定意见、署名、日期等内容，并符合下列要求：

（一）标题，写明出版物鉴定机构全称和鉴定文书名称；

（二）编号，写明出版物鉴定机构缩略名、文书性质缩略语、年份及序号；

（三）基本情况，写明委托单位、委托事项、样本信息等内容；

（四）鉴定情况，写明对鉴定样本及相关鉴定材料的核查与分析情况；

（五）鉴定意见，应当依法、规范、明确，有针对性和适用性；

（六）附件，对鉴定文书中需要解释或者列明的内容加以说明；

（七）署名，注明出版物鉴定机构全称，同时加盖出版物鉴定机构鉴定专用章；

（八）日期，注明鉴定文书的制作日期。

**第三十三条** 出版物鉴定机构应当按照规定或者与委托单位约定的方式，向委托单位发送鉴定文书。

**第三十四条** 鉴定文书发送后，因补充鉴定、重新鉴定或者其他原因需要对鉴定文书进行更改时，出版物鉴定机构应当重新制作鉴定文书，并作出声明："本鉴定文书为 ×× 号鉴定文书的更改文书，原鉴定文书作废。"更改后的鉴定文书应当在原鉴定文书收回后发送。原鉴定文书作为更改文书的原始凭据存档保管。

## 第五章 法律责任

**第三十五条** 出版物鉴定机构有下列情形之一的，由出版主管部门责令改正；造成严重后果的，对其主要负责人及直接责任人作出相应处理：

（一）超出鉴定职责范围开展出版物鉴定活动的；

（二）无正当理由拒绝受理鉴定委托的；

（三）拒绝接受出版主管部门监督、检查或者向其提供虚假材料的；

（四）因故意或者重大过失造成鉴定材料损毁、灭失的。

**第三十六条** 出版物的出版、印刷或者复制、进口单位等就出版物鉴定机构要求核实的事项提供虚假信息的，出版物鉴定机构应当将有关情况反馈同级出版主管部门，由出版主管部门依法核查处理。

## 第六章 附则

**第三十七条** 本办法自 2021 年 7 月 1 日起施行。新闻出版署 1993 年 3 月 16 日发布的《新闻出版署出版物鉴定规则》同时废止。

# 报纸期刊审读暂行办法

（2009年2月9日新闻出版总署印发　新出报刊〔2009〕126号）

**第一条**　为履行报刊出版管理职责，切实加强报刊出版管理，维护报刊出版秩序，提高报刊出版质量，促进我国报刊业健康繁荣发展，依据《出版管理条例》、《报纸出版管理规定》、《期刊出版管理规定》的有关规定制定本办法。

**第二条**　报刊审读是新闻出版行政部门和报刊主管单位在报刊出版后组织有关人员，依法对报刊出版质量进行的审阅和评定，是报刊出版事后管理的重要制度。

**第二条**　凡经新闻出版总署批准，持有“国内统一连续出版物号”，领取《报纸出版许可证》和《期刊出版许可证》的报刊，应列入审读范围。

**第四条**　报刊审读工作坚持以马克思列宁主义、毛泽东思想、邓小平理论和“三个代表”重要思想为指导，深入贯彻落实科学发展观，坚持党的领导，坚持正确的舆论导向和出版方向，坚持把社会效益放在首位，督促报刊出版单位严格遵守国家有关法律法规，努力传播社会主义核心价值观，传播和积累有益于提高民族素质、经济发展和社会进步的科学技术和文化知识，弘扬中华民族优秀文化，丰富人民群众的精神文化生活，努力为推动社会主义经济建设、政治建设、文化建设、社会建设以及生态文明建设作出积极贡献。

报刊审读工作坚持实事求是、依法行政的原则，努力保障审读结论客观、公正。

**第五条**　新闻出版总署负责全国报刊审读工作，承担协调、指导省级新闻出版行政部门，以及中央部门报刊主管单位组织开展审读工作，负责研究、汇总各地新闻出版行政部门，以及中央部门报刊主管单位提交的审读报告；研究处理审读中发现的有关问题；提出加强和改进审读工作的意见；负责向中央和国务院报告审读工作发现的重大问题；根据需要调阅报刊出版单位阅评报告；整理编发报刊审读有关通报材料。

**第六条** 地方各级新闻出版行政部门负责本行政区域内的报刊审读工作，负责协调、指导下级新闻出版行政部门和报刊主管单位对报刊进行审读；研究、汇总下级新闻出版行政部门和报刊主管单位提交的审读报告；研究处理审读中发现的问题；负责向上级新闻出版行政部门报送审读报告；根据需要调阅当地报刊出版单位的阅评报告；整理和编发报刊审读的有关简报材料。

地方新闻出版行政部门报送的审读报告应包括：对本行政区域内报刊组织开展审读的基本情况，审读动态和舆情分析，审读中发现的主要问题及其处理情况，报刊主管主办单位和出版单位对存在问题的整改情况。

**第七条** 中央部门报刊主管单位负责对其主管报刊进行审读，并向新闻出版总署提交审读报告。地方报刊主管单位负责对其主管报刊进行审读，向所在地新闻出版行政部门提交审读报告。主管单位提交的审读报告应包括：对其主管的报刊组织开展审读工作的基本情况，审读中发现的主要问题及处理情况，对新闻出版行政部门认定的违规问题进行处理和整改的情况。

**第八条** 报刊出版单位在实施三审制度的同时，建立并实行报刊阅评制度，定期写出阅评报告，指导本单位出版工作，供新闻出版行政部门根据管理工作需要调阅和检查。阅评报告的形式由报刊出版单位自行决定。

**第九条** 报刊审读包括以下各项：

（一）是否刊载《出版管理条例》和其他法律、法规以及国家规定的禁止内容；

（二）新闻报道是否坚持真实、全面、客观、公正的原则，是否刊载虚假、失实报道；发表或摘转涉及国家重大政策、军事、民族、宗教、外交、保密等内容是否符合有关规定；

（三）刊载涉及重大革命和重大历史题材的内容，是否按规定履行重大选题备案程序，办理有关审批手续；

（四）报道涉及灾情疫情、交通事故、安全生产、刑事案件、社会稳定等重大、敏感和突发事件，是否符合有关规定；

（五）是否刊载有悖于社会主义道德风尚，格调低下的文章，是否含有色情淫秽、凶杀暴力、迷信愚昧等有害内容；

（六）转载、摘编社会自由来稿和互联网信息，是否符合有关规定，是否按规定对其内容进行核实，并标明下载文件网址、下载日期等；是否转载、摘编内部发行出版物的内容；

（七）刊登广告是否符合国家有关法律法规，是否刊载虚假违法、内容低俗的广告；报纸刊登广告是否在明显位置注明“广告”字样，是否违反规定以新闻报道形式刊登广告；

（八）报刊标示的版本记录是否符合规定，专版、专刊、增刊的内容是否与报刊宗旨、业务范围一致；

（九）出版质量是否符合报刊质量管理的有关要求，出版形式是否符合报刊出版形式规范的有关要求；

（十）出版质量是否符合现行国家标准和行业标准，使用语言文字是否符合国家通用语言文字法的规定。

**第十条** 各级新闻出版行政部门和报刊主管单位应设立相应的审读机构，安排具有较高的马克思主义理论修养和政策水平，有强烈事业心和高度责任感，熟悉出版工作方针政策、相关法律法规，熟悉报刊编辑出版业务的专职、兼职及聘用人员承担报刊审读工作。

**第十一条** 各级新闻出版行政部门依据《出版管理条例》的规定，切实履行监管职责，落实报刊审读经费。

**第十二条** 各级新闻出版行政部门和报刊主管单位要切实加强对审读工作的领导，健全制度，明确职责，组织对审读人员的培训，指导审读人员的工作，增强审读工作的针对性和实效性，不断提高审读质量和水平。

**第十三条** 新闻出版行政部门组织开展审读工作，可以采取一般审读、重点审读、全面审读、专题审读、抽查审读、书面审读、跟踪审读和谈话交流等形式进行。审读工作应与年度核验、专项检查等日常管理工作相结合。

**第十四条** 报刊审读工作应充分利用现代技术手段，逐步建立报刊审读网络系统，完善审读信息的编发、审核、传递、发布、记录、存储等办法。

**第十五条** 新闻出版行政部门负责编发各种形式的报刊审读简报材料，及时向报刊主管主办单位和出版单位通报，必要时可要求报刊出版单位反馈核查、整改情况。

**第十六条** 新闻出版行政部门对审读中发现的问题，应及时予以认定，并依据相关规定做出处理。

**第十七条** 对审读中发现的易产生不良社会影响的重大内容问题，各地报刊主管主办单位要立即向当地新闻出版行政部门报告，省级新闻出版行政部门和中央部门报刊主管单位要立即向新闻出版总署报告，不报或迟报造成后果的，要按规定追究责任。

**第十八条** 对坚持开展审读工作，效果显著、成绩突出的下级新闻出版行政部门，报刊主管单位和报刊出版单位，新闻出版总署和地方新闻出版行政部门应予以表彰。

# 中华人民共和国海关进出境印刷品及音像制品监管办法（节选）

（2007 年 4 月 18 日海关总署令第 161 号公布　根据 2018 年 5 月 29 日海关总署第 240 号令《海关总署关于修改部分规章的决定》第一次修正　根据 2018 年 11 月 23 日海关总署第 243 号令《海关总署关于修改部分规章的决定》第二次修正）

**第二条** 本办法适用于海关对运输、携带、邮寄进出境的印刷品及音像制品的监管。

进出境摄影底片、纸型、绘画、剪贴、手稿、手抄本、复印件及其他含有文字、图像、符号等内容的货物、物品的，海关按照本办法有关进出境印刷品的监管规定进行监管。

进出境载有图文声像信息的磁、光、电存储介质的，海关按照本办法有关进出境音像制品的监管规定进行监管。

**第四条** 载有下列内容之一的印刷品及音像制品，禁止进境：

（一）反对宪法确定的基本原则的；

（二）危害国家统一、主权和领土完整的；

（三）危害国家安全或者损害国家荣誉和利益的；

（四）攻击中国共产党，诋毁中华人民共和国政府的；

（五）煽动民族仇恨、民族歧视，破坏民族团结，或者侵害民族风俗、习惯的；

（六）宣扬邪教、迷信的；

（七）扰乱社会秩序，破坏社会稳定的；

（八）宣扬淫秽、赌博、暴力或者教唆犯罪的；

（九）侮辱或者诽谤他人，侵害他人合法权益的；

（十）危害社会公德或者民族优秀文化传统的；

（十一）国家主管部门认定禁止进境的；

（十二）法律、行政法规和国家规定禁止的其他内容。

# 文化和旅游部、公安部、住房和城乡建设部、应急管理部、市场监管总局关于加强剧本娱乐经营场所管理的通知（节选）

（2022年6月25日印发　旅市场发〔2022〕70号）

**二、坚守底线，规范经营**

（三）严格内容管理。剧本娱乐经营场所应当坚持正确导向，使用内容健康、积极向上的剧本脚本，鼓励使用弘扬主旋律、传播正能量的剧本脚本；应当建立内容自审制度，对剧本脚本以及表演、场景、道具、服饰等进行内容自审，确保内容合法。剧本娱乐经营场所内的剧本娱乐活动不得含有《中华人民共和国未成年人保护法》《娱乐场所管理条例》《营业性演出管理条例》等法律法规禁止的内容。

（四）加强未成年人保护。剧本娱乐经营场所使用的剧本脚本应当设置适龄提示，标明适龄范围；设置的场景不适宜未成年人的，应当在显著位置予以提示，并不得允许未成年人进入。剧本娱乐经营场所应当采取措施防止未成年人沉迷。除国家法定节假日、休息日及寒暑假期外，剧本娱乐经营场所不得向未成年人提供剧本娱乐活动。

**三、建立协同机制，形成监管合力**

（八）明确职责分工。文化和旅游行政部门负责剧本娱乐经营场所内的剧本娱乐活动内容管理和有关未成年人保护工作，指导督促剧本娱乐经营场所履行安全生产和消防安全责任；公安机关负责剧本娱乐经营场所治安管理工作，依法查处相关违法犯罪行为；住房和城乡建设部门依法负责剧本娱乐经营场所消防设计审查验收备案工作；消防救援机构和相关部门依法依规负责开展剧本娱乐经营场所消防监督检查工作；市场监管部门负责剧本娱乐行业市场主体的登记注册工作。

**四、设置政策过渡期，引导场所合规经营**

（十二）开展专项检查。过渡期后，各地应当组织开展专项检查，加强日常巡查，对在检查中发现问题的，应当依照有关法律法规、标准规范和本通知要求及时处置。

# 互联网视听节目服务管理规定（节选）

（2007年12月20日国家广播电影电视总局、信息产业部令第56号公布　根据2015年8月28日国家新闻出版广电总局令第3号《关于修订部分规章和规范性文件的决定》修正）

**第二条**　在中华人民共和国境内向公众提供互联网（含移动互联网，以下简称互联网）视听节目服务活动，适用本规定。

本规定所称互联网视听节目服务，是指制作、编辑、集成并通过互联网向公众提供视音频节目，以及为他人提供上载传播视听节目服务的活动。

**第十六条**　互联网视听节目服务单位提供的、网络运营单位接入的视听节目应当符合法律、行政法规、部门规章的规定。已播出的视听节目应至少完整保留60日。视听节目不得含有以下内容：

（一）反对宪法确定的基本原则的；

（二）危害国家统一、主权和领土完整的；

（三）泄露国家秘密、危害国家安全或者损害国家荣誉和利益的；

（四）煽动民族仇恨、民族歧视，破坏民族团结，或者侵害民族风俗、习惯的；

（五）宣扬邪教、迷信的；

（六）扰乱社会秩序，破坏社会稳定的；

（七）诱导未成年人违法犯罪和渲染暴力、色情、赌博、恐怖活动的；

（八）侮辱或者诽谤他人，侵害公民个人隐私等他人合法权益的；

（九）危害社会公德，损害民族优秀文化传统的；

（十）有关法律、行政法规和国家规定禁止的其他内容。



## 网络出版服务管理规定（节选）

（2016年2月4日国家新闻出版广电总局、工业和信息化部令第5号公布　自2016年3月10日起施行）

**第二条**　在中华人民共和国境内从事网络出版服务，适用本规定。

本规定所称网络出版服务，是指通过信息网络向公众提供网络出版物。

本规定所称网络出版物，是指通过信息网络向公众提供的，具有编辑、制作、加工等出版特征的数字化作品，范围主要包括：

（一）文学、艺术、科学等领域内具有知识性、思想性的文字、图片、地图、游戏、动漫、音视频读物等原创数字化作品；

（二）与已出版的图书、报纸、期刊、音像制品、电子出版物等内容相一致的数字化作品；

（三）将上述作品通过选择、编排、汇集等方式形成的网络文献数据库等数字化作品；

（四）国家新闻出版广电总局认定的其他类型的数字化作品。

网络出版服务的具体业务分类另行制定。

**第二十四条**　网络出版物不得含有以下内容：

（一）反对宪法确定的基本原则的；

（二）危害国家统一、主权和领土完整的；

（三）泄露国家秘密、危害国家安全或者损害国家荣誉和利益的；

（四）煽动民族仇恨、民族歧视，破坏民族团结，或者侵害民族风俗、习惯的；

（五）宣扬邪教、迷信的；

（六）散布谣言，扰乱社会秩序，破坏社会稳定的；

（七）宣扬淫秽、色情、赌博、暴力或者教唆犯罪的；

（八）侮辱或者诽谤他人，侵害他人合法权益的；

（九）危害社会公德或者民族优秀文化传统的；

（十）有法律、行政法规和国家规定禁止的其他内容的。

**第二十五条** 为保护未成年人合法权益，网络出版物不得含有诱发未成年人模仿违反社会公德和违法犯罪行为的内容，不得含有恐怖、残酷等妨害未成年人身心健康的内容，不得含有披露未成年人个人隐私的内容。

**第二十六条** 网络出版服务单位出版涉及国家安全、社会安定等方面重大选题的内容，应当按照国家新闻出版广电总局有关重大选题备案管理的规定办理备案手续。未经备案的重大选题内容，不得出版。

# 国家新闻出版广电总局关于加强网络视听节目直播服务管理有关问题的通知

（2016年9月2日　新广电发〔2016〕172号）

各省、自治区、直辖市新闻出版广电局，中央直属单位《信息网络传播视听节目许可证》持证机构：

为保障网络视听节目直播服务健康有序发展，根据《互联网视听节目服务管理规定》、《广电总局关于发布〈互联网视听节目服务业务分类目录（试行）〉的通告》，现就网络视听节目直播服务管理有关问题通知如下：

**一**、持有新闻出版广电行政部门颁发的《信息网络传播视听节目许可证》（以下简称《许可证》）、且许可项目为第一类互联网视听节目服务第五项的互联网视听节目服务机构，方可通过互联网对重大政治、军事、经济、社会、文化、体育等活动、事件的实况进行视音频直播。

持有《许可证》且许可项目为第二类互联网视听节目服务第七项的互联网视听节目服务机构，方可通过互联网对一般社会团体文化活动、体育赛事等组织活动的实况进行视音频直播。

不符合上述条件的机构及个人，包括开设互联网直播间以个人网络演艺形式开展直播业务但不持有《许可证》的机构，均不得通过互联网开展上述所列活动、事件的视音频直播服务，也不得利用网络直播平台（直播间）开办新闻、综艺、体育、访谈、评论等各类视听节目，不得开办视听节目直播频道。

未经批准，任何机构和个人不得在互联网上使用“电视台”、“广播电台”、“电台”、“TV”等广播电视专有名称开展业务。

**二**、通过互联网开展视听节目直播服务的互联网视听节目服务机构，开展重大政治、军事、经济、社会、文化、体育等活动、事件的实况直播前 5 天，开展一般社会团体文化活动、体育赛事等组织活动的实况直播前 48 小时，应将拟直播的具体活动相关信息报所在地省级新闻出版广电行政部门备案。

**三**、通过互联网开展视听节目直播服务的互联网视听节目服务机构，在开展网络视听节目直播服务时，应具备以下条件、满足相关要求：

1. 配备与活动内容相适应的审核人员对直播内容进行审看；

2. 建立备用节目紧急替换技术手段和工作机制，在直播过程中遇到不符合法律法规内容时实现切换；

3. 对所直播的节目进行录制，并留存至少 60 日，以备管理部门核查。

**四**、通过互联网开展视听节目直播服务的互联网视听节目服务机构，开展重大政治、军事、经济、社会、文化、体育等活动、事件的实况直播，不得开通弹幕功能；开展一般社会团体文化活动、体育赛事等组织活动的直播中如开通弹幕功能，则应加强对弹幕内容的管理能力，配备专门的审核员对弹幕内容进行审核。

通过互联网开展视听节目直播服务的互联网视听节目服务机构，在弹幕发布服务管理中应落实用户真实身份信息注册相关规定，弹幕内容应符合国家相关法律法规规定和社会公序良俗。

**五、**通过互联网开展视听节目直播服务的互联网视听节目服务机构，开展网络视听节目直播活动，应坚持健康的格调品味，直播节目不得含有国家法律法规规定所禁止的内容，并自觉抵制内容低俗、过度娱乐化、宣扬拜金主义和崇尚奢华等问题。

**六、**通过互联网开展视听节目直播服务的互联网视听节目服务机构，在网络视听节目直播活动中所聘请或邀请的主持人、嘉宾、直播对象，应当符合以下要求：

1. 守法爱国，无违法犯罪行为；

2. 具有良好的公众口碑和社会形象，无丑闻劣迹；

3. 不得有违背公序良俗的着装、发型、语言、动作，不得以低俗或不宜面向公众公开讨论的内容制造话题。

**七、**请各省局根据本《通知》精神，加强对辖区内网络视听节目直播行为的管理，对开展网络视听节目直播服务的网站进行全面排查；对持证网站超出《许可证》载明业务范围擅自开展网络视听节目直播服务的行为予以制止；对未持有相应许可利用网络直播平台非法开展网络视听节目直播服务（包括开办新闻、综艺、体育、访谈、评论等各类视听节目）的，责成限期停办，对拒不停止的予以关闭。相关情况请于 10 月底前报总局网络视听节目管理司。

# 互联网直播服务管理规定（节选）

（2016年11月4日国家互联网信息办公室发布
自2016年12月1日起施行）

**第二条** 在中华人民共和国境内提供、使用互联网直播服务，应当遵守本规定。

本规定所称互联网直播，是指基于互联网，以视频、音频、图文等形式向公众持续发布实时信息的活动；本规定所称互联网直播服务提供者，是指提供互联网直播平台服务的主体；本规定所称互联网直播服务使用者，包括互联网直播发布者和用户。

**第三条** 提供互联网直播服务，应当遵守法律法规，坚持正确导向，大力弘扬社会主义核心价值观，培育积极健康、向上向善的网络文化，维护良好网络生态，维护国家利益和公共利益，为广大网民特别是青少年成长营造风清气正的网络空间。

**第九条** 互联网直播服务提供者以及互联网直播服务使用者不得利用互联网直播服务从事危害国家安全、破坏社会稳定、扰乱社会秩序、侵犯他人合法权益、传播淫秽色情等法律法规禁止的活动，不得利用互联网直播服务制作、复制、发布、传播法律法规禁止的信息内容。

# 互联网新闻信息服务管理规定（节选）

（2017年5月2日国家互联网信息办公室令第1号公布
自2017年6月1日起施行）

**第二条** 在中华人民共和国境内提供互联网新闻信息服务，适用本规定。

本规定所称新闻信息，包括有关政治、经济、军事、外交等社会公共事务的报道、评论，以及有关社会突发事件的报道、评论。

**第十六条** 互联网新闻信息服务提供者和用户不得制作、复制、发布、传播法律、行政法规禁止的信息内容。

互联网新闻信息服务提供者提供服务过程中发现含有违反本规定第三条或前款规定内容的，应当依法立即停止传输该信息、采取消除等处置措施，保存有关记录，并向有关主管部门报告。

# 关于加强网络直播服务管理工作的通知

（2018年8月1日全国“扫黄打非”工作小组办公室、工业和信息化部、公安部、文化和旅游部、国家广播电视总局、国家互联网信息办公室发布）

各省、自治区、直辖市“扫黄打非”工作领导小组办公室、通信管理局、公安厅（局）、文化厅（局）、新闻出版广电局、网信办：

近年来，针对从事网络直播业务的互联网信息服务（以下简称“网络直播服务”）提供者传播淫秽色情信息现象多发的问题，有关部门不断加大工作力度，查处、打击一批违法违规企业。目前，通过网络直播服务传播淫秽色情和低俗信息问题得到了初步遏制，企业履行主体责任的意识、能力有所加强，但仍有部分未经许可非法上线的网络直播服务提供者传播有害信息，社会危害较大，群众反映强烈。为落实《互联网信息服务管理办法》《非经营性互联网信息服务备案管理办法》《电信业务经营许可管理办法》《互联网直播服务管理规定》《网络表演经营活动管理办法》《关于加强网络视听节目直播服务管理有关问题的通知》等相关规定要求，进一步清朗网络空间，现就加强网络直播服务管理工作通知如下。

**一、**加强网络直播服务许可和备案管理工作。网络直播服务提供者应依法向电信主管部门履行网站 ICP 备案手续，涉及经营电信业务及互联网新闻信息、网络表演、网络视听节目直播等业务的网络直播服务提供者应当分别向相关部门申请取得电信业务经营、互联网新闻信息服务、网络文化经营、信息网络传播视听节目等许可，并于直播服务上线 30 日内按照有关规定到属地公安机关履行公安备案手续。

互联网接入服务业务、互联网数据中心业务、内容分发网络业务（以下简称“网络接入服务”）提供者不得为未履行 ICP 备案手续、未取得相关业务许可的网络直播服务提供者提供网络接入服务。

移动智能终端应用软件分发平台（以下简称“应用商店”）不得为未履行 ICP 备案手续、未取得相关业务许可的网络直播服务提供者提供移动智能终端应用软件（以下简称“APP”）分发服务。

**二、**强化网络直播服务基础管理工作。各网络接入服务提供者应按照要求通过“工业和信息化部 ICP/IP 地址 / 域名信息备案管理系统”向各地通信管理局报送网络直播服务提供者 ICP、IP 地址、域名等信息。

有关部门将建立违法网络直播服务提供者黑名单，网络接入服务提供者应核验网络直播服务提供者的 ICP、IP 地址和域名信息，不得为信息不一致、黑名单中的网络直播服务网站、APP提供网络接入服务。

应用商店不得为黑名单中的网络直播服务APP提供分发服务。

各网络直播服务提供者应按照要求落实用户实名制度，加强网络主播管理，建立主播黑名单制度，健全完善直播内容监看、审查制度和违法有害内容处置措施。

**三、**组织开展存量违规网络直播服务清理工作。网络接入服务提供者、应用商店应立即进行全面清查，要求未提供ICP备案手续或者相关业务许可材料的网络直播服务提供者在两个月内补充相关材料，两个月后仍然无法提供相关材料的应停止服务，对拒绝提供相关材料的网络直播服务提供者应立即停止服务。

**四、**建立健全网络直播服务监管工作机制。网络直播服务提供者应严格按照许可范围开展业务，不得利用直播服务制作、复制、发布、传播法律法规禁止的信息内容。

网络接入服务提供者应按照要求建立内容审核、信息过滤、投诉举报处理等相关制度，建立7×24小时应急响应机制，加强技术管控手段建设，按照要求处置网络直播中的违法违规行为。

网络直播服务提供者应当按照有关法律法规要求，记录直播服务使用者发布内容和日志信息并保存一定期限，对自己不具备存储能力且不购买存储服务的网络直播服务提供者，网络接入服务提供者不得提供服务。网络接入服务提供者、网络直播服务提供者应当依法配合有关部门的监督检查、调查取证，并提供必要的文件、资料和数据。

**五、**网络接入服务提供者、应用商店未尽到许可、备案手续审核及监管义务造成有害信息传播的，由有关主管部门按照相关法律法规予以查处。

# 专网及定向传播视听节目服务管理规定（节选）

（2016年4月25日国家新闻出版广电总局令第6号公布　根据2021年3月23日《国家广播电视总局关于第二批修改的部门规章的决定》修订）

**第二条**　本规定所称专网及定向传播视听节目服务，是指以电视机、手机等各类固定、移动电子设备为接收终端，通过局域网络及利用互联网架设虚拟专网或者以互联网等信息网络为定向传输通道，向公众定向提供广播电视节目等视听节目服务活动，包括以交互式网络电视（IPTV）、专网手机电视、互联网电视等形式从事内容提供、集成播控、传输分发等活动。

**第十七条**　专网及定向传播视听节目服务单位传播的节目应当符合法律、行政法规、部门规章的规定，不得含有以下内容：

（一）违反宪法确定的基本原则，煽动抗拒或者破坏宪法、法律、行政法规实施的；

（二）危害国家统一、主权和领土完整，泄露国家秘密，危害国家安全，损害国家荣誉和利益的；

（三）诋毁民族优秀文化传统，煽动民族仇恨、民族歧视，侵害民族风俗习惯，歪曲民族历史和民族历史人物，伤害民族感情，破坏民族团结的；

（四）宣扬宗教狂热，危害宗教和睦，伤害信教公民宗教感情，破坏信教公民和不信教公民团结，宣扬邪教、迷信的；

（五）危害社会公德，扰乱社会秩序，破坏社会稳定，宣扬淫秽、赌博、吸毒，渲染暴力、恐怖，教唆犯罪或者传授犯罪方法的；

（六）侵害未成年人合法权益或者损害未成年人身心健康的；

（七）侮辱、诽谤他人或者散布他人隐私，侵害他人合法权益的；

（八）法律、行政法规禁止的其他内容。

## 互联网宗教信息服务管理办法（节选）

（2021年12月3日国家宗教事务局、国家互联网信息办公室、工业和信息化部、公安部、国家安全部令第17号公布　自2022年3月1日起施行）

**第二条**　在中华人民共和国境内从事互联网宗教信息服务，适用本办法。

本办法所称互联网宗教信息服务，包括互联网宗教信息发布服务、转载服务、传播平台服务以及其他与互联网宗教信息相关的服务。

**第三条**　从事互联网宗教信息服务，应当遵守宪法、法律、法规和规章，践行社会主义核心价值观，坚持我国宗教独立自主自办原则，坚持我国宗教中国化方向，积极引导宗教与社会主义社会相适应，维护宗教和顺、社会和谐、民族和睦。

**第十四条**　互联网宗教信息不得含有下列内容：

（一）利用宗教煽动颠覆国家政权、反对中国共产党的领导，破坏社会主义制度、国家统一、民族团结和社会稳定，宣扬极端主义、恐怖主义、民族分裂主义和宗教狂热的；

（二）利用宗教妨碍国家司法、教育、婚姻、社会管理等制度实施的；

（三）利用宗教宣扬邪教和封建迷信，或者利用宗教损害公民身体健康，欺骗、胁迫取得财物的；

（四）违背我国宗教独立自主自办原则的；

（五）破坏不同宗教之间、同一宗教内部以及信教公民与不信教公民之间和睦相处的；

（六）歧视、侮辱信教公民或者不信教公民，损害信教公民或者不信教公民合法权益的；

（七）从事违法宗教活动或者为违法宗教活动提供便利的；

（八）诱导未成年人信教，或者组织、强迫未成年人参加宗教活动的；

（九）以宗教名义进行商业宣传，经销、发送宗教用品、宗教内部资料性出版物和非法出版物的；

（十）假冒宗教教职人员开展活动的；

（十一）有关法律、行政法规和国家规定禁止的其他内容的。

# 互联网信息服务算法推荐管理规定（节选）

（2021 年 12 月 31 日国家互联网信息办公室、工业和信息化部、公安部、国家市场监督管理总局令第 9 号公布　自 2022 年 3 月 1 日起施行）

**第二条**　在中华人民共和国境内应用算法推荐技术提供互联网信息服务（以下简称算法推荐服务），适用本规定。法律、行政法规另有规定的，依照其规定。

前款所称应用算法推荐技术，是指利用生成合成类、个性化推送类、排序精选类、检索过滤类、调度决策类等算法技术向用户提供信息。

**第三条** 国家网信部门负责统筹协调全国算法推荐服务治理和相关监督管理工作。国务院电信、公安、市场监管等有关部门依据各自职责负责算法推荐服务监督管理工作。

地方网信部门负责统筹协调本行政区域内的算法推荐服务治理和相关监督管理工作。地方电信、公安、市场监管等有关部门依据各自职责负责本行政区域内的算法推荐服务监督管理工作。

**第七条** 算法推荐服务提供者应当落实算法安全主体责任，建立健全算法机制机理审核、科技伦理审查、用户注册、信息发布审核、数据安全和个人信息保护、反电信网络诈骗、安全评估监测、安全事件应急处置等管理制度和技术措施，制定并公开算法推荐服务相关规则，配备与算法推荐服务规模相适应的专业人员和技术支撑。

**第十八条** 算法推荐服务提供者向未成年人提供服务的，应当依法履行未成年人网络保护义务，并通过开发适合未成年人使用的模式、提供适合未成年人特点的服务等方式，便利未成年人获取有益身心健康的信息。

算法推荐服务提供者不得向未成年人推送可能引发未成年人模仿不安全行为和违反社会公德行为、诱导未成年人不良嗜好等可能影响未成年人身心健康的信息，不得利用算法推荐服务诱导未成年人沉迷网络。

**第十九条** 算法推荐服务提供者向老年人提供服务的，应当保障老年人依法享有的权益，充分考虑老年人出行、就医、消费、办事等需求，按照国家有关规定提供智能化适老服务，依法开展涉电信网络诈骗信息的监测、识别和处置，便利老年人安全使用算法推荐服务。

# 移动互联网应用程序信息服务管理规定（节选）

（2022年6月14日国家互联网信息办公室发布
自2022年8月1日起施行）

**第二条** 在中华人民共和国境内提供应用程序信息服务，以及从事互联网应用商店等应用程序分发服务，应当遵守本规定。

本规定所称应用程序信息服务，是指通过应用程序向用户提供文字、图片、语音、视频等信息制作、复制、发布、传播等服务的活动，包括即时通讯、新闻资讯、知识问答、论坛社区、网络直播、电子商务、网络音视频、生活服务等类型。

本规定所称应用程序分发服务，是指通过互联网提供应用程序发布、下载、动态加载等服务的活动，包括应用商店、快应用中心、互联网小程序平台、浏览器插件平台等类型。

**第五条** 应用程序提供者和应用程序分发平台应当履行信息内容管理主体责任，积极配合国家实施网络可信身份战略，建立健全信息内容安全管理、信息内容生态治理、数据安全和个人信息保护、未成年人保护等管理制度，确保网络安全，维护良好网络生态。

**第十三条** 应用程序提供者应当坚持最有利于未成年人的原则，关注未成年人健康成长，履行未成年人网络保护各项义务，依法严格落实未成年人用户账号真实身份信息注册和登录要求，不得以任何形式向未成年人用户提供诱导其沉迷的相关产品和服务，不得制作、复制、发布、传播含有危害未成年人身心健康内容的信息。

# 关于进一步加强对网上未成年人犯罪和欺凌事件报道管理的通知

（2015 年 6 月 30 日国家互联网信息办公室发布）

各省、自治区、直辖市网信办，中央新闻网站：

近期，网上涉及对未成年人进行欺凌、侮辱的报道和涉及未成年人犯罪的报道呈增多趋势，个别报道展示校园暴力和未成年人犯罪细节，渲染对未成年人的人身伤害和人格羞辱，甚至侵犯未成年人隐私，对未成年人造成更为严重的二次伤害。

为加强对网上涉及未成年人犯罪和欺凌事件报道的管理，保护未成年人身心健康和合法权益，依据《中华人民共和国未成年人保护法》、《互联网新闻信息服务管理规定》等法律法规，提出要求如下：

一、网站采编涉及未成年人的新闻报道时，应首先考虑未成年人的权益保护，基于未成年人的特点进行报道。要形成引导保护未成年人相关权益意识，尊重未成年人的人格尊严，坚持与贯彻未成年人利益优先原则。

二、网站登载涉及未成年人犯罪和欺凌事件报道，原则上应采用中央主要新闻媒体的报道。确有必要使用其他来源稿件时，要严格进行核实，由网站总编辑签发，保留签发证明及依据。

三、网站不得在首页及新闻频道要闻位置登载未成年人犯罪和欺凌事件报道，不得在博客、微博、论坛、贴吧、弹窗、导航、搜索引擎等位置推荐相关报道，不得制作专题或集纳相关报道。

**四**、在涉及未成年人的网上报道中，不得对涉及未成年人体罚、侮辱人格尊严行为、校园暴力以及未成年人犯罪情节等进行渲染报道。

**五**、在对未成年人犯罪案件进行网上报道时，不得披露未成年人的姓名、住所、照片及可能推断出该未成年人的资料。不得披露未成年人的个人信息，避免对未成年人造成二次伤害。

**六**、在涉及未成年人的网上报道中，严禁使用未经处理的涉未成年人暴力、血腥、色情、恐怖等违法视频及图片。

**七**、在涉及未成年人的网上报道中，严禁以胁迫、诱导未成年人等方式采集信息，严禁歧视未成年人或利用未成年人负面新闻进行商业牟利。

**八**、在涉及未成年人的网上报道中，要加强对未成年人积极向上言行和事迹的宣传报道，要对未成年人中出现的不良现象及时给予批评和引导，使未成年人通过新闻报道认清真、善、美和假、恶、丑，及时纠正自己的不良言行，营造未成年人生活、学习和成长的良好舆论氛围，使未成年人学习有榜样，努力有方向，促进未成年人快乐健康成长。

**九**、网站要落实主体责任，健全有关管理制度，加强对未成年人网上报道的管理，同时要严格管理网民自发上传、分享涉及网上未成年人犯罪和欺凌事件的内容，及时删除违法违规信息。

**十**、各级网信管理部门要加强对网站有关未成年人报道及网上不良信息的管理。对于违反本通知有关规定，造成不良影响的单位和个人，依法采取约谈、警告、罚款等处理措施，直至取消网站新闻信息服务资质。

# 网络表演经营活动管理办法（节选）

（2016年12月2日文化部发布　文市发〔2016〕33号）

**第二条**　本办法所称网络表演是指以现场进行的文艺表演活动等为主要内容，通过互联网、移动通讯网、移动互联网等信息网络，实时传播或者以音视频形式上载传播而形成的互联网文化产品。

网络表演经营活动是指通过用户收费、电子商务、广告、赞助等方式获取利益，向公众提供网络表演产品及服务的行为。

将网络游戏技法展示或解说的内容，通过互联网、移动通讯网、移动互联网等信息网络，实时传播或者以音视频形式上载传播的经营活动，参照本办法进行管理。

**第六条**　网络表演不得含有以下内容：

（一）含有《互联网文化管理暂行规定》第十六条规定的禁止内容的；

（二）表演方式恐怖、残忍、暴力、低俗，摧残表演者身心健康的；

（三）利用人体缺陷或者以展示人体变异等方式招徕用户的；

（四）以偷拍偷录等方式，侵害他人合法权益的；

（五）以虐待动物等方式进行表演的；

（六）使用未取得文化行政部门内容审查批准文号或备案编号的网络游戏产品，进行网络游戏技法展示或解说的。

**第七条**　网络表演经营单位应当加强对未成年人的保护，不得损害未成年人身心健康。有未成年人参与的网络表演，不得侵犯未成年人权益。

# 互联网文化管理暂行规定（节选）

（2011 年 2 月 17 日文化部令第 51 号发布　根据 2017 年 12 月 15 日文化部令第 57 号《关于废止和修改部分部门规章的决定》修正）

**第二条**　本规定所称互联网文化产品是指通过互联网生产、传播和流通的文化产品，主要包括：

（一）专门为互联网而生产的网络音乐娱乐、网络游戏、网络演出剧（节）目、网络表演、网络艺术品、网络动漫等互联网文化产品；

（二）将音乐娱乐、游戏、演出剧（节）目、表演、艺术品、动漫等文化产品以一定的技术手段制作、复制到互联网上传播的互联网文化产品。

**第十六条**　互联网文化单位不得提供载有以下内容的文化产品：

（一）反对宪法确定的基本原则的；

（二）危害国家统一、主权和领土完整的；

（三）泄露国家秘密、危害国家安全或者损害国家荣誉和利益的；

（四）煽动民族仇恨、民族歧视，破坏民族团结，或者侵害民族风俗、习惯的；

（五）宣扬邪教、迷信的；

（六）散布谣言，扰乱社会秩序，破坏社会稳定的；

（七）宣扬淫秽、赌博、暴力或者教唆犯罪的；

（八）侮辱或者诽谤他人，侵害他人合法权益的；

（九）危害社会公德或者民族优秀文化传统的；

（十）有法律、行政法规和国家规定禁止的其他内容的。

# 儿童个人信息网络保护规定

（2019年8月22日国家互联网信息办公室令第4号公布）

**第一条** 为了保护儿童个人信息安全，促进儿童健康成长，根据《中华人民共和国网络安全法》《中华人民共和国未成年人保护法》等法律法规，制定本规定。

**第二条** 本规定所称儿童，是指不满十四周岁的未成年人。

**第三条** 在中华人民共和国境内通过网络从事收集、存储、使用、转移、披露儿童个人信息等活动，适用本规定。

**第四条** 任何组织和个人不得制作、发布、传播侵害儿童个人信息安全的信息。

**第五条** 儿童监护人应当正确履行监护职责，教育引导儿童增强个人信息保护意识和能力，保护儿童个人信息安全。

**第六条** 鼓励互联网行业组织指导推动网络运营者制定儿童个人信息保护的行业规范、行为准则等，加强行业自律，履行社会责任。

**第七条** 网络运营者收集、存储、使用、转移、披露儿童个人信息的，应当遵循正当必要、知情同意、目的明确、安全保障、依法利用的原则。

**第八条** 网络运营者应当设置专门的儿童个人信息保护规则和用户协议，并指定专人负责儿童个人信息保护。

**第九条** 网络运营者收集、使用、转移、披露儿童个人信息的，应当以显著、清晰的方式告知儿童监护人，并应当征得儿童监护人的同意。

**第十条** 网络运营者征得同意时，应当同时提供拒绝选项，并明确告知以下事项：

（一）收集、存储、使用、转移、披露儿童个人信息的目的、方式和范围；

（二）儿童个人信息存储的地点、期限和到期后的处理方式；

（三）儿童个人信息的安全保障措施；

（四）拒绝的后果；

（五）投诉、举报的渠道和方式；

（六）更正、删除儿童个人信息的途径和方法；

（七）其他应当告知的事项。

前款规定的告知事项发生实质性变化的，应当再次征得儿童监护人的同意。

**第十一条** 网络运营者不得收集与其提供的服务无关的儿童个人信息，不得违反法律、行政法规的规定和双方的约定收集儿童个人信息。

**第十二条** 网络运营者存储儿童个人信息，不得超过实现其收集、使用目的所必需的期限。

**第十三条** 网络运营者应当采取加密等措施存储儿童个人信息，确保信息安全。

**第十四条** 网络运营者使用儿童个人信息，不得违反法律、行政法规的规定和双方约定的目的、范围。因业务需要，确需超出约定的目的、范围使用的，应当再次征得儿童监护人的同意。

**第十五条** 网络运营者对其工作人员应当以最小授权为原则，严格设定信息访问权限，控制儿童个人信息知悉范围。工作人员访问儿童个人信息的，应当经过儿童个人信息保护负责人或者其授权的管理人员审批，记录访问情况，并采取技术措施，避免违法复制、下载儿童个人信息。

**第十六条** 网络运营者委托第三方处理儿童个人信息的，应当对受委托方及委托行为等进行安全评估，签署委托协议，明确双方责任、处理事项、处理期限、处理性质和目的等，委托行为不得超出授权范围。

前款规定的受委托方，应当履行以下义务：

（一）按照法律、行政法规的规定和网络运营者的要求处理儿童个人信息；

（二）协助网络运营者回应儿童监护人提出的申请；

（三）采取措施保障信息安全，并在发生儿童个人信息泄露安全事件时，及时向网络运营者反馈；

（四）委托关系解除时及时删除儿童个人信息；

（五）不得转委托；

（六）其他依法应当履行的儿童个人信息保护义务。

**第十七条** 网络运营者向第三方转移儿童个人信息的，应当自行或者委托第三方机构进行安全评估。

**第十八条** 网络运营者不得披露儿童个人信息，但法律、行政法规规定应当披露或者根据与儿童监护人的约定可以披露的除外。

**第十九条** 儿童或者其监护人发现网络运营者收集、存储、使用、披露的儿童个人信息有错误的，有权要求网络运营者予以更正。网络运营者应当及时采取措施予以更正。

**第二十条** 儿童或者其监护人要求网络运营者删除其收集、存储、使用、披露的儿童个人信息的，网络运营者应当及时采取措施予以删除，包括但不限于以下情形：

（一）网络运营者违反法律、行政法规的规定或者双方的约定收集、存储、使用、转移、披露儿童个人信息的；

（二）超出目的范围或者必要期限收集、存储、使用、转移、披露儿童个人信息的；

（三）儿童监护人撤回同意的；

（四）儿童或者其监护人通过注销等方式终止使用产品或者服务的。

**第二十一条** 网络运营者发现儿童个人信息发生或者可能发生泄露、毁损、丢失的，应当立即启动应急预案，采取补救措施；造成或者可能造成严重后果的，应当立即向有关主管部门报告，并将事件相关情况以邮件、信函、电话、推送通知等方式告知受影响的儿童及其监护人，难以逐一告知的，应当采取合理、有效的方式发布相关警示信息。

**第二十二条** 网络运营者应当对网信部门和其他有关部门依法开展的监督检查予以配合。

**第二十三条** 网络运营者停止运营产品或者服务的，应当立即停止收集儿童个人信息的活动，删除其持有的儿童个人信息，并将停止运营的通知及时告知儿童监护人。

**第二十四条** 任何组织和个人发现有违反本规定行为的，可以向网信部门和其他有关部门举报。

网信部门和其他有关部门收到相关举报的，应当依据职责及时进行处理。

**第二十五条** 网络运营者落实儿童个人信息安全管理责任不到位，存在较大安全风险或者发生安全事件的，由网信部门依据职责进行约谈，网络运营者应当及时采取措施进行整改，消除隐患。

**第二十六条** 违反本规定的，由网信部门和其他有关部门依据职责，根据《中华人民共和国网络安全法》《互联网信息服务管理办法》等相关法律法规规定处理；构成犯罪的，依法追究刑事责任。

**第二十七条** 违反本规定被追究法律责任的，依照有关法律、行政法规的规定记入信用档案，并予以公示。

**第二十八条** 通过计算机信息系统自动留存处理信息且无法识别所留存处理的信息属于儿童个人信息的，依照其他有关规定执行。

**第二十九条** 本规定自2019年10月1日起施行。

# 国家新闻出版署关于防止未成年人沉迷网络游戏的通知

（2019 年 10 月 25 日）

各省、自治区、直辖市新闻出版局，各网络游戏企业，有关行业组织：

近年来，网络游戏行业在满足群众休闲娱乐需要、丰富人民精神文化生活的同时，也出现一些值得高度关注的问题，特别是未成年人沉迷网络游戏、过度消费等现象，对未成年人身心健康和正常学习生活造成不良影响，社会反映强烈。规范网络游戏服务，引导网络游戏企业切实把社会效益放在首位，有效遏制未成年人沉迷网络游戏、过度消费等行为，保护未成年人身心健康成长，是贯彻落实习近平总书记关于青少年工作重要指示精神、促进网络游戏繁荣健康有序发展的有效举措。现就有关工作事项通知如下。

**一、**实行网络游戏用户账号实名注册制度。所有网络游戏用户均须使用有效身份信息方可进行游戏账号注册。自本通知施行之日起，网络游戏企业应建立并实施用户实名注册系统，不得以任何形式为未实名注册的新增用户提供游戏服务。自本通知施行之日起 2 个月内，网络游戏企业须要求已有用户全部完成实名注册，对未完成实名注册的用户停止提供游戏服务。对用户提供的实名注册信息，网络游戏企业必须严格按照有关法律法规妥善保存、保护，不得用作其他用途。

网络游戏企业可以对其游戏服务设置不超过 1 小时的游客体验模式。在游客体验模式下，用户无须实名注册，不能充值和付费消费。对使用同一硬件设备的用户，网络游戏企业在 15 天内不得重复提供游客体验模式。

**二、**严格控制未成年人使用网络游戏时段、时长。每日 22 时至次日 8 时，网络游戏企业不得以任何形式为未成年人提供游戏服务。网络游戏企业向未成年人提供游戏服务的时长，法定节假日每日累计不得超过 3 小时，其他时间每日累计不得超过 1.5 小时。

**三、**规范向未成年人提供付费服务。网络游戏企业须采取有效措施，限制未成年人使用与其民事行为能力不符的付费服务。网络游戏企业不得为未满 8 周岁的用户提供游戏付费服务。同一网络游戏企业所提供的游戏付费服务，8 周岁以上未满 16 周岁的用户，单次充值金额不得超过 50 元人民币，每月充值金额累计不得超过 200 元人民币；16 周岁以上未满 18 周岁的用户，单次充值金额不得超过 100 元人民币，每月充值金额累计不得超过 400 元人民币。

**四、**切实加强行业监管。本通知前述各项要求，均为网络游戏上网出版运营的必要条件。各地出版管理部门要切实履行属地监管职责，严格按照本通知要求做好属地网络游戏企业及其网络游戏服务的监督管理工作。对未落实本通知要求的网络游戏企业，各地出版管理部门应责令限期改正；情节严重的，依法依规予以处理，直至吊销相关许可。各地出版管理部门协调有关执法机构做好监管执法工作。

**五、**探索实施适龄提示制度。网络游戏企业应从游戏内容和功能的心理接受程度、对抗激烈程度、可能引起认知混淆程度、可能导致危险模仿程度、付费消费程度等多维度综合衡量，探索对上网出版运营的网络游戏作出适合不同年龄段用户的提示，并在用户下载、注册、登录页面等位置显著标明。有关行业组织要探索实施适龄提示具体标准规范，督促网络游戏企业落实适龄提示制度。网络游戏企业应注意分析未成年人沉迷的成因，并及时对造成沉迷的游戏内容、功能或者规则进行修改。

**六、**积极引导家长、学校等社会各界力量履行未成年人监护守护责任，加强对未成年人健康合理使用网络游戏的教导，帮助未成年人树立正确的网络游戏消费观念和行为习惯。

七、本通知所称未成年人是指未满18周岁的公民，所称网络游戏企业含提供网络游戏服务的平台。

# 网络信息内容生态治理规定（节选）

（2019年12月15日国家互联网信息办公室令第5号公布　自2020年3月1日起施行）

**第二条**　中华人民共和国境内的网络信息内容生态治理活动，适用本规定。

本规定所称网络信息内容生态治理，是指政府、企业、社会、网民等主体，以培育和践行社会主义核心价值观为根本，以网络信息内容为主要治理对象，以建立健全网络综合治理体系、营造清朗的网络空间、建设良好的网络生态为目标，开展的弘扬正能量、处置违法和不良信息等相关活动。

## 第二章　网络信息内容生产者

**第四条**　网络信息内容生产者应当遵守法律法规，遵循公序良俗，不得损害国家利益、公共利益和他人合法权益。

**第五条**　鼓励网络信息内容生产者制作、复制、发布含有下列内容的信息：

（一）宣传习近平新时代中国特色社会主义思想，全面准确生动解读中国特色社会主义道路、理论、制度、文化的；

（二）宣传党的理论路线方针政策和中央重大决策部署的；

（三）展示经济社会发展亮点，反映人民群众伟大奋斗和火热生活的；

（四）弘扬社会主义核心价值观，宣传优秀道德文化和时代精神，充分展现中华民族昂扬向上精神风貌的；

(五)有效回应社会关切,解疑释惑,析事明理,有助于引导群众形成共识的;

(六)有助于提高中华文化国际影响力,向世界展现真实立体全面的中国的;

(七)其他讲品味讲格调讲责任、讴歌真善美、促进团结稳定等的内容。

**第六条** 网络信息内容生产者不得制作、复制、发布含有下列内容的违法信息:

(一)反对宪法所确定的基本原则的;

(二)危害国家安全,泄露国家秘密,颠覆国家政权,破坏国家统一的;

(三)损害国家荣誉和利益的;

(四)歪曲、丑化、亵渎、否定英雄烈士事迹和精神,以侮辱、诽谤或者其他方式侵害英雄烈士的姓名、肖像、名誉、荣誉的;

(五)宣扬恐怖主义、极端主义或者煽动实施恐怖活动、极端主义活动的;

(六)煽动民族仇恨、民族歧视,破坏民族团结的;

(七)破坏国家宗教政策,宣扬邪教和封建迷信的;

(八)散布谣言,扰乱经济秩序和社会秩序的;

(九)散布淫秽、色情、赌博、暴力、凶杀、恐怖或者教唆犯罪的;

(十)侮辱或者诽谤他人,侵害他人名誉、隐私和其他合法权益的;

(十一)法律、行政法规禁止的其他内容。

**第七条** 网络信息内容生产者应当采取措施,防范和抵制制作、复制、发布含有下列内容的不良信息:

(一)使用夸张标题,内容与标题严重不符的;

(二)炒作绯闻、丑闻、劣迹等的;

(三)不当评述自然灾害、重大事故等灾难的;

(四)带有性暗示、性挑逗等易使人产生性联想的;

(五)展现血腥、惊悚、残忍等致人身心不适的;

（六）煽动人群歧视、地域歧视等的；

（七）宣扬低俗、庸俗、媚俗内容的；

（八）可能引发未成年人模仿不安全行为和违反社会公德行为、诱导未成年人不良嗜好等的；

（九）其他对网络生态造成不良影响的内容。

**第十一条** 鼓励网络信息内容服务平台坚持主流价值导向，优化信息推荐机制，加强版面页面生态管理，在下列重点环节（包括服务类型、位置版块等）积极呈现本规定第五条规定的信息：

（一）互联网新闻信息服务首页首屏、弹窗和重要新闻信息内容页面等；

（二）互联网用户公众账号信息服务精选、热搜等；

（三）博客、微博客信息服务热门推荐、榜单类、弹窗及基于地理位置的信息服务版块等；

（四）互联网信息搜索服务热搜词、热搜图及默认搜索等；

（五）互联网论坛社区服务首页首屏、榜单类、弹窗等；

（六）互联网音视频服务首页首屏、发现、精选、榜单类、弹窗等；

（七）互联网网址导航服务、浏览器服务、输入法服务首页首屏、榜单类、皮肤、联想词、弹窗等；

（八）数字阅读、网络游戏、网络动漫服务首页首屏、精选、榜单类、弹窗等；

（九）生活服务、知识服务平台首页首屏、热门推荐、弹窗等；

（十）电子商务平台首页首屏、推荐区等；

（十一）移动应用商店、移动智能终端预置应用软件和内置信息内容服务首屏、推荐区等；

（十二）专门以未成年人为服务对象的网络信息内容专栏、专区和产品等；

（十三）其他处于产品或者服务醒目位置、易引起网络信息内容服务使用者关注的重点环节。

网络信息内容服务平台不得在以上重点环节呈现本规定第七条规定的

信息。

**第十三条** 鼓励网络信息内容服务平台开发适合未成年人使用的模式，提供适合未成年人使用的网络产品和服务，便利未成年人获取有益身心健康的信息。



# 国家广播电视总局关于加强网络秀场直播和电商直播管理的通知

（2020 年 11 月 12 日　广电发〔2020〕78 号）

各省、自治区、直辖市广播电视局，新疆生产建设兵团文化体育广电和旅游局：

近年来，网络秀场直播、电商直播节目大量涌现，成为互联网经济中非常活跃的现象和网络视听节目建设管理工作需要重视的问题。为加强对网络秀场直播和电商直播的引导规范，强化导向和价值引领，营造行业健康生态，防范遏制低俗庸俗媚俗等不良风气滋生蔓延，现就有关要求通知如下：

**一、**网络秀场直播平台、电商直播平台要坚持社会效益优先的正确方向，积极传播正能量，展现真善美，着力塑造健康的精神情趣，促进网络视听空间清朗。要积极研究推动网络视听节目直播服务内容和形式创新，针对受众特点和年龄分层，播出推荐追求劳动创造、展示有益才艺和健康生活情趣等价值观积极的直播节目。以价值观为导向打造精品直播间版块或集群，让有品味、有意义、有意思、有温度的直播节目占据好位置，获得好流量。要切实采取有力措施不为违法失德艺人提供公开出镜发声机会，防范遏制炫富拜金、低俗媚俗等不良风气在直播领域滋生蔓延，冲击社会主义核心价值观，污染网络视听生态。

**二、**开办网络秀场直播或电商直播的平台要切实落实主体责任，着力健全网络直播业务各项管理制度、责任制度、内容安全制度和人资物配备，积极参与行风建设和行业自律，共同推进网络秀场直播和电商直播活动规范有序健康发展。上述平台应于2020年11月30日前，将开办主体信息和业务开展情况等在“全国网络视听平台信息管理系统”登记备案（登录地址为http://115.182.216.157）。

**三**、开办网络秀场直播或电商直播的平台要落实管建同步的原则，把平台管理力量与直播间开办能力相匹配的要求精准落实到数到人。现阶段，相关平台的一线审核人员与在线直播间数量总体配比不得少于1∶50，要加大对审核人员的培训力度，并将通过培训的审核人员在“审核员信息管理系统”中进行登记。鼓励有能力的平台采取优于总体配比的要求加强审核能力建设，适应网上舆情变化对直播间和主播的监看审核力量进行动态调整强化。平台每季度应向省级广播电视主管部门报备直播间数量、主播数量和审核员数量。社会知名人士及境外人员开设直播间，平台应提前向广播电视主管部门报备。

**四**、网络秀场直播平台要对直播间节目内容和对应主播实行标签分类管理，按“音乐”“舞蹈”“唱歌”“健身”“游戏”“旅游”“美食”“生活服务”等进行分类标注。根据不同内容的秀场直播节目特点，研究采取有针对性的扶优罚劣管理措施。各秀场直播间均须在直播页面标注节目类别和直播间号码。主播改变直播间节目类别，须经网站审核，未通过审核不得擅自变更。

**五**、网络秀场直播平台要建立直播间和主播的业务评分档案，细化节目质量评分和违规评分等级，并将评分与推荐推广挂钩。要做好主播尤其是头部主播政策法律法规和相关知识培训。对于多次出现问题的直播间和主播，应采取停止推荐、限制时长、排序沉底、限期整改等处理措施。对于问题性质严重、屡教不改的，关闭直播间，将相关主播纳入黑名单并向广播电视主管部门报告，不允许其更换“马甲”或更换平台后再度开播。

**六**、网络秀场直播平台要对网络主播和“打赏”用户实行实名制管理。未实名制注册的用户不能打赏，未成年用户不能打赏。要通过实名验证、人脸识别、人工审核等措施，确保实名制要求落到实处，封禁未成年用户的打赏功能。平台应对用户每次、每日、每月最高打赏金额进行限制。在用户每日或每月累计“打赏”达到限额一半时，平台应有消费提醒，经短信验证等方式确认后，才能进行下一步消费，达到“打赏”每日或每月限额，应暂停相关用户的“打赏”功能。平台应对“打赏”设置延时到账期，如主播出现违法行为，平台应将“打赏”返还用户。平台不得采取鼓励用户非理性“打赏”的运营策略。对发现相关主播及其经纪代理通过传播低俗内容、有组织炒作、雇佣水军刷礼物等手段，暗示、诱惑或者鼓励用户大额“打赏”，或引诱未成年用户以虚假身份信息“打赏”的，平台须对主播及其经纪代理进行处理，列入关注名单，并向广播电视主管部门书面报告。

**七、**网络电商直播平台须严格按照网络视听节目服务管理的相关规定开展视听内容服务，不得超出电子商务范围违规制作、播出与商品售卖无关的评述类等视听节目。以直播间、直播演出、直播综艺及其他直播节目形式举办电商节、电商日、促销日等主题电商活动，应按照网络视听节目直播服务管理的有关规定，提前14个工作日将活动嘉宾、主播、内容、设置等信息报广播电视主管部门备案。鼓励网络电商直播平台通过组织主题电商活动助力经济发展、民生改善、脱贫攻坚、产业升级和供需对接。

**八、**网络电商直播平台要对开设直播带货的商家和个人进行相关资质审查和实名认证，完整保存审查和认证记录，不得为无资质、无实名、冒名登记的商家或个人开通直播带货服务。平台须对相关信息的真实性定期进行复核，发现问题及时纠正。要对头部直播间、头部主播及账号、高流量或高成交的直播带货活动进行重点管理，加强合规性检查。要探索建立科学分类分级的实时动态管理机制，设置奖惩退禁办法，提高甄别和打击数据造假的能力，为维护诚信市场环境发挥积极作用。

**九、**开办网络秀场直播和电商直播的平台要积极探索利用大数据、人工智能等新技术服务于鼓励倡导的直播节目，让算法支撑优质视听内容的推送，对违规不良内容实现精准预警和及时阻断。对点击量高、成交量虚高、“打赏”金额大、业务类别容易出问题的直播间，要建立人机结合的重点监看审核机制，跟踪节目动态，分析舆情和原因，及时采取措施，防止导向偏差和问题。

请各级广播电视主管部门组织辖区内开展秀场直播、电商直播业务的平台进行登记备案工作，按照本通知要求对已开展的秀场直播、电商直播业务进行全面梳理和分析研判。对初步筛查不符合要求的直播内容进行清理整顿；按要求督导相关平台建立直播内容分级分类管理和审核制度，完善直播间、主播、审核员数量的结构报备、打赏控制等管理机制；对整体不符合开办直播业务条件和能力的平台，应通报有关部门，组织联合关停其直播业务。此专项工作自即日起至年底集中开展，11 月 30 日前将登记核查情况和规范治理的工作成效总结上报，重要情况随时报告。

联系人：郑雯　昌朋淼

电话：86096146　86096573

特此通知。

# 关于加强网络直播规范管理工作的指导意见

（2021 年 2 月 9 日国家互联网信息办公室、全国“扫黄打非”工作小组办公室、工业和信息化部、公安部、文化和旅游部、国家市场监督管理总局、国家广播电视总局印发　国信办发文〔2021〕3 号）

近年来，网络直播以其内容和形式的直观性、即时性和互动性，在促进经济社会发展、丰富人民群众精神文化生活等方面发挥了重要作用。随着移动互联网新技术新应用的迭代升级，网络直播行业进入了快速发展期，其媒体属性、社交属性、商业属性、娱乐属性日益凸显，深刻影响网络生态。与此同时，网络直播行业存在的主体责任缺失、内容生态不良、主播良莠不齐、充值打赏失范、商业营销混乱、青少年权益遭受侵害等问题，严重制约网络直播行业健康发展，给意识形态安全、社会公共利益和公民合法权益带来挑战，必须高度重视、认真解决。为切实加强网络直播行业正面引导和规范管理，保护广大网民合法权益，倡导行业加强网络文明建设，培育向上向善的网络文化，践行社会主义核心价值观，促进网络直播行业健康有序发展，经中央领导同志同意，现提出如下指导意见。

**一、明确总体要求**

全面贯彻党的十九大和十九届二中、三中、四中、五中全会精神，以习近平新时代中国特色社会主义思想为指导，坚持正确政治方向、舆论导向、价值取向，坚持依法办网、依法治网，准确把握网络直播行业特点规律和发展趋势，有效解决突出问题、难点问题、痛点问题，科学规范行业运行规则，构建良好产业生态，为广大网民特别是青少年营造积极健康、内容丰富、正能量充沛的网络直播空间。

**二、督促落实主体责任**

1. 压实平台主体责任。网络直播平台提供互联网直播信息服务，应当严格遵守法律法规和国家有关规定；严格履行网络直播平台法定职责义务，落实网络直播平台主体责任清单，对照网络直播行业主要问题清单建立健全和严格落实总编辑负责、内容审核、用户注册、跟帖评论、应急响应、技术安全、主播管理、培训考核、举报受理等内部管理制度。

2. 明确主播法律责任。自然人和组织机构利用网络直播平台开展直播活动，应当严格按照《互联网用户账号名称管理规定》等有关要求，落实网络实名制注册账号并规范使用账号名称。网络主播依法依规开展网络直播活动，不得从事危害国家安全、破坏社会稳定、扰乱社会秩序、侵犯他人合法权益、传播淫秽色情信息等法律法规禁止的活动；不得超许可范围发布互联网新闻信息；不得接受未经其监护人同意的未成年人充值打赏；不得从事平台内或跨平台违法违规交易；不得组织、煽动用户实施网络暴力；不得组织赌博或变相赌博等线上线下违法活动。

3. 强化用户行为规范。网络直播用户参与直播互动时，应当严格遵守法律法规，文明互动、理性表达、合理消费；不得在直播间发布、传播违法违规信息；不得组织、煽动对网络主播或用户的攻击和谩骂；不得利用机器软件或组织“水军”发表负面评论和恶意“灌水”；不得营造斗富炫富、博取眼球等不良互动氛围。

**三、确保导向正确和内容安全**

4. 提升主流价值引领。网络直播平台应当坚持把社会效益放在首位、社会效益和经济效益相统一，强化导向意识，大力弘扬社会主义核心价值观，大力扶持优质主播，扩大优质内容生产供给；培养网络主播正确的世界观、价值观、人生观，有效提升直播平台“以文化人”的精神气质和文化力量。

5. 切实维护网民权益。网络直播平台应当严格遵守个人信息保护相关规定，规范收集和合法使用用户身份、地理位置、联系方式等个人信息行为；充分保障用户知情权、选择权和隐私权等合法权益；依法依规引导和规范用户合理消费、理性打赏；依法依规留存直播图像、互动留言、充值打赏等记录；加大对各类侵害网民权益行为的打击力度，切实维护网络直播行业秩序。

6. 加强未成年人保护。网络直播平台应当严禁为未满 16 周岁的未成年人提供网络主播账号注册服务，为已满 16 周岁未满 18 周岁未成年人提供网络主播账号注册服务应当征得监护人同意；应当向未成年人用户提供“青少年模式”，防范未成年人沉迷网络直播，屏蔽不利于未成年人健康成长的网络直播内容，不得向未成年人提供充值打赏服务；建立未成年人专属客服团队，优先受理、及时处置涉未成年人的相关投诉和纠纷，对未成年人冒用成年人账号打赏的，核查属实后须按规定办理退款。

7. 筑牢信息安全屏障。网络直播平台应当建立健全信息安全管理制度，严格落实信息内容安全管理责任制，具备与创新发展相适应的安全可控的技术保障和防范措施；对新技术新应用新功能上线具有舆论属性或社会动员能力的直播信息服务，应严格进行安全评估；利用基于深度学习、虚拟现实等技术制作、发布的非真实直播信息内容，应当以显著方式予以标识。

8. 严惩违法违规行为。坚决打击利用网络直播颠覆国家政权、散播历史虚无主义、煽动宗教极端主义、宣扬民族分裂思想、教唆暴力恐怖等违法犯罪活动；严厉查处淫秽色情、造谣诽谤、赌博诈骗、侵权盗版、侵犯公民个人信息等违法犯罪行为；全面清理低俗庸俗、封建迷信、打“擦边球”等违法和不良信息。

**四、建立健全制度规范**

9. 强化准入备案管理。开展经营性网络表演活动的直播平台须持有《网络文化经营许可证》并进行ICP备案；开展网络视听节目服务的直播平台须持有《信息网络传播视听节目许可证》(或在全国网络视听平台信息登记管理系统中完成登记)并进行ICP备案；开展互联网新闻信息服务的直播平台须持有《互联网新闻信息服务许可证》。网络直播平台应当及时向属地网信等主管部门履行企业备案手续，停止提供直播服务的平台应当及时注销备案。

10. 构建行业制度体系。网络直播平台应当建立健全和严格落实相关管理制度。建立直播账号分类分级规范管理制度，对主播账号实行基于主体属性、运营内容、粉丝数量、直播热度等因素的分类分级管理；针对不同类别级别的网络主播账号应当在单场受赏总额、直播热度、直播时长和单日直播场次、场次时间间隔等方面合理设限，对违法违规主播实施必要的警示措施。建立直播打赏服务管理规则，明确平台向用户提供的打赏服务为信息和娱乐的消费服务，应当对单个虚拟消费品、单次打赏额度合理设置上限，对单日打赏额度累计触发相应阈值的用户进行消费提醒，必要时设置打赏冷静期和延时到账期。建立直播带货管理制度，依据主播账号分级规范设定具有营销资格的账号级别，依法依规确定推广商品和服务类别。

**五、增强综合治理能力**

11. 建立完善工作机制。各部门应当切实履行职能职责，依法依规加强对网络直播行业相关业务的监督管理。网信部门要进一步强化网络直播行业管理的统筹协调和日常监管，建立健全部门协调联动长效机制，制定出台支持和促进网络直播行业健康发展、生态治理和规范管理的政策措施；“扫黄打非”部门要履行网上“扫黄打非”联席会议牵头单位职责，会同有关部门挂牌督办重特大案件；工业和信息化部门要严格落实网络接入实名制管理要求，强化 ICP 备案管理；公安部门要全面提升对网络直播犯罪行为实施全方位遏制打击力度；文化和旅游部门要加强网络表演行业管理和执法工作，指导相关行业组织加强网络表演行业自律；市场监管部门要加强网络直播营销领域的监督管理；广电部门要研究制定网络视听节目等管理规范及准入标准。

12. 积极倡导社会监督。鼓励社会各界广泛参与网络直播行业治理，切实加强网络直播平台和政府、媒体、公众间的信息交流和有效沟通，构建网络直播规范管理的良好舆论环境。网络直播平台应当自觉接受社会监督，有效拓宽举报渠道，简化举报环节，及时受理、处置并反馈公众投诉举报。

13. 发挥行业组织作用。网络社会组织要积极发挥桥梁纽带作用，大力倡导行业自律，积极开展公益活动，参与净化网络直播环境、维护良好网络生态。建立健全网络主播信用评价体系，为网络直播行业健康有序发展营造良好氛围。

## 网络直播营销管理办法（试行）（节选）

（2021 年 4 月 16 日网信办、公安部、商务部、文化和旅游部、税务总局、市场监管总局、广电总局印发　国信办发文〔2021〕5 号）

**第二条**　在中华人民共和国境内，通过互联网站、应用程序、小程序等，以视频直播、音频直播、图文直播或多种直播相结合等形式开展营销的商业活动，适用本办法。

本办法所称直播营销平台，是指在网络直播营销中提供直播服务的各类平台，包括互联网直播服务平台、互联网音视频服务平台、电子商务平台等。

本办法所称直播间运营者，是指在直播营销平台上注册账号或者通过自建网站等其他网络服务，开设直播间从事网络直播营销活动的个人、法人和其他组织。

本办法所称直播营销人员，是指在网络直播营销中直接向社会公众开展营销的个人。

本办法所称直播营销人员服务机构，是指为直播营销人员从事网络直播营销活动提供策划、运营、经纪、培训等的专门机构。

从事网络直播营销活动，属于《中华人民共和国电子商务法》规定的“电子商务平台经营者”或“平台内经营者”定义的市场主体，应当依法履行相应的责任和义务。

**第六条** 直播营销平台应当建立健全账号及直播营销功能注册注销、信息安全管理、营销行为规范、未成年人保护、消费者权益保护、个人信息保护、网络和数据安全管理等机制、措施。

直播营销平台应当配备与服务规模相适应的直播内容管理专业人员，具备维护互联网直播内容安全的技术能力，技术方案应符合国家相关标准。

**第十二条** 直播营销平台应当建立健全未成年人保护机制，注重保护未成年人身心健康。网络直播营销中包含可能影响未成年人身心健康内容的，直播营销平台应当在信息展示前以显著方式作出提示。

**第十七条** 直播营销人员或者直播间运营者为自然人的，应当年满十六周岁；十六周岁以上的未成年人申请成为直播营销人员或者直播间运营者的，应当经监护人同意。

**第十八条** 直播间运营者、直播营销人员从事网络直播营销活动，应当遵守法律法规和国家有关规定，遵循社会公序良俗，真实、准确、全面地发布商品或服务信息，不得有下列行为：

（一）违反《网络信息内容生态治理规定》第六条、第七条规定的；

（二）发布虚假或者引人误解的信息，欺骗、误导用户；

（三）营销假冒伪劣、侵犯知识产权或不符合保障人身、财产安全要求的商品；

（四）虚构或者篡改交易、关注度、浏览量、点赞量等数据流量造假；

（五）知道或应当知道他人存在违法违规或高风险行为，仍为其推广、引流；

（六）骚扰、诋毁、谩骂及恐吓他人，侵害他人合法权益；

（七）传销、诈骗、赌博、贩卖违禁品及管制物品等；

（八）其他违反国家法律法规和有关规定的行为。

# 国家新闻出版署关于进一步严格管理切实防止未成年人沉迷网络游戏的通知

（2021 年 8 月 30 日　国新出发〔2021〕14 号）

各省、自治区、直辖市新闻出版局，各网络游戏企业，有关行业组织：

一段时间以来，未成年人过度使用甚至沉迷网络游戏问题突出，对正常生活学习和健康成长造成不良影响，社会各方面特别是广大家长反映强烈。为进一步严格管理措施，坚决防止未成年人沉迷网络游戏，切实保护未成年人身心健康，现将有关要求通知如下。

**一、**严格限制向未成年人提供网络游戏服务的时间。自本通知施行之日起，所有网络游戏企业仅可在周五、周六、周日和法定节假日每日 20 时至 21 时向未成年人提供 1 小时网络游戏服务，其他时间均不得以任何形式向未成年人提供网络游戏服务。

**二**、严格落实网络游戏用户账号实名注册和登录要求。所有网络游戏必须接入国家新闻出版署网络游戏防沉迷实名验证系统，所有网络游戏用户必须使用真实有效身份信息进行游戏账号注册并登录网络游戏，网络游戏企业不得以任何形式（含游客体验模式）向未实名注册和登录的用户提供游戏服务。

**三**、各级出版管理部门加强对网络游戏企业落实提供网络游戏服务时段时长、实名注册和登录、规范付费等情况的监督检查，加大检查频次和力度，对未严格落实的网络游戏企业，依法依规严肃处理。

**四**、积极引导家庭、学校等社会各方面营造有利于未成年人健康成长的良好环境，依法履行未成年人监护职责，加强未成年人网络素养教育，在未成年人使用网络游戏时督促其以真实身份验证，严格执行未成年人使用网络游戏时段时长规定，引导未成年人形成良好的网络使用习惯，防止未成年人沉迷网络游戏。

**五**、本通知所称未成年人是指未满 18 周岁的公民，所称网络游戏企业含提供网络游戏服务的平台。

本通知自 2021 年 9 月 1 日起施行。《国家新闻出版署关于防止未成年人沉迷网络游戏工作的通知》（国新出发〔2019〕34 号）相关规定与本通知不一致的，以本通知为准。

## 网络表演经纪机构管理办法（节选）

（2021 年 8 月 30 日文化和旅游部印发　文旅市场发〔2021〕91 号）

**第二条**　本办法所称网络表演经纪机构，是指依法从事下列活动的经营单位：

（一）网络表演的组织、制作、营销等经营活动；

（二）网络表演者的签约、推广、代理等经纪活动。

**第七条** 网络表演经纪机构不得为未满十六周岁的未成年人提供网络表演经纪服务；为十六周岁以上的未成年人提供网络表演经纪服务的，应当对其身份信息进行认证，并经其监护人书面同意。在征询监护人意见时，应当向监护人解释有关网络表演者权利、义务、责任和违约条款并留存相关交流记录。

网络表演经纪机构提供网络表演经纪服务，不得损害未成年人身心健康，不得侵犯未成年人权益。

**第九条** 网络表演经纪机构不得组织、制作、营销含有《营业性演出管理条例》第二十五条、《网络表演经营活动管理办法》第六条禁止内容的网络表演。

# 关于进一步压实网站平台信息内容管理主体责任的意见（节选）

（2021年9月15日国家互联网信息办公室发布）

**三、重点任务**

（一）把握主体责任内涵。网站平台要以弘扬社会主义核心价值观为己任，培育积极健康、向上向善的网络文化，确保网上主旋律高昂、正能量充沛；对信息内容呈现结果负责，严防违法信息生产传播，自觉防范和抵制传播不良信息，确保信息内容安全。建设良好网络秩序，全链条覆盖、全口径管理，规范用户网上行为，遏制各类网络乱象，维护清朗网络空间。健全管理制度机制，准确界定行为边界，切实规范工作流程，强化内部管理约束，做到有规可依、有规必依，保障日常运营规范健康。加强未成年人网络保护，注重保障用户权益，切实维护社会公共利益。

（九）严格未成年人网络保护。落实未成年人保护法律法规要求，结合业务类型和实际，制定未成年人网络保护具体方案，明确目标，细化措施，建立长效机制。加大投入，开发升级未成年人防沉迷、青少年模式等管理系统，不断提高系统辨识度，增强识别精准性，合理设置未成年人使用服务的时间、权限等，提供适合未成年人的优质内容，保障未成年人健康科学用网。面向未成年人提供产品和服务，清晰界定服务内容，高标准治理产品生态，严防不良信息影响未成年人身心健康。严禁借未成年人名义利用网络进行商业炒作牟利。

# 文化和旅游部办公厅关于加强网络文化市场未成年人保护工作的意见

（2021年11月29日　办市场发〔2021〕211号）

各省、自治区、直辖市文化和旅游厅（局），新疆生产建设兵团文化体育广电和旅游局：

近年来，网络表演、网络音乐、网络动漫、网络演出剧（节）目、网络艺术品等网络文化市场快速发展，创造了良好的社会效益和经济效益，丰富了群众文化生活，拉动了数字经济发展。同时，在发展过程中，部分网络文化平台存在"儿童邪典"内容、利用"网红儿童"牟利等不良现象和问题，对未成年人价值观产生错误影响，严重妨害未成年人健康成长。为贯彻落实《中华人民共和国未成年人保护法》，深入推进文娱领域综合治理，加强未成年人网络保护，保障未成年人在网络空间的合法权益，特制定如下工作意见。

**一、强化思想政治引领**

1. 加强思想政治教育。建立健全网络文化市场从业人员培训培养机制，统筹线上线下教育资源，改进课程设置、优化教学内容，强化党史、新中国史、改革开放史、社会主义发展史学习，引导从业人员自觉践行社会主义核心价值观，牢固树立未成年人保护理念，主动提升网络文化产品社会效益，着力护航未成年人健康成长。

2. 加强法治观念教育。落实“谁执法、谁普法”普法责任制要求，在网络文化市场行业管理、执法的过程中开展未成年人保护法治宣传，以案说法、以案释法，用管理实践、执法案例强化教育警示效果，切实增强网络文化市场主体遵规守法、合法经营的意识。

3. 加强网络素养教育。指导网络文化市场主体加强未成年人及家长网络素养宣传教育，增强未成年人科学、文明、安全、合理使用网络的意识和能力。监督网络文化产品和服务提供者履行预防未成年人沉迷网络的义务，指导相关企业、行业组织互相配合，采取科学、合理的方式对未成年人沉迷网络进行预防和干预。

**二、压实市场主体责任**

4. 切实强化用户识别。督促网络文化市场主体提高识别未实名认证未成年人用户账号能力，通过用户观看内容分析、行为特征研判等方法，强化对未成年用户的识别、引导和管理。要求网络文化服务提供者不得为未满十六周岁的未成年人提供网络直播发布者账号注册服务，对年满十六周岁的未成年人提供注册服务应当依法认证身份信息并征得监护人同意。

5. 严格保护个人信息。指导网络文化市场主体建立健全未成年人个人信息保护机制，提高信息保护制度化、规范化、法治化水平。通过网络处理未成年人个人信息，应当遵循合法、正当、必要和诚信原则，有效落实《中华人民共和国未成年人保护法》《中华人民共和国个人信息保护法》关于处理、更正、删除未成年人信息的要求。接到遭受网络欺凌的未成年人及其父母或者其他监护人的通知后，应当及时采取必要的措施制止网络欺凌行为，防止信息扩散。

6. 坚决阻断有害内容。督促网络文化市场主体加强网络内容建设，探索建立未成年人不适宜接触内容的审核判断标准，持续提升违法违规内容模型识别能力，提高人工审核专业性和有效性，及时有力屏蔽、清理涉邪典、色情、非法传教、危险行为、不良价值观等有害内容。禁止直播间通过展示低俗图片、“福利”、“资料”等暗示性信息和电话号码、微信号、二维码等私密联系方式诱导未成年前往获取有害内容。

7. 严禁借“网红儿童”牟利。严管严控未成年人参与网络表演，对出现未成年人单独出镜或者由成年人携带出镜超过一定时长且经核定为借助未成年人积累人气、谋取利益的直播间或者短视频账号，或者利用儿童模特摆出不雅姿势、做性暗示动作等吸引流量、带货牟利的账号依法予以严肃处理。

8. 有效规范“金钱打赏”。网络文化市场主体不得以打赏排名、虚假宣传等方式炒作网络表演者收入，不得以虚假消费、带头打赏等方式诱导未成年人用户消费。引导网络文化市场主体依法对未成年人充值打赏权限进行规范，推动建立并优化未成年人借助成年人账号充值打赏的识别认定机制，加大电子证据综合分析采集力度，实现快处快赔。

9. 持续优化功能设置。指导网络文化市场主体依法建立“未成年人保护模式”，针对未成年人使用其服务设置密码锁、时间锁、消费限制、行为追踪以及卸载重装继承（防绕开）等保护机制，及时防堵盗用、冒用、借用账号等漏洞。开发利用“监护人独立授权”等功能，更好地支持家长和平台共同管理和保障未成年人健康上网。

**三、加大行业监管力度**

10. 着力规范行政审批。落实“放管服”改革要求，落实新修订的《经营性互联网文化单位审批业务手册》，进一步规范网络文化单位经营许可审批，加强进口互联网文化产品内容审查。落实《营业性演出管理条例》《网络表演经纪机构管理办法》，规范演出经纪机构行政审批，进一步明确演出经纪机构在经纪行为、演出内容安排、粉丝引导等方面的工作职责，提高经纪人员业务能力和经纪服务质量。

11. 研究完善监管制度。加强网络文化市场调查研究，发挥专家学者“外脑”作用，密切关注市场和技术发展变化，及时跟踪研判相关产品和服务内容，监测行业动向和发展趋势，开展网络文化市场未成年人保护工作前瞻性研究，制定可能影响未成年人身心健康的信息的辨识要素、标准和尺度，提高有害内容识别有效性，完善相关监管要求。

12. 切实畅通举报渠道。充分发挥全国文化市场举报平台作用，加强网络文化市场举报受理。指导网络文化市场主体严格落实实名认证，增加“包含不适内容”的快捷举报反馈按钮，进一步增强违法违规内容的可追责性。鼓励网络文化企业设置外部举报奖励机制，开通未成年人保护相关的专项举报入口。

13. 持续强化巡查执法。强化网络文化市场事前事中监管，加强对网络文化企业内容审核的指导和监督，持续开展网络巡查和随机抽查。强化网络文化市场执法，落实《关于在文化市场执法领域加强〈中华人民共和国未成年人保护法〉贯彻实施工作的通知》，及时查办案件，公开宣传典型案例，提高执法透明度和公信力。不定期开展网络文化市场涉未成年人不良信息清理整治专项行动，对举报较多的网络文化经营单位，要加强检查、重点监管、从严查处。

14. 加大信用监管力度。持续开展《文化和旅游市场信用管理规定》内容解读和宣贯。依法依规将符合条件的网络文化市场主体及从业人员认定为文化市场失信主体，并实施信用管理。将失信信息作为相关行政管理、公共服务等的参考依据。

**四、优化网络内容建设**

15. 增强正向价值引导。发挥榜样力量，加强正面典型宣传，在坚决处置炫富拜金、奢靡享乐、卖惨“审丑”等不良内容的基础上，积极组织策划系列正能量传播项目，制作推广一批宣传功勋人物、尊崇英雄模范的优秀作品，鼓励平台企业对积极弘扬正能量的网络主播、从业人员给予更多机会和流量，引导未成年人树立正确价值观。

16. 丰富优质内容供给。持续加大“未成年人模式”下内容池的优质内容供给，搭建适龄化、多样化的内容体系，探索与高校、科研机构、文博机构、艺术机构等合作打造适合未成年人年龄阶段、满足未成年人成长需求的优质内容，充实未成年人的精神生活。多措并举鼓励和引导未成年人用户消费有信息价值、探索价值的网络文化内容。

**五、指导加强行业自律**

17. 积极开展道德评议。积极发挥行业协会作用，制定网络文化市场从业人员自律管理办法，加强行业职业道德委员会建设，明确工作程序、积极开展道德评议，及时对违法失德人员及纵容违法失德行为的行业企业、从业人员进行行业联合抵制。

18. 规范网络主播管理。指导有关行业协会依据《网络主播警示和复出管理规范》建立跨平台联动处置机制，对发布含有严重违法违规、违背公序良俗且社会影响恶劣音视频内容的网络主播采取警示措施，从源头切断“问题主播”传播有害信息路径。

## 关于进一步规范网络直播营利行为<br>促进行业健康发展的意见

（2022年3月25日国家互联网信息办公室、国家税务总局、国家市场监督管理总局印发　税总所得发〔2022〕25号）

近年来，网络直播在促进灵活就业、服务经济发展等方面发挥了重要作用。同时，网络直播营利行为也存在网络直播平台管理责任不到位、商业营销行为不规范、偷逃缴纳税款等问题，制约行业健康发展，损害社会公平正义。为进一步规范网络直播营利行为、促进行业健康发展，现提出如下意见。

**一、总体要求**

以习近平新时代中国特色社会主义思想为指导，根据《中华人民共和国网络安全法》《中华人民共和国电子商务法》《中华人民共和国税收征收管理法》《中华人民共和国反不正当竞争法》《网络直播营销管理办法（试行）》《关于加强网络直播规范管理工作的指导意见》等法律法规和文件规定，强化信息共享、深化监管联动，着力构建跨部门协同监管长效机制，加强对网络直播营利行为的规范性引导，鼓励支持网络直播依法合规经营，切实推动网络直播行业在发展中规范，在规范中发展。

**二、网络直播平台更好落实管理主体责任**

（一）加强网络直播账号注册管理。网络直播平台应当严格按照有关法律法规规定及“后台实名、前台自愿”的原则，对网络直播发布者进行基于身份证件信息、统一社会信用代码等的认证登记，开展动态巡查核验，确保认证信息真实可信。网络直播平台应当每半年向所在地省级网信部门、主管税务机关报送存在网络直播营利行为的网络直播发布者个人身份、直播账号、网络昵称、取酬账户、收入类型及营利情况等信息。

（二）加强网络直播账号分级分类管理。网络直播平台应当严格按照有关法律法规要求，建立并严格执行网络直播账号分级分类管理制度；对违反相关法律法规的网络直播账号，依法依规采取警示提醒、责令限期改正、限制账号功能、暂停账号使用、永久关闭账号、禁止重新注册等处置措施，保存有关记录并按要求及时向有关部门报告。

（三）配合开展执法活动。网络直播平台应当在服务协议中明确提示网络直播发布者在市场主体登记、税收等方面的权利义务，但不得强制要求网络直播发布者成立工作室或者个体工商户。网络直播平台应当配合网信、市场监管、税务等部门依法实施的监督检查，提供必要的文件、资料和数据等，并为依法调查、检查活动提供技术支持和帮助。

**三、规范网络直播营销行为，维护市场秩序**

（一）积极营造网络直播公平竞争环境。网络直播平台和网络直播发布者不得对商品生产经营主体以及商品的性能、功能、质量、来源、曾获荣誉、资格资质、销售状况、交易信息、经营数据、用户评价等进行虚假或者引人误解的商业宣传，欺骗、误导消费者或者相关公众，不得帮助其他经营者实施上述行为。网络直播平台和网络直播发布者销售商品或者提供服务，采用价格比较方式开展促销活动的，应以文字形式显著标明销售价格、被比较价格及含义。网络直播平台和网络直播发布者不得利用服务协议、交易规则以及技术手段，对其他经营者在直播间的交易、交易价格等进行不合理限制或者附加不合理条件，或者向商家收取不合理费用。

（二）维护商家和消费者合法权益。网络直播发布者、网络直播服务机构、网络直播平台应当全面、真实、准确地披露商品或者服务信息，保障消费者的知情权和选择权，对直接关系消费者生命安全的重要消费信息进行必要、清晰的提示。应当积极协助商家和消费者维护合法权益，建立便捷有效的投诉、举报和争议在线解决机制，为商家和消费者维权提供必要的信息、数据等支持。加强网络直播销售产品质量安全监管，网络直播发布者、网络直播服务机构严禁利用网络直播平台销售假冒伪劣产品；不得在知道或者应当知道直播带货委托方或其他第三方存在违法违规或高风险行为的情况下，仍为其推广、引流；不得通过造谣、虚假营销宣传、自我打赏等方式吸引流量、炒作热度，诱导消费者打赏和购买商品。

**四、规范税收管理，促进纳税遵从**

（一）依法履行代扣代缴义务。网络直播平台、网络直播服务机构应当明确区分和界定网络直播发布者各类收入来源及性质，并依法履行个人所得税代扣代缴义务，不得通过成立网络直播发布者“公会”、借助第三方企业或者与网络直播发布者签订不履行个人所得税代扣代缴义务的免责协议等方式，转嫁或者逃避个人所得税代扣代缴义务；不得策划、帮助网络直播发布者实施逃避税。

（二）规范税收服务和征缴。各级税务部门要优化税费宣传辅导，促进网络直播平台、网络直播服务机构、网络直播发布者税法遵从，引导网络直播发布者规范纳税、依法享受税收优惠；网络直播发布者开办的企业和个人工作室，应按照国家有关规定设置账簿，对其原则上采用查账征收方式计征所得税；切实规范网络直播平台和相关第三方企业委托代征、代开发票等税收管理；进一步加强税收大数据分析，健全常态化监管机制。

（三）打击涉税违法犯罪行为。依法查处偷逃税等涉税违法犯罪行为，对情节严重、性质恶劣、社会反映强烈的典型案件进行公开曝光。对为网络直播发布者违法违规策划、帮助实施偷逃税行为的中介机构及相关人员依法严肃处理和公开曝光。

**五、深化协同共治，推动提升监管合力**

（一）加强信息共享。网信、税务部门、市场监管部门建立完善部门信息共享机制，共享网络直播发布者认证登记等直播营利信息，并畅通信息共享渠道，不断提升信息共享水平，协调推动其他有关部门依法开展部门信息共享。

（二）加强联合奖惩。保护网络直播平台、网络直播服务机构、网络直播发布者依法规范开展生产经营活动的各项合法权益，对依法依规经营、积极承担社会责任、诚信纳税的，各有关部门依法依规评先树优给予鼓励支持。对存在违法违规营利行为的网络直播发布者，以及存在违法违规行为或者纵容、帮助网络直播发布者开展违法违规营利行为的网络直播平台，依法予以处罚；构成犯罪的，依法追究刑事责任。对违法违规造成恶劣影响的网络直播发布者，由相关部门依法依规纳入严重失信主体名单。

# 国家广播电视总局网络视听节目管理司、中共中央宣传部出版局关于加强网络视听节目平台游戏直播管理的通知

（2022 年 4 月 12 日　网函〔2022〕27 号）

北京、上海、广东、湖北省（市）新闻出版局、广播电视局：

一段时间以来，网络直播乱象、青少年沉迷游戏等问题引起社会广泛关注，亟需采取有力措施予以严格规范。根据《未成年人保护法》和网络直播、网络游戏等相关管理规定，现就有关工作通知如下：

**一、**严禁网络视听平台传播违规游戏。网络影视剧、网络综艺、网络直播、短视频等各类网络视听节目均不得直播未经主管部门批准的网络游戏，不得通过直播间等形式为各类平台的违规游戏内容进行引流。

**二、**加强游戏直播内容播出管理。各网络直播平台，特别是游戏直播平台应从内容设置、宣传互动等方面严格把关，加强对网络游戏直播节目的管理，切实把好导向关、内容关、宣传关，建立健全游戏直播节目相关的信息发布、跟帖评论、应急处置等管理制度，完善节目监看和舆情监测机制。

**三、**加强游戏主播行为规范引导。各平台应引导主播与用户文明互动、理性表达、合理消费，共同维护文明健康的网络视听生态环境。网络主播应坚持健康的格调品味，自觉摈弃低俗、庸俗、媚俗等低级趣味，自觉反对流量至上、畸形审美、“饭圈”乱象、拜金主义等不良现象，自觉抵制有损网络文明、有悖网络道德、有害网络和谐的行为。

**四、**严禁违法失德人员利用直播发声出镜。网络直播平台在主播和嘉宾选

用上要严格把关，坚持把政治素养、道德品行、艺术水准、社会评价作为选用标准。对政治立场不正确、违反法律法规、违背公序良俗的失德失范人员坚决不用。

**五、督促网络直播平台建立并实行未成年人保护机制。**指导督促各游戏直播平台或开展游戏直播的网络平台设立未成年人防沉迷机制、采取有效手段确保“青少年模式”发挥实际效用，落实实名制要求，禁止未成年人充值打赏，并为未成年人打赏返还建立专门处置通道。

**六、严格履行分类报审报备制度。**游戏直播节目上线、播出及版面设置应按直播节目相关要求报送广电行政管理部门。网络视听平台（包括在相关平台开设的各类境内外个人和机构账号）直播境外游戏节目或比赛应经批准后方可开展相关活动。

请各省局督导辖区内重点网络视听平台和相关游戏企业，聚焦突出问题，细化管理措施，加强联管联治，切实把有关要求落到实处。

# 网络主播行为规范

（2022 年 6 月 8 日国家广播电视总局、文化和旅游部印发）

网络主播在传播科学文化知识、丰富精神文化生活、促进经济社会发展等方面，肩负重要职责、发挥重要作用。为进一步加强网络主播职业道德建设，规范从业行为，强化社会责任，树立良好形象，共同营造积极向上、健康有序、和谐清朗的网络空间，制定本行为规范。

**第一条**　通过互联网提供网络表演、视听节目服务的主播人员，包括在网络平台直播、与用户进行实时交流互动、以上传音视频节目形式发声出镜的人员，应当遵照本行为规范。利用人工智能技术合成的虚拟主播及内容，参照本行为规范。

**第二条** 网络主播应当自觉遵守中华人民共和国宪法和法律法规规范，维护国家利益、公共利益和他人合法权益，自觉履行社会责任，自觉接受行业主管部门监管和社会监督。

**第三条** 网络主播应当遵守网络实名制注册账号的有关规定，配合平台提供真实有效的身份信息进行实名注册并规范使用账号名称。

**第四条** 网络主播应当坚持正确政治方向、舆论导向和价值取向，树立正确的世界观、人生观、价值观，积极践行社会主义核心价值观，崇尚社会公德、恪守职业道德、修养个人品德。

**第五条** 网络主播应当坚持以人民为中心的创作导向，传播的网络表演、视听节目内容应当反映时代新气象、讴歌人民新创造，弘扬中华优秀传统文化，传播正能量，展现真善美，满足人民群众美好生活新需要。

**第六条** 网络主播应当坚持健康的格调品位，自觉摈弃低俗、庸俗、媚俗等低级趣味，自觉反对流量至上、畸形审美、"饭圈"乱象、拜金主义等不良现象，自觉抵制违反法律法规、有损网络文明、有悖网络道德、有害网络和谐的行为。

**第七条** 网络主播应当引导用户文明互动、理性表达、合理消费，共建文明健康的网络表演、网络视听生态环境。

**第八条** 网络主播应当保持良好声屏形象，表演、服饰、妆容、语言、行为、肢体动作及画面展示等要文明得体，符合大众审美情趣和欣赏习惯。

**第九条** 网络主播应当尊重公民和法人的名誉权、荣誉权，尊重个人隐私权、肖像权，尊重和保护未成年人、老年人、残疾人的合法权益。

**第十条** 网络主播应当遵守知识产权相关法律法规，自觉尊重他人知识产权。

**第十一条** 网络主播应当如实申报收入，依法履行纳税义务。

**第十二条** 网络主播应当按照规范写法和标准含义使用国家通用语言文

字，增强语言文化素养，自觉遏阻庸俗暴戾网络语言传播，共建健康文明的网络语言环境。

**第十三条** 网络主播应当自觉加强学习，掌握从事主播工作所必需的知识和技能。

对于需要较高专业水平（如医疗卫生、财经金融、法律、教育）的直播内容，主播应取得相应执业资质，并向直播平台进行执业资质报备，直播平台应对主播进行资质审核及备案。

**第十四条** 网络主播在提供网络表演及视听节目服务过程中不得出现下列行为：

1. 发布违反宪法所确定的基本原则及违反国家法律法规的内容；

2. 发布颠覆国家政权，危害国家统一、主权和领土完整，危害国家安全，泄露国家秘密，损害国家尊严、荣誉和利益的内容；

3. 发布削弱、歪曲、否定中国共产党的领导、社会主义制度和改革开放的内容；

4. 发布诋毁民族优秀文化传统，煽动民族仇恨、民族歧视，歪曲民族历史或者民族历史人物，伤害民族感情、破坏民族团结，或者侵害民族风俗、习惯的内容；

5. 违反国家宗教政策，在非宗教场所开展宗教活动，宣扬宗教极端主义、邪教等内容；

6. 恶搞、诋毁、歪曲或者以不当方式展现中华优秀传统文化、革命文化、社会主义先进文化；

7. 恶搞、歪曲、丑化、亵渎、否定英雄烈士和模范人物的事迹和精神；

8. 使用换脸等深度伪造技术对党和国家领导人、英雄烈士、党史、历史等进行伪造、篡改；

9. 损害人民军队、警察、法官等特定职业、群体的公众形象；

10. 宣扬基于种族、国籍、地域、性别、职业、身心缺陷等理由的歧视；

11. 宣扬淫秽、赌博、吸毒，渲染暴力、血腥、恐怖、传销、诈骗，教唆犯罪或者传授犯罪方法，暴露侦查手段，展示枪支、管制刀具；

12. 编造、故意传播虚假恐怖信息、虚假险情、疫情、灾情、警情，扰乱社会治安和公共秩序，破坏社会稳定；

13. 展现过度的惊悚恐怖、生理痛苦、精神歇斯底里，造成强烈感官、精神刺激并可致人身心不适的画面、台词、音乐及音效等；

14. 侮辱、诽谤他人或者散布他人隐私，侵害他人合法权益；

15. 未经授权使用他人拥有著作权的作品；

16. 对社会热点和敏感问题进行炒作或者蓄意制造舆论"热点"；

17. 炒作绯闻、丑闻、劣迹，传播格调低下的内容，宣扬违背社会主义核心价值观、违反公序良俗的内容；

18. 服饰妆容、语言行为、直播间布景等展现带有性暗示、性挑逗的内容；

19. 介绍或者展示自杀、自残、暴力血腥、高危动作和其他易引发未成年人模仿的危险行为，表现吸烟、酗酒等诱导未成年人不良嗜好的内容；

20. 利用未成年人或未成年人角色进行非广告类的商业宣传、表演或作为噱头获取商业或不正当利益，指引错误价值观、人生观和道德观的内容；

21. 宣扬封建迷信文化习俗和思想、违反科学常识等内容；

22. 破坏生态环境，展示虐待动物，捕杀、食用国家保护类动物等内容；

23. 铺张浪费粮食，展示假吃、催吐、暴饮暴食等，或其他易造成不良饮食消费、食物浪费示范的内容；

24. 引导用户低俗互动，组织煽动粉丝互撕谩骂、拉踩引战、造谣攻击，实施网络暴力；

25. 营销假冒伪劣、侵犯知识产权或不符合保障人身、财产安全要求的商品，虚构或者篡改交易、关注度、浏览量、点赞量等数据流量造假；

26. 夸张宣传误导消费者，通过虚假承诺诱骗消费者，使用绝对化用语，未经许可直播销售专营、专卖物品等违反广告相关法律法规的；

27. 通过“弹幕”、直播间名称、公告、语音等传播虚假、骚扰广告；

28. 通过有组织炒作、雇佣水军刷礼物、宣传“刷礼物抽奖”等手段，暗示、诱惑、鼓励用户大额“打赏”，引诱未成年用户“打赏”或以虚假身份信息“打赏”；

29. 在涉及国家安全、公共安全，影响社会正常生产、生活秩序，影响他人正常生活、侵犯他人隐私等场所和其他法律法规禁止的场所拍摄或播出；

30. 展示或炒作大量奢侈品、珠宝、纸币等资产，展示无节制奢靡生活，贬低低收入群体的炫富行为；

31. 法律法规禁止的以及其他对网络表演、网络视听生态造成不良影响的行为。

**第十五条** 各级文化和旅游行政部门、广播电视行政部门要坚持以习近平新时代中国特色社会主义思想为指导，加强对网络表演、网络视听平台和经纪机构以及网络主播的监督管理，切实压紧压实主管主办责任和主体责任。发现网络主播违规行为，及时责成相关网络表演、网络视听平台予以处理。网络表演、网络视听平台和经纪机构规范网络主播情况及网络主播规范从业情况，纳入文化和旅游行政部门、广播电视行政部门许可管理、日常管理、安全检查、节目上线管理考察范围。

**第十六条** 各级文化和旅游行政部门、广播电视行政部门、文化市场综合执法机构要进一步加强对网络表演、网络视听平台和经纪机构的执法巡查，依法查处提供违法违规内容的网络表演和网络视听平台，并督促平台和经纪机构及时处置违法违规内容及相关网络主播。

**第十七条** 网络表演、网络视听平台和经纪机构要严格履行法定职责义务，落实主体责任。根据本行为规范，加强对网络主播的教育培训、日常管理和规范引导。建立健全网络主播入驻、培训、日常管理、业务评分档案和“红黄牌”管理等内部制度规范。对向上向善、模范遵守行为规范的网络主播进行正向激励；对出现违规行为的网络主播，要强化警示和约束；对问题性质严重、多次出现问题且屡教不改的网络主播，应当封禁账号，将相关网络主播纳入“黑名单”或“警示名单”，不允许以更换账号或更换平台等形式再度开播。对构成犯罪的网络主播，依法追究刑事责任。对违法失德艺人不得提供公开进行文艺表演、发声出镜机会，防止转移阵地复出。网络表演、网络视听经纪机构要加强对网络主播的管理和约束，依法合规提供经纪服务，维护网络主播合法权益。

**第十八条** 各有关行业协会要加强引导，根据本行为规范，建立健全网络主播信用评价体系，进一步完善行业规范和自律公约，探索建立平台与主播约束关系机制，积极开展道德评议，强化培训引导服务，维护良好网络生态，促进行业规范发展。对违法违规、失德失范、造成恶劣社会影响的网络主播要定期公布，引导各平台联合抵制、严肃惩戒。

## 互联网用户账号信息管理规定（节选）

（2022 年 6 月 27 日国家互联网信息办公室令
第 10 号公布　自 2022 年 8 月 1 日起施行）

**第四条** 互联网用户注册、使用和互联网信息服务提供者管理互联网用户账号信息，应当遵守法律法规，遵循公序良俗，诚实信用，不得损害国家安全、社会公共利益或者他人合法权益。

**第八条** 互联网用户注册、使用账号信息，不得有下列情形：

（一）违反《网络信息内容生态治理规定》第六条、第七条规定；

（二）假冒、仿冒、捏造政党、党政军机关、企事业单位、人民团体和社会组织的名称、标识等；

（三）假冒、仿冒、捏造国家（地区）、国际组织的名称、标识等；

（四）假冒、仿冒、捏造新闻网站、报刊社、广播电视机构、通讯社等新闻媒体的名称、标识等，或者擅自使用“新闻”、“报道”等具有新闻属性的名称、标识等；

（五）假冒、仿冒、恶意关联国家行政区域、机构所在地、标志性建筑物等重要空间的地理名称、标识等；

（六）以损害公共利益或者谋取不正当利益等为目的，故意夹带二维码、网址、邮箱、联系方式等，或者使用同音、谐音、相近的文字、数字、符号和字母等；

（七）含有名不副实、夸大其词等可能使公众受骗或者产生误解的内容；

（八）含有法律、行政法规和国家有关规定禁止的其他内容。

**第九条** 互联网信息服务提供者为互联网用户提供信息发布、即时通讯等服务的，应当对申请注册相关账号信息的用户进行基于移动电话号码、身份证件号码或者统一社会信用代码等方式的真实身份信息认证。用户不提供真实身份信息，或者冒用组织机构、他人身份信息进行虚假注册的，不得为其提供相关服务。

**第十条** 互联网信息服务提供者应当对互联网用户在注册时提交的和使用中拟变更的账号信息进行核验，发现违反本规定第七条、第八条规定的，应当不予注册或者变更账号信息。

对账号信息中含有“中国”、“中华”、“中央”、“全国”、“国家”等内容，或者含有党旗、党徽、国旗、国歌、国徽等党和国家象征和标志的，应当依照法律、行政法规和国家有关规定从严核验。

互联网信息服务提供者应当采取必要措施，防止被依法依约关闭的账号重新注册；对注册与其关联度高的账号信息，应当对相关信息从严核验。

# 中央文明办、文化和旅游部、国家广播电视总局、国家互联网信息办公室关于规范网络直播打赏加强未成年人保护的意见

（2022年5月7日）

近年来，网络直播新业态迅速兴起，在推动行业发展、丰富文化供给等方面发挥了重要作用。与此同时，平台主体责任缺失、主播良莠不齐、打赏行为失范等问题多发频发，导致未成年人沉溺直播、参与打赏，严重损害未成年人身心健康，带来很多社会问题，人民群众反映强烈。为切实加强网络直播行业规范，营造未成年人健康成长的良好环境，根据《中华人民共和国网络安全法》《中华人民共和国未成年人保护法》等法律法规，现提出以下工作意见。

**一、总体要求**

坚持以社会主义核心价值观为引领，聚焦未成年人保护，坚持问题导向、重拳出击，标本兼治、综合施策，协同配合、齐抓共管。通过大力度的规范整治夯实各方责任，建立长效监管工作机制，切实规范直播秩序，坚决遏制不良倾向、行业乱象，促进网络直播行业规范有序发展，共建文明健康的网络生态环境。

**二、工作举措**

1. 禁止未成年人参与直播打赏。网站平台应当坚持最有利于未成年人的原则，健全完善未成年人保护机制，严格落实实名制要求，禁止为未成年人提供现金充值、“礼物”购买、在线支付等各类打赏服务。网站平台不得研发上线吸引未成年人打赏的功能应用，不得开发诱导未成年人参与的各类“礼物”。发现网站平台违反上述要求，从严从重采取暂停打赏功能、关停直播业务等措施。

2. 严控未成年人从事主播。网站平台应加强主播账号注册审核管理，不得为未满16周岁的未成年人提供网络主播服务，为16至18周岁的未成年人提供网络主播服务的，应当征得监护人同意。对利用所谓“网红儿童”直播谋利的行为加强日常监管，发现违规账号从严采取处置措施，并追究相关网站平台责任。

3. 优化升级“青少年模式”。“青少年模式”是经过严格内容遴选、适合未成年人观看使用的有益方式。网站平台应在现有“青少年模式”基础上，进一步优化产品模式和内容呈现方式，持续增加适合未成年人的直播内容供给。严格内容审核把关流程，配备与业务规模相适应的专门审核团队，既选优选精又杜绝“三俗”，让家长放心、孩子满意、社会叫好。要优化模式功能配置，在首页显著位置呈现，便于青少年查找和家长监督，严禁提供或变相提供各类“追星”服务及充值打赏功能。

4. 建立专门服务团队。网站平台应建立未成年人专属客服团队，优先受理、及时处置未成年人相关投诉和纠纷。对未成年人冒用成年人账号打赏的，网站平台应当在保护隐私的前提下及时查核，属实的须按规定办理退款。对于违规为未成年用户提供打赏服务的网站平台，以及明知用户为未成年人仍诱导打赏的经纪机构和网络主播，从严采取处置措施。

5. 规范重点功能应用。榜单、“礼物”是吸引青少年“围观”互动的重要功能应用。网站平台应在本意见发布1个月内全部取消打赏榜单，禁止以打赏额度为唯一依据对网络主播排名、引流、推荐，禁止以打赏额度为标准对用户进行排名。加强对“礼物”名称、外观的规范设计，不得通过夸大展示、渲染特效等诱导用户。加强新技术新应用上线的安全评估，不得上线运行以打赏金额作为唯一评判标准的各类功能应用。

6. 加强高峰时段管理。每日20时至22时是青少年上网的高峰时段，也是规范网络直播的重要时点。网站平台在每日高峰时段，单个账号直播间“连麦PK”次数不得超过2次，不得设置“PK惩罚”环节，不得为“PK惩罚”提供技术实现方式，避免诱导误导未成年人。网站平台应在每日22时后，对“青少年模式”下的各项服务强制下线，并不得提供或变相提供常规模式开启方式，保障青少年充足休息时间。

7. 加强网络素养教育。鼓励学校开展未成年人网络素养教育，围绕网络道德意识和行为准则、网络法治观念和行为规范、网络使用能力建设、人身财产安全保护等培育未成年人网络安全意识、文明素养、行为习惯和防护技能。引导未成年人监护人主动学习网络知识，加强对未成年人使用网络行为的教育、示范、引导和监督。支持社会各界共同开展宣传教育，促进未成年人开阔眼界、提高素质、陶冶情操、愉悦身心。

**三、组织领导**

1. 提高思想认识。各部门各平台要从“塑造什么样的未来人”的高度，深刻认识规范网络直播、加强未成年人保护的极端重要性和迫切性，将其纳入重要工作日程，结合实际细化完善工作措施，确保各项任务和要求落实到位。

2. 加强统筹协调。按照谁主管谁负责、谁主办谁负责的原则，构建多领域、跨部门协同合作的工作格局，形成统筹有力、协调顺畅、各司其职、各负其责的监管合力。坚持问题导向、突出关键环节、注意方式方法，构筑强有力的全流程全链条未成年人保护体系。

3. 压实各方责任。指导网站平台切实履行主体责任，认真落实相关政策法规，健全账号注册、资质审核、日常管理、违规处置等制度要求。督促经纪机构依法开展网络直播组织、制作、营销等活动。教育引导网络主播提升合规意识和综合素质，积极生产传播符合社会主义核心价值观、反映新时代新气象的优秀文化内容。

4. 开展督促检查。成立部门间协调工作机制，加强情况沟通和分析研究，推动工作落实。对重要网站平台挂牌督办，确保按时保质完成整改任务。着眼形成长效工作机制，开展常态化督导检查，根据新情况新问题及时研究提出解决措施和办法。

# 互联网跟帖评论服务管理规定（节选）

（2022 年 11 月 16 日国家互联网信息办公室发布）

**第二条**　在中华人民共和国境内提供、使用跟帖评论服务，应当遵守本规定。

本规定所称跟帖评论服务，是指互联网站、应用程序以及其他具有舆论属性或社会动员能力的网站平台，以评论、回复、留言、弹幕、点赞等方式，为用户提供发表文字、符号、表情、图片、音视频等信息的服务。

**第四条**　跟帖评论服务提供者应当严格落实跟帖评论服务管理主体责任，依法履行以下义务：

（一）按照“后台实名、前台自愿”原则，对注册用户进行基于移动电话号码、身份证件号码或者统一社会信用代码等方式的真实身份信息认证，不得向未认证真实身份信息或者冒用组织机构、他人身份信息的用户提供跟帖评论服务。

（二）建立健全用户个人信息保护制度，处理用户个人信息应当遵循合法、正当、必要和诚信原则，公开个人信息处理规则，告知个人信息的处理目的、处理方式、处理的个人信息种类、保存期限等事项，并依法取得个人的同意。法律、行政法规另有规定的除外。

（三）对新闻信息提供跟帖评论服务的，应当建立先审后发制度。

（四）提供弹幕方式跟帖评论服务的，应当在同一平台和页面同时提供与之对应的静态版信息内容。

（五）建立健全跟帖评论审核管理、实时巡查、应急处置、举报受理等信息安全管理制度，及时发现处置违法和不良信息，并向网信部门报告。

（六）创新跟帖评论管理方式，研发使用跟帖评论信息安全管理技术，提升违法和不良信息处置能力；及时发现跟帖评论服务存在的安全缺陷、漏洞等风险，采取补救措施，并向网信部门报告。

（七）配备与服务规模相适应的审核编辑队伍，加强跟帖评论审核培训，提高审核编辑人员专业素养。

（八）配合网信部门依法开展监督检查工作，提供必要的技术、数据支持和协助。

**第六条** 跟帖评论服务提供者应当与注册用户签订服务协议，明确跟帖评论的服务与管理细则以及双方跟帖评论发布权限、管理责任等权利义务，履行互联网相关法律法规告知义务，开展文明上网教育。对公众账号生产运营者，在服务协议中应当明确其跟帖评论管理权限及相应责任，督促其切实履行管理义务。

**第九条** 跟帖评论服务使用者应当遵守法律法规，遵循公序良俗，弘扬社会主义核心价值观，不得发布法律法规和国家有关规定禁止的信息内容。

# 国家广播电视总局关于进一步加强广播电视和网络视听文艺节目管理的通知（节选）

（2018年10月31日　广电发〔2018〕60号）

二、坚持以人民为中心的创作导向，坚决遏制追星炒星、泛娱乐化等不良倾向。各广播电视播出机构和网络视听节目服务机构要从讲政治的高度深刻认识追星炒星、泛娱乐化等问题的严重危害，坚决摒弃以明星为卖点、靠明星博眼球的错误做法，严格控制偶像养成类节目，严格控制影视明星子女参与的综艺娱乐和真人秀节目。各广播电视主管部门要进一步加强结构化管理和宏观调控，减少影视明星参与的娱乐游戏、真人秀、歌唱类选拔等节目播出量，积极扩大新闻、经济、文化、科教、生活服务、动画和少儿、纪录片、对农等公益节目播出量，制作播出更多富有时代气息、格调积极健康、具有文化内涵的原创节目。

# 未成年人节目管理规定

（2019年3月29日国家广播电视总局令第3号公布　根据2021年10月8日国家广播电视总局令第9号《关于第三批修改的部门规章的决定》修正）

## 第一章　总　　则

**第一条**　为了规范未成年人节目，保护未成年人身心健康，保障未成年人合法权益，教育引导未成年人，培育和弘扬社会主义核心价值观，根据《中华人民共和国未成年人保护法》《广播电视管理条例》等法律、行政法规，制定本规定。

**第二条**　从事未成年人节目的制作、传播活动，适用本规定。

本规定所称未成年人节目，包括未成年人作为主要参与者或者以未成年人为主要接收对象的广播电视节目和网络视听节目。

**第三条**　从事未成年人节目制作、传播活动，应当以培养能够担当民族复兴大任的时代新人为着眼点，以培育和弘扬社会主义核心价值观为根本任务，弘扬中华优秀传统文化、革命文化和社会主义先进文化，坚持创新发展，增强原创能力，自觉保护未成年人合法权益，尊重未成年人发展和成长规律，促进未成年人健康成长。

**第四条**　未成年人节目管理工作应当坚持正确导向，注重保护尊重未成年人的隐私和人格尊严等合法权益，坚持教育保护并重，实行社会共治，防止未成年人节目出现商业化、成人化和过度娱乐化倾向。

**第五条**　国务院广播电视主管部门负责全国未成年人节目的监督管理工作。

县级以上地方人民政府广播电视主管部门负责本行政区域内未成年人节目的监督管理工作。

**第六条**　广播电视和网络视听行业组织应当结合行业特点，依法制定未成年人节目行业自律规范，加强职业道德教育，切实履行社会责任，促进业务交流，维护成员合法权益。

**第七条**　广播电视主管部门对在培育和弘扬社会主义核心价值观、强化正面教育、贴近现实生活、创新内容形式、产生良好社会效果等方面表现突出的未成年人节目，以及在未成年人节目制作、传播活动中做出突出贡献的组织、个人，按照有关规定予以表彰、奖励。

## 第二章　节目规范

**第八条**　国家支持、鼓励含有下列内容的未成年人节目的制作、传播：

（一）培育和弘扬社会主义核心价值观；

（二）弘扬中华优秀传统文化、革命文化和社会主义先进文化；

（三）引导树立正确的世界观、人生观、价值观；

（四）发扬中华民族传统家庭美德，树立优良家风；

（五）符合未成年人身心发展规律和特点；

（六）保护未成年人合法权益和情感，体现人文关怀；

（七）反映未成年人健康生活和积极向上的精神面貌；

（八）普及自然和社会科学知识；

（九）其他符合国家支持、鼓励政策的内容。

**第九条**　未成年人节目不得含有下列内容：

（一）渲染暴力、血腥、恐怖，教唆犯罪或者传授犯罪方法；

（二）除健康、科学的性教育之外的涉性话题、画面；

（三）肯定、赞许未成年人早恋；

（四）诋毁、歪曲或者以不当方式表现中华优秀传统文化、革命文化、社会主义先进文化；

（五）歪曲民族历史或者民族历史人物，歪曲、丑化、亵渎、否定英雄烈士事迹和精神；

（六）宣扬、美化、崇拜曾经对我国发动侵略战争和实施殖民统治的国家、事件、人物；

（七）宣扬邪教、迷信或者消极颓废的思想观念；

（八）宣扬或者肯定不良的家庭观、婚恋观、利益观；

（九）过分强调或者过度表现财富、家庭背景、社会地位；

（十）介绍或者展示自杀、自残和其他易被未成年人模仿的危险行为及游戏项目等；

（十一）表现吸毒、滥用麻醉药品、精神药品和其他违禁药物；

（十二）表现吸烟、售烟和酗酒；

（十三）表现违反社会公共道德、扰乱社会秩序等不良举止行为；

（十四）渲染帮会、黑社会组织的各类仪式；

（十五）宣传、介绍不利于未成年人身心健康的网络游戏；

（十六）法律、行政法规禁止的其他内容。

以科普、教育、警示为目的，制作、传播的节目中确有必要出现上述内容的，应当根据节目内容采取明显图像或者声音等方式予以提示，在显著位置设置明确提醒，并对相应画面、声音进行技术处理，避免过分展示。

**第十条** 不得制作、传播利用未成年人或者未成年人角色进行商业宣传的非广告类节目。

制作、传播未成年人参与的歌唱类选拔节目、真人秀节目、访谈脱口秀节目应当符合国务院广播电视主管部门的要求。

**第十一条** 广播电视播出机构、网络视听节目服务机构、节目制作机构应当根据不同年龄段未成年人身心发展状况，制作、传播相应的未成年人节目，并采取明显图像或者声音等方式予以提示。

**第十二条** 邀请未成年人参与节目制作，应当事先经其法定监护人同意。不得以恐吓、诱骗或者收买等方式迫使、引诱未成年人参与节目制作。

制作未成年人节目应当保障参与制作的未成年人人身和财产安全，以及充足的学习和休息时间。

**第十三条** 未成年人节目制作过程中，不得泄露或者质问、引诱未成年人泄露个人及其近亲属的隐私信息，不得要求未成年人表达超过其判断能力的观点。

对确需报道的未成年人违法犯罪案件，不得披露犯罪案件中未成年人当事人的姓名、住所、照片、图像等个人信息，以及可能推断出未成年人当事人身份的资料。对于不可避免含有上述内容的画面和声音，应当采取技术处理，达到不可识别的标准。

**第十四条** 邀请未成年人参与节目制作，其服饰、表演应当符合未成年人年龄特征和时代特点，不得诱导未成年人谈论名利、情爱等话题。

未成年人节目不得宣扬童星效应或者包装、炒作明星子女。

**第十五条** 未成年人节目应当严格控制设置竞赛排名，不得设置过高物质奖励，不得诱导未成年人现场拉票或者询问未成年人失败退出的感受。

情感故事类、矛盾调解类等节目应当尊重和保护未成年人情感，不得就家庭矛盾纠纷采访未成年人，不得要求未成年人参与节目录制和现场调解，避免未成年人亲眼目睹家庭矛盾冲突和情感纠纷。

未成年人节目不得以任何方式对未成年人进行品行、道德方面的测试，放大不良现象和非理性情绪。

**第十六条** 未成年人节目的主持人应当依法取得职业资格，言行妆容不得引起未成年人心理不适，并在节目中切实履行引导把控职责。

未成年人节目设置嘉宾，应当按照国务院广播电视主管部门的规定，将道德品行作为首要标准，严格遴选、加强培训，不得选用因丑闻劣迹、违法犯罪等行为造成不良社会影响的人员，并提高基层群众作为节目嘉宾的比重。

**第十七条** 国产原创未成年人节目应当积极体现中华文化元素，使用外国的人名、地名、服装、形象、背景等应当符合剧情需要。

未成年人节目中的用语用字应当符合有关通用语言文字的法律规定。

**第十八条** 未成年人节目前后播出广告或者播出过程中插播广告，应当遵守以下规定：

（一）未成年人专门频率、频道、专区、链接、页面不得播出医疗、药品、保健食品、医疗器械、化妆品、酒类、美容广告、不利于未成年人身心健康的网络游戏广告，以及其他不适宜未成年人观看的广告，其他未成年人节目前后不得播出上述广告；

（二）针对不满十四周岁的未成年人的商品或者服务的广告，不得含有劝诱其要求家长购买广告商品或者服务、可能引发其模仿不安全行为的内容；

（三）不得利用不满十周岁的未成年人作为广告代言人；

（四）未成年人广播电视节目每小时播放广告不得超过12分钟；

（五）未成年人网络视听节目播出或者暂停播出过程中，不得插播、展示广告，内容切换过程中的广告时长不得超过30秒。

## 第三章 传播规范

**第十九条** 未成年人专门频率、频道应当通过自制、外购、节目交流等多种方式，提高制作、播出未成年人节目的能力，提升节目质量和频率、频道专业化水平，满足未成年人收听收看需求。

网络视听节目服务机构应当以显著方式在显著位置对所传播的未成年人节目建立专区，专门播放适宜未成年人收听收看的节目。

未成年人专门频率频道、网络专区不得播出未成年人不宜收听收看的节目。

**第二十条** 广播电视播出机构、网络视听节目服务机构对所播出的录播或者用户上传的未成年人节目，应当按照有关规定履行播前审查义务；对直播节目，应当采取直播延时、备用节目替换等必要的技术手段，确保所播出的未成年人节目中不得含有本规定第九条第一款禁止内容。

**第二十一条** 广播电视播出机构、网络视听节目服务机构应当建立未成年人保护专员制度，安排具有未成年人保护工作经验或者教育背景的人员专门负责未成年人节目、广告的播前审查，并对不适合未成年人收听收看的节目、广告提出调整播出时段或者暂缓播出的建议，暂缓播出的建议由有关节目审查部门组织专家论证后实施。

**第二十二条** 广播电视播出机构、网络视听节目服务机构在未成年人节目播出过程中，应当至少每隔30分钟在显著位置发送易于辨认的休息提示信息。

**第二十三条** 广播电视播出机构在法定节假日和学校寒暑假每日8:00至

23:00，以及法定节假日和学校寒暑假之外时间每日 15:00 至 22:00，播出的节目应当适宜所有人群收听收看。

未成年人专门频率频道全天播出未成年人节目的比例应当符合国务院广播电视主管部门的要求，在每日 17:00—22:00 之间应当播出国产动画片或者其他未成年人节目，不得播出影视剧以及引进节目，确需在这一时段播出优秀未成年人影视剧的，应当符合国务院广播电视主管部门的要求。

未成年人专门频率频道、网络专区每日播出或者可供点播的国产动画片和引进动画片的比例应当符合国务院广播电视主管部门的规定。

**第二十四条** 网络用户上传含有未成年人形象、信息的节目且未经未成年人法定监护人同意的，未成年人的法定监护人有权通知网络视听节目服务机构采取删除、屏蔽、断开链接等必要措施。网络视听节目服务机构接到通知并确认其身份后应当及时采取相关措施。

**第二十五条** 网络视听节目服务机构应当对网络用户上传的未成年人节目建立公众监督举报制度。在接到公众书面举报后经审查发现节目含有本规定第九条第一款禁止内容或者属于第十条第一款禁止节目类型的，网络视听节目服务机构应当及时采取删除、屏蔽、断开链接等必要措施。

**第二十六条** 广播电视播出机构、网络视听节目服务机构应当建立由未成年人保护专家、家长代表、教师代表等组成的未成年人节目评估委员会，定期对未成年人节目、广告进行播前、播中、播后评估。必要时，可以邀请未成年人参加评估。评估意见应当作为节目继续播出或者调整的重要依据，有关节目审查部门应当对是否采纳评估意见作出书面说明。

**第二十七条** 广播电视播出机构、网络视听节目服务机构应当建立未成年人节目社会评价制度，并以适当方式及时公布所评价节目的改进情况。

**第二十八条** 广播电视播出机构、网络视听节目服务机构应当就未成年人保护情况每年度向当地人民政府广播电视主管部门提交书面年度报告。

评估委员会工作情况、未成年人保护专员履职情况和社会评价情况应当作为年度报告的重要内容。

## 第四章 监督管理

**第二十九条** 广播电视主管部门应当建立健全未成年人节目监听监看制度，运用日常监听监看、专项检查、实地抽查等方式，加强对未成年人节目的监督管理。

**第三十条** 广播电视主管部门应当设立未成年人节目违法行为举报制度，公布举报电话、邮箱等联系方式。

任何单位或者个人有权举报违反本规定的未成年人节目。广播电视主管部门接到举报，应当记录并及时依法调查、处理；对不属于本部门职责范围的，应当及时移送有关部门。

**第三十一条** 全国性广播电视、网络视听行业组织应当依据本规定，制定未成年人节目内容审核具体行业标准，加强从业人员培训，并就培训情况向国务院广播电视主管部门提交书面年度报告。

## 第五章 法律责任

**第三十二条** 违反本规定，制作、传播含有本规定第九条第一款禁止内容的未成年人节目的，或者在以科普、教育、警示为目的制作的节目中，包含本规定第九条第一款禁止内容但未设置明确提醒、进行技术处理的，或者制作、传播本规定第十条禁止的未成年人节目类型的，依照《广播电视管理条例》第四十九条的规定予以处罚。

**第三十三条** 违反本规定，播放、播出广告的时间超过规定或者播出国产动画片和引进动画片的比例不符合国务院广播电视主管部门规定的，依照《广播电视管理条例》第五十条的规定予以处罚。

**第三十四条** 违反本规定第十一条至第十七条、第十九条至第二十二条、第二十三条第一款和第二款、第二十四条至第二十八条的规定，由县级以上人民政府广播电视主管部门责令限期改正，给予警告，可以并处三万元以下的罚款。

违反第十八条第一项至第三项的规定，由有关部门依法予以处罚。

**第三十五条** 广播电视节目制作经营机构、广播电视播出机构、网络视听节目服务机构违反本规定，其主管部门或者有权处理单位，应当依法对负有责任的主管人员或者直接责任人员给予处分、处理；造成严重社会影响的，广播电视主管部门可以向被处罚单位的主管部门或者有权处理单位通报情况，提出对负有责任的主管人员或者直接责任人员的处分、处理建议，并可函询后续处分、处理结果。

**第三十六条** 广播电视主管部门工作人员滥用职权、玩忽职守、徇私舞弊或者未依照本规定履行职责的，对负有责任的主管人员和直接责任人员依法给予处分。

## 第六章 附 则

**第三十七条** 本规定所称网络视听节目服务机构，是指互联网视听节目服务机构和专网及定向传播视听节目服务机构。

本规定所称学校寒暑假是指广播电视播出机构所在地、网络视听节目服务机构注册地教育行政部门规定的时间段。

**第三十八条** 未构成本规定所称未成年人节目，但节目中含有未成年人形象、信息等内容，有关内容规范和法律责任参照本规定执行。

**第三十九条** 本规定自2019年4月30日起施行。

# 教育部办公厅关于严禁有害APP进入中小学校园的通知

（2018年12月25日　教基厅函〔2018〕102号）

各省、自治区、直辖市教育厅（教委），新疆生产建设兵团教育局：

近期，一些含有色情暴力、网络游戏、商业广告及违背教育教学规律等内容的APP进入部分中小学校园，影响学生身心健康和正常学习，引发社会各界高度关注。为营造良好的“互联网+教育”育人环境，保障中小学生健康成长，各地要立即采取有效措施，坚决防止有害APP进入校园。现就有关要求通知如下：

一、立即开展全面排查。地方各级教育行政部门和中小学校要结合国务院教育督导委员会办公室重大事项督办通知要求认真排查，凡发现包含色情暴力、网络游戏、商业广告等内容及链接，或利用抄作业、搞题海、公布成绩排名等应试教育手段增加学生课业负担的APP，要立即停止使用，退订相关业务，卸载APP，取消关注有关微信公众号，坚决杜绝有害APP侵蚀校园。要将涉嫌违法违规的APP、微信公众号报告当地网络信息管理和公安部门查处。要采用多种方式提醒家长慎重安装使用面向中小学生的APP。

二、严格审查进入校园的学习类APP。各地要建立学习类APP进校园备案审查制度，按照“凡进必审”“谁选用谁负责”“谁主管谁负责”的原则建立“双审查”责任制，学校首先要把好选用关，严格审查APP的内容及链接、应用功能等，并报上级教育主管部门备案审查同意。要把教育行政部门和学校组织使用的学习类 APP 纳入统一管理，未经学校和教育行政部门审查同意，教师不得随意向学生推荐使用任何 APP。要确保进入校园的学习类 APP 内容在思想性、科学性和适宜性等方面符合党的教育方针和立德树人要求，体现素质教育导向。要以“有效服务教育教学、不增加教师工作和学生课业负担”为原则，合理选用 APP，严格控制数量，防止影响正常教育教学。进入校园的学习类 APP 不得向学生收费或由学生支付相关费用。要保障学生信息和数据安全，防止泄露学生隐私。

**三、**加强学习类 APP 日常监管。各地教育行政部门和中小学校要建立健全日常监管制度，明确监管责任和办法，切实保障进入校园的 APP 安全健康、科学适宜。今后凡未经备案审查的学习类 APP 一律禁止在校园内使用，不得在课外统一组织或要求、推荐学生使用未经备案审查的学习类 APP。要定期检查、掌握 APP 内容变动和更新情况，发现有害信息要及时处置。学校和教师不得利用 APP 发布学生成绩、排名等信息。对违规使用、疏于管理并造成不良影响的教育行政部门、学校和教师要严肃问责。

**四、**探索学习类 APP 管理使用的长效机制。各级教育行政部门要会同有关部门加强研究，进一步完善学习类 APP 内容要求、审查标准和监管办法等，及时总结推广成功经验，逐步建立学习类 APP 使用管理的长效机制，推进“互联网 + 教育”，发挥好现代信息技术促进基础教育教学改革的有益作用。

# 教育部办公厅等六部门关于进一步加强预防中小学生沉迷网络游戏管理工作的通知

（2021年10月20日教育部办公厅、中央宣传部办公厅、中央网信办秘书局、工业和信息化部办公厅、公安部办公厅、市场监管总局办公厅发布　教基厅函〔2021〕41号）

各省、自治区、直辖市教育厅（教委）、党委宣传部、网信办、通信管理局、公安厅（局）、市场监管局（厅、委），新疆生产建设兵团教育局、党委宣传部、网信办、公安局、市场监管局：

为深入贯彻《中华人民共和国未成年人保护法》等法律法规要求，认真落实中央有关未成年人网络环境治理的决策部署，有效预防中小学生沉迷网络游戏，切实促进中小学生健康成长，现就加强预防中小学生沉迷网络游戏管理工作通知如下：

一、确保内容健康干净。各地出版管理部门要引导网络游戏企业开发导向正确、内涵丰厚、种类多样、寓教于乐的网络游戏产品，确保内容优质健康干净。督促网络游戏企业加大内容审核力度，严格落实相关法律法规要求，坚决杜绝网络游戏中含有可能引发中小学生模仿不安全行为、违反社会公德行为和违法犯罪行为的内容，以及恐怖暴力、色情低俗、封建迷信等妨害中小学生身心健康的内容。指导网络游戏企业按照有关规定和标准，对产品进行分类，作出适龄提示，并采取技术措施，避免中小学生接触不适宜的游戏或者游戏功能。要严格执行网络游戏前置审批制度，未经批准的游戏，不得上线运营。

二、落实好防沉迷要求。网络游戏企业要按照《中华人民共和国未成年人保护法》和《国家新闻出版署关于进一步严格管理　切实防止未成年人沉迷网络游戏的通知》(国新出发〔2021〕14号)规定,严格落实网络游戏用户账号实名注册和登录要求。所有网络游戏用户提交的实名注册信息,必须通过国家新闻出版署网络游戏防沉迷实名验证系统验证。验证为未成年人的用户,必须纳入统一的网络游戏防沉迷管理。网络游戏企业可在周五、周六、周日和法定节假日每日20时至21时,向中小学生提供1小时网络游戏服务,其他时间不得以任何形式向中小学生提供网络游戏服务。

**三、严格校内教育管理。**地方教育行政部门要指导学校对经申请带入校园的手机等终端产品进行统一管理,严禁带入课堂。学校提供的互联网上网服务设施,应安装未成年人网络保护软件或者采取其他安全保护技术措施。学校教职员工发现学生进入互联网上网服务营业场所时,应当及时予以制止、教育。学校要广泛开展各类文体活动,引导学生培养兴趣爱好,自觉远离不良网络诱惑。要采取多种形式加强网络素养宣传教育,采取科学合理的方式对中小学生沉迷网络行为进行预防和干预,引导中小学生正确认识、科学对待、合理使用网络。

**四、推动家校协同发力。**地方教育行政部门和学校要加强家校沟通,做好家庭教育指导工作,引导家长充分认识沉迷网络游戏的危害性和加强管理的必要性,形成家校协同育人合力。要督促家长履行好监护责任,发挥好榜样作用,安排好孩子日常学习生活,有意识地让孩子多从事一些家务劳动、户外活动、体育锻炼,帮助孩子养成健康生活方式。学校和家长发现学生有沉迷网络游戏、过度消费等苗头迹象,要相互告知,共同进行教育和引导,及时矫正不良行为,帮助其恢复正常的学习和生活。

**五、切实加强监管问责。**各地出版管理、网信、通信管理、公安、市场监管等部门要加强对网络游戏企业的事中事后监管,对违反有关规定,上线运营后落实防沉迷措施不到位或擅自添加违法、不良信息内容以及未经审批违法违规运营的网络游戏,要按有关规定予以惩处。网信、市场监管部门对发布不良网络游戏信息、插入网络游戏链接、推送网络游戏广告的中小学在线教育网络平台和产品,要按有关规定及时进行处罚或关停。各地出版管理部门要鼓励相关组织或个人，对未按要求落实实名注册、时段时长限制、充值限制或者涉及不良内容的网络游戏企业和平台进行举报。教育督导部门要将预防中小学生网络沉迷工作纳入对地方政府履行教育职责评价和责任督学日常监督范围，并将督导结果作为评价地方教育工作和学校管理工作成效的重要内容。

## 中小学教材管理办法（节选）

（2019 年 12 月 16 日教育部印发　教材〔2019〕3 号）

**第三十七条**　存在下列情形之一的，教材应退出使用，不再列入教学用书目录。

（一）教材内容的政治方向和价值导向存在问题。

（二）教材内容出现严重的科学性错误。

（三）教材内容植入商业广告或变相商业广告。

（四）用不正当手段影响教材审核、选用等工作。

（五）发生教材应退出使用的其他情况。

## 中小学生课外读物进校园管理办法（节选）

（2021 年 3 月 31 日教育部印发　教材〔2021〕2 号）

**第六条**　违反《出版管理条例》有关规定，或存在下列情形之一的，不得推荐或选用为中小学生课外读物：

（一）违背党的路线方针政策，污蔑、丑化党和国家领导人、英模人物，戏说党史、国史、军史的；

（二）损害国家荣誉和利益的，有反华、辱华、丑华内容的；

（三）泄露国家秘密、危害国家安全的；

（四）危害国家统一、主权和领土完整的；

（五）存在违反宗教政策的内容，宣扬宗教教理、教义和教规的；

（六）存在违反民族政策的内容，煽动民族仇恨、民族歧视，破坏民族团结，或者不尊重民族风俗、习惯的；

（七）宣扬个人主义、新自由主义、历史虚无主义等错误观点，存在崇洋媚外思想倾向的；

（八）存在低俗媚俗庸俗等不良倾向，格调低下、思想不健康，宣扬超自然力、神秘主义和鬼神迷信，存在淫秽、色情、暴力、邪教、赌博、毒品、引诱自杀、教唆犯罪等价值导向问题的；

（九）侮辱或者诽谤他人，侵害他人合法权益的；

（十）存在科学性错误的；

（十一）存在违规植入商业广告或变相商业广告及不当链接，违规使用“教育部推荐”、“新课标指定”等字样的；

（十二）其他有违公序良俗、道德标准、法律法规等，造成社会不良影响的。

**第十一条**　中小学校要大力倡导学生爱读书、读好书、善读书，可设立读书节、读书角等，优化校园阅读环境，推动书香校园建设。注重开展形式多样的阅读活动，提高学生阅读兴趣，培养良好阅读习惯。发挥家长在学生课外阅读中的积极作用，营造家校协同育人的良好氛围。建立阅读激励机制，鼓励各地教育行政部门将书香校园建设表现突出的单位和个人纳入相关表彰奖励中，学校要采用适当的形式表彰阅读活动表现突出的师生。

**第十二条**　建立监督检查机制。学校要加强对学生携带进入校园读物的管理，发现问题读物应及时予以有效处置，消除不良影响。县级教育行政部门建立进校园课外读物推荐报备制度，畅通社会和群众监督渠道。地市级教育行政部门定期对进校园课外读物的推荐情况开展抽查。省级教育行政部门要全面了解和把握课外读物进校园情况，根据需要开展专项督查。各级教育督导部门要将课外读物进校园有关情况纳入督导范围。



## 未成年人学校保护规定（节选）

（2021年6月1日教育部令第50号公布
自2021年9月1日起施行）

**第二十一条** 教职工发现学生实施下列行为的，应当及时制止：

（一）殴打、脚踢、掌掴、抓咬、推撞、拉扯等侵犯他人身体或者恐吓威胁他人；

（二）以辱骂、讥讽、嘲弄、挖苦、起侮辱性绰号等方式侵犯他人人格尊严；

（三）抢夺、强拿硬要或者故意毁坏他人财物；

（四）恶意排斥、孤立他人，影响他人参加学校活动或者社会交往；

（五）通过网络或者其他信息传播方式捏造事实诽谤他人、散布谣言或者错误信息诋毁他人、恶意传播他人隐私。

学生之间，在年龄、身体或者人数等方面占优势的一方蓄意或者恶意对另一方实施前款行为，或者以其他方式欺压、侮辱另一方，造成人身伤害、财产损失或者精神损害的，可以认定为构成欺凌。

**第二十四条** 学校应当建立健全教职工与学生交往行为准则、学生宿舍安全管理规定、视频监控管理规定等制度，建立预防、报告、处置性侵害、性骚扰工作机制。

学校应当采取必要措施预防并制止教职工以及其他进入校园的人员实施以下行为：

（一）与学生发生恋爱关系、性关系；

（二）抚摸、故意触碰学生身体特定部位等猥亵行为；

（三）对学生作出调戏、挑逗或者具有性暗示的言行；

（四）向学生展示传播包含色情、淫秽内容的信息、书刊、影片、音像、图片或者其他淫秽物品；

（五）持有包含淫秽、色情内容的视听、图文资料；

（六）其他构成性骚扰、性侵害的违法犯罪行为。

**第二十八条** 学校应当按照规定设置图书馆、班级图书角，配备适合学生认知特点、内容积极向上的课外读物，营造良好阅读环境，培养学生阅读习惯，提升阅读质量。

学校应当加强读物和校园文化环境管理，禁止含有淫秽、色情、暴力、邪教、迷信、赌博、恐怖主义、分裂主义、极端主义等危害未成年人身心健康内容的读物、图片、视听作品等，以及商业广告、有悖于社会主义核心价值观的文化现象进入校园。

**第三十四条** 学校应当将科学、文明、安全、合理使用网络纳入课程内容，对学生进行网络安全、网络文明和防止沉迷网络的教育，预防和干预学生过度使用网络。

学校为学生提供的上网设施，应当安装未成年人上网保护软件或者采取其他安全保护技术措施，避免学生接触不适宜未成年人接触的信息；发现网络产品、服务、信息有危害学生身心健康内容的，或者学生利用网络实施违法活动的，应当立即采取措施并向有关主管部门报告。

# 其 他

## 食品安全国家标准
## 预包装食品标签通则（节选）

（2011年4月20日）

**3.3** 应通俗易懂、有科学依据，不得标示封建迷信、色情、贬低其他食品或违背营养科学常识的内容。

## 公安部关于旅馆经营者接待
## 未成年人入住"五必须"要求

（2021年5月31日）

新修订的《未成年人保护法》将于6月1日起施行，其中对旅馆、宾馆、酒店等住宿经营者接待未成年人入住的安全保护义务作了规定。根据《未成年人保护法》《治安管理处罚法》《旅馆业治安管理办法》等法律法规，公安部对旅馆经营者接待未成年人入住提出"五必须"要求，以切实防范在旅馆中侵害未成年人案件的发生，保护未成年人身心健康。

按照要求，旅馆经营者接待未成年人入住，必须查验入住未成年人身份，并如实登记报送相关信息；必须询问未成年人父母或者其他监护人的联系方式，并记录备查；必须询问同住人员身份关系等情况，并记录备查；必须加强安全巡查和访客管理，预防针对未成年人的不法侵害；必须立即向公安机关报告可疑情况，并及时联系未成年人的父母或其他监护人，同时采取相应安全保护措施。

根据相关法律法规规定，结合在旅馆发生的侵害未成年人案件特点，遇到以下可疑情况应当向公安机关报告：一是成年人携未成年人入住，但不能说明身份关系或身份关系明显不合理的；二是未成年人身体受伤、醉酒、意识不清，疑似存在被殴打、被麻醉、被胁迫等情形的；三是异性未成年人共同入住、未成年人多次入住、与不同人入住，又没有合理解释的；四是其他可疑情况。根据《未成年人保护法》规定，旅馆经营者发现违法犯罪嫌疑的，除应当立即向公安机关报告外，还要及时联系未成年人的父母或者其他监护人；发现未成年人遭受或疑似遭受不法侵害以及面临不法侵害危险的，应当在能力范围内采取相应安全保护措施。

公安部治安管理局有关负责人表示，旅馆经营者应认真履行保护未成年人的法律义务和主体责任，如违反有关法定义务，将被依法追究相应法律责任。同时，希望未成年人及其监护人、共同入住人、访客等给予更多理解和配合，其他入住旅客也应加强监督和提醒，共同构建关爱、保护未成年人的安全机制，共同防范和杜绝发生在旅馆的侵害未成年人案件，为未成年人的健康成长提供良好社会环境。

## 市场监管总局、教育部、公安部关于开展面向未成年人无底线营销食品专项治理工作的通知

（2022 年 1 月 19 日　国市监稽发〔2022〕10 号）

各省、自治区、直辖市和新疆生产建设兵团市场监管局（厅、委）、教育厅（教委、教育局）、公安厅（局）：

近期，一些包装或内容含有色情暗示、宣传违背社会风尚的食品，面向未成

年人销售，有些甚至成为“网红零食”，引发社会各界高度关注。为深入贯彻落实《未成年人保护法》和《国务院未成年人保护工作领导小组关于加强未成年人保护工作的意见》有关要求，保护未成年人身心健康，全面治理校园及周边、网络平台等面向未成年人无底线营销色情低俗食品现象，现就有关工作通知如下：

**一、全面落实主体责任**

（一）压实食品生产经营者食品安全主体责任。食品生产经营者要严格执行相关规范要求，加强生产经营过程控制和标签标识管理，主动监测上市产品质量安全状况，对存在的隐患及时采取风险控制措施。校园及周边的食品经营者要进行全面自查，严格落实进货查验责任和义务，严禁采购、贮存和销售包装或标签标识具有色情、暴力、不良诱导形式或内容危害未成年人身心健康的食品。凡发现存在宣传违反公序良俗、损害未成年人身心健康的食品，经营者要立刻下架。

（二）压实电子商务平台管理责任。电子商务平台要依法依规落实入网经营者资质核验、登记等义务，加强对平台内经营者身份信息的管理、公示，全面落实不需要登记的经营者自我声明公示。以无底线营销用语及行为为监测审查重点，开展全面自查，及时清理包装、标签标识违法违规以及违反公序良俗的相关宣传用语和违法广告，对平台内经营者违反法律法规的行为要及时采取警示、暂停或终止服务等措施，并将处理情况向所在地县级市场监管部门报告。

**二、严厉查处违法违规行为**

市场监管部门要充分发挥市场监管“工具箱”作用，综合运用登记注册、日常监管、执法稽查、信用监管等手段实施联合惩戒，重点加强校园及校园周边等区域食品安全日常监管和抽检监测，严厉查处以下违法违规行为：

1. 未经许可从事食品生产，生产经营不符合食品安全标准和标签标识不合法的食品；

2. 对商品性能、功能作虚假或者引人误解的商业宣传；

3. 发布恶搞、低俗以及含有色情、软色情内容等违反公序良俗，损害未成年人身心健康的广告；

4. 为“三无产品”等法律、行政法规严禁生产、销售的产品设计、制作、代理、发布广告；

5. 生产经营侵犯注册商标专用权的商品；

6. 电子商务平台经营者不履行法定核验登记义务、对违法情形未采取必要处置措施或未向主管部门报告。

违法情形符合《市场监督管理严重违法失信名单管理办法》规定的一律列入严重违法失信名单，涉嫌犯罪的一律移交公安机关查处。

公安机关要及时梳理违法犯罪线索，依法严厉打击生产经营有毒有害食品、传播淫秽物品等危害未成年人身心健康的违法犯罪行为，及时受理行政部门移送的涉嫌犯罪案件。

**三、加强对青少年的宣传教育和思想引导**

各地教育部门和学校要认真贯彻落实《学校食品安全与营养健康管理规定》《校园食品安全守护行动方案（2020—2022 年）》《教育部等五部门关于全面加强和改进新时代学校卫生与健康教育工作的意见》《教育部办公厅　市场监管总局办公厅　国家卫生健康委办公厅关于加强学校食堂卫生安全与营养健康管理工作的通知》等文件对学校食品安全与营养健康相关部署，面向全体学生加强教育引导，自觉抵制无底线营销对青少年健康成长的不良影响，养成文明健康、绿色环保生活方式。

市场监管部门和公安部门要积极配合教育部门做好学生教育引导，持续加大对学生食品安全与营养健康知识的宣传教育力度，倡导学生养成健康的饮食习惯和消费理念，增强未成年人自觉识别、抵制“无底线营销”食品的能力，形成社会共治良好局面，彻底杜绝以食品名义宣传软色情、低俗信息等有违公序良俗的擦边球行为。

**四、确保治理工作取得实效**

各地各部门要高度重视，提高政治站位，深刻认识专项治理工作的重要性和迫切性，把开展治理工作列入工作重点，因地制宜制定具体工作方案，明确专人负责，务求取得实效。市场监管、教育、公安部门要积极配合、通力协作、形成合力，持续加大宣传力度，适时联合公布治理行动成果，曝光典型案例。通过查办一批违法案件、曝光一批典型案例、严惩一批违法分子，形成有效震慑。

# 内容标准、规范及自律公约

# 网络视听节目内容审核通则

（2017年6月30日中国网络视听节目服务协会
常务理事会2017年第一次会议通过）

## 第一章　总　　则

**第一条**　为规范网络视听节目内容审核工作，服务网络视听节目创作，促进网络视听节目行业健康发展，根据《互联网视听节目服务管理规定》，中国网络视听节目服务协会（以下简称协会）发起制定本通则。

**第二条**　本通则所称网络视听节目，具体包括：

（一）网络剧、微电影、网络电影、影视类动画片、纪录片；

（二）文艺、娱乐、科技、财经、体育、教育等专业类网络视听节目；

（三）其它网络原创视听节目。

**第三条**　互联网视听节目服务相关单位应当认真遵守本通则的规定，积极传播本通则倡导的内容，不得传播本通则禁止的内容。

## 第二章　审核原则

**第四条**　本通则所称内容审核，是指从事互联网视听节目服务相关单位在播出网络视听节目前，对拟播出的视听节目作品和用于宣传、介绍作品等目的而制作的图文及视频内容的审核。具体审核要素包括：

（一）政治导向、价值导向和审美导向；

（二）情节、画面、台词、歌曲、音效、人物、字幕等。

**第五条**　互联网视听节目服务相关单位在网络视听节目内容审核方面，坚持如下原则：

（一）先审后播原则

互联网视听节目服务相关单位应建立内容播前审核制度、审核意见留存制度及工作程序，配备与业务发展需要相适应的审核员，及相应的审看设施。互联网视听节目服务相关单位播出的网络视听节目必须经过审核员审核认定。

（二）审核到位原则

1. 审核员审核节目时应完整审看包括片头片尾在内的全部内容，不得快进和遗漏，每部网络剧、微电影、网络电影、影视类动画片、纪录片应由不少于三人的审核员审核，每期（条）专业类网络视听节目应由不少于两人的审核员审核。

2. 审核员应客观、公正地提出书面的节目审核意见，审核意见应明确指出需要修改的问题、是否同意播出，并说明理由。

3. 审核员应具有高度的社会责任感、较高的文化修养、良好的职业道德，熟悉国家相关法律法规、方针政策；审核员应经过节目内容审核业务培训，考核通过后从事节目内容审核工作。

## 第三章　导向要求

**第六条**　互联网视听节目服务相关单位应坚持正确的政治方向，围绕中心，服务大局，坚持“二为”方向和“双百”方针，努力传播体现当代中国价值观念、体现中华文化精神、反映中国人审美追求，思想性、艺术性、观赏性有机统一的优秀作品。

（一）坚持以人民为中心的创作导向，把人民作为表现的主体，展示奋斗人生，刻画最美人物，反映人民心声，为人民抒写、为人民抒情、为人民抒怀，把满足人民精神文化需求作为出发点和落脚点；

（二）坚持以社会主义核心价值观为引领，大力弘扬革命文化和社会主义先进文化，大力弘扬以爱国主义为核心的民族精神和以改革创新为核心的时代精神，歌唱祖国、赞美英雄、讴歌时代，引导人民树立和坚持正确的历史观、民族观、国家观、文化观；

（三）坚持以现实题材为主，贴近实际、贴近生活、贴近群众，记录时代发展和社会进步；

（四）大力弘扬中国优秀传统文化。以史为鉴、传承文明，激励中华儿女自尊、自信、自强。深入阐发讲仁爱、重民本、守诚信、崇正义、尚和合、求大同等核心思想理念；

（五）弘扬真善美，传播正能量。牢记社会责任，持续颂扬自强不息、敬业乐群、扶危济困、见义勇为、孝老爱亲等传统美德，引导人们增强道德判断力和道德荣誉感；

（六）努力讲好中国故事，弘扬中国精神，凝聚中国力量，为实现中华民族伟大复兴的中国梦作出贡献；

（七）坚持把社会效益放在首位，努力传播既能在思想上、艺术上取得成功，又能在市场上受到欢迎，社会效益和经济效益相统一的作品；

（八）牢固树立精品意识，下大力气提升品质，提高原创能力，努力传播思想精深、艺术精湛、制作精良的优秀作品。在剧情设计上要弘扬正气、伸张正义，传播真善美、鞭笞假恶丑，体现积善成德、明德惟馨的道德导向。

## 第四章　节目内容审核标准

**第七条**　互联网视听节目服务相关单位要坚持正确的政治导向、价值导向和审美导向，禁止制作、播放含有下列内容的网络视听节目：

（一）违反宪法确定的基本原则，煽动抗拒或者破坏宪法、法律、行政法规实施的；

（二）危害国家统一、主权和领土完整，泄露国家秘密，危害国家安全，损害国家尊严、荣誉和利益，宣扬恐怖主义、极端主义的；

（三）诋毁民族优秀文化传统，煽动民族仇恨、民族歧视，侵害民族风俗习惯，歪曲民族历史和民族历史人物，伤害民族感情，破坏民族团结的；

（四）煽动破坏国家宗教政策，宣扬宗教狂热，危害宗教和睦，伤害信教公民宗教感情，破坏信教公民和不信教公民团结，宣扬邪教、迷信的；

（五）危害社会公德，扰乱社会秩序，破坏社会稳定，宣扬淫秽、赌博、吸毒，渲染暴力、恐怖，教唆犯罪或者传授犯罪方法的；

（六）侵害未成年人合法权益或者损害未成年人身心健康的；

（七）侮辱、诽谤他人或者散布他人隐私，侵害他人合法权益的；

（八）法律、行政法规禁止的其他内容。

**第八条** 网络视听节目中含有下列内容或情节的，应予以剪截、删除后播出；问题严重的，整个节目不得播出：

（一）不符合国情和社会制度，有损国家形象，危害国家统一和社会稳定：

1. 贬损国家形象、国家制度和方针政策；

2. 贬损、恶搞、损害革命领袖、英雄人物的形象、名誉；

3. 损害人民军队、武装警察、国安、公安、司法人员等特定职业、群体，以及社会组织、团体的公众形象；

4. 宣扬消极、颓废的人生观、世界观和价值观，渲染、夸大社会问题，过分表现、展示社会阴暗面；

5. 贬低人民群众推动历史发展的作用；

6. 以反面角色为主要表现对象，或为反动的、落后的、邪恶的、非法的社会势力、社会组织和人物立传、歌功颂德，着重表现其积极的一面；

7. 宣扬中国历史上封建王朝对外的武力征服；

8. 宣扬带有殖民主义色彩的台词、称谓、画面等；

9. 脱离国情，缺乏基本的现实生活依据，宣扬奢华生活等。

（二）有损民族团结：

1. 含有伤害民族感情的情节、台词、称谓、人物形象、画面、音效等；

2. 对独特的民族习俗和宗教信仰猎奇渲染，甚至丑化侮辱；

3. 表现伤害民族感情的民族战争、历史事件；

4. 将历史上民族间的征伐表现成国与国之间的战争等。

（三）违背国家宗教政策：

1. 宣扬宗教极端主义和邪教；

2. 不恰当地比较不同宗教、教派的优劣，可能引发宗教、教派之间矛盾和冲突；

3. 过多展示和宣扬宗教教义、教规、仪式等内容；

4. 歪曲、诋毁或歧视宗教观念、宗教信仰和宗教称谓；

5. 对宗教内容戏说和调侃等。

（四）宣扬封建迷信，违背科学精神：

1. 宣扬灵魂附体、转世轮回、巫术作法等封建迷信思想；

2. 宣扬愚昧、邪恶、怪诞等封建文化糟粕。

（五）渲染恐怖暴力，展示丑恶行为，甚至可能诱发犯罪：

1. 渲染暴力、凶杀，表现黑恶势力的猖狂；

2. 细致展现凶暴、残酷的犯罪过程，及肉体、精神虐待；

3. 暴露侦查手段、侦破细节，可诱导罪犯掌握反侦查手段；

4. 表现离奇、怪诞的犯罪案件；

5. 对真假、善恶、美丑的价值判断模糊不清，混淆正义与非正义的基本界限；

6. 详细展示吸毒、酗酒、赌博等不良行为；

7. 展现过度的惊悚恐怖、生理痛苦、歇斯底里，造成强烈感官、精神刺激并可致人身心不适的画面、台词、音乐及音效等；

8. 为宣扬以暴制暴，宣扬极端的复仇心理和行为。

（六）渲染淫秽色情和庸俗低级趣味：

1. 具体展现卖淫、嫖娼、淫乱、强奸、自慰等情节；

2. 表现和展示非正常的性关系、性行为，如乱伦、同性恋、性变态、性侵犯、性虐待及性暴力等；

3. 展示和宣扬不健康的婚恋观和婚恋状态，如婚外恋、一夜情、性自由、换妻等；

4. 较长时间或较多给人以感官刺激的床上镜头、接吻、爱抚、淋浴，及类似的与性行为有关的间接表现或暗示；

5. 有明显的性挑逗、性骚扰、性侮辱或类似效果的画面、台词、音乐及音效等；

6. 展示男女性器官，或仅用肢体掩盖或用很小的遮盖物掩盖人体等隐秘部位及衣着过分暴露等；

7. 含有未成年人不宜接受的涉性画面、台词、音乐、音效等；

8. 使用粗俗语言等；

9. 以成人电影、情色电影、三级片、偷拍、走光、露点及各种挑逗性文字或图片作为视频节目标题、分类或宣传推广。

（七）侮辱或者诽谤他人：

1. 损害重要历史人物及其他真实人物的形象、名誉，造成不良社会影响；

2. 贬损他人的职业身份、社会地位或身体特征。

（八）歪曲贬低民族优秀文化传统：

1. 渲染、夸大或集中展示民族愚昧或社会落后方面；

2. 违背基本史实，为已有定论的历史人物、历史事件“翻案”，或为尚存争议的历史人物、历史事件“正名”；

3. 篡改名著，歪曲原著的精神实质；

4. 违背基本的历史常识，缺乏基本的历史依据，任意曲解历史，不尊重人类文明、他国文明和风俗习惯等；

5. 对历史尤其是革命历史进行过度娱乐和游戏式表现。

（九）危害社会公德，对未成年人造成不良影响的：

1. 以恶搞方式描绘重大自然灾害、意外事故、恐怖事件、战争等灾难场面；

2. 以肯定、赞许的基调或引入模仿的方式表现打架斗殴、羞辱他人、污言秽语等；

3. 表现未成年人早恋、抽烟酗酒、打架斗殴、滥用毒品等不良行为；

4. 违反国务院广播影视行政部门有关规定的吸烟镜头和吸烟场景；

5. 人物造型过分夸张怪异，对未成年人有不良影响；

6. 展示未成年人或者未成年人形象的动画、动漫人物的性行为等；

7. 含有其他有违社会公德的不文明行为。

（十）法律、法规和国家规定禁止的其他内容：

1. 违反国家有关规定，公开展示某专项工作的内部制度、程序；

2. 可能引发国际纠纷或造成不良国际影响；

3. 违反国家有关规定，滥用、错用特定标识、呼号、称谓、用语；

4. 节目中的产品和服务信息植入违反国务院广播影视行政部门有关规定；

5. 破坏生态环境，虐待动物，捕杀、食用国家保护类动物的内容；

6. 侵犯个人隐私内容；

7. 以抄袭、剽窃或未经许可翻拍等方式侵犯他人知识产权的节目；

8. 从事损害我国国家尊严、荣誉和利益，危害社会稳定，伤害民族感情等活动的组织和个人制作或参与制作的节目；

9. 其他有违法律、法规和国家规定的内容。

**第九条** 专业类网络视听节目应坚持正确的政治导向、价值导向、审美导向，体现高雅健康的审美情趣和文化品位，引导人们树立正确的世界观、人生观、价值观。

（一）坚决抵制是非不分、善恶不辨、以丑为美、颠倒黑白的错误倾向；坚决抵制各种诋毁主流思想和主流价值的内容；坚决反对歪曲历史、美化反动、调侃崇高、否定英模的错误倾向；坚决抵制厚黑学、潜规则、圈子山头等封建文化糟粕和腐朽思想遗毒；坚决抵制拜金主义、享乐主义、极端个人主义等不良风气和过度商业化、过度娱乐化的倾向；坚决摒弃廉价的笑声、无底线的娱乐和无节操的垃圾；坚决抵制低俗、庸俗、媚俗的低级趣味；坚决反对天价追星、无聊游戏、奢华盛宴等不良风气。

（二）不得宣扬不良的家庭观、婚恋观、金钱观。在涉及真实人物生活讲述与调解等节目中，坚持真实原则，不得为了追求轰动效应人为设置虚假、离奇故事情节，摆拍经过事先设计的对话，制造假故事、假新闻，愚弄受众。

（三）对节目中涉及的主持人、嘉宾、评委、选手等人物进行筛选把关，不得选用有丑闻劣迹、有吸毒嫖娼等违法犯罪行为的人物，慎重选用有争议或存在边缘化观点的人物。节目中的人物语言、行为、着装、服饰、发型、台风等应当符合大众审美观念。

（四）节目主持人应对嘉宾、评委、选手等人物的言行举止正确引导，防止语言和行为低俗，对错误观点和言论要及时批驳。主持人之间不得互相挖苦、吹捧、调情。嘉宾、评委要加强点评的专业性和针对性，避免夸张作秀、互相恶搞以及不文明言谈举止，不能喧宾夺主、故意制造噱头和看点，使节目成为明星宣扬自我的舞台。选手不得为博眼球而煽情作秀、夸张搞怪或渲染悲切情绪。

（五）加强未成年人保护，尽量减少未成年人参与，对少数有未成年人参与的节目要坚决杜绝商业化、成人化和过度娱乐化的不良倾向以及侵犯未成年人权益的现象。

（六）真人秀类节目要减少明星参与人数，提高普通群众的参与比重，让群众成为节目的主角。不得追星逐利、媚俗捧场，杜绝展示明星炫富享乐、炒作节目片酬成本。不得借真人秀节目炒作包装明星子女。

**第十条**　专业类网络视听节目除符合前款网络视听节目的总体要求外，还不得含有以下内容：

（一）以道听途说的信息为话题，进行主观臆测的讨论、评论的；

（二）以调侃严肃话题为主要内容的；

（三）围绕易引发争议的负面话题进行讨论、评论的；

（四）以宣扬明星炫富享乐为主要话题的；

（五）以炒作绯闻丑闻隐私劣迹为主要内容的；

（六）展示危险程度高、恶意整人、易被青少年模仿的游戏项目的；

（七）诱导未成年人谈论名利、情爱等话题，诱导未成年人现场拉票、盘问未成年人失败退出感受的；

（八）就家庭纠纷采访未成年人和未成年人参与家庭纠纷和现场调解的；

（九）为吸引眼球，制造低俗噱头，展示丑行恶态，或作假作秀、故意激化矛盾，突出放大不良现象和非理性情绪，以“考验”“测试”的名义人为制造和展示“人性恶”事件的；

（十）故意刺激、为难嘉宾娱乐观众的；

（十一）讽刺他人、相互吹捧或进行粗俗反串的；

（十二）使用粗俗恶搞字幕和夸张怪异音效的；

（十三）以采访、讨论性爱、性生活细节为话题的；

（十四）展示群众参与的各类整容变性细节的；

（十五）其他违背社会主义核心价值观和公序良俗的内容。

**第十一条**　严肃认真对待节目细节，涉及下列内容的，要聘请相关专家进行把关：

（一）涉及革命先驱及其他重要人物形象、少数民族语言文字、特定符号与标识使用以及图形、图表等；

（二）节目内容表现人民军队、武装警察、国安、公安、司法人员、医生、律师等特定职业、群体，以及社会组织、团体的；

（三）涉及特定历史时期、职业群体的服装、布景道具等。

**第十二条**　网络视听节目内容审核的其他相关要求：

（一）网络视听节目中文字幕除书法题写的片名及相关文字外，应为规范汉字。作品有歌词的歌曲，外语标题、台词、有特定含义的词汇及标识等，应加中文字幕；

（二）网络视听节目名称、台词、字幕等语言文字应遵守国家通用语言文字有关法律法规，尊重、礼敬中华优秀传统文化，严格按照规范写法和标准使用国家通用语言文字的字、词、短语、成语等，不得滥用谐音、生造滥造词义、肆意曲解内涵，不得使用不规范的网络语言和错词别字。遣词造句要坚持正确导向，符合语法规范，自觉摒弃低俗、庸俗、媚俗的低级趣味，严禁使用挑逗、污秽、恶毒、侮辱、谩骂等极端言辞。

互联网视听节目服务单位要加强网络视听节目名称、台词、字幕、配音等使用语言文字的管理，加强对演职人员、主持人、嘉宾及其他节目参与人员规范使用通用语言文字的提示指导，防止不规范使用国家通用语言文字的节目上线播出。

**第十三条** 网络视听节目涉及重大革命和重大历史题材，以及政治、军事、外交、国家安全、统战、民族、宗教、司法、公安等特殊题材应遵照广播影视有关管理规定执行。

## 第五章 罚 则

**第十四条** 互联网视听节目服务相关单位因违反本通则的规定，协会将视情节严重程度，对该机构以及直接责任人员进行通报批评、向全行业及社会公开；情节恶劣的，取消会员资格；涉嫌违法违规的，报告主管部门依法依规予以查处。

## 第六章 附 则

**第十五条** 本通则自协会发布之日起施行，协会成员接受本通则的约束。2012 年 7 月 13 日中国网络视听节目服务协会理事会通过的《网络剧、微电影等网络视听节目内容审核通则》同时废止。

# 网络短视频内容审核标准细则

（2021年12月15日中国网络视听节目服务协会发布）

为提升短视频内容质量，遏制错误虚假有害内容传播蔓延，营造清朗网络空间，根据国家相关法律法规、《互联网视听节目服务管理规定》和《网络视听节目内容审核通则》，制定本细则。

**一、网络短视频内容审核基本标准**

（一）《互联网视听节目服务管理规定》第十六条所列10条标准。

（二）《网络视听节目内容审核通则》第四章第七、八、九、十、十一、十二条所列94条标准。

**二、网络短视频内容审核具体细则**

依据网络短视频内容审核基本标准，短视频节目及其标题、名称、评论、弹幕、表情包等，其语言、表演、字幕、画面、音乐、音效中不得出现以下具体内容：

（一）危害中国特色社会主义制度的内容

比如：

1. 攻击、否定、损害、违背中国特色社会主义的指导思想和行动指南的；

2. 调侃、讽刺、反对、蔑视马克思主义中国化的最新理论成果和指导地位的；

3. 攻击、否定中国特色社会主义最本质的特征的，攻击、否定、弱化党中央的核心、全党的核心地位的；

4. 脱离世情国情党情，以一个阶段党和国家的发展历史否定另一个阶段党和国家的发展历史，搞历史虚无主义的；

5. 有违中共中央关于党的百年奋斗重大成就和历史经验的决议的，对新中国成立以来党和国家所出台的重大方针政策，所推出的重大举措，所推进的重大工作进行调侃、否定、攻击的；

6. 对宪法等国家重大法律法规的制定、修订进行曲解、否定、攻击、谩骂，或对其中具体条款进行调侃、讽刺、反对、歪曲的；

7. 以娱乐化方式篡改、解读支撑中国特色社会主义制度的根本制度、基本制度、重要制度，对其中的特定名词称谓进行不当使用的；

（二）分裂国家的内容

比如：

8. 反对、攻击、曲解“一个中国”“一国两制”的；

9. 体现台独、港独、藏独、疆独等的言行、活动、标识的，包括影像资料、作品、语音、言论、图片、文字、反动旗帜、标语口号等各种形式（转播中央新闻单位新闻报道除外）；

10. 持有台独、港独、藏独、疆独等分裂国家立场的艺人及组织团体制作或参与制作的节目、娱乐报道、作品宣传的；

11. 对涉及领土和历史事件的描写不符合国家定论的；

（三）损害国家形象的内容

比如：

12. 贬损、玷污、恶搞中国国家和民族的形象、精神和气质的；

13. 以焚烧、毁损、涂划、玷污、践踏、恶搞等方式侮辱国旗、国徽的，在不适宜的娱乐商业活动等场合使用国旗、国徽的；

14. 篡改、恶搞国歌的，在不适宜的商业和娱乐活动中使用国歌，或在不恰当的情境唱奏国歌，有损国歌尊严的；

15. 截取党和国家领导人讲话片段可能使原意扭曲或使人产生歧义，或通过截取视频片段、专门制作拼凑动图等方式，歪曲放大展示党和国家领导人语气语意语态的；

16. 未经国家授权或批准，特型演员和普通群众通过装扮、模仿党和国家领导人形象，参加包括主持、表演、演讲、摆拍等活动，谋取利益或哗众取宠产生不良影响的（依法批准的影视作品或文艺表演等除外）；

17. 节目中人物穿着印有党和国家领导人头像的服装鞋帽，通过抖动、折叠印有头像的服装鞋帽形成怪异表情的；

（四）损害革命领袖、英雄烈士形象的内容

比如：

18. 抹黑、歪曲、丑化、亵渎、否定革命领袖、英雄烈士事迹和精神的；

19. 不当使用及恶搞革命领袖、英雄烈士姓名、肖像的；

（五）泄露国家秘密的内容

比如：

20. 泄露国家各级党政机关未公开的文件、讲话的；

21. 泄露国家各级党政机关未公开的专项工作内容、程序与工作部署的；

22. 泄露国防、科技、军工等国家秘密的；

23. 私自发布有关党和国家领导人的个人工作与生活信息、党和国家领导人家庭成员信息的；

（六）破坏社会稳定的内容

比如：

24. 炒作社会热点，激化社会矛盾，影响公共秩序与公共安全的；

25. 传播非省级以上新闻单位发布的灾难事故信息的；

26. 非新闻单位制作的关于灾难事故、公共事件的影响、后果的节目的；

（七）损害民族与地域团结的内容

比如：

27. 通过语言、称呼、装扮、图片、音乐等方式嘲笑、调侃、伤害民族和地域感情、破坏安定团结的；

28. 将正常的安全保卫措施渲染成民族偏见与对立的；

29. 传播可能引发误解的内容的；

30. 对独特的民族习俗和宗教信仰猎奇渲染，甚至丑化侮辱的；

31. 以赞同、歌颂的态度表现历史上民族间征伐的残酷血腥战事的；

（八）违背国家宗教政策的内容

比如：

32. 展示宗教极端主义、极端思想和邪教组织及其主要成员、信徒的活动，以及他们的“教义”与思想的；

33. 不恰当地比较不同宗教、教派的优劣，可能引发宗教、教派之间矛盾和冲突的；

34. 过度展示和宣扬宗教教义、教规、仪式内容的；

35. 将宗教极端主义与合法宗教活动混为一谈，将正常的宗教信仰与宗教活动渲染成极端思想与行动，或将极端思想与行动解释成正常的宗教信仰与宗教活动的；

36. 戏说和调侃宗教内容，以及各类恶意伤害民族宗教感情言论的；

（九）传播恐怖主义的内容

比如：

37. 表现境内外恐怖主义组织的；

38. 详细展示恐怖主义行为的；

39. 传播恐怖主义及其主张的；

40. 传播有目的、有计划、有组织通过自焚、人体炸弹、打砸抢烧等手段发动的暴力恐怖袭击活动视频（中央新闻媒体公开报道的除外），或转发对这些活动进行歪曲事实真相的片面报道和视频片段的；

（十）歪曲贬低民族优秀文化传统的内容

比如：

41. 篡改名著、歪曲原著精神实质的；

42. 颠覆经典名著中重要人物人设的；

43. 违背基本历史定论，任意曲解历史的；

44. 对历史尤其是革命历史进行恶搞或过度娱乐化表现的；

（十一）恶意中伤或损害人民军队、国安、警察、行政、司法等国家公务人员形象和共产党党员形象的内容

比如：

45. 恶意截取执法人员执法工作过程片段，将执法人员正常执法营造成暴力执法效果的；

46. 传播未经证实的穿着军装人员打架斗殴、集会、游行、抗议、上访的，假冒人民军队、国安、警察、行政、司法等国家公务人员的名义在公开场合招摇撞骗、蛊惑人心的；

47. 展现解放军形象时用语过度夸张，存在泛娱乐化问题的；

（十二）美化反面和负面人物形象的内容

比如：

48. 为包括吸毒嫖娼在内的各类违法犯罪人员及黑恶势力人物提供宣传平台，着重展示其积极一面的；

49. 对已定性的负面人物歌功颂德的；

（十三）宣扬封建迷信，违背科学精神的内容

比如：

50. 开设跳大神、破太岁、巫蛊术、扎小人、道场作法频道、版块、个人主页，宣扬巫术作法等封建迷信思想的；

51. 鼓吹通过法术改变人的命运的；

52. 借民间经典传说宣扬封建迷信思想的；

（十四）宣扬不良、消极颓废的人生观、世界观和价值观的内容

比如：

53. 宣扬流量至上、奢靡享乐、炫富拜金等不良价值观，展示违背伦理道德的糜烂生活的；

54. 展现“饭圈”乱象和不良粉丝文化，鼓吹炒作流量至上、畸形审美、狂热

追星、粉丝非理性发声和应援、明星绯闻丑闻的；

55. 宣传和宣扬丧文化、自杀游戏的；

56. 展现同情、支持婚外情、一夜情的；

（十五）渲染暴力血腥、展示丑恶行为和惊悚情景的内容

比如：

57. 表现黑恶势力群殴械斗、凶杀、暴力催债、招募打手、雇凶杀人等猖狂行为的；

58. 细致展示凶暴、残酷、恐怖、极端的犯罪过程及肉体、精神虐待的；

59. 细致展示吸毒后极度亢奋的生理状态、扭曲的表情，展示容易引发模仿的各类吸毒工具与吸毒方式的；

60. 细致展示恶俗行为、审丑文化的；

61. 细致展示老虎机、推币机、打鱼机、上分器、作弊器等赌博器具，以及千术、反千术等赌博技巧与行为的；

62. 展现过度的生理痛苦、精神歇斯底里，对普通观看者可能造成强烈感官和精神刺激，从而引发身心惊恐、焦虑、厌恶、恶心等不适感的画面、台词、音乐及音效的；

63. 宣扬以暴制暴，宣扬极端的复仇心理和行为的；

（十六）展示淫秽色情，渲染庸俗低级趣味，宣扬不健康和非主流的婚恋观的内容

比如：

64. 具体展示卖淫、嫖娼、淫乱、强奸等情节的，直接展示性行为，呻吟、叫床等声音、特效的；

65. 视频中出现以淫秽色情信息为诱饵进行导流的；

66. 以猎奇宣扬的方式对“红灯区”、有性交易内容的夜店、洗浴按摩场所进行拍摄和展现的；

67. 表现和展示非正常的性关系、性行为的；

68. 展示和宣扬不健康、非主流的婚恋观和婚恋状态的；

69. 以单纯感官刺激为目的，集中细致展现接吻、爱抚、淋浴及类似的与性行为有关的间接表现或暗示的，有明显的性挑逗、性骚扰、性侮辱或类似效果的画面、台词、音乐及音效的，展示男女性器官，或仅用肢体掩盖或用很小的遮盖物掩盖人体隐秘部位及衣着过分暴露的；

70. 使用粗俗语言，展示恶俗行为的；

71. 以隐晦、低俗的语言表达使人产生性行为和性器官联想的内容的；

72. 以成人电影、情色电影、三级片被审核删减内容的影视剧的“完整版”“未删减版”“未删节版”“被删片段”“汇集版”作为视频节目标题、分类或宣传推广的；

73. 以偷拍、走光、露点及各种挑逗性、易引发性联想的文字或图片作为视频节目标题、分类或宣传推广的；

（十七）侮辱、诽谤、贬损、恶搞他人的内容

比如：

74. 侮辱、诽谤、贬损、恶搞历史人物及其他真实人物的形象、名誉的；

75. 贬损、恶搞他国国家领导人，可能引发国际纠纷或造成不良国际影响的；

76. 侮辱、贬损他人的职业身份、社会地位、身体特征、健康状况的；

（十八）有悖于社会公德，格调低俗庸俗，娱乐化倾向严重的内容

比如：

77. 以恶搞方式描绘重大自然灾害、意外事故、恐怖事件、战争等灾难场面的；

78. 以肯定、赞许的基调或引入模仿的方式表现打架斗殴、羞辱他人、污言秽语的；

79. 内容浅薄，违背公序良俗，扰乱公共场所秩序的；

80. 以虚构慈善捐赠事实、编造和渲染他人悲惨身世等方式，传播虚假慈

善、伪正能量的；

（十九）不利于未成年人健康成长的内容

比如：

81. 表现未成年人早恋的，以及抽烟酗酒、打架斗殴、滥用毒品等不良行为的；

82. 人物造型过分夸张怪异，对未成年人有不良影响的；

83. 利用未成年人制作不良节目的；

84. 侵害未成年人合法权益或者损害未成年人身心健康的；

（二十）宣扬、美化历史上侵略战争和殖民史的内容

比如：

85. 宣扬法西斯主义、极端民族主义、种族主义的；

86. 是非不分，立场错位，无视或忽略侵略战争中非正义一方的侵略行为，反而突出表现正义一方的某些错误的；

87. 使用带有殖民主义色彩的词汇、称谓、画面的；

（二十一）其他违反国家有关规定、社会道德规范的内容

比如：

88. 将政治内容、经典文化、严肃历史文化进行过度娱乐化展示解读，消解主流价值，对主流价值观“低级红、高级黑”的；

89. 从事反华、反党、分裂、邪教、恐怖活动的特定组织或个人制作或参与制作的节目，及其开设的频道、版块、主页、账号的；

90. 违规开展涉及政治、经济、军事、外交，重大社会、文化、科技、卫生、教育、体育以及其他重要敏感活动、事件的新闻采编与传播的；

91. 违法犯罪、丑闻劣迹者制作或参与制作的节目，或为违法犯罪、丑闻劣迹者正名的；

92. 违规播放国家尚未批准播映的电影、电视剧、网络影视剧的片段，尚未批准引进的各类境外视听节目及片段，或已被国家明令禁止的视听节目及片

段的；

93. 未经授权自行剪切、改编电影、电视剧、网络影视剧等各类视听节目及片段的；

94. 侵犯个人隐私，恶意曝光他人身体与疾病、私人住宅、婚姻关系、私人空间、私人活动的；

95. 对国家有关规定已明确的标识、呼号、称谓、用语进行滥用、错用的；

96. 破坏生态环境，虐待动物，捕杀、食用国家保护类动物的；

97. 展示个人持有具有杀伤力的危险管制物品的；

98. 引诱教唆公众参与虚拟货币"挖矿"、交易、炒作的；

99. 在节目中植入非法、违规产品和服务信息，弄虚作假误导群众的；

100. 其他有违法律、法规和社会公序良俗的。

# 互联网站禁止传播淫秽、色情等不良信息自律规范

（2004 年 6 月 10 日中国互联网协会发布）

**第一条** 为促进互联网信息服务提供商加强自律，遏制淫秽、色情等不良信息通过互联网传播，推动互联网行业的持续健康发展，特制订本规范。

**第二条** 互联网站不得登载和传播淫秽、色情等中华人民共和国法律、法规禁止的不良信息内容。

**第三条** 淫秽信息是指在整体上宣扬淫秽行为，具有下列内容之一，挑动人们性欲，导致普通人腐化、堕落，而又没有艺术或科学价值的文字、图片、音频、视频等信息内容，包括：

1. 淫亵性地具体描写性行为、性交及其心理感受；

2. 宣扬色情淫荡形象；

3. 淫亵性地描述或者传授性技巧；

4. 具体描写乱伦、强奸及其他性犯罪的手段、过程或者细节，可能诱发犯罪的；

5. 具体描写少年儿童的性行为；

6. 淫亵性地具体描写同性恋的性行为或者其他性变态行为，以及具体描写与性变态有关的暴力、虐待、侮辱行为；

7. 其他令普通人不能容忍的对性行为淫亵性描写。

**第四条**　色情信息是指在整体上不是淫秽的，但其中一部分有第三条中 1 至 7 的内容，对普通人特别是未成年人的身心健康有毒害，缺乏艺术价值或者科学价值的文字、图片、音频、视频等信息内容。

**第五条**　互联网站从事登载新闻信息、电子公告服务以及移动电信增值服务等业务，应当依照有关法律法规的规定，履行审批或备案手续，取得合法资格；新闻信息应来源于具有向互联网站提供新闻信息资质的媒体或其他合法的内容提供商。

**第六条**　不渲染、不集中展现关于性暴力、性犯罪、性绯闻等新闻信息；此类内容须严格控制数量，并不得在多个频道或栏目同时登载。登载这类新闻信息，应有利于弘扬社会正气和维护社会公德，确保导向正确。

**第七条**　登载有关医学医疗、生理卫生、婚姻家庭、人体艺术和与此相关的自然、社会科学信息内容，应建立信息内容的审核制度，做到内容健康、科学，来源合法、可靠。

**第八条**　不开设或变相开设为不道德性行为和性交易提供便利的频道或专栏；开设交友类专题频道或栏目，应明确说明该栏目的目的、网友行为规范和公布有关法律警示；非注册用户不得在该类频道或栏目张贴信息，对注册用户上传的信息实行先审后发。

**第九条** 对利用互联网电子公告服务系统，短信息服务系统传播淫秽、色情等不良信息的用户，应将其IP地址列入“黑名单”，对涉嫌犯罪的，应主动向公安机关举报。

**第十条** 不与非法网站建立任何性质的合作关系；不与其他网站或企业建立违背政府有关部门规定的联盟或协作关系。

**第十一条** 不以任何形式登载和传播含有淫秽、色情等不良信息内容的广告；不为含有淫秽、色情等不良信息内容的网站或网页提供任何形式的宣传和链接。

**第十二条** 违反本自律规范的互联网站，应及时纠正违规行为；经劝说、警告无效的，互联网新闻信息服务工作委员会有义务向政府有关部门建议，取消其提供相关信息服务的资质。

**第十三条** 互联网信息服务提供商和从业人员均有自觉维护中华人民共和国法律法规、社会主义道德规范的责任和义务，自觉接受政府的管理。

**第十四条** 加入《互联网站信息服务自律公约》的成员单位应遵守本自律规范。

**第十五条** 《互联网站禁止传播淫秽、色情等不良信息自律规范》由互联网新闻信息服务工作委员会负责监督执行。

**第十六条** 本规范从发布之日起执行。

## 短信息服务规范（试行）

（2008年7月17日中国互联网协会发布）

### 第一章 总 则

**第一条** 为规范短信息服务行业经营行为，维护用户的合法权益，促进短信息服务行业健康稳定发展，根据《中华人民共和国电信条例》、《互联网信息服务管理办法》及其他相关法律法规的规定，制定本规范。

**第二条** 本规范适用于为用户提供短信息服务的行业从业者；中国互联网协会反垃圾短信息联盟成员须遵守本规范，其他主体根据自愿的原则，接受本规范的约束。

**第三条** 本规范所称短信息服务是指利用移动通信网、固定通信网或互联网，通过消息平台等设施向公众提供有限长度的文字、数据、声音、图像等形式的信息内容服务和信息传送服务；短信息服务提供者是指提供短信息发送、存储、转发、接收等传送服务和信息内容服务的基础电信运营商和信息服务提供商。

**第四条** 本规范所称垃圾短信息，是指未经用户同意向用户发送的用户不愿意收到的短信息，或用户不能根据 自己的意愿拒绝接收的短信息，主要包含未经用户同意向用户发送的商业类、广告类等短信息。

**第五条** 本规范所称违法和不良短信息，是指违反国家有关法律法规的，低级恶俗的短信息，主要包括以下属性：

（一）反对宪法所确定的基本原则的；

（二）危害国家安全，泄露国家秘密，颠覆国家政权，破坏国家统一的；

（三）损害国家荣誉和利益的；

（四）煽动民族仇恨、民族歧视，破坏民族团结的；

（五）破坏国家宗教政策，宣扬邪教和封建迷信的；

（六）散布谣言，扰乱社会秩序，破坏社会稳定的；

（七）散布淫秽、色情、赌博、暴力、凶杀、恐怖或者教唆犯罪的；

（八）侮辱或者诽谤他人，侵害他人合法权益的；

（九）煽动非法集会、结社、游行、示威、聚众扰乱社会秩序的；

（十）以非法民间组织名义活动的；

（十一）含有虚假、欺诈、诱导内容的；

（十二）含有提供非法产品或服务的；

（十三）含有法律、行政法规禁止的其他内容的。

## 第二章　短信息服务的要求

**第六条**　短信息服务提供者，必须依法取得相应业务的经营许可，并按规定在政府主管部门进行备案，根据许可证中规定的业务覆盖范围及相关要求开展业务活动。

**第七条**　短信息服务提供者应建立完善的短信息服务体系，短信息传送技术保障措施和服务管理系统。

**第八条**　短信息服务提供者应有与营业规模相适应的专业从业人员及网络环境与硬件设备。

**第九条**　短信息服务提供者向用户提供短信息服务，应当明确收费标准、用户服务、信息安全等相关约定，明确各方权利、责任和义务；向用户提供短信息发送指南，引导用户正确使用短信息服务，并提示用户须对其发送短信息的行为承担法律责任和义务。

**第十条**　短信息服务提供者有义务告知用户在使用短信息服务时可能遇到的问题及相应的解决办法。

**第十一条**　在进行业务宣传和推广时，短信息服务提供者应提供清晰的短信息服务项目、服务价格、接受服务及取消服务的方法；短信息服务提供者为用户提供的查询服务和取消服务的操作方式应方便快捷。

**第十二条**　未经用户同意，短信息服务提供者不得强行提供短信息服务或擅自改变服务内容，短信息服务提供者须按照向用户明示的短信息服务业务资费标准收取信息服务费用。

**第十三条**　短信息服务提供者应对用户短信息服务费的原始数据保存5个月，用户要求查询服务费用时，在计费数据保存期限内，短信息服务提供者应提供方便的查询，并做好解释工作。在与用户发生争议、尚未解决的情况下，短信息服务提供者应负责保存相关原始资料。

**第十四条** 短信息服务提供者应当建立完善的用户投诉处理机制，为用户提供方便快捷的投诉查询渠道，迅速妥善地处理用户投诉。在短信群发过程中引发多个用户投诉的，运营商应保护大多数用户的合法权益，对发送号码采取暂停短信功能等措施。

**第十五条** 短信息服务提供者应当根据相关法律法规记录短信息的接收与发送时间、内容、发送端与接收端的号码，通过互联网发送短信息的，还应当记录发送端的 SP 统一代码。在国家有关部门依法查询时，短信息服务提供者应予以提供。

**第十六条** 短信息服务提供者应配合“12321 网络不良与垃圾信息举报受理中心”（以下简称：12321 举报受理中心）就垃圾短信息的传播情况进行调查核实和处理。

**第十七条** 短信息服务提供者在提供发送短信息服务时，应当同时显示发送端的电话号码或代码，使接收端能够显示发送端的相关信息；通过互联网发送短信息的，还应同时显示发送端的 SP 统一代码；不能发送不包含发送端信息的短信息。

**第十八条** 短信息服务提供者应当对用户的个人资料和短信息内容保密，未经用户同意，不得向他人泄露或用于其他商业目的，法律另有规定的除外。

## 第三章 短信息服务的规则

**第十九条** 任何组织或个人不得利用短信息服务制作、复制、发布、传播垃圾短信息及违法和不良短信息。

**第二十条** 如发现垃圾短信息或违法和不良短信息，短信息服务提供者有权采取必要措施，保存有关记录，并向相关部门报告。

**第二十一条** 短信息服务提供者根据用户举报或“12321 举报受理中心”的通知，有权对制作、复制、发布、传播垃圾短信息者进行提醒和警告，直至采取措施停止对其的短信息服务。

## 第四章　短信息服务的举报受理

**第二十二条**　“12321 举报受理中心”负责用户对垃圾短信息及违法和不良短信息的举报受理工作，与短信息服务提供者及国家相关部门建立沟通协调机制。

**第二十三条**　“12321 举报受理中心”在接到用户的举报信息后应向相关短信息服务提供者调查核实，短信息服务提供者在收到“12321 举报受理中心”的协调处理通知书后，根据举报信息的紧急程度，分别在 3 个工作日和 10 个工作日内将相关查证结果反馈给“12321 举报受理中心”。

**第二十四条**　经调查核实后，“12321 举报受理中心”对用户举报的短信息按照以下流程处理：

（一）发现违法和不良短信息，由“12321 举报受理中心”转交国家行政主管部门依法处理；

（二）发现短信息服务提供者违规经营的，由“12321 举报受理中心”报告国家行业主管部门按照相关法规处理；

（三）一定时间内被不同举报人举报多次的普通用户号码，由“12321 举报受理中心”发送提醒短信息警告发送者停止发送垃圾短信息行为，如果有用户认为是被恶意举报的，应及时向“12321 举报受理中心”提出申诉。警告后发信者仍然制作、复制、发布或传播垃圾短信息的，由“12321 举报受理中心”发函通知短信息服务提供者停止为其提供服务。

## 第五章　短信息服务的监督

**第二十五条**　对被停止提供短信息服务的号码信息，由“12321 举报受理中心”向社会予以公布。

**第二十六条**　为避免和减少给用户造成不必要的损失，并抵制不良信息的蔓延，“12321 举报受理中心”将对用户举报的欺诈类短信内容及时在网上公布。

**第二十七条** “12321举报受理中心”定期向社会公布违规经营的短信息服务提供者名单，短信息服务提供者应主动接受社会的监督，自觉规范短信息服务经营行为。

**第二十八条** 中国互联网协会拥有本规范的解释权和修改权。

**第二十九条** 本规范自发布之日起施行。

# 全国书刊发行业公约

（2007年中国书刊发行业协会修订）

为了贯彻落实以“八荣八耻”为主要内容的社会主义荣辱观，加强全国书刊发行行业的职业道德建设，树立“知荣辱、讲正气、促和谐”的文明行风，推动全行业和谐发展，特制订本公约。

**一、热爱祖国，守法经营**

以热爱祖国、遵纪守法为荣，强化行业自律，规范书刊经营行为。反对非法出版发行活动，抵制商业贿赂，抵制买卖书号，自觉地维护文化安全，维护知识产权，维护出版物市场秩序。

**二、多发好书，繁荣出版**

坚持把社会效益放在首位，实现社会效益和经济效益的统一，充分体现社会主义荣辱观的价值取向。大力发行优秀出版物，优化经营结构，充分发挥出版物启迪思想、陶冶情操、传播科学文化知识、鼓舞人心的积极作用。为繁荣出版，构建社会主义和谐文化，全面建设小康社会贡献力量。

**三、读者至上，优质服务**

以服务人民为荣，竭诚满足广大读者多方面多层次需求。主动、热情、耐心、周到地接待读者。虚心听取读者意见，认真处理读者投诉，严禁对读者失态失礼。实事求是地介绍书刊，反对虚假宣传，反对误导读者。一切发行活动以读者满意为准则。

**四、店堂整洁，宣传精品**

注重店容店貌，保持整洁明亮。选准市场定位，办出经营特色。做好科学分类，突出宣传精品，弘扬主旋律，为人民群众提供丰富健康的精神食粮，增强人们的精神力量。注意巡查，消除安全隐患。精心营造清新、舒适、和谐的购书环境，严防卖场脏、乱、差。

**五、诚信为本，操守为重**

以诚实守信为荣，以见利忘义为耻。认真履行业务合同，共铸商务诚信。准时发货，按期结算。规范发货与退货的操作，脏、残、破、超的出版物不发、不退，切实保证发货方与收货方之间的交易安全。反对恶意拖欠货款，反对低价进高价退的诈骗行为。抵制一号多书。建立全行业信用档案，表扬恪守诚信者，规劝诚信缺失者，对屡劝不改者由发行协会向全行业通报。

**六、和谐互助，公平竞争**

以团结互助为荣，以损人利己为耻，增强发行行业上下游企业之间、同业之间的和谐互助。实行公平、公正、公开竞争，以品牌、质量、服务、效率取胜。反对以低于正常成本价销售的无序竞争，反对折扣歧视，反对贸易壁垒，反对用不正当手段损害读者、同业的利益。

**七、抵制"黄"、"非"，净化卖场**

积极配合政府主管部门扫除黄色书刊，打击非法出版活动及侵犯知识产权行为，发现问题及时举报。坚持从合法渠道进货，严防一切非法出版物进入书店，确保发行企业的卖场净化。

**八、敬业奉献，开拓创新**

发扬艰苦奋斗精神，敬业爱岗，艰苦创业，无私奉献。深化改革，破除出版流通产业发展的各种障碍。开拓创新，保护创新热情，鼓励创新实践，积极引导全行业发行工作者自觉地做“八荣八耻”的实践者和积极推动者。反对不思进取、铺张浪费、骄奢淫逸。

# 中国互联网行业自律公约

（2002 年 3 月 26 日中国互联网协会发布）

## 第一章 总 则

**第一条** 遵照“积极发展、加强管理、趋利避害、为我所用”的基本方针，为建立我国互联网行业自律机制，规范行业从业者行为，依法促进和保障互联网行业健康发展，制定本公约。

**第二条** 本公约所称互联网行业是指从事互联网运行服务、应用服务、信息服务、网络产品和网络信息资源的开发、生产以及其他与互联网有关的科研、教育、服务等活动的行业的总称。

**第三条** 互联网行业自律的基本原则是爱国、守法、公平、诚信。

**第四条** 倡议全行业从业者加入本公约，从维护国家和全行业整体利益的高度出发，积极推进行业自律，创造良好的行业发展环境。

**第五条** 中国互联网协会作为本公约的执行机构，负责组织实施本公约。

## 第二章 自律条款

**第六条** 自觉遵守国家有关互联网发展和管理的法律、法规和政策，大力弘扬中华民族优秀文化传统和社会主义精神文明的道德准则，积极推动互联网行业的职业道德建设。

**第七条** 鼓励、支持开展合法、公平、有序的行业竞争，反对采用不正当手段进行行业内竞争。

**第八条** 自觉维护消费者的合法权益。保守用户信息秘密；不利用用户提供的信息从事任何与向用户作出的承诺无关的活动，不利用技术或其他优势侵犯消费者或用户的合法权益。

**第九条** 互联网信息服务者应自觉遵守国家有关互联网信息服务管理的规定，自觉履行互联网信息服务的自律义务：

（一）不制作、发布或传播危害国家安全、危害社会稳定、违反法律法规以及迷信、淫秽等有害信息，依法对用户在本网站上发布的信息进行监督，及时清除有害信息；

（二）不链接含有有害信息的网站，确保网络信息内容的合法、健康；

（三）制作、发布或传播网络信息，要遵守有关保护知识产权的法律、法规；

（四）引导广大用户文明使用网络，增强网络道德意识，自觉抵制有害信息的传播。

**第十条** 互联网接入服务提供者应对接入的境内外网站信息进行检查监督，拒绝接入发布有害信息的网站，消除有害信息对我国网络用户的不良影响。

**第十一条** 互联网上网场所经营者要采取有效措施，营造健康文明的上网环境，引导上网人员特别是青少年健康上网。

**第十二条** 互联网信息网络产品制作者要尊重他人的知识产权，反对制作含有有害信息和侵犯他人知识产权的产品。

**第十三条** 全行业从业者共同防范计算机恶意代码或破坏性程序在互联网上的传播，反对制作和传播对计算机网络及他人计算机信息系统具有恶意攻击能力的计算机程序，反对非法侵入或破坏他人计算机信息系统。

**第十四条** 加强沟通协作，研究、探讨我国互联网行业发展战略，对我国互联网行业的建设、发展和管理提出政策和立法建议。

**第十五条** 支持采取各种有效方式，开展互联网行业科研、生产及服务等领域的协作，共同创造良好的行业发展环境。

**第十六条**　鼓励企业、科研、教育机构等单位和个人大力开发具有自主知识产权的计算机软件、硬件和各类网络产品等，为我互联网行业的进一步发展提供有力支持。

**第十七条**　积极参与国际合作和交流，参与同行业国际规则的制定，自觉遵守我国签署的国际规则。

**第十八条**　自觉接受社会各界对本行业的监督和批评，共同抵制和纠正行业不正之风。

## 第三章　公约的执行

**第十九条**　中国互联网协会负责组织实施本公约，负责向公约成员单位传递互联网行业管理的法规、政策及行业自律信息，及时向政府主管部门反映成员单位的意愿和要求，维护成员单位的正当利益，组织实施互联网行业自律，并对成员单位遵守本公约的情况进行督促检查。

**第二十条**　本公约成员单位应充分尊重并自觉履行本公约的各项自律原则。

**第二十一条**　公约成员之间发生争议时，争议各方应本着互谅互让的原则争取以协商的方式解决争议，也可以请求公约执行机构进行调解，自觉维护行业团结，维护行业整体利益。

**第二十二条**　本公约成员单位违反本公约的，任何其他成员单位均有权及时向公约执行机构进行检举，要求公约执行机构进行调查；公约执行机构也可以直接进行调查，并将调查结果向全体成员单位公布。

**第二十三条**　公约成员单位违反本公约，造成不良影响，经查证属实的，由公约执行机构视不同情况给予在公约成员单位内部通报或取消公约成员资格的处理。

**第二十四条**　本公约所有成员单位均有权对公约执行机构执行本公约的合法性和公正性进行监督，有权向执行机构的主管部门检举公约执行机构或其他工作人员违反本公约的行为。

**第二十五条** 本公约执行机构及成员单位在实施和履行本公约过程中必须遵守国家有关法律、法规。

## 第四章 附 则

**第二十六条** 本公约经公约发起单位法定代表人或其委托的代表签字后生效，并在生效后的30日内由中国互联网协会向社会公布。

**第二十七条** 本公约生效期间，经公约执行机构或本公约十分之一以上成员单位提议，并经三分之二以上成员单位同意，可以对本公约进行修改。

**第二十八条** 我国互联网行业从业者接受本公约的自律规则，均可以申请加入本公约；本公约成员单位也可以退出本公约，并通知公约执行机构；公约执行机构定期公布加入及退出本公约的单位名单。

**第二十九条** 本公约成员单位可以在本公约之下发起制订各分支行业的自律协议，经公约成员单位同意后，作为本公约的附件公布实施。

**第三十条** 本公约由中国互联网协会负责解释。

**第三十一条** 本公约自公布之日起施行。

# 文明上网自律公约

（2006年4月19日中国互联网协会发布）

自觉遵纪守法，倡导社会公德，促进绿色网络建设；

提倡先进文化，摒弃消极颓废，促进网络文明健康；

提倡自主创新，摒弃盗版剽窃，促进网络应用繁荣；

提倡互相尊重，摒弃造谣诽谤，促进网络和谐共处；

提倡诚实守信，摒弃弄虚作假，促进网络安全可信；
提倡社会关爱，摒弃低俗沉迷，促进少年健康成长；
提倡公平竞争，摒弃尔虞我诈，促进网络百花齐放；
提倡人人受益，消除数字鸿沟，促进信息资源共享。

## 全国青少年网络文明公约

（2001 年 11 月 22 日共青团中央、教育部、文化部、国务院新闻办公室、全国青联、全国学联、全国少工委、中国青少年网络协会发布）

要善于网上学习，不浏览不良信息；
要诚实友好交流，不侮辱欺诈他人；
要增强自护意识，不随意约会网友；
要维护网络安全，不破坏网络秩序；
要有益身心健康，不沉溺虚拟时空。

## 互联网新闻信息服务自律公约

（2003 年 12 月 8 日发布）

为加强行业自律，进一步规范互联网新闻信息服务行为，维护良好的互联网发展环境，促进我国互联网的快速健康发展，更好地为社会主义现代化建设服务，特制定本公约。加入本公约的互联网新闻信息服务单位将做到：

**一**、遵循爱国、守法、公平、诚信的基本原则，从维护国家和全行业整体利益的高度出发，自觉遵守国家有关法律、法规和政策，大力推动互联网行业的道德建设，积极推进行业自律。

**二**、始终高举爱国主义旗帜，大力弘扬中华民族优秀文化传统和社会主义道德，成为传播先进文化的重要阵地。

**三**、不制作和传播危害国家安全和社会稳定、违反法律法规以及淫秽、色情、迷信等有害的信息，坚决抵制与中华民族优秀文化传统和道德规范相违背的信息内容。

**四**、从事新闻信息服务业务根据国家有关法律、法规取得合法资格；提供的新闻信息内容来源合法、客观真实、导向正确；提供的其他服务文明健康。

**五**、加强管理，自觉维护广大用户的合法权益，引导广大用户文明使用网络，增强网络道德意识，自觉抵制有害信息的传播。

**六**、自觉接受政府的管理和公众的监督，加强从业人员的管理和教育，提高从业人员的业务和道德水平。

**七**、开展经营活动遵循诚实信用、公平竞争的原则，反对不正当竞争行为，倡导团结协作，实现共同发展。

**八**、自觉遵守本公约的自律要求，在行业内部形成严格规范的自律机制，推动本公约的实施。

**九**、自觉遵守根据本公约原则制定的自律规范。

**十**、同意中国互联网协会互联网新闻信息服务工作委员会监督检查本公约的执行。

# 中国网络视听节目服务自律公约

（2012年7月13日中国网络视听节目服务协会理事会2012年第一次会议通过）

## 第一章　总　　则

**第一条**　为促进我国网络视听节目服务业可持续发展，繁荣网络文化，维护健康有序的行业秩序，特制定本公约。

**第二条**　加入本公约的网络视听节目服务相关机构和单位，承诺遵守本公约自律条款。

**第三条**　中国网络视听节目服务协会负责本公约的组织实施。

## 第二章　自律条款

**第四条**　自觉遵守《互联网视听节目服务管理规定》等国家关于互联网文化建设和管理的法律、法规、规章和政策，自觉接受政府监管和社会监督，依法开展网络视听节目服务。

**第五条**　坚守社会责任，坚持社会效益优先，大力弘扬优秀文化，积极推动产业发展，严格实行行业自律。

**第六条**　积极生产制作和传播内容健康、形式新颖、生动活泼、贴近受众的网络视听节目，包括网络剧、微电影、影视类动画片、纪录片等。

**第七条**　不传播法律法规禁止的节目，共同抵制腐朽落后的思想文化，不传播危害未成年人身心健康、违背社会公德、损害民族优秀文化传统的节目内容。

**第八条**　加强技术创新和交流协作，加强网络视听节目服务领域有关核心技术、关键技术、共性技术研发，打造自主技术品牌；针对用户不同需求，提供专业、优质的技术服务；采取有效手段，消除信息与文化安全风险和隐患，确保网络视听产品的内容安全和传播安全。

**第九条** 遵守国家关于著作权管理的相关法律规定，积极采取版权保护措施，尊重和保护著作权人和网络视听节目服务单位的合法权益。

**第十条** 保护用户权益，尊重用户隐私，采取有效措施，避免用户信息泄漏。建立投诉受理机制，及时受理、办理和回复公众的意见建议。

**第十一条** 加强内部管理，完善相关制度：

（一）实行网络视听节目内容总编辑负责制度；

（二）实行节目内容先审后播制度，建立和完善快速处理响应机制；

（三）充实管理人员、内容审核人员和技术人员，建立和完善安全保障制度。

**第十二条** 加强业内协作，建立行业共享互助机制，积极参与交流合作，增进行业互信，不得以诋毁行业其他单位商业声誉、泄露商业机密等不正当手段进行恶性竞争，共同维护良好的行业秩序和产业发展环境。

**第十三条** 建立互联网视听节目行业信息共享互助机制，健全“互联网视听节目信息库”系统，积极推荐优秀节目，及时删除有害内容。对信息库系统中仅应由缔约单位掌握的信息，负有保密责任。

**第十四条** 加强从业人员培训和教育，积极参加行业协会组织的培训，不断提升从业人员综合素质和业务能力。

## 第三章　公约的执行

**第十五条** 中国网络视听节目服务协会负责监督检查本公约的执行，并定期公布加入及退出本公约的单位名单。

**第十六条** 中国网络视听节目服务协会在国家广播影视行政部门的指导下，负责“互联网视听节目信息库”的日常管理维护，及时传递有关网络视听节目服务管理的信息。

**第十七条** 缔约单位如违反本公约约定，中国网络视听节目服务协会可以书面或口头形式提醒或质询，并视情况给予警示或向社会公布。

## 第四章　附　　则

**第十八条**　本公约经缔约单位法定代表人或其委托的代表签字后生效，自公布之日起施行。

**第十九条**　本公约由中国网络视听节目服务协会负责解释。

# 网络游戏行业防沉迷自律公约

（2021年9月中国音像与数字出版协会游戏出版工作委员会与会员单位以及相关游戏企业共同发起）

为认真贯彻中宣部《关于开展文娱领域综合治理工作的通知》和国家新闻出版署《关于进一步严格管理切实防止未成年人沉迷网络游戏的通知》有关精神，坚决防止未成年人沉迷网络游戏，强化行业自律自省，推动游戏行业健康有序发展。中国音像与数字出版协会游戏出版工作委员会与会员单位以及相关游戏企业在国家主管部门指导下，共同发起《网络游戏行业防沉迷自律公约》，携手共创风清气正的网络游戏产业生态。现发布如下：

1. 坚决执行管理要求，建立工作规范。游戏企业要提高政治站位、强化责任担当，充分认识加强游戏防沉迷工作的重要性和紧迫性；要认真制定具体执行方案和实施细则，全力做好各项防沉迷工作；要建立实行“一把手”责任制，一抓到底，常抓不懈；坚持正确导向，组织对策划、研发、运营等人员开展有针对性的教育培训。

2. 坚决落实实名认证，精准识别用户。游戏企业（包括小游戏平台）必须全面接入国家新闻出版署网络游戏防沉迷实名验证系统；各类单机、主机游戏要同步内设防沉迷设置和家长监护系统，在下载、购买等环节必须严格执行身份实名认证；坚决执行向未成年人提供网络游戏的时段时长限制和充值消费额度；对含有未成年人用户的游戏产品应在游戏相关界面明确给出“游戏适龄提示”标识；要积极探索运用人脸识别等手段强化用户识别的精准度。

3. 坚决筑牢安全防线，抵制不良内容。严守内容安全底线，坚决禁止政治有害、虚无历史、污秽色情、血腥恐怖等违法违规内容；坚决抵制拜金主义、“娘炮”、“耽美”等不良文化；坚决反对追求“唯金钱”“唯流量”等不良倾向，下决心改变诱导玩家沉迷的各类规则和玩法设计；不得发布错误引导、诱导消费等内容；坚决抵制绕过监管机制，通过境外游戏平台向国内用户提供服务。

4. 坚决夯实平台管理，明确具体要求。游戏企业必须建立健全游戏运营平台的管理机制，其中游戏广告平台不得推送违法违规游戏内容、不得向用户强制推送游戏广告；游戏直播平台不得设置高额打赏、未成年人打赏功能；游戏电商平台不得以任何形式向未成年人提供账号租赁交易服务；游戏陪练平台要集中清理违法违规信息和账号，不得向未成年人提供陪玩、代练等服务。

5. 坚决遵守市场秩序，杜绝违规行为。游戏企业必须坚决遵守并维护市场秩序；要依法依规运营游戏产品，严禁无版号运营等违规行为；未经批准不得擅自变更运营单位；建立道德品行的审核标准，不得邀请违法失德艺人代言广告；坚决抵制利用大数据“杀熟”、抓取调用隐私信息等手段诱导用户沉迷游戏；加强版权保护，坚决抵制剽窃抄袭等不良行为。

6. 坚决配合举报平台，开展自查自纠。游戏企业要积极配合国家防止未成年人沉迷网络游戏举报平台的工作，按照要求全面开展自查自纠；要建立完善举报反映问题核查处理响应机制和整改流程，及时回应群众呼声。

# 网络表演（直播）行业保护未成年人行动倡议

（2021 年 6 月文化和旅游部发布）

未成年人是祖国的花朵，未来肩负着建设祖国的重任，是国家和民族的希望。未成年人的健康成长关系到民族复兴，国家富强。保护未成年人的健康成长，需要全社会的共同努力，网络表演（直播）行业凝聚共识，责无旁贷。

值此第 71 个“六一国际儿童节”及新修订的《中华人民共和国未成年人保护法》正式施行之日，中国演出行业协会网络表演（直播）分会全体会员单位为进一步保护未成年人的健康成长，现提出倡议如下：

**一、**坚决贯彻落实《中华人民共和国未成年人保护法》《网络信息内容生态治理规定》《互联网直播服务管理规定》《网络表演经营活动管理办法》等法律法规，主动落实平台、经纪机构主体责任，建立健全各项机制，采取多项措施规范和引导未成年人使用网络直播服务，努力营造风清气正，天朗气清的网络直播生态。

**二、**弘扬社会主义核心价值观和时代主旋律，积极推出更多有文艺品味、文化内涵，能够引导人、教育人和感染人的直播内容。全行业形成联动，打造直播 + 文旅、非遗、传统文化等多个品牌活动，鼓励主播积极参与，从而带动粉丝形成正向引领。

**三、**网络表演（直播）平台的产品、运营和内容设置坚持最有利于未成年人的原则，全方位建立未成年人保护机制。

（一）不为未满 16 周岁的未成年人提供网络直播服务。为已满 16 周岁未满 18 周岁的未成年人提供网络直播服务，征得其监护人书面同意。

（二）不断升级优化“青少年模式”，筑牢未成年人保护网，积极拓展青少年内容池。

（三）建立网上侵害未成年人行为的举报、识别和干预机制。建立未成年人专属客服团队，优先受理、及时处置涉未成年人的相关投诉和纠纷。

（四）网络直播平台逐步建立安全可信的大额提醒、身份验证等防止未成年人冒用成年人账号充值打赏的技术保障措施。对于查核属实未成年人冒用成年人账号打赏的，按规定优先办理退款。

**四、**进一步发挥主播“警示名单”的联合惩戒作用，对于侵害未成年人合法权益的涉事主播“零容忍”。主播经纪机构配合网络直播平台加强网络主播管理，约束网络主播行为。

**五、**影响力较大的平台、经纪机构，积极承担社会责任，持续开展关爱和守护未成年人的公益行动，充分发挥直播优势，汇聚爱心力量，关心关注远程教育、乡村教育、艺术普及、留守儿童、残障儿童等领域和群体，用直播点亮未成年人的成长之路。

# 坚决抵制网上有害信息的倡议

（2004年9月3日中国互联网协会发布）

中国互联网协会自成立以来，一直大力倡导行业自律，致力于互联网的健康发展。《中国互联网行业自律公约》发布后得到了广大会员和从业者的积极响应，也得到广大网民的支持和欢迎。

今天，我们再次表明决心：中国互联网协会全体会员将继续坚决履行《中国互联网行业自律公约》，不制作、不发布、不传播危害国家安全、危害社会稳定、违反法律法规以及迷信、淫秽等有害信息，不链接含有有害信息的网站，促进网络健康信息内容的丰富和发展。

我们呼吁全体互联网从业者和广大网民积极行动起来，和我们一起自觉抵制淫秽、色情等有害信息，特别是要把保护未成年人健康成长作为我们应尽的社会责任，对有害信息主动抵制，共同声讨，不为有害信息提供传播通道。建设一个繁荣、健康、可信赖的互联网，是全社会的共同心声，也是我们全体互联网从业者和网民的共同职责。为了我国互联网健康发展，特别是为了孩子们纯洁的心灵不被污染，让我们团结一致，携起手来，以行业自律的实际行动，共同构建一个绿色的网上家园。

# 反垃圾短信息自律公约

（2008 年 7 月 17 日中国互联网协会发布）

## 第一章　总　　则

**第一条**　为了有效地治理垃圾短信息及违法和不良短信息，维护用户的合法权益，建立规范的短信息服务市场秩序，促进短信息服务行业的健康稳定发展，特制定本公约。

**第二条**　本公约所称垃圾短信息，是指未经用户同意向用户发送的用户不愿意收到的短信息，或用户不能根据自己的意愿拒绝接收的短信息，主要包含以下属性：

（一）未经用户同意向用户发送的商业类、广告类等短信息；

（二）其他违反行业自律性规范的短信息。

**第三条**　本公约所称违法和不良短信息，是指违反国家有关法律法规的短信息，主要包括以下属性：

（一）反对宪法所确定的基本原则的；

（二）危害国家安全，泄露国家秘密，颠覆国家政权，破坏国家统一的；

（三）损害国家荣誉和利益的；

（四）煽动民族仇恨、民族歧视，破坏民族团结的；

（五）破坏国家宗教政策，宣扬邪教和封建迷信的；

（六）散布谣言，扰乱社会秩序，破坏社会稳定的；

（七）散布淫秽、色情、赌博、暴力、凶杀、恐怖或者教唆犯罪的；

（八）侮辱或者诽谤他人，侵害他人合法权益的；

（九）煽动非法集会、结社、游行、示威、聚众扰乱社会秩序的；

（十）以非法民间组织名义活动的；

（十一）含有虚假、欺诈、诱导内容，侵害他人合法权益的；

（十二）含有提供非法产品或服务的；

（十三）含有法律、行政法规禁止的其他内容的。

**第四条**　所有愿意遵守本自律公约的短信息服务行业从业者均可自愿加入本公约。

**第五条**　中国互联网协会反垃圾短信息联盟秘书处作为本公约的执行机构，负责组织实施本公约。

## 第二章　自律内容

**第六条**　严格遵守国家法律法规、电信条例和相关短信息规范性文件和政策，自觉接受政府监管和社会监督，积极抵制垃圾短信息及违法和不良短信息的制作、复制、发布和传播，自觉地治理垃圾短信息及违法和不良短信息，维护短信息服务行业健康发展。

**第七条**　以促进行业健康发展为导向，以服务用户为中心，建设公开诚信的服务体系，切实尊重用户的合法权益，不断完善短信息服务管理制度，明确垃圾短信息及违法和不良短信息处理流程，提高服务质量。

**第八条**　倡导技术创新，积极建设垃圾短信息及违法和不良短信息过滤系统，为用户提供过滤短信息的手段，建立长期、稳定、方便、有效的信息服务体系。通过技术手段，努力实现对短信息群发的监督和管理。

**第九条** 杜绝虚假宣传、价格欺诈、诱导消费、设置陷阱、强行定制、反向定制、取消困难和资费信息不公开等不良行为。

**第十条** 引导用户文明使用信息服务，增强文明道德意识，营造规范、健康、文明、和谐的信息服务环境，鼓励社会公众举报垃圾短信息及违法和不良短信息。由“12321 网络不良与垃圾信息举报受理中心”负责受理用户及企业的举报投诉，与“12321 网络不良与垃圾信息举报受理中心”建立高效、便捷的沟通反馈机制，主动接受社会的监督。

**第十一条** 加强信息安全保护措施，保护用户隐私，未经许可，不得以任何形式非法泄漏用户信息，尊重和保护信息内容的知识产权。

**第十二条** 本公约签署单位应积极参与行业标准和规范的制定，推动相互间的交流与合作，共同维护行业的整体形象，增强整个行业的综合竞争力。

**第十三条** 本公约签署单位应积极完善有关短信息服务的合同、协议等相关文件，在条款中明确用户传播垃圾短信息、违法和不良短信息应承担的责任及对用户传播垃圾短信息、违法和不良短信息可以采取的相关措施。

## 第三章 公约的执行

**第十四条** 中国互联网协会反垃圾短信息联盟负责向成员单位及时传递政府有关法律、法规和企业自律信息，作为行业的代表向政府有关部门反映成员单位的意愿和要求，维护成员单位的合法权益，对成员单位遵守本公约的情况进行督促检查，并将结果向成员单位通报，向社会公布。

**第十五条** 本公约签署单位应自觉遵守本公约的各项自律原则，履行本公约所约定的各项条款。

**第十六条** 本公约签署单位之间发生争议时，争议方应本着互谅互让、维护行业团结和整体利益的原则争取以协商的方式解决争议，也可以请本公约执行机构进行调解。本公约执行机构有义务按照要求，尽快组织相关调查，并将调查结果通报各有关单位。

**第十七条** 本公约签署单位违反本公约，造成不良影响，经查证属实的，由本公约执行机构根据《中国互联网协会短信息服务规范》处理，情节严重的移交政府相关部门依法处理。

**第十八条** 本公约签署单位均有权对公约执行机构执行本公约的合法性和公正性进行监督，有权向执行机构的主管部门检举公约执行机构或其工作人员的违法、违规行为。

## 第四章 附 则

**第十九条** 本公约经签署单位法定代表人或其委托的代表签字后生效，由中国互联网协会向社会公布，本公约自公布之日起施行。

**第二十条** 经公约执行机构或本公约三分之一以上签署单位提议，并经三分之二以上成员单位同意，可以对本公约进行修改。

**第二十一条** 本公约由中国互联网协会反垃圾短信息联盟负责解释。

# 抵制网络谣言倡议书

（2012年4月8日中国互联网协会发布）

随着信息通信技术的快速发展，互联网已经成为民意表达的重要平台，对政治、经济、文化和人民生活产生着积极的影响。同时应当看到，网上不良、不实信息仍然存在，影响社会健康发展，特别是最近网络谣言的传播成为一大社会公害，严重侵犯公民权益，损害公共利益，也危害国家安全和社会稳定。共同抵制网络谣言，营造健康文明的网络环境已经成为社会各界共同关注的问题。

为抵制网络谣言，营造健康文明的网络环境，推动互联网行业健康可持续发展，中国互联网协会向全国互联网业界发出如下倡议：

**一、**树立法律意识，严格遵守国家和行业主管部门制定的各项法律法规，以及中国互联网协会发布的行业自律公约，不为网络谣言提供传播渠道，配合政府有关部门依法打击利用网络传播谣言的行为。

**二、**积极响应“增强国家文化软实力，弘扬中华文化，努力建设社会主义文化强国”的战略部署，制作和传播合法、真实、健康的网络内容，把互联网建设成宣传科学理论、传播先进文化、塑造美好心灵、弘扬社会正气的平台。

**三、**增强社会责任感，履行媒体职责，承担企业社会责任，依法保护网民使用网络的权利，加强对论坛、微博等互动栏目的管理，积极引导网民文明上网、文明发言，坚决斩断网络谣言传播链条。

**四、**坚持自我约束，加强行业自律。建立、健全网站内部管理制度，规范信息制作、发布和传播流程，强化内部监管机制；积极利用网站技术管理条件，加强对网站内容的甄别和处理，对明显的网络谣言应及时主动删除。

**五、**加强对网站从业人员的职业道德教育，要求网站从业人员认真履行法律责任，遵守社会公德，提高从业人员对网络谣言的辨别能力，督促从业人员养成良好的职业习惯。

**六、**提供互动信息服务的企业，应当遵守政府有关互联网真实身份认证的要求，同时要做好保护网民个人信息安全工作，提醒各类信息发布者发布信息必须客观真实、文责自负，使每个网民承担起应尽的社会责任。

**七、**自觉接受社会监督，设置听取网民意见的畅通渠道，对公众反映的问题认真整改，提高社会公信力。

**八、**希望广大网民积极支持互联网企业抵制网络谣言的行动，自觉做到不造谣、不传谣、不信谣，不助长谣言的流传、蔓延，做网络健康环境的维护者，发现网络谣言积极举报。

# 关于抵制非法网络公关行为的自律公约

（2011 年 5 月 16 日中国互联网协会发布）

近年来，我国互联网产业迅猛发展，为提升企业形象、推广产品、开展商业竞争提供了新平台。绝大多数企业和依法组建的网络公关机构能够依法依规开展网络公关活动，为促进经济繁荣和互联网产业健康发展起到了积极作用。但是，目前社会上出现的“网络水军”、“网络推手”、“灌水公司”、“删帖公司”、“投票公司”、“代骂公司”等形式的非法机构及其个人，在网上采取不正当手段打压竞争对手，歪曲捏造事实进行敲诈勒索，恶意炒作话题制造虚假“网络民意”，从事私下交易牟取非法利益。上述行为扰乱市场经济秩序，损害企业、公民的合法权益，危害文明诚信的网络环境。中国互联网协会对上述非法网络公关行为予以谴责，希望我会会员、互联网从业单位和广大网民，共同抵制非法网络公关行为，为营造文明诚信的网络环境，规范互联网市场经营行为和信息传播秩序，促进互联网站健康发展而努力。为此，中国互联网协会会同百家互联网从业单位共同发起制定本公约并自觉遵守。

**第一条** 本公约由中国互联网协会会同会员单位发起并自愿签署。凡签署本公约的网站应当认真履行本公约的各项内容。

**第二条** 坚持文明守法、诚信自律、公平竞争、和谐发展的理念，遵守社会规范以及互联网行业公约，文明办网，诚信自律，自觉维护互联网行业形象和声誉，努力营造安全可信的网络环境。

**第三条** 严格依照国家法律法规开展经营活动，不组织、不参与任何形式的非法网络公关活动。

**第四条** 坚决反对和抵制损害他人的商业信誉的不正当竞争行为，努力维护公平公正的竞争秩序；坚决反对和抵制操纵网络舆论、非法牟利行为，维护互联网行业的公信力；坚决反对和抵制庸俗、低俗、媚俗之风，积极营造弘扬正气、文明健康的网络文化环境。

**第五条** 提高应对非法网络公关行为的防范能力，完善内部管理制度，积极开展法律法规培训及职业道德教育，提高企业员工法律意识和责任意识。

**第六条** 自觉接受社会监督，设立便捷的举报渠道，积极处理社会各方面的投诉，及时反馈处理结果、及时处理各种违法和有害信息。

**第七条** 引导网民理性思考、文明发言、有序参与，营造积极健康的网络舆论环境。

**第八条** 中国互联网协会行业自律工作委员会作为本公约的执行机构，负责组织本公约的组织实施，受理并处理对违反本公约行为的投诉。

**第九条** 本公约自中国互联网协会公布之日起生效。

**第十条** 本公约由中国互联网协会负责解释。

# 相关线索举报及“护苗”宣传

# 相关线索举报方式及电话

1. 全国“扫黄打非”办公室：

（1）举报电话：12390。

（2）线上举报平台：www.shdf.gov.cn。

2. 网络有害信息举报平台：https://www.12377.cn/。

3. 公安机关报案电话：110。

4. 文化市场举报电话：12318。

# “护苗”工作宣传资料

## 一、日常“护苗”宣传文字

（一）“护苗”专项行动

“护苗”专项行动是全国“扫黄打非”办公室牵头开展的一项旨在保护未成年人文化权益的行动，自 2015 年起连年开展，是“扫黄打非”部门锲而不舍、久久为功保护少年儿童健康成长的具体举措，已成为一项民心工程、品牌工程。

1. 主要“护苗”举措。

坚持“打防并举”的工作思路。既深化监管保护措施，严格查处危害未成年人身心健康的有害出版物和信息，扫除各类文化垃圾，净化社会文化环境；又强化正面教育引导，广泛开展“绿书签”系列宣传活动，增强青少年自我保护方面的知识和能力，凝聚各方力量建设“护苗”综合安全体系。

2. 重要的专项整治。

(1)中小学校园周边市场专项检查。在放寒暑假或春秋季开学时，组织开展校园周边专项检查，集中清理夹杂“黄暴毒”、宣扬邪教迷信等有害内容的“口袋本”图书、低俗游戏卡片和非法出版物等。

(2)学习类App专项整治。针对面向中小学生的学习类App，多部门联合开展整治，强化市场监管，严格“进校园”审查备案制度，查处违法违规App，清理下架违规应用软件。

(3)深入清理“邪典”动漫视频。针对舆论曝光的“邪典”视频线索，全面调查并开展网络清理。依法查封、吊销涉案的“邪典”视频制作公司，对提供传播平台的互联网企业作出处罚。

(4)网络游戏专项整治。严厉打击含有害内容的网络游戏，着力查处未经批准擅自运营的网络游戏，禁止直播未经审批的网络游戏，协同管理部门检查网络游戏防沉迷措施落实情况。

(二)“绿书签”系列宣传活动

1.“绿书签行动”。

“绿书签行动”的主题是“护助少年儿童健康成长，拒绝有害出版物和信息”。每年4月启动，形式丰富多样，包括制作发放绿书签和海报，举办名家宣讲、青少年普法、征文漫画比赛、推荐优秀读物、公益赠书等，引导少年儿童绿色阅读、文明上网。

2.“护苗·网络安全课”活动。

自2017年起，全国“扫黄打非”办公室指导主要互联网公司研发推出青少年网络安全课程，每年组织线上线下讲授，培训师资队伍，开展“网络安全课乡村行”活动。已覆盖少年儿童100万余人。

3.“护苗·开学季”活动。

在中小学秋季开学季，组织开展少儿图书市场专项检查、校园周边重点市场点位检查、重点网站平台不良内容清理、防范未成年人网络沉迷宣传以及“开学第一课”等活动。

**二、近5年来“护苗”主题宣传海报**

2018年

2018年“护苗”主题宣传海报

2019 年

2019 年“护苗”主题宣传海报

## 2020 年

2020 年"绿书签行动"主题海报

2020 年"绿书签行动"
分主题海报

2020 年"绿书签行动"
分主题海报

## 2021 年

2021 年“护苗”主题宣传海报：
时不我待，学习成长

2021 年“护苗”主题宣传海报：
崇尚科学，健康成长

2021 年“护苗”主题宣传海报：
绿色阅读，快乐成长

## 2022 年

2022 年“护苗”行动主题海报：
绽放·成长

2022 年“护苗”行动分海报：
绿色安全

2022 年“护苗”行动分海报：
学业有成